2023

Álisson José Maia Melo

Antônio de Pádua Marinho Monte

Antonio Elmo Queiroz

Benedito Gonçalves

Bruno Nogueira Rebouças

Debora Bezerra de Menezes Serpa Maia

Eduardo Sabbag

Fabio Junqueira de Carvalho

Felipe de Abreu Fortaleza

Fernando Aurelio Zilveti

HUGO DE BRITO MACHADO
COORDENADOR

HUGO DE BRITO MACHADO SEGUNDO
SCHUBERT DE FARIAS MACHADO
ORGANIZADORES

TRIBUTAÇÃO E DESIGUALDADE PÓS-PANDEMIA

Hugo de Brito Machado Segundo

Ítalo Farias Pontes

Ivo César Barreto de Carvalho

José Eduardo Soares de Melo

Marcia Soares de Melo

Maria Inês Murgel

Mary Elbe Queiroz

Renato Cesar Guedes Grilo

Schubert de Farias Machado

Dados Internacionais de Catalogação na Publicação (CIP) de acordo com ISBD

T822

Tributação e desigualdade pós-pandemia / Álisson José Maia Melo [et al.] ; organizado por Hugo de Brito Machado Segundo, Schubert de Farias Machado ; coordenado por Hugo de Brito Machado. - Indaiatuba, SP : Editora Foco, 2023.

328 p. ; 16cm x 23cm.

Inclui bibliografia e índice.

ISBN: 978-65-5515-743-7

1. Direito. 2. Direito tributário. I. Melo, Álisson José Maia. II. Monte, Antônio de Pádua Marinho. III. Queiroz, Antonio Elmo. IV. Gonçalves, Benedito. V. Rebouças, Bruno Nogueira. VI. Maia, Debora Bezerra de Menezes Serpa. VII. Sabbag, Eduardo. VIII. Carvalho, Fabio Junqueira de. IX. Fortaleza, Felipe de Abreu. X. Zilveti, Fernando Aurelio. XI. Segundo, Hugo de Brito Machado. XII. Pontes, Ítalo Farias. XIII. Carvalho, Ivo César Barreto de. XIV. Melo, José Eduardo Soares de. XV. Melo, Marcia Soares de. XVI. Murgel, Maria Inês. XVII. Queiroz, Mary Elbe. XVIII. Grilo, Renato Cesar Guedes. XIX. Machado, Schubert de Farias. XX. Título

2023-733 CDD 341.39 CDU 34:336.2

Elaborado por Vagner Rodolfo da Silva - CRB-8/9410

Índices para Catálogo Sistemático:

1. Direito tributário 341.39

2. Direito tributário 34:336.2

Álisson José Maia Melo

Antônio de Pádua Marinho Monte

Antonio Elmo Queiroz

Benedito Gonçalves

Bruno Nogueira Rebouças

Debora Bezerra de Menezes Serpa Maia

Eduardo Sabbag

Fabio Junqueira de Carvalho

Felipe de Abreu Fortaleza

Fernando Aurelio Zilveti

HUGO DE
BRITO **MACHADO**
C O O R D E N A D O R

HUGO DE
BRITO **MACHADO
SEGUNDO**

SCHUBERT DE
FARIAS MACHADO
O R G A N I Z A D O R E S

TRIBUTAÇÃO E DESIGUALDADE PÓS-PANDEMIA

Hugo de Brito Machado Segundo

Ítalo Farias Pontes

Ivo César Barreto de Carvalho

José Eduardo Soares de Melo

Marcia Soares de Melo

Maria Inês Murgel

Mary Elbe Queiroz

Renato Cesar Guedes Grilo

Schubert de Farias Machado

2023 © Editora Foco

Coordenador: Hugo de Brito Machado

Organizadores: Hugo de Brito Machado Segundo e Schubert de Farias Machado

Autores: Álisson José Maia Melo, Antônio de Pádua Marinho Monte, Antonio Elmo Queiroz, Benedito Gonçalves, Bruno Nogueira Rebouças, Debora Bezerra de Menezes Serpa Maia, Eduardo Sabbag, Fabio Junqueira de Carvalho, Felipe de Abreu Fortaleza, Fernando Aurelio Zilveti, Hugo de Brito Machado Segundo, Ítalo Farias Pontes, Ivo César Barreto de Carvalho, José Eduardo Soares de Melo, Marcia Soares de Melo, Maria Inês Murgel, Mary Elbe Queiroz, Renato Cesar Guedes Grilo e Schubert de Farias Machado

Diretor Acadêmico: Leonardo Pereira

Editor: Roberta Densa

Assistente Editorial: Paula Morishita

Revisora Sênior: Georgia Renata Dias

Capa Criação: Leonardo Hermano

Diagramação: Ladislau Lima e Aparecida Lima

Impressão miolo e capa: FORMA CERTA

DIREITOS AUTORAIS: É proibida a reprodução parcial ou total desta publicação, por qualquer forma ou meio, sem a prévia autorização da Editora FOCO, com exceção do teor das questões de concursos públicos que, por serem atos oficiais, não são protegidas como Direitos Autorais, na forma do Artigo 8º, IV, da Lei 9.610/1998. Referida vedação se estende às características gráficas da obra e sua editoração. A punição para a violação dos Direitos Autorais é crime previsto no Artigo 184 do Código Penal e as sanções civis às violações dos Direitos Autorais estão previstas nos Artigos 101 a 110 da Lei 9.610/1998. Os comentários das questões são de responsabilidade dos autores.

NOTAS DA EDITORA:

Atualizações e erratas: A presente obra é vendida como está, atualizada até a data do seu fechamento, informação que consta na página II do livro. Havendo a publicação de legislação de suma relevância, a editora, de forma discricionária, se empenhará em disponibilizar atualização futura.

Erratas: A Editora se compromete a disponibilizar no site www.editorafoco.com.br, na seção Atualizações, eventuais erratas por razões de erros técnicos ou de conteúdo. Solicitamos, outrossim, que o leitor faça a gentileza de colaborar com a perfeição da obra, comunicando eventual erro encontrado por meio de mensagem para contato@editorafoco.com.br. O acesso será disponibilizado durante a vigência da edição da obra.

Impresso no Brasil (04.2023) – Data de Fechamento (04.2023)

2023

Todos os direitos reservados à

Editora Foco Jurídico Ltda.

Rua Antonio Brunetti, 593 – Jd. Morada do Sol

CEP 13348-533 – Indaiatuba – SP

E-mail: contato@editorafoco.com.br

www.editorafoco.com.br

APRESENTAÇÃO

Periodicamente o ICET promove a pesquisa sobre temas relevantes de Direito Tributário, na intenção de colaborar com o aprimoramento da ordem jurídica. Desta feita, o Instituto escolheu estudar tributação e desigualdade, assunto longamente maturado em reuniões de trabalho nas quais o professor Hugo de Brito Machado reitera sua preocupação com a desigualdade social que existe em nosso País.

Há muito Hugo Machado preconiza medidas tendentes a reduzir a regressividade do sistema tributário, como a instituição do Imposto sobre Grandes Fortunas – IGF, a efetiva progressividade dos impostos patrimoniais, a reformulação da tabela de incidência do imposto de renda das pessoas físicas para que deixe de alcançar o mínimo existencial e, em paralelo, a redução dos impostos sobre o consumo. Sustenta a implementação de incentivos fiscais fomentadores de atividade econômica nas regiões mais pobres do país, lembrando que a tão combatida *guerra fiscal* cumpre o que está na Constituição e tem sido o único instrumento tributário eficaz no ataque às desigualdades regionais. Hugo Machado ressalta que o combate à desigualdade não se resume ao equilíbrio da arrecadação de tributos, sendo imprescindível que o gasto público seja movido pela solidariedade social e realizado com seriedade tendo em vista, sobretudo, a necessidade dos mais pobres.[1]

Nosso propósito é despertar o espírito crítico e o interesse no aperfeiçoamento do sistema tributário, no sentido de atenuar a desigualdade abismal que separa alguns brasileiros de muitos outros brasileiros. O assunto ganha especial relevo quando o Presidente da República, no discurso de posse do seu terceiro mandato, reconhece a necessidade inadiável de reduzir a histórica desigualdade social brasileira e mostra interesse em combatê-la inclusive com instrumentos fiscais. O presente volume não traz apenas análises do direito posto, contém vários textos abordando o assunto a partir de valores que podem nortear a feitura e aplicação de novas leis tributárias que tenham como objetivo diminuir ou ao menos evitar que essa desigualdade se acentue. O momento é propício para isso.

Mantivemos a sistemática de ofertar perguntas aos convidados, com o único intuito de orientar o desenvolvimento dos trabalhos. Acolhendo sugestão do professor Luiz Dias Martins Filho, os estudos também envolvem os efeitos

---

1. Machado, Hugo de Brito. *Curso de Direito Tributário*. 42. ed. São Paulo: Malheiros/JusPodivm, 2022, p. 48.

da pandemia Covid-19, restando definido o tema: *"Tributação e Desigualdade Pós-Pandemia"*.

O ICET agradece ao professor Hugo de Brito Machado Segundo pela redação das perguntas, a importante parceria da Editora Foco e aos diversos estudiosos que atenderam ao convite para essa empreitada, permitindo que a pesquisa coletiva resultasse em um feixe de artigos da melhor qualidade e com as mais diversas abordagens sobre o tema, aos quais convidamos o leitor a visitar.

Schubert de Farias Machado

COLABORADORES

Álisson José Maia Melo

Doutor em Direito pela Universidade Federal do Ceará (UFC) – Professor Titular de Direito Empresarial do Centro Universitário 7 de Setembro (UNI7) – Professor permanente do Programa de Pós-graduação da UNI7 – Especialista em Direito Tributário pela UNI7 –Advogado.

Antônio de Pádua Marinho Monte

Doutorando em Direito e Garantias Fundamentais (FDV) – Mestre em direito (UFSC), bacharel em Direito (2005) pela Universidade Estadual Vale do Acaraú (UVA) e especialista em Direito e Processo Constitucionais (2007) pela mesma instituição, bem como em Direito e Processos Tributários pela Universidade de Fortaleza/UNIFOR (2009) – Bacharel em Ciências Contábeis (UEVA/1996) e Especialista em Contabilidade Gerencial Pública e Privada (UEVA/1999) – Membro da Academia Internacional de Letras Jurídicas (AINTERLJ) – Membro do ICET – Instituto Cearense de Estudos Tributários – Professor universitário e advogado atuante na área tributária. Endereço eletrônico: paduamarinho@gmail.com. CV: http://lattes.cnpq.br/7688688633099021. ORCID 0000-0002-3781-5890.

Antonio Elmo Queiroz

Pós-graduado em Direito Tributário (IBET) e Docência do Ensino Superior (UFRJ) – Vice-Presidente do Instituto Pernambucano de Estudos Tributários– IPET – Sócio de Queiroz Advogados Associados.

Benedito Gonçalves

Mestre em Direito – Especialista em Direito Processual Civil – Formado em Ciências Jurídicas e Sociais pela Faculdade Nacional de Direito, da Universidade Federal do Rio de Janeiro (UFRJ) – Ministro do Superior Tribunal de Justiça (STJ) – Corregedor-Geral da Justiça Eleitoral-CGE.

Bruno Nogueira Rebouças

Mestre em Direito Tributário pela PUC/SP – MBA em Gestão Tributária pela USP. Pós-graduado em Direito Empresarial pela FGV/SP – Membro da comissão organizadora permanente do Tax Moot Brazil – Advogado em São Paulo.

Debora Bezerra de Menezes Serpa Maia

Mestra em Direito – Ordem Jurídica Constitucional – pela Universidade Federal do Ceará – Especialista em Direito e Processo Tributários pela Universidade de Fortaleza – Advogada.

Eduardo Sabbag

Doutor em Direito Tributário, pela PUC/SP – Doutor em Língua Portuguesa, pela PUC/SP – Mestre em Direito Público e Evolução Social, pela UNESA/RJ – Professor e Autor de obras jurídicas – Professor de Direito Tributário e de Língua Portuguesa, no Complexo de Ensino Renato Saraiva (CERS) – Coordenador e Professor dos Cursos de Pós-Graduação em Direito Tributário e em Comunicação Jurídica, na Faculdade CERS – Professor de Direito Tributário na Faculdade de Direito da Universidade Presbiteriana Mackenzie, em São Paulo/SP – Professor de Direito Tributário na Faculdade de Direito do Centro Universitário FAMETRO, em Manaus/AM – Advogado.

Fabio Junqueira de Carvalho

Doutor pela Universidade Presbiteriana Mackenzie – Mestre em Direito pela UFMG – Especialista em Direito pela PUC/MG – Advogado.

Felipe de Abreu Fortaleza

Mestre em Direito pela Universidade Federal do Ceará (UFC) – Especialista em Direito Tributário pelo Instituto Brasileiro de Estudos Tributários (IBET) – Advogado civilista e tributarista na RWPV Advogados.

Fernando Aurelio Zilveti

Livre-docente, Doutor e Mestre pela Faculdade de Direito da USP – Professor e diretor do IBDT-Instituto Brasileiro de Direito Tributário – Advogado em São Paulo. E-mail: fzilveti@zilveti.com.br.

Hugo de Brito Machado Segundo

Doutor e Mestre em Direito – Professor-Associado da Faculdade de Direito da Universidade Federal do Ceará, de cujo Programa de Pós-graduação (Mestrado/Doutorado) foi Coordenador (2012/2016) e do Centro Universitário Chrisuts (Unichristus)

– Membro do ICET–Instituto Cearense de Estudos Tributários – do IBDT–Instituto Brasileiro de Direito Tributário e da *WCSA–World Complexity Science Academy* – Advogado – *Visiting Scholar* na *Wirtschaftsuniversität*, Viena, Áustria.

Ítalo Farias Pontes

Advogado em Fortaleza e Membro do Instituto Cearense de Estudos Tributários.

Ivo César Barreto de Carvalho

Doutor e Mestre em Direito Tributário pela Universidade Federal do Ceará – UFC – Procurador Autárquico da Agência Reguladora de Serviços Públicos Delegados do Estado do Ceará – ARCE – Professor de Cursos de Pós-Graduação em Direito Tributário – Advogado.

José Eduardo Soares de Melo

Doutor e Livre Docente em Direito – Professor Titular da Faculdade de Direito da PUC-SP (2012-2015) – *Visiting Scholar da U. C. Berkeley* (Califórnia) – Professor Emérito da Faculdade Brasileira de Tributação.

Marcia Soares de Melo

Ex-Juíza do Tribunal de Impostos e Taxas de São Paulo – Advogada em São Paulo.

Maria Inês Murgel

Doutora em Direito pela UFMG – Advogada.

Mary Elbe Queiroz

Pós-Doutora pela Universidade de Lisboa e Doutora em Direito Tributário (PUC/SP) – Mestre em Direito Público (UFPE) – Pós-graduada em Direito Tributário: Universidade de Salamanca – Espanha e Universidade Austral – Argentina – Pós-graduada em Neurociência (PUC/RS) – Professora – Presidente do Instituto Pernambucano de Estudos Tributários – IPET – Presidente do Conselho de Notáveis do Instituto das Juristas Brasileiras – IJB – Membro Imortal da Academia Nacional de Ciências Econômicas e Políticas Sociais – ANE – Membro do Conselho da Mulher da ACP – Membro do Grupo Mulheres do Brasil – Coordenadora do curso de pós-graduação do IBET em Pernambuco –Livros e artigos publicados e palestras no Brasil e exterior – Advogada sócia de Queiroz Advogados Associados.

Renato Cesar Guedes Grilo

Doutorando e Mestre em direito pelo Centro Universitário de Brasília – Mestrando em direito e regulação econômica pela Universidade de Brasília – Pós-graduado em direito constitucional e em direito tributário – Procurador da Fazenda Nacional (PGFN/AGU) – Assessor de Ministro do Superior Tribunal de Justiça (STJ).

Schubert de Farias Machado

Especialista em Direito Processual Civil pela UFC – Especialista em Direito Tributário pelo ICET – Presidente do Instituto Cearense de Estudos Tributários– ICET – Advogado.

SUMÁRIO

APRESENTAÇÃO

Schubert de Farias Machado.. V

COLABORADORES... VII

TRIBUTAÇÃO E DESIGUALDADES PÓS-PANDEMIA

Álisson José Maia Melo e Felipe de Abreu Fortaleza.. 1

TRIBUTAÇÃO E DESIGUALDADES: ASPECTOS PONTUAIS SOBRE A TRIBUTAÇÃO DA RENDA, DA TRANSMISSÃO DE BENS E DO CONSUMO NO BRASIL

Antônio de Pádua Marinho Monte... 31

A ADEQUADA DISTRIBUIÇÃO DO DEVER FUNDAMENTAL DE PAGAR TRIBUTOS: ANÁLISE HISTÓRICA DO PROBLEMA DA REPARTIÇÃO DA COMPETÊNCIA TRIBUTÁRIA NAS CONSTITUIÇÕES BRASILEIRAS

Benedito Gonçalves e Renato Cesar Guedes Grilo.. 45

TRIBUTAÇÃO E DESIGUALDADES PÓS-PANDEMIA

Bruno Nogueira Rebouças... 63

TRIBUTAÇÃO E DESIGUALDADES NO CONTEXTO PÓS-PANDEMIA

Debora Bezerra de Menezes Serpa Maia.. 89

ISONOMIA E CAPACIDADE CONTRIBUTIVA PERANTE A REGRESSIVIDADE DO SISTEMA TRIBUTÁRIO

Eduardo Sabbag.. 107

VGBL – UM CASO DE DIFERENCIAÇÃO INJUSTIFICADA DE TRIBUTAÇÃO
Fabio Junqueira de Carvalho e Maria Inês Murgel...................................... 139

MÍNIMO EXISTENCIAL – IMPOSTO DE RENDA – DESIGUALDADE PÓS-PANDEMIA
Fernando Aurelio Zilveti... 153

TRIBUTAÇÃO E DESIGUALDADES PÓS-PANDEMIA
Hugo de Brito Machado Segundo... 171

TRIBUTAÇÃO E DESIGUALDADE PÓS-PANDEMIA
Ítalo Farias Pontes 193

TRIBUTAÇÃO E DESIGUALDADES PÓS-PANDEMIA
Ivo César Barreto de Carvalho 209

TRIBUTAÇÃO E DESIGUALDADES NO CONTEXTO DA PÓS-PANDEMIA
José Eduardo Soares de Melo.. 235

TRIBUTAÇÃO E DESIGUALDADES NO CONTEXTO PÓS-PANDEMIA
Marcia Soares de Melo.. 251

BENEFÍCIO *PERSE*: QUESTÕES E CONTROVÉRSIAS
Mary Elbe Queiroz e Antonio Elmo Queiroz.. 265

TRIBUTAÇÃO E DESIGUALDADE
Schubert de Farias Machado... 289

TRIBUTAÇÃO E DESIGUALDADES PÓS-PANDEMIA

Álisson José Maia Melo

Felipe de Abreu Fortaleza

Sumário: Introdução – 1. Premissas fundamentais; 1.1 Existem critérios a partir dos quais as desigualdades podem ser avaliadas, de sorte a serem consideradas moralmente legítimas, ou ilegítimas?; 1.2 Mesmo abstraída a questão moral, a redução de algumas desigualdades seria defensável sob um ponto de vista econômico?; 1.3 O tributo é uma ferramenta adequada para se promover a redução de desigualdades? Mesmo que seja considerado adequado, é ele suficiente?; 1.4 Como equacionar a questão relacionada ao fato de que os detentores de maior capacidade contributiva, se confrontados com uma tributação mais onerosa – como pode ser o caso de uma destinada a reduzir desigualdades –, tendem a migrar para países de tributação mais branda, ou mesmo recorrer ao planejamento tributário internacional e ao uso de paraísos fiscais? – 2. Tributação do consumo; 2.1 É correto dizer-se que a tributação do consumo é regressiva? Como conciliar essa possível e suposta regressividade, com a necessidade de respeito à capacidade contributiva e às ideias de justiça fiscal?; 2.2 Há como ajustar a tributação do consumo à luz de considerações ligadas à capacidade contributiva, ao gênero, ou a quaisquer outras características pessoais do consumidor, levando-se em conta que o contribuinte legalmente registrado e identificado junto às repartições fiscais é o comerciante vendedor?; 2.3 É correto dizer-se que sociedades economicamente mais desiguais oneram mais pesadamente o consumo, e sociedades economicamente menos desiguais o oneram menos? A desigualdade é causa ou consequência de se atribuir maior peso à tributação do consumo?; 2.4 Possíveis defeitos da tributação sobre o consumo, no Brasil, no que tange à redução das desigualdades, serão mitigados ou incrementados pelas propostas de reforma tributária ora em tramitação e discussão no Congresso Nacional?; 2.5 Os fatos relativos às indagações acima foram de algum modo atingidos pelos efeitos da pandemia causada pela Covid-19? – 3. Tributação da renda; 3.1 Há relação entre a progressividade das alíquotas do imposto sobre a renda e o enfrentamento das desigualdades econômicas ou sociais?; 3.2 Quais as desvantagens, defeitos ou problemas da tributação progressiva da renda? Elas são superadas por eventuais vantagens dessa técnica de tributação?; 3.3 Tendo em vista a determinação constitucional para que o imposto sobre a renda seja regido pelo princípio da progressividade, seria válida a instituição de uma alíquota única (flat tax) para esse imposto no país?; 3.4 É possível atingirem-se os objetivos buscados com alíquotas progressivas, sem se considerarem adequadamente as bases sobre as quais elas incidem? Bases muito baixas, ou próximas umas das outras, são capazes de aproximar a tributação progressiva de um flat tax?; 3.5 A tributação da renda, no Brasil, possui aspectos ou particularidades, no que tange às pessoas físicas, que implicam discriminação ou quebra da igualdade no que tange a questões de gênero? Quais seriam elas, e como poderia ser remedidas?; 3.6 Os fatos relativos às indagações acima foram de algum modo atingidos pelos efeitos da pandemia causada pela Covid-19? – 4. Tributação das heranças; 4.1 A tributação das heranças guarda relação com a mitigação das desigualdades no plano intergeracional? Seriam essas desigualdades mais, ou menos legítimas, que aquelas surgidas durante a vida de pessoas de uma mesma geração?; 4.2 A tributação das heranças amesquinha o direito à herança, previsto constitucionalmente? Considerando-se que ambas – a tributação de heranças e o direito à herança – são previstos no texto constitucional, como conciliá-los?; 4.3 À luz do Direito Comparado, a carga tributária incidente sobre heranças, no Brasil, pode ser considerada alta, ou baixa?; 4.4 A tributação das heranças pode se submeter ao princípio da progressividade?; 4.5 Caso afirmativa a resposta à questão anterior, seria possível atingirem-se os objetivos buscados com alíquotas progressivas, sem se considerarem adequadamente as bases sobre as quais elas incidem? Bases muito baixas, ou próximas umas das outras, são capazes de aproximar a tributação progressiva de um flat tax?; 4.6 Os fatos relativos às indagações acima foram de algum modo atingidos pelos efeitos da pandemia causada pela Covid-19? – 5. Justiça fiscal e gasto público; 5.1 A justiça de um sistema tributário pode ser aferida, ou medida, sem se considerarem os fins nos quais os recursos arrecadados são aplicados?; 5.2 Quais gastos públicos seriam mais adequados, no Brasil, para minimizar o problema das desigualdades econômicas e sociais?; 5.3 Os fatos relativos às indagações acima foram de algum modo atingidos pelos efeitos da pandemia causada pela Covid-19? – 6. Corrupção e desigualdades; 6.1 Quais os efeitos da corrupção sobre a tributação e sua utilização para o enfrentamento das desigualdades sociais e econômicas?; 6.2 Os fatos relativos às indagações acima foram de algum modo atingidos pelos efeitos da pandemia causada pelo SARS Covid-19? – Considerações conclusivas – Referências.

INTRODUÇÃO

A pandemia do novo Coronavírus, também conhecido como Covid-19 ou SARS-CoV-2, deflagrada nos últimos anos no mundo inteiro, impôs grandes desafios para a humanidade, exigindo especialmente dos governos estatais uma atenção diferenciada para o problema, em diferentes frentes de ação – sendo a principal delas (ou pelo menos deveria ter sido) a adoção de medidas sanitárias para combater a transmissão da doença (mediante serviços de saúde preventiva) e a morte das pessoas contaminadas (pelos serviços de saúde terapêutica).

Uma das frentes de ação que tanto atingiu essa pandemia quanto sofreu com seus efeitos decerto foi o da tributação. No Brasil, muitos governos estabeleceram medidas de interdição de estabelecimentos, de restrição nas cadeias de abastecimento, bem como buscou-se mitigar impactos econômicos provocados pela mudança de oferta e demanda de produtos relacionados com a profilaxia e tratamentos relacionados ao vírus. Com o fechamento das empresas, os empregos ficaram em xeque, gerando um efeito cascata para a economia do País e para o agravamento da situação de pobreza dos trabalhadores, da submissão a condições insalubres e de risco de doenças, e da condição social dos moradores de comunidades periféricas e de áreas de risco.

Para os Fiscos, o dilema entre a queda de faturamento das empresas e de circulação de mercadorias e serviços, impactando diretamente na arrecadação tributária, e a necessidade de incentivos para a manutenção dos empregos e das empresas, bem como visando a mitigação das desigualdades socioeconômicas no Brasil, agravadas no período de crise sanitária, exigiria um esforço extraordinário para evitar discrepâncias financeiras.

Atento a esse cenário, o Instituto Cearense de Estudos Tributários (ICET), sempre na vanguarda da realidade fiscal brasileira, lança seu mais novo desafio, para enfrentar o problema das desigualdades da tributação no contexto da pandemia. Agradecemos ao convite para a o debate e esperamos que as reflexões aqui expostas possam ecoar em futuras pesquisas. Como de praxe, buscou-se enfrentar todas as questões propostas, com o intuito de apresentar uma linha coerente de reflexão.

1. PREMISSAS FUNDAMENTAIS

1.1 Existem critérios a partir dos quais as desigualdades podem ser avaliadas, de sorte a serem consideradas moralmente legítimas, ou ilegítimas?

Conforme explica Piketty (2014), a desigualdade não é necessariamente um mal, por si, mas é necessário investigar as razões concretas para sua existência, em determinado contexto. Existem diferentes critérios para estabelecer as condições de desigualdade e eventual moralidade acerca delas. Numa primeira aproximação, pode-se dizer que a desigualdade é uma condição inerente à natureza. As pessoas são desiguais em seus atributos e talentos pessoais.

A esta desigualdade, relativa à corporeidade e às características da mente, Rousseau[1] denomina desigualdade natural ou física. Por sua origem, a desigualdade natural não é moral ou imoral, mas um simples evento no mundo fenomênico. Dito isso, suas consequências poderão ser objeto de avaliação e deliberação política, sendo dirimidas ou estimuladas. Já a desigualdade moral ou política depende de "uma espécie de convenção a ser estabelecida, ou pelo menos autorizada, pelo consentimento dos homens".

Esta convenção inclui a forma e o conteúdo do direito de propriedade; a cidadania; a ocupação de função deliberativa no sistema político etc. Neste sentido, a própria ideia de igualdade faz parte da convenção/construção moral, sugerindo que nenhuma pessoa é melhor do que outra (desigualdade natural) a ponto de justificar que uma mereça mais do que outra (desigualdade moral).

A ideia de igualdade informa, hoje, ideologias e estratégias distintas para tratar do bem comum. Há autores de viés mais liberal, como John Rawls,[2] que entendem que são ilegítimas as desigualdades de partida, pois nada justificaria colocar dois seres humanos em condições de disparidade desde o berço. Assim,

---

1. 1999, p. 159.
2. 1971, p. 63.

> Assumindo que há uma distribuição natural de qualidades, aqueles que estão no mesmo nível de talento e habilidade e tem a mesma disposição para usá-los, devem tem o mesmo potencial de sucessos, independentemente de sua posição inicial no sistema social. (tradução nossa)

Outros autores sustentam que a desigualdade de chegada também é injusta quando conduz a uma situação de miserabilidade. A mitigação das situações de miserabilidade também são convenientes não apenas para um modelo social de Estado, mas também para um modelo liberal, já que serve de estímulo para a perseguição de empreendimentos mais ambiciosos, com uma eventual garantia de seguridade social em caso de fracasso. Um sistema estatal bem estruturado deve estimular os agentes econômicos a se reerguerem no fracasso e buscarem a inovação para o futuro; sem o amparo institucional nas situações de miserabilidade, esse sistema aparenta mais ineficiente no longo prazo.

Esta é a visão adotada pelos presentes autores, sob uma perspectiva consequencialista-utilitarista: se a verificação empírica revela que os efeitos de certa desigualdade (e determinado grau de referida desigualdade) é um obstáculo para as satisfações dos povos, ou, *a contrario sensu*, se a máxima satisfação e bem-estar só podem ser alcançados com o estabelecimento de certas igualdades convencionais, então cabe ao poder político estabelecer essas igualdades.

Tal intervenção deve ser feita na medida em que servir à máxima satisfação e bem-estar – e tão somente nesta medida. Logo, seu critério de legitimidade seria sua eficácia, empiricamente verificada, sobre a condição humana.

Para um modelo liberal sustentável – sustentabilidade entendida aqui como a possibilidade de proveito no longo prazo, ou o direito ao futuro[3] –, portanto, há critérios que permitam a identificação de desigualdades moralmente legítimas ou ilegítimas: de um ponto de vista da igualdade de partida, não se verificam motivos razoáveis que justifiquem as desigualdades, senão aquela natural (talento) que não deve ser por si suprimida, e de um ponto de vista da igualdade de chegada, as disparidades podem ser mensuradas pelos esforços de cada um para alcançar seus objetivos, sendo moralmente aceitáveis as desigualdades, desde que não impliquem impor a condição de miserabilidade às pessoas que não alcançam sucesso em seus projetos pessoais.

1.2 Mesmo abstraída a questão moral, a redução de algumas desigualdades seria defensável sob um ponto de vista econômico?

Em um primeiro momento, cabe lembrar que a questão econômica é indissociável da questão moral. Com exceção de ideologias de apriorismo radical, como o de Hans-Herman Hoppe, as filosofias morais sempre trazem considerações de

---

3. FREITAS, 2019.

caráter consequencialista, em maior ou menor grau. Mesmo Kant, para quem há leis universais e incondicionadas, pode ser lido como normativo-consequencialista, pois sua teoria envolve o "dever de promoção das condições necessárias para a racionalidade dos seres".[4]

A moralidade informa quais bens devem ser buscados e a quem são devidos; a economia é tão somente o instrumento para maximizar os bens e cumprir a alocação informada pela moralidade. Deste modo, a filosofia moral não pode ser neutra ou silente em relação aos sistemas ou políticas econômicas a serem adotados.

Dito isso, a pergunta parece pressupor um olhar relacionado à manutenção e ampliação da economia de mercado, em si mesma, dispensando-se um juízo sobre seu valor na realização do bem comum. Neste sentido, pode-se dizer que a redução das desigualdades de partida fortalece a concorrência, permitindo que os agentes econômicos possam disputar em condições reais, levando a um aprimoramento dos mercados com a redução das barreiras de acesso. Da mesma forma, reduzir as desigualdades de chegada permite aos agentes econômicos novas oportunidades de recomeçar.

Em termos de evidências empíricas, pode-se analisar os efeitos da "renda básica universal" (uma das estratégias de redução de desigualdade política). Uma revisão sistemática de literatura indica efeitos positivos da renda básica universal sobre nível de escolaridade, saúde e consumo das famílias, sendo lícito antecipar efeitos positivos na economia de mercado. Dito isso, o mesmo trabalho indica que há poucas pesquisas sobre o impacto da renda básica universal no nível da comunidade.[5] Por outra perspectiva, a renda básica universal corrobora para a manutenção do mercado de base, considerando a aquisição de bens e serviços essenciais pelos estratos mais baixos da economia.

Acerca da relação geral entre desigualdade e crescimento econômico, o impacto negativo "acaba se revelando considerável. [...] Diminuir a desigualdade por 1 ponto na escala Gini representaria um aumento de 0,8% no crescimento acumulado nos 5 anos seguintes [...]".[6]

No mesmo sentido, a contenção de desigualdades entre agentes econômicos, com medidas antitruste e anti*dumping*, também colabora para a manutenção de um mercado competitivo, evitando a concentração de agentes e a concorrência desleal com preços predatórios. Em análise de dados de 154 países, entre 1960 e 2007, Petersen[7] indica que "leis antitruste, em sua feição atual, promovem desen-

---

4. CUMMISKEY, 1990, p. 615.
5. HASDELL, 2020.
6. CINGANO, 2002, p. 17.
7. 2011, p. 615, tradução nossa.

volvimento econômico, embora façam pouco pela democratização e estabilização de regimes democráticos".

Ou seja, a redução de desigualdades pode fortalecer as bases da economia de mercado, tais como a livre iniciativa e a livre concorrência, e permitem o desenvolvimento do capital social de um país, refletindo diretamente em seu produto interno bruto (PIB).

1.3 O tributo é uma ferramenta adequada para se promover a redução de desigualdades? Mesmo que seja considerado adequado, é ele suficiente?

O tributo é uma tecnologia institucional versátil, capaz de ser utilizada para diferentes finalidades, inclusive para conduzir os agentes econômicos a uma tomada de decisão mais condizente com o planejamento estatal.

De acordo com Musgrave (1973), são três as classificações das funções do tributo: distributiva, alocativa e estabilizadora. Apesar de as funções distributivas e alocativas terem relação mais óbvia e direta com a diminuição de desigualdades no meio social, a partir da redistribuição de recursos e bens produzidos no meio social e implementação de políticas públicas/institucionais, também a função estabilizadora pode reduzir desigualdades. Basta pensar que os tributos aduaneiros, responsáveis pela estabilização do mercado interno, evitam disparidades entre mercados no nível internacional e permitem que a economia nacional tenha a chance (igualdade de oportunidade) de se desenvolver.

Sob o ponto de vista dos agentes econômicos, a tributação *ex ante* pode fomentar a redução das desigualdades objetivas de partida, inclusive dando opção para os concorrentes quanto à estratégia mais adequada para a estruturação empresarial. Segundo estudos da OCDE, o tributo é o mecanismo estatal mais eficiente para a indução de comportamento de agentes econômicos. Ainda, a tributação *ex post* auxilia na calibragem de excessos cometidos pelos agentes econômicos.

Isto demonstra que o tributo é uma ferramenta adequada para reduzir as desigualdades, mas não que é uma ferramenta suficiente. Primeiro, porque o aspecto financeiro – as normas e decisões relativas à aplicação dos tributos – chega a ter importância ainda maior. A escolha de aplicação de recursos públicos entre redistribuição direta de renda; instituições públicas diversas; políticas de saúde, educação, segurança e outros bens sociais; enfim, entre inúmeras possibilidades de gasto e investimento públicos é fator de máxima relevância para a administração das desigualdades.

Segundo, porque a tributação impensada e mal aplicada pode resultar em aumento da desigualdade. Em termos de economia de mercado, pode-se pensar que a estrutura de empresas de grande porte permite a acomodação de carga e complexidade tributárias maiores, em relação a empresas de pequeno porte, o que pode levar a uma concentração de mercado. Para evitar este fenômeno, o direito brasileiro prevê regimes diferenciados de tributação – a exemplo do SIMPLES Nacional –, além de estabelecer tributação progressiva em determinados casos, prestigiando o princípio da capacidade contributiva.

1.4 Como equacionar a questão relacionada ao fato de que os detentores de maior capacidade contributiva, se confrontados com uma tributação mais onerosa – como pode ser o caso de uma destinada a reduzir desigualdades –, tendem a migrar para países de tributação mais branda, ou mesmo recorrer ao planejamento tributário internacional e ao uso de paraísos fiscais?

A fuga de capital (*capital flight*) é uma situação previsível diante de um cenário de mudanças na estrutura da tributação. Contudo, ela pode sinalizar algo positivo: se por um lado há um afastamento de "bom capital", por outro lado há o afastamento de um "capital ruim", que é desinteressado em questões sociais e ambientais, atraindo assim investidores mais éticos, que busquem menos aversão ao risco diante de regras mais vantajosas e num cenário menos desigual.

Nesse sentido, embora no curto prazo essa situação possa ser negativa, há que se levar em consideração os ganhos de longo prazo para a sociedade. Qualquer iniciativa em um país com regras de menor desigualdade deve estar preparada para pagar o preço adequado para acesso a esses mercados.

Ao mesmo tempo, a mobilidade do capital é um problema de âmbito internacional. O capital migra porque há opções menos onerosas em outro país. Deste modo, é possível – ao menos em tese – limitar sua mobilidade através de cooperação tributária internacional, principalmente através de tratados multilaterais. Conforme Fitzgerald,[8] "ausência de coordenação entre jurisdições tributárias auxilia a fuga de capital e a perda de vitais receitas tributárias". O mesmo autor indica que:

> Colaboração internacional mais intensa dentro das Américas, no âmbito da rede existente de tratados de tributação, através de compartilhamento de informação e adoção de ações conjuntas, poderia aumentar os recursos fiscais disponível na região, e isto traria outros benefícios, incluindo desincentivo à fuga de capital, maior estabilidade fiscal e macroeconômica e mais recursos para o combate à pobreza.[9]

---

8. 2002, p. 66 tradução nossa.
9. FITZGERALD, 2002, p. 76, tradução nossa.

Embora a perda de capital possa acontecer no curto prazo, como uma tentativa de boicotar as iniciativas de seguridade socioambiental, o que pode levar a prejuízos imediatos, no longo prazo, à medida que os demais mercados e legislações fiscais aderirem a agendas ESG ou de responsabilidade social e ambiental, será possível alcançar verdadeiro desenvolvimento nacional, em especial quando a exigência de cumprimento das regras e de satisfação do crédito traga uma sinalização positiva aos investidores.

2. TRIBUTAÇÃO DO CONSUMO

2.1 É correto dizer-se que a tributação do consumo é regressiva? Como conciliar essa possível e suposta regressividade, com a necessidade de respeito à capacidade contributiva e às ideias de justiça fiscal?

Inicialmente, cabe assinalar que a tributação do consumo é aquela na qual se identifica que a capacidade contributiva está presente no poder aquisitivo de bens e serviços; contudo, essa base de tributação pode ser desenhada tanto a partir do consumidor como contribuinte (*salestax*), configurando a tributação direta sobre o consumo, quanto a partir das empresas responsáveis pela cadeia de produção (*value-addedtax*), configurando a tributação indireta sobre o consumo.

Observe-se que, no caso da tributação direta sobre o consumo, na era do capitalismo de vigilância, com a iminência de integração de dados econômicos a respeito dos contribuintes em âmbito nacional, seria possível identificar o contribuinte a ponto de permitir a modulação da tributação sobre o consumo de modo quase que pessoal. Contudo, tal possibilidade enfrentaria graves problemas de fundamentação no contexto de política econômica e fiscal.

Afastada tal situação, a tributação incidente sobre o consumo, porque cobra o mesmo tributo para adquirentes do mesmo bem ou serviço, quando detentores de capacidade contributiva diferente, implica regressividade da tributação. Isto é: por se tratar do mesmo bem ou serviço, o valor nominal tributado será o mesmo, representando um percentual maior das despesas de consumidores pobres e um percentual maior de despesas de consumidores com melhor condição financeira. Assim, para um contribuinte com maior capacidade contributiva, o valor do imposto pesa menos para seu orçamento.

Um modelo ideal de tributação, aprioristicamente considerado, é aquele em que a tributação incidente sobre o consumo compõe menor parte da carga tributária, com maior intensidade na tributação sobre a renda e sobre o patrimônio.

Entretanto, não se pode perder de vista os efeitos práticos desta forma de tributação. Parte dos economistas argumenta que decisões de trabalhadores acerca de sua força de trabalho "são menos distorcidas sob o regime de tributação da renda do que sob a tributação do consumo".[10] Neste mesmo sentido, Nguyen, Onnis e Rossi (2016) concluíram que as distorções, a curto prazo, sobre o nível de produção, consumo e investimento são maiores sob o regime de tributação da renda do que sob tributação de consumo, corroborando as teorias econômicas vigentes.

Logo, é necessário certo sopesamento e conformação quanto às duas formas de tributar. Mesmo porque a tributação sobre consumo não precisa ser completamente regressiva. Explica-se. É possível conciliar a tributação sobre consumo e o princípio da capacidade contributiva através da seletividade de alíquotas sobre produtos. Assim, bens e serviços "populares" e mais essenciais – como cesta básica, gás e energia elétrica – podem ser menos onerados, em comparação a produtos "de luxo" ou menos essenciais – como veículos automotores, acessórios e joias etc.

Este sistema é adotado no Brasil, embora haja considerável conflito político acerca do nível de oneração apropriada de determinados bens (a exemplo da energia elétrica, que até pouco não era considerada essencial). Em sua essência, portanto, a tributação sobre o consumo é regressiva, mas essa regressividade pode ser em certa medida, respeitadas as limitações do modelo de tributação, mitigada à luz de critérios objetivos de riqueza acerca de determinados bens e serviços.

2.2 Há como ajustar a tributação do consumo à luz de considerações ligadas à capacidade contributiva, ao gênero, ou a quaisquer outras características pessoais do consumidor, levando-se em conta que o contribuinte legalmente registrado e identificado junto às repartições fiscais é o comerciante vendedor?

Da forma como a tributação do consumo no Brasil foi concebida, a saber, através de uma tributação sobre a cadeia econômica, e não sobre aspectos pessoais do consumidor, a única forma de se estabelecer diferenciação nos tributos sobre o consumo é de forma objetiva, seja a partir da natureza ou característica dos produtos, seja a partir do preço de comercialização do produto.

Como apontado na resposta anterior, para esse tipo de diferenciação já se aplica a lógica da essencialidade, a regular a incidência de tributos conforme o grau de necessidade daquele bem ou serviço para os mais pobres e o grau de superfluidade para a classe média.

Dito isto, no âmbito da essencialidade é possível diferenciar e onerar menos os produtos normalmente adquiridos por determinado público-alvo. Se é possível prever os efeitos da tributação diferenciada sobre produtos "populares" e produtos

---

10. WELSBACH; BANKMAN, 2006, p. 1420, tradução nossa.

"de luxo", também é possível fazê-lo em relação a produtos voltados a certo gênero ou a outras categorias sociopolíticas.

Como exemplo, Vieceli, Ávila e Conceição[11] argumentam que as mulheres brasileiras, "quando são referências das famílias, despendem maior percentual da renda mensal [...] em despesas voltadas para alimentação, habitação, vestuário, higiene e cuidados pessoais, assistência à saúde – incluindo remédios". Nesse contexto, a tributação sobre pensões alimentícias, num país em que a maioria dos provedores são homens, dado o contexto do patriarcado em vigor, pode configurar uma injustiça fiscal. Da mesma forma, a tributação sobre absorventes também atinge, direta ou indiretamente, a economia doméstica de mulheres cis e homens trans.

Embora considerações a nível subjetivo do consumo sejam possíveis, duas discussões se farão necessárias. A primeira diz respeito a quais categorias sociopolíticas devem ser contempladas com medidas de desoneração, e se esta desoneração é justa, levando em conta a correspondente diminuição de receita pública. Nesse caso, o recurso a ferramentas estatísticas passaria a ser um aliado nesse processo, permitindo a identificação de bens e serviços que estejam onerando, de forma majoritária, grupos minoritários em termos políticos e econômicos no País, e avaliar se referida tributação está compatível com o grau de essencialidade para esses grupos minoritários. Não são as ferramentas mais precisas, mas permitem uma justificação racional – mais racional até do que as adotadas nos tributos sobre o consumo brasileiros – para a adoção de alíquotas diferenciadas.

A segunda discussão diz respeito à eficácia concreta de medidas de desoneração do consumo para certa categoria sociopolítica, bem como a possíveis alcances imprevistos sobre outras categorias não visadas pela desoneração. É possível que medidas como alocação estratégica dos recursos públicos ou mesmo reestruturação da tributação direta sejam mais efetivas. Novamente esbarra-se no que foi discutido anteriormente, no sentido de que é uma ferramenta útil, porém insuficiente por si só.

2.3 É correto dizer-se que sociedades economicamente mais desiguais oneram mais pesadamente o consumo, e sociedades economicamente menos desiguais o oneram menos? A desigualdade é causa ou consequência de se atribuir maior peso à tributação do consumo?

De início, deixa-se o alerta de que o maior peso da tributação do consumo não é a causa definitiva das desigualdades econômicas, mas a oneração mais pe-

---

11. 2021, p. 54-55.

sada sobre o consumo impede ou dificulta o refreamento ou reversão do cenário de desigualdade crescente.

A partir de uma teoria das instituições, não há como atribuir uma posição unívoca para a desigualdade: o cenário de desigualdade econômica fortalece um ambiente de desigualdade política, que vai gerar leis, inclusive tributárias, que não pretendem desfazer a desigualdade imperante, mantendo ou reforçando o estado de coisas.

Desta forma, a tributação sobre consumo é ora causa, ora efeito da desigualdade. Esta correlação, embora exista, não é fixa e depende do contexto de cada país – mesmo porque o caráter regressivo do tributo dependerá do nível de oneração e dos bens/serviços onerados.

O estudo de Joumard, Pisu e Bloch (2012) indica que a regressividade dos tributos sobre consumo é maior na Dinamarca, Finlândia, Hungria, Noruega e Suécia, enquanto a menor regressividade estaria no Japão e nos EUA. Ao se cruzarem os dados do peso da tributação sobre o consumo em termos da tributação total dos países da OCDE com os seus respectivos índices Gini, pode-se constatar que, dos 16 países, entre 37 pesquisados, que possuem as menores proporções de tributação sobre o consumo (abaixo de 30%), 10 estão com o índice Gini abaixo da média (ou seja, são menos desiguais). Japão, EUA e Canadá, que possuem os menores percentuais de arrecadação tributária sobre o consumo entre esses países, estão acima da média no índice Gini (são mais desiguais).

Portanto, não existe uma relação imediata de causa e efeito, pois é preciso considerar outros agregados econômicos e variáveis, como o PIB *per capita*, a relação entre a carga tributária sobre o PIB, o Índice de Desenvolvimento Humano (IDH) e a qualidade do gasto público. México, Chile, Equador, Peru, Argentina e Brasil possuem índices Gini aproximados, todos eles adotam uma política tributária forte sobre o consumo, com percentuais acima de 40%, embora no Brasil a carga tributária seja bem mais elevada.

2.4 Possíveis defeitos da tributação sobre o consumo, no Brasil, no que tange à redução das desigualdades, serão mitigados ou incrementados pelas propostas de reforma tributária ora em tramitação e discussão no Congresso Nacional?

Em relação à reforma da tributação sobre o consumo, as principais propostas em trâmite no Congresso dizem respeito às Propostas de Emenda à Constituição 45/2019 e 110/2019. Ambas dão enfoque à unificação de tributos.

A PEC 45 pretende unificar PIS, COFINS, ICMS e ISS, criando o Imposto sobre Bens e Serviços (IBS). A base do novo imposto seria ampla, inclusive tributando intangíveis e direitos. A PEC 110 é bastante similar, mas também unifica, além dos tributos já citados, o IPI, o IOF e a CIDE, criando o Imposto sobre Valor Agregado (IVA).

A ideia por trás das PECs é a de redução de complexidade tributária. Conforme justificativa da PEC 45, "o modelo proposto busca simplificar radicalmente o sistema tributário brasileiro, sem, no entanto, reduzir a autonomia dos Estados e Municípios, que manteriam o poder de gerir suas receitas através da alteração da alíquota do IBS."

Eventual unificação pode levar a ganhos em termos do custo e do dispêndio de tempo relativos à apuração, contabilização e recolhimento de tributos. Entretanto, há o risco de atribuir à União capacidade tributária exacerbada.

Noutra perspectiva, a versão mais atualizada da PEC 110, conforme proposto pela Comissão de Constituição, Justiça e Cidadania do Senado Federal, considerou-se que a isenção de tributos sobre itens essenciais não seria adequado, por não ser a forma mais eficiente de realização de política distributiva, razão pela qual a proposta em andamento defende a restituição de tributos para famílias de baixa renda. Embora bastante questionável a extinção da seletividade em razão da essencialidade, a previsão de um benefício para pessoas de baixa renda converge com a ideia de redução das desigualdades.

Entretanto, se de um lado os parlamentares pretendem estabelecer o mínimo de isenções para referido imposto, por outro deixam ao critério do legislador complementar a definição desses itens, o que leva novamente ao problema político de tratamentos diferenciados para grupos de interesse mais organizados e, assim, fomentar novamente a manutenção do *status quo*.

Ademais, não se pode dizer assertivamente que a reforma reduzirá desigualdades. Enquanto houver a manutenção de um sistema de tributação sobre o consumo baseado na cadeia econômica e da sistemática de não cumulatividade, típicos de uma tributação indireta sobre o consumo; e não houver regras e limites para a concessão de incentivos setoriais (concedidos ao argumento de relevância nacional) e o controle sobre o limite da carga tributária, considerando a arrecadação total com outros tipos de tributos, não há que se cogitar em mitigação dos defeitos da tributação sobre o consumo brasileira.

2.5 Os fatos relativos às indagações acima foram de algum modo atingidos pelos efeitos da pandemia causada pela Covid-19?

No contexto da capacidade contributiva dos tributos sobre o consumo, as necessidades podem oscilar com a evolução da sociedade. Até recentemente, a energia elétrica era inconstitucionalmente considerada como bem supérfluo, sendo tributada com alíquota máxima pelo ICMS.

O acesso à internet passa a ser sustentado como um direito fundamental das pessoas, o que deveria gerar implicações quanto à sua qualificação enquanto serviço essencial. O mesmo se pode dizer em situações extraordinárias, como em catástrofes e outros eventos de comoção nacional, nas quais o preço dos produtos pode alterar elasticamente segundo a sua escassez e a sua procura associada a uma necessidade imediata, como é o caso dos medicamentos durante o período da pandemia.

Logo, é legítima a aplicação de alíquotas mais baixas, bem como a concessão de isenções ou até mesmo descontos na base de cálculo do imposto de renda, para bens e serviços de saúde objetivamente relacionados à Covid-19 (vacinas, respiradores, despesas médicas e farmacêuticas, testes de laboratório etc.), ainda que durante período determinado.

Se é importante considerar os efeitos da tributação do consumo sobre a pandemia, também há de se considerar o reverso: se o estado econômico na pandemia e após impacto a (in)justiça do sistema tributário. Pode-se responder positivamente, na medida em que as medidas de contenção da Covid-19 levaram a uma diminuição de renda dos brasileiros, inclusive com aumento dos níveis de extrema pobreza.

A redução do poder aquisitivo das famílias gerou preocupações com relação à capacidade de pagamento de despesas básicas, como água, energia elétrica, gás e combustíveis, razão pela qual seria recomendável a adoção de medidas fiscais mitigadoras no período excepcional. Na mesma toada, impactos econômicos foram sentidos pelas empresas, nas quais muitas se viram obrigadas a fechar suas portas ou a declarar recuperação judicial, bem como a proceder à demissão de empregados, razão pela qual a redução de contribuições sociais e o oferecimento de alternativas à suspensão do crédito tributário, como a moratória, poderiam configurar medidas aliviadoras.

A propósito, em levantamento de dados pela Comissão Econômica para a América Latina e o Caribe,[12] tem-se que que a taxa de extrema pobreza sofreu um aumento de 13,1% para 13,8% na América Latina, com o número absoluto de pessoas em extrema pobreza passando de 81 a 86 milhões.

Ora, se a tributação sobre o consumo é regressiva, representando ônus maior aos estratos mais pobres da população, então sua presença massiva na arrecadação tributária é mais grave em contexto de aumento da pobreza extrema.

---

12. CEPAL, 2022.

3. TRIBUTAÇÃO DA RENDA

3.1 Há relação entre a progressividade das alíquotas do imposto sobre a renda e o enfrentamento das desigualdades econômicas ou sociais?

Considerando a necessidade de custeio das políticas públicas, tributar os cidadãos por valor fixo decerto gera um ônus muito elevado para aqueles que menos dispõem de recursos para pagar, conduzindo-os a uma pressão socioeconômica ilegítima. Nesse sentido, a tributação progressiva do imposto sobre a renda, se bem desenhada, pode permitir uma repartição mais razoável, tributando cada cidadão a partir de suas condições pessoais de colaboração econômica.

Relembra-se que o imposto sobre a renda qualifica-se como o mais pessoal de todas as modalidades de impostos, já que é nele que seria possível trazer um retrato mais fidedigno da capacidade econômica de um cidadão. Os princípios da universalidade e generalidade, aplicáveis ao referido imposto, fortalecem a ausência de cidadãos imunes – com mitigações para algumas pessoas jurídicas – e de consideração de todas as rendas e despesas – com maiores exceções. Por essas razões, no panteão dos tributos, o imposto de renda seria o candidato mais adequado para calibrar as desigualdades socioeconômicas.

A progressividade das alíquotas – tal como a já referida renda básica universal – tem fundamento na utilidade marginal, que é cada vez menor conforme aumenta a quantidade de um determinado bem ou recurso. Isto é: o valor de cada "real" adicional é proporcionalmente inferior, de modo que R$ 1.000,00 (mil reais) para um brasileiro da classe D tem mais utilidade do que para um brasileiro da classe A.

Pensando a questão do ponto de vista das hierarquias de Maslow (a hierarquia das satisfações humanas), a mesma quantia que pode satisfazer as necessidades fisiológicas e de segurança (necessidades de 1ª e 2ª ordem), para um indivíduo da classe D, poderá ser utilizada para satisfazer necessidades de estima e autorrealização (necessidades de 4ª e 5ª ordem), para a classe A. O primeiro caso é questão de sobrevivência e, sendo a existência humana a base para qualquer outra utilidade, deve vir primeiro e acima de outras preocupações.

Figura 1 – Pirâmide ou hierarquia de Maslow

Fonte: MASLOW, 1943.

Além disso, a progressividade tem sido bastante eficaz em seu propósito. Afirma Machado Segundo[13] que "ao longo do século XX o uso intenso de alíquotas progressivas não prejudicou o crescimento, que foi elevado, mas manteve sob controle o aumento das desigualdades, as quais, ao final dos anos 1980, com a redução das alíquotas em todo o mundo, voltaram a crescer em padrões comparáveis aos do final do século XIX". Em outras palavras, uma tributação progressiva sobre a renda, considerando o máximo de receitas e despesas de cada cidadão, tem o potencial de achatar a curva de desigualdade em um país.

3.2 Quais as desvantagens, defeitos ou problemas da tributação progressiva da renda? Elas são superadas por eventuais vantagens dessa técnica de tributação?

Para Machado Segundo (2022), há três fatores comumente levantados por detratores da progressividade na tributação de renda. O primeiro é a maior complexidade da tributação, pois deverá ser observada a faixa de renda respectiva à alíquota progressiva. Dos três, este argumento é de menor importância.

O segundo, mais relevante, é o de que a progressividade é um desestímulo ao aumento e qualidade do trabalho aplicado. Isto porque, com a aplicação de alíquotas cada vez maiores, cada ganho adicional de um agente econômico possui mais e mais ônus. A decisão do agente racional é sempre ganhar o máximo com o menor trabalho possível, de modo que permanecerá em patamar produtivo inferior ao que normalmente adotaria.

---

13. 2022, p. 286.

Entretanto, embora esse argumento seja válido em diversas situações, ele ignora a existência de valores fundamentais do imaginário social da modernidade, ligados à crença no futuro e na prosperidade.[14] Ademais, como já dito, não há evidências de que este desestímulo é maior do que as vantagens representadas pela tributação progressiva. Os modelos matemáticos, entre eles o de Diamond e Saez (2011), parecem corroborar os achados empíricos.

O último fator elencado por Machado Segundo (2022) seria a irrelevância da técnica da progressividade, sem uma corresponde aplicação da receita pública em favor dos mais pobres. Para os presentes autores, contudo, não se trata de crítica contundente à progressividade, mas sim uma crítica justa e necessária à composição dos gastos públicos. Considerem-se os quatro cenários apresentados na Figura 2.

Figura 2 – Cenários conforme principal contribuinte e beneficiário do gasto

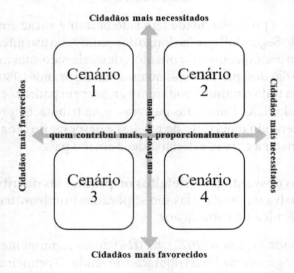

Fonte: elaborados pelos próprios autores

Rememorando a utilidade marginal e a hierarquia de satisfações, conceitos mencionados na resposta à questão anterior, percebe-se que o cenário mais adequado é o 1, que depende tanto da progressividade, quanto da justiça orçamentária. Os cenários 2 e 3 representam manutenção do estado de coisas, enquanto o 4 representa um agravamento da injustiça.

---

14. HARARI, 2018.

Por fim, cabe dizer que a progressividade pode levar a um sentimento de merecimento de privilégios por parte dos cidadãos mais favorecidos, que pagam mais tributos que o restante da população. Este mal-estar, em função de interesses do estrato social, é um fator relevante a ser considerado no momento de desenho (*design*) das políticas públicas, mas não pode ser um impeditivo para o combate à condição de miserabilidade.

3.3 Tendo em vista a determinação constitucional para que o imposto sobre a renda seja regido pelo princípio da progressividade, seria válida a instituição de uma alíquota única (flat tax) para esse imposto no país?

Se a Constituição determina que o imposto obedeça ao princípio da progressividade, há um mandamento de otimização para a legislação tributária em favor de um estado de coisas tal que a tributação sobre a renda seja a cada dia mais progressiva. Em outras palavras, a alteração da legislação para um imposto sobre a renda de alíquota única implicaria um retrocesso socioeconômico incompatível com esse princípio. Configurar-se-ia, portanto, uma flagrante situação de inconstitucionalidade.

Contudo, a referida pergunta conduz a uma outra: emenda constitucional poderia suprimir a progressividade do imposto de renda, ou seja, a progressividade é uma cláusula pétrea?

Entendem os presentes autores que sim, haja vista que as limitações constitucionais ao poder de tributar, em grande medida, estão ligadas a valores protegidos pela Constituição. É importante lembrar que o comando constitucional insculpido no art. 60, § 4º, se vale da expressão "tendente a abolir", o que pode sugerir, entre outras interpretações, a adoção de uma postura precautória. Em outras palavras, havendo sérias e fundadas suspeitas de que uma nova ideia em debate constitucional reformador possa suprimir direitos fundamentais, deve-se buscar impedir seu andamento.

O princípio da progressividade, ao buscar proteger a igualdade tributária em sentido material, vale dizer, quem aufere mais renda deve contribuir desigualmente, segundo suas desigualdades, seria inconstitucional proposta de emenda que tenda a abolir a progressividade. Nem seria admissível o argumento de que o *flat tax* seria uma forma passível de promover a igualdade tributária diante da proporção das desigualdades de cada cidadão, haja vista que a transformação da alíquota progressiva em proporcional inevitavelmente redundaria em mitigação de direitos sociais (que também são econômicos). Felizmente ou não, esse ponto parece ter sido pacificado pelo constituinte originário, sugerindo que referido debate não volte a ser apresentado nas casas legislativas.

Ademais, a progressividade se relaciona ainda com dois dos objetivos fundamentais da República, elencados no art. 3º, incisos I (a construção de uma sociedade solidária) e III (a redução das desigualdades). Assim, seria absolutamente inconstitucional a instituição de *flat tax*.

3.4 É possível atingirem-se os objetivos buscados com alíquotas progressivas, sem se considerarem adequadamente as bases sobre as quais elas incidem? Bases muito baixas, ou próximas umas das outras, são capazes de aproximar a tributação progressiva de um flat tax?

O princípio da progressividade não se traduz apenas na existência de alíquotas progressivas conforme faixas crescentes de renda. Essa é apenas uma das várias interpretações normativas do princípio da progressividade, que conduz à existência de outras regras, cuja finalidade precípua é a promoção de uma tributação efetivamente mais gravosa para quem possui maiores rendimentos, e um alívio fiscal para quem não possui as mesmas condições econômicas.

Nesse sentido, bases muito próximas, especialmente quando param de escalonar em estratos mais altos, não obedecem ao mandamento de otimização da progressividade. Tratar-se-ia de um *flat tax* dissimulado; um sistema de alíquotas tecnicamente "diferenciadas" que, contudo, não bastaria para configurar o cenário I indicado na resposta à questão 3.3 ("os cidadãos mais favorecidos contribuem proporcionalmente com mais recursos, em favor dos mais necessitados").

A maior dificuldade discursiva, nesta matéria, é que entre a progressividade e um *flat tax* de fato há uma diferença de grau, apenas. Isto pode levar a certas arbitrariedades quando do controle de constitucionalidade das alíquotas instituídas. Nesse sentido, para se manter a coerência com o que respondido na questão anterior, é plausível o ingresso de ação direta de inconstitucionalidade por omissão legislativa em razão da ausência de atualização das alíquotas progressivas do imposto sobre a renda, bem como quando demonstrado que a progressividade não está alcançando seu objetivo constitucional.

Noutra perspectiva, a diferenciação das bases de cálculo do imposto sobre a renda podem mascarar uma profunda desigualdade tributária no sistema. Se consideradas as técnicas dos rendimentos tributados exclusivamente na fonte e dos rendimentos isentos, nas quais o legislador pode definir determinadas rendas que estariam fora do cálculo padrão, bem como poder aplicar alíquotas diferenciadas, vislumbra-se um cenário de potenciais distorções.

3.5 A tributação da renda, no Brasil, possui aspectos ou particularidades, no que tange às pessoas físicas, que implicam discriminação ou quebra da igualdade no que tange a questões de gênero? Quais seriam elas, e como poderia ser remedidas?

Sendo a tributação sobre a renda a modalidade que se configura a mais pessoal, em comparação à tributação sobre o patrimônio e sobre o consumo, deve-se aplicar em maior intensidade o princípio da pessoalidade da tributação, prevista no art. 145, § 1º, da Constituição.

Com efeito, a legislação brasileira prevê deduções na base de cálculo de determinadas despesas contraídas pelo contribuinte, permitindo que haja maior individualização, mas limitado aos itens e limites quantitativos que a legislação estabelece. Nesse cenário, é possível que custos ocultos oriundos de questões de gênero – dupla jornada, maternidade, *pink taxes* etc. – possam ser ignorados.

Ademais, Vieceli, Ávila e Conceição (2021) identificaram que "os homens possuem maiores rendimentos isentos, ou seja, provavelmente os indivíduos recebedores de lucros são majoritariamente homens [...]". Como é sabido, no Brasil a distribuição de dividendos é isenta e, havendo mais empresários/investidores homens, são eles os principais beneficiários da isenção.

Entretanto, aqui o elemento gênero aparece como variável acidental, sendo a verdadeira causa de tributação diferenciada a condição de sócio ou acionista. Logo, cabe ponderar qual a medida adequada de reforma, se houver. A questão parece envolver menos políticas de igualdade de gênero – ao menos diretamente – e mais a análise da adequação ou não da isenção dos dividendos, matéria complexa que comporta estudo próprio.

Por outro lado, a carga atribuída às mulheres para o cuidado da prole, aliada às dificuldades de gestão de três jornadas, pode ensejar distorções que fortalecem a desigualdade de gênero. Uma vez que é a legislação que define quais rendas devem ou não ser tributadas, considerar a pensão alimentícia, por exemplo, como renda pode intensificar as desigualdades. Analogicamente ao que foi explanado quanto à progressividade, a tributação sobre a renda que na prática incide mais fortemente para os grupos já socioeconomicamente mais prejudicados, como minorias de gênero e de cor, não colabora para a redução das desigualdades sociais.

3.6 Os fatos relativos às indagações acima foram de algum modo atingidos pelos efeitos da pandemia causada pela Covid-19?

Despesas com saúde, medicamentos, máscaras e produtos de limpeza foram intensificadas durante o período mais grave da pandemia, sendo razoável a autorização de dedução de despesas nesses itens.

Caso contrário, não se estará tributando acréscimo patrimonial disponível, mas tão somente valores destinados a gastos essenciais e mesmo juridicamente obrigatórios – considerando os inúmeros estabelecimentos e ambientes que passaram a exigir o uso de produtos como máscara, álcool em gel e afins, por imposição do Poder Público.

Ainda, a pandemia intensificou desigualdades e contribuiu para o aumento da extrema pobreza, como já argumentado. Logo, faz-se premente a remediação do meio social através do uso conjunto da progressividade e da justiça orçamentária. No caso do imposto de renda, a atualização das alíquotas progressivas pelo menos de acordo com a inflação seria o mínimo a se considerar no contexto pandêmico.

4. TRIBUTAÇÃO DAS HERANÇAS

4.1 A tributação das heranças guarda relação com a mitigação das desigualdades no plano intergeracional? Seriam essas desigualdades mais, ou menos legítimas, que aquelas surgidas durante a vida de pessoas de uma mesma geração?

Sob alguns sistemas filosóficos, o direito de herança é um dos mais injustificáveis fatores de desigualdade, haja vista que não reflete nenhum elemento legítimo de diferenciação entre as pessoas, mas um critério aleatório baseado na família em que alguém nasce. Sob um véu de ignorância rawlsiano quanto à escolha da sua família de nascimento, um número bastante significativo de pessoas concordaria que a herança não reflete nenhum mérito e portanto não seria justa.

A herança antropologicamente configura-se como um seguro social para a família do falecido, que deixa bens para a continuidade do sustento de sua prole. A valorização jurídica desse interesse vem de tempos em tempos sendo colocada em xeque.

Como notado por Mill,[15] a transferência da propriedade de indivíduos que dela não dispuseram em vida, em favor de seus filhos, "pode ser um arranjo correto ou não, mas não tem consequência alguma para o princípio da propriedade privada". Assim, o direito à herança – ao menos, à herança sem testamento – sequer poderia ser justificado a partir de um suposto "direito natural à propriedade", existindo apenas por força de convenção.

Como então, legitimar esta convenção? O argumento deve ser – como se tem defendido para toda matéria de tributação e desigualdade – baseado nas consequências empíricas desejáveis da herança. Estes efeitos estariam ligados ao estímulo

---

15. 1994, p. 28.

ao trabalho, ao investimento e à produção. Isto é: para determinado indivíduo, a garantia de que seus filhos ou familiares receberão os frutos de seu trabalho é um motivo adicional para despender sua força de trabalho e aplicar seus recursos de forma ponderada. Tem-se, ainda, um efeito positivo para os próprios herdeiros, especialmente aqueles que ainda não têm condições físicas, psicológicas ou de saber técnico para trabalhar.

Não obstante, é fato que a herança é uma das principais formas de concentração de riqueza e geração de desigualdade. Os efeitos positivos da herança, considerada *a priori*, normalmente podem ser alcançados ainda que apenas parte dos bens sejam herdados. Assim, a tributação das heranças guarda relação direta com a mitigação das desigualdades, pois reduz eventuais disparidades em termos de igualdade de partida entre as pessoas.

4.2 A tributação das heranças amesquinha o direito à herança, previsto constitucionalmente? Considerando-se que ambas – a tributação de heranças e o direito à herança – são previstos no texto constitucional, como conciliá-los?

O art. 5º, inciso XXX, encerra curioso direito fundamental, em redação mais curiosa ainda: "é garantido o direito de herança". Diante da amplitude de sentidos do termo "herança" e do instituto "direito de herança", bem como do caráter principiológico dos direitos fundamentais e da eficácia primariamente vertical das normas constitucionais dessa natureza (defesas do indivíduo contra o Estado), deve o Poder Público estabelecer regras que garantam a existência do espólio. Nesse sentido, a legislação civil estabelece um cabedal de regras relativas ao processo sucessório dos quinhões hereditários.

É possível, inclusive, discutir quem é o sujeito passivo desse direito fundamental ("é garantido o direito de herança"); se abrangeria o proprietário original – conferindo-lhe tanto a segurança de que seu patrimônio será passado a seus herdeiros nos termos da lei ao tempo de sua morte, quanto a liberdade de disposição em vida dessa herança através de testamento – ou se incluiria os herdeiros. Isso porque a definição de herança é necessariamente bilateral.

Em todo caso, este direito fundamental não é absoluto, a exemplo de outros direitos fundamentais patrimoniais, devendo-se observar as limitações impostas pelo próprio texto constitucional (como ocorre com a função social da propriedade ou as prerrogativas de desapropriação e requisição), desde que seja respeitado o núcleo fundamental desse direito.

Em versões iniciais do anteprojeto do texto constitucional, após a menção ao direito de herança, havia a previsão de ser "vedada a incidência de qualquer tributo, custas ou emolumentos relativos aos bens do espólio que sirvam de moradia ao cônjuge sobrevivente ou a herdeiros", destacando-se a possibilidade de tributação de outros patrimônios extravagantes e, em fase posterior, previu-se também que "a transmissão, por morte, de bens ou valores está sujeita a emolumentos, custas e tributos proporcionais ao valor do quinhão, atendido o princípio social da distribuição da renda e da riqueza", o que fortalece a possibilidade de tributação.[16]

A tributação da herança pelo ITCD, ademais – poder-se-ia argumentar –, é uma tributação sobre a transmissão (reflexo do direito de *saisine*), sendo indiretamente uma tributação sobre o patrimônio transferido (quinhão hereditário), identificando-se um índice forte de capacidade contributiva adquirida pelo herdeiro.

Em outras palavras, a Constituição sugere a possibilidade de conciliação entre esses valores, de modo tal que seja preservada a origem do instituto da herança, a saber, a manutenção de condições de sustento da família do de cujus após sua morte. Nesse sentido, a tributação sobre as heranças deve fixar sua atenção para as grandes heranças.

Poder-se-ia cogitar, nos casos específicos de direitos de propriedade, a uma outra discussão. Sendo direitos fundamentais, com estrutura principiológica, se por um lado esses direitos fundamentais exigem que seja resguardado o mínimo existencial, poder-se-ia questionar também se esses direitos também deveriam possuir um máximo existencial? A concentração patrimonial irrestrita pode ensejar obstáculos intransponíveis a outros direitos fundamentais, razão pela qual o próprio constituinte previu que os direitos fundamentais patrimoniais devam atender à função social.

4.3   À luz do Direito Comparado, a carga tributária incidente sobre heranças, no Brasil, pode ser considerada alta, ou baixa?

Em termos de alíquota, a tributação sobre a herança no Brasil aparenta ser baixa, se comparado com outros países. Isto pode se deduzir do trabalho de Cole (2015), que indica que o país com maior alíquota é o Japão (55%). Os Estados Unidos teriam alíquota de 40%; a Espanha, 34%; a Alemanha, 30%. Em paralelo, em razão da Resolução 09/92 do Senado Federal, a alíquota máxima no Brasil é de apenas 8%, aparecendo na 29ª posição entre os países analisados. Os Estados--membros, entes competentes para a instituição do tributo, estabelecem alíquotas bem menores que o teto senatorial.

Contudo, o mesmo trabalho citado indica que os países com alíquotas elevadas estabelecem uma série de deduções possíveis. As razões seriam duas: tornar os tributos mais progressivos e aumentar a observância estrita das leis tributárias.

---

16.   CÂMARA DOS DEPUTADOS, 2013, p. 158-161.

Da mesma forma, a base de cálculo pode ser definida de forma mais ou menos flexível. Nada obstante, a carga tributária brasileira na tributação sobre heranças deve ser interpretada como baixa.

Por outro lado, 13 países da Organização para a Cooperação e Desenvolvimento Econômico (OCDE) extinguiram seus tributos sobre a herança. A exemplo, a Hungria, a Austrália, a Áustria, o Canadá e a China não a tributam.

Isto significa, na prática, que o Brasil parece seguir uma tendência mundial de pouca ou nula tributação sobre herança. Para Cole (2015), a explicação é a receita relativamente baixa auferida com este tributo, muitas vezes inferior aos custos administrativos, políticos e econômicos de sua implantação.

4.4 A tributação das heranças pode se submeter ao princípio da progressividade?

Em teoria, é recomendável que a tributação sobre heranças submeta-se ao princípio da progressividade. As mesmas razões que sugerem a implantação da progressividade do imposto de renda se sustentam no âmbito do imposto sobre transmissão *causa mortis*. Há de se lembrar o contexto das utilidades marginais decrescentes, em um raciocínio analógico.

Retomando Cole (2015), outros países estabelecem deduções com viés de progressividade. Regime semelhante poderia ser utilizado no país, a princípio, satisfeita a respectiva alteração constitucional.

Na prática brasileira, todavia, vê-se que a Constituição não previu a aplicação da progressividade como princípio informador do ITCD, ao contrário do que ocorre com o imposto de renda. Em razão do princípio da proporcionalidade para o imposto sobre a renda, o texto constitucional leva a sugerir (*a contrario sensu*) ser a alíquota fixa (*flat tax*) o padrão tributário, configurando-se as demais modalidades como exceções. A tributação progressiva poderia também ensejar os efeitos adversos da fuga de capital, mas isto deve ser objeto de pesquisa empírica.

Não é recente a discussão sobre a constitucionalidade da instituição de alíquotas progressivas para o ITCD, o que ensejou questionamentos quanto à possibilidade jurídica disso. A Constituição na verdade não veda a adoção de alíquotas progressivas (diferentemente da instituição de *flat tax* quando o texto expressamente diz que o imposto é para ser progressivo); na prática, deixaria na liberdade de conformação legislativa do ente tributante a definição do aspecto quantitativo do tributo, desde que dentro dos limites constitucionais. Por outro lado, advogados dos contribuintes podem alegar que a alteração de alíquotas para a progressividade violaria o direito à propriedade privada, configurando abuso estatal sobre os cidadãos, agregado a algum argumento de vedação ao confisco.

Contudo, deve-se deixar consignada a alteração de entendimento pelo Supremo Tribunal Federal acerca do tema, em 2013, no sentido de que a instituição de alíquotas progressivas não viola a Constituição, mas, ao contrário, promove a igualdade material na tributação, com supedâneo no art. 145, § 1º, do texto constitucional (princípio da capacidade contributiva).

4.5   Caso afirmativa a resposta à questão anterior, seria possível atingirem-se os objetivos buscados com alíquotas progressivas, sem se considerarem adequadamente as bases sobre as quais elas incidem? Bases muito baixas, ou próximas umas das outras, são capazes de aproximar a tributação progressiva de um flat tax?

Sim, as mesmas considerações feitas à progressividade do imposto sobre a renda seriam aplicáveis à progressividade do imposto sobre heranças. Tanto a definição das faixas das alíquotas, quanto à definição de deduções podem gerar distorções na progressividade. No caso da tributação sobre heranças, todavia, não se poderia, ao menos no Brasil, questionar judicialmente a violação à Constituição, já que a progressividade é uma exigência constitucional prevista apenas para a tributação sobre a renda.

4.6   Os fatos relativos às indagações acima foram de algum modo atingidos pelos efeitos da pandemia causada pela Covid-19?

A pandemia da Covid-19 resultou em muitos óbitos e inventários abertos, de modo que serviu como propulsora de discussões acerca da melhor forma de tributação de renda. Se, por um lado, certos membros da Federação instituíram normas isentoras – como o Amazonas – por outro foram ventiladas propostas de aumento da alíquota do ITCD como forma de custear gastos públicos com o enfrentamento da pandemia.

A exemplo, em 2020, a associação dos Auditores Fiscais pela Democracia (AFD); a Associação Nacional dos Auditores Fiscais da Receita Federal do Brasil (ANFIP); a Federação Nacional do Fisco Estadual e Distrital (FENAFISCO) e o Instituto Justiça Fiscal (IJF) veicularam carta aberta em que propõem, entre outras medidas de cunho tributário, aumentar a alíquota máxima do ITCD para 30%. A intensificação da tributação sobre esse patrimônio serviria para cobrir perdas de arrecadação em outros tributos, como o ICMS.

Por outro lado, a morte de provedores do lar, que muitas vezes vieram a ser acometidos de Covid-19 em razão da necessidade de sair de suas casas para exercer trabalho, enseja uma preocupação com o atendimento da família que ficou desamparada financeiramente. Essa pressão econômica, aliada à situação de incertezas ocasionadas pela pandemia, fortaleceram os obstáculos para a conclusão de processos de inventário e partilha, ao se exigir o pagamento integral do ITCD como condição para conclusão das transferências patrimoniais.

5. JUSTIÇA FISCAL E GASTO PÚBLICO

5.1 A justiça de um sistema tributário pode ser aferida, ou medida, sem se considerarem os fins nos quais os recursos arrecadados são aplicados?

É possível medir a justiça fiscal a partir de diferentes parâmetros, mas isso depende da compreensão adequada do que o parâmetro representa, suas limitações e finalidades. Uma das formas possíveis de aferição remete à avaliação da carga tributária sobre a riqueza.

A tributação invariavelmente incide sobre os resultados econômicos decorrentes das atividades econômicas desenvolvidas num país ou pelos seus nacionais, o que a qualifica sempre como uma receita derivada. Estabelecer o grau de confisco do poder arrecadatório do Estado pode ser um indicador relevante de justiça fiscal, no contexto de um Estado Democrático de Direito que tem como um de seus valores a propriedade privada.

Esse dado pode ser avaliado de forma comparada com outros países para viabilizar um *benchmarking* institucional. Contudo, para uma melhor compreensão da justiça de um sistema tributário de um país, é necessário levar em consideração outras variáveis, por vezes intangíveis.

A exemplo, devem ser considerados o "cardápio" de tributos disponíveis e a proporção entre tributação da renda, patrimônio e consumo; os custos de transação e de conformidade para cumprimento das obrigações tributárias e, em igual nível de importância, o gasto público, a qualidade desse gasto e seu direcionamento para a redução das desigualdades.

Isto porque, conforme explicado na resposta à questão 3.2, o cenário ideal é aquele em que os cidadãos mais favorecidos contribuem proporcionalmente mais, em favor dos mais necessitados. Este cenário só é alcançado com a carga tributária apropriada, incidindo sobre as materialidades apropriadas, com uso da técnica de tributação progressiva, bem como alocação justa e efetiva da receita auferida.

5.2 Quais gastos públicos seriam mais adequados, no Brasil, para minimizar o problema das desigualdades econômicas e sociais?

Essa pergunta é muito ampla e de resposta nada simples. Tanto o robustecimento da economia de mercado, quanto políticas públicas efetivas podem, à sua maneira, minimizar o problema das desigualdades. De fato, uma depende da outra, em alguma medida, pois uma economia bem desenvolvida gera mais riqueza tributável, e políticas públicas adequadas podem ter efeitos positivos no crescimento econômico (vide resposta à questão 1.2). Talvez não haja uma fórmula perfeita para equacionar a situação brasileira, mas é possível identificar alguns indicadores de bom desempenho no médio e curto prazo.

Gastos públicos com medidas de prevenção sanitária são as mais recomendadas, com destaque especial para os investimentos com saneamento básico, de modo a minimizar radicalmente a quantidade de doenças na população, o que gera externalidades positivas em termos de educação e trabalho. Para dimensionar a importância dessas medidas, Benova, Cumming e Campbell (2014) apontam, em revisão sistemática, que mulheres sem acesso a saneamento básico têm 95% mais chances de morrer em razão de parto e complicações correlatas.

Gastos públicos com educação de base, cultura e desporto também devem ser observadas para geração de capital humano de longo prazo e a promoção da economia da cultura (ou economia criativa), entendida como o processo que abarca o campo das artes e a produção de bens e serviços funcionais em seu entorno.[17]

A preservação do meio ambiente e a promoção da ciência para estudá-lo, visando a obtenção de patentes, bem como a criação de estratégias para fomentar o ecoturismo brasileiro em escala global também podem alavancar o desenvolvimento no longo prazo no País. Pode-se entender a importância do ecoturismo a partir de seu resultado financeiro: em 2018, gerou receita de aproximadamente 8,6 bilhões de reais e cerca de oitenta mil vagas diretas de trabalho.[18]

Por fim, investir na desburocratização e simplificação da atividade mercantil e dos procedimentos administrativos correlatos, bem como o fortalecimento do empreendedorismo e da profissionalização simplificada do empreendedor podem ser fatores importantes para o desenvolvimento da economia.

5.3 Os fatos relativos às indagações acima foram de algum modo atingidos pelos efeitos da pandemia causada pela Covid-19?

A pandemia representou discussão importante, no âmbito dos gastos públicos. Isto porque, por um lado, a arrecadação tributária foi comprometida (as atividades econômicas foram, em grande parte, interrompidas); por outro lado, gastos inesperados com equipamentos médicos e sanitários, bem como vacinas foram largamente realizados, na tentativa de conter o avanço da Covid-19.

Estes fatos, somados ao já discutido aumento da extrema pobreza, tornam ainda mais crítica a importância da tomada de decisão quanto à aplicação dos recursos públicos.

---

17. GORGULHO et al., 2009.
18. LÓPEZ, 2021.

6. CORRUPÇÃO E DESIGUALDADES

6.1 Quais os efeitos da corrupção sobre a tributação e sua utilização para o enfrentamento das desigualdades sociais e econômicas?

A corrupção é um fenômeno complexo. Sob uma perspectiva, ela pode ser vista como um custo diretamente ligado ao gasto público. Em suas variadas formas, a corrupção impacta na eficiência do gasto – faz-se menos do que poderia ter sido feito com o mesmo valor arrecadado.

São efeitos implicados pela corrupção, de um lado, o aumento da carga tributária para buscar cumprir as metas e objetivos previstos nos planos orçamentários, e o direcionamento de recursos públicos para agentes privados individualizados de forma clandestina, fomentando desigualdades sociais.

Noutro giro, é possível identificar movimentos equivalentes à corrupção em processos legislativos, na elaboração de leis tributárias que estabelecem tratamentos tributários favorecidos – isenções setoriais injustificáveis, programas de refinanciamento de dívida irresponsáveis etc.

Ainda no âmbito fiscal, pode-se considerar, sob um aspecto geral, que a criação de complexidade para a legislação tributária abre espaços favoráveis à corrupção. O modelo de corrupção brasileiro explora a burocracia estatal, para vender facilidades aos agentes econômicos dispostos a superar os obstáculos formais da legislação. Eis mais uma razão contra a complexidade da tributação sobre o consumo. Em outras situações, quando a vantagem econômica da corrupção supera o valor dos tributos a serem pagos, há um estímulo aos contribuintes para que agentes públicos sejam corrompidos.

Em ambas as "modalidades" (corrupção de agentes do Executivo e do Legislativo), a tributação acaba se tornando distorcida do ponto de vista da isonomia material tributária e se afasta de seu propósito legitimador – a busca do bem comum, da menor desigualdade viável e da máxima satisfação do ser humano.

6.2 Os fatos relativos às indagações acima foram de algum modo atingidos pelos efeitos da pandemia causada pelo SARS Covid-19?

Em termos de percepção internacional da corrupção, não houve alteração relevante na pontuação brasileira – 38 numa escala de 0 a 100, onde 0 é "muito transparente" e 100 é "altamente corrupto".[19]

A tendência de estagnação da corrupção, em verdade, aplica-se a todo o cenário internacional. "Após dois anos da devastadora pandemia da Covid-19,

---

19. TRANSPARENCY INTERNATIONAL, 2022.

o Índice de Percepção de Corrupção deste ano revela que os níveis de corrupção estão estagnados mundo afora".[20]

Por outro lado, pode-se supor que a simplificação ou mesmo dispensa de processos licitatórios representou um risco durante os períodos de maior gasto com a contenção da pandemia. Muramatsu, Scarano e Bertan (2021) argumentam que, ao menos no Rio de Janeiro, há fortes evidências do aumento de irregularidades contratuais e fraude, após a facilitação da aquisição de insumos.

Assim, a pandemia representou um dilema, cujas soluções políticas propostas e adotadas ainda são objeto de grande dissídio: como lidar com situações de crise, que exigem movimentação rápida da máquina estatal, sem incidir nos riscos da diminuição de transparência e facilitação de acesso dos interesses privados aos recursos públicos? A resposta não é clara e exige uma análise sob a ótica da ciência política e das estruturas de governança.

CONSIDERAÇÕES CONCLUSIVAS

Há aspecto(s) pertinente(s) ao assunto escolhido que não tenha(m) sido contemplado(s) pelos questionamentos anteriores? Qual(is)?

Em tempos recentes, popularizou-se a ideia de que a desigualdade não é um mal intrínseco e não precisa ser combatida, pois é, essencialmente, um desdobramento da liberdade dos indivíduos. Entretanto, como se demonstra nesta pesquisa, tal afirmativa não pode ser aceita em abstrato, sem a análise do contexto e suas nuances. De fato, a desigualdade pode ser um grande obstáculo para o desenvolvimento econômico e para o bem comum.

Buscou-se, principalmente, apontar para o erro de adotar princípios abstratos sem verificação empírica de suas consequências. A filosofia, a economia e o direito não podem se pautar apenas em modelos teóricos e previsões, sob pena de se tornarem autorreferentes e inúteis para a solução dos dilemas humanos – entre eles, o problema das desigualdades.

REFERÊNCIAS

BENOVA, Lenka, CUMMING, Oliver e CAMPBELL, Oona. Systematic review and meta-analysis: association between water and sanitation environment and maternal mortality. *Trop. Med. Int. Health*, p. 368-387, Apr. 2014.

CÂMARA DOS DEPUTADOS. *A construção do art. 5º da Constituição de 1988*. Brasília: Câmara dos Deputados, 2013. (Obras comemorativas, Homenagem; 9).

20. TRANSPARENCY INTERNATIONAL, 2022, p. 4, tradução nossa.

CEPAL. Pobreza extrema na região sobe para 86 milhões em 2021 como consequência do aprofundamento da crise social e sanitária derivada da pandemia da Covid-19. *[Portal da] Comissão Econômica para a América Latina e o Caribe*, Comunicados, 25 jan. 2022. Disponível em: https://www.cepal.org/pt-br/comunicados/pobreza-extrema-regiao-sobe-86-milhoes-2021-como--consequencia-aprofundamento-crise. Acesso em: 17 set. 2022.

CINGANO, Federico. Trends in Income Inequality and its Impact on Economic Growth. *OECD Social, Employment and Migration Working Papers*, n. 163, 2014.

COLE, Alan. Estate and Inheritance Taxes around the World. *Fiscal Fact*, n. 458, Mar. 2015.

CUMMISKEY, David. Kantian Consequentialism. *Ethics*, v. 100, n. 3, Chicago, p. 586-615, Apr. 1990.

DIAMOND, Peter e SAEZ, Emmanuel. The Case for a Progressive Tax: From Basic Research to Policy Recommendations. *Journal of Economic Perspectives*, v. 25, n. 4, autumn 2011.

FITZGERALD, Valpy. International tax cooperation and capital mobility. *Cepal Review*, n. 77, Aug. 2002.

FREITAS, Juarez. *Sustentabilidade*: direito ao futuro. Belo Horizonte: Fórum, 2019.

GORGULHO, L. et al. A economia da cultura, o BNDES e o desenvolvimento sustentável. *BNDES Setorial*. n. 30, p. 299-355, Rio de Janeiro, set. 2009.

HARARI, Yuval Noah. *Sapiens*: Uma breve história da humanidade. Trad. Janaína Marcoantonio. São Paulo: L&PM, 2018.

HASDELL, Rebbeca. *What we know about Universal Basic Income*: A cross-synthesis of reviews. Stanford: Basic Income Lab, 2020.

JOUMARD, Isabelle, PISU, Mauro e BLOCH, Debbie. Tackling income inequality: The role of taxes and transfers. *OECD Journal*: Economic Studies, v. 2012/1.

LÓPEZ, Ana M. Brazil: economic contribution of ecotourism 2018. *Statista*, Travel, Tourism & Hospitality, Leisure Travel, 22 Sep. 2021. Disponível em: https://www.statista.com/statistics/1148024/key-figures-ecotourism-brazil/#statisticContainer.Acesso em: 19 set. 2022.

MACHADO SEGUNDO, Hugo de Brito. *Manual de direito tributário*. 12. ed. Barueri: Atlas, 2022.

MASLOW, Abraham. A theory of human motivation. *Psychological Review*, n. 50 (4), p. 370-96, 1943.

MILL, John Stuart. *Principles of Political Economy*. Oxford: Oxford University, 1994.

MURAMATSU, Roberta, SCARANO, Paulo Rogério e BERTAN, Caroline. Making sense of health corruption in times of COVID-19. *Revista do Serviço Público (RSP)*, Brasília, n. 72, p. 86-109, 2021.

MUSGRAVE, Richard Abel. *Teoria das finanças públicas*: um estudo da economia governamental. São Paulo: Atlas, 1973.

NGUYEN, Anh, ONNIS, Luisianna e ROSSI, Raffaele. The Macroeconomic Effects of Income and Consumption Tax Changes. *Center for Growth and Business Cycle Research*, n. 227, Dec. 2016.

PETERSEN, Niels. Antitrust Law and the Promotion of Democracy and Economic Growth. *Journal of Competition Law & Economics*, v. 9, p. 593-636, Jan. 2011.

PIKETTY, Thomas. *O capital no século XXI*. Rio de Janeiro: Intrínseca, 2014.

RAWLS, John. *A theory of justice*. Cambridge: Harvard University, 1971.

ROUSSEAU, Jean-Jacques. Discurso sobre a origem e os fundamentos da desigualdade entre os homens. 2. ed. São Paulo: Martins Fontes, 1999.

TRANSPARENCY INTERNATIONAL. Corruption Perception Index 2021. *Transparency international*: the global coalition against corruption, CPI, 25 jan. 2022. Disponível em: https://www.transparency.org/en/cpi/2021. Acesso em: 19 set. 2022.

VIECELI, Cristina, ÁVILA, Róber; CONCEIÇÃO, João Batista. Estrutura tributária brasileira e seus reflexos nas desigualdades de gênero. *Instituto justiça fiscal*: justiça fiscal é o Estado para todos, Porto Alegre, Estudos Técnicos Próprios, 3 jun. 2020. Disponível em: https://ijf.org.br/wp-content/uploads/2020/07/Artigo-Tributa%C3%A7%C3%A3o-e-G%C3%AAnero.pdf. Acesso em: 14 jan. 2021.

WELSBACH, David e BANKMAN, Joseph. The Superiority of an Ideal Consumption Tax over an Ideal Income Tax. *Stanford Law Review*, v. 58, p. 1413-1456, 2006.

TRIBUTAÇÃO E DESIGUALDADES: ASPECTOS PONTUAIS SOBRE A TRIBUTAÇÃO DA RENDA, DA TRANSMISSÃO DE BENS E DO CONSUMO NO BRASIL

Antônio de Pádua Marinho Monte

Sumário: Introdução – 1. Princípio da capacidade contributiva como corolário do valor jurídico isonomia e a redução das desigualdades socioeconômicas via orçamento público – 2. Aspectos pontuais da tributação da renda no Brasil – 3. Aspectos pontuais da tributação da transmissão de bens no Brasil: ITCMD e ITBI – 4. Tributação do consumo e desigualdades socioeconômicas – Conclusão.

INTRODUÇÃO

De início, o sentimento é de gratidão pelo convite gentilmente formulado pelos professores Hugo de Brito Machado, Hugo de Brito Machado Segundo e Schubert de Farias Machado, enquanto protagonistas do *ICET – Instituto Cearense de Estudos Tributários*, entidade que muito colabora para a educação tributária no nosso estado, na incessante pesquisa e discussão de assuntos que interessam aos estudiosos dessa tão importante área jurídica. No ICET, o trabalho de construção e de reconstrução de teses jurídicas é incessante.

A presente contribuição para mais essa obra do instituto tem por objeto central "tributação e desigualdades socioeconômicas". Tema indiscutivelmente atual e relevante que inquieta não apenas os estudiosos do direito tributário e do direito financeiro, mas também, economistas e administradores públicos, bem como a sociedade em geral que sofre as consequências das políticas públicas adotadas pelos governos federal, estaduais, distrital e municipais.

Não se pode perder de vista que o "não tributar", o "tributar" e a intensidade dessa tributação decorrem de opções políticas, em tese autorizadas constitucionalmente, exercitáveis no campo da fiscalidade ou da extrafiscalidade.

A hipótese que se pretender ver demonstrada é a de que, não necessariamente, o tributo servirá como instrumento para redução de desigualdades; muito pelo contrário, pode ser que em alguns casos o efeito seja inverso.

O percurso traçado para o desenvolvimento do tema e para demonstração da hipótese aventada se inicia pela análise do princípio da capacidade contributiva, enquanto corolário do postulado jurídico isonomia.

Em seguida, se abordará questões importantes acerca dos impostos sobre a renda (pessoa física), sobre a transmissão de bens (por força de herança e doação ou onerosa "intervivos") e sobre o consumo de bens.

O trabalho será pautado por uma visão original e crítico-construtiva, intencionando propiciar reflexões, bem como a formulação de eventuais sugestões no que toca a ajustes tributários necessários para viabilizar – minimamente – a tão sonhada redução das desigualdades socioeconômicas.

1. PRINCÍPIO DA CAPACIDADE CONTRIBUTIVA COMO COROLÁRIO DO VALOR JURÍDICO ISONOMIA E A REDUÇÃO DAS DESIGUALDADES SOCIOECONÔMICAS VIA ORÇAMENTO PÚBLICO

Antes de adentrar nos aspectos pontuais acerca da tributação no Brasil, objeto central do presente artigo, é preciso discorrer sobre alguns princípios e fundamentos que a norteiam.

Como se sabe, no direito tributário brasileiro, os princípios constitucionais funcionam não apenas como vetores interpretativos e informativos da tarefa de legislar; mas também, assumem feição de autênticas limitações (barreiras) ao exercício das competências, impostas não apenas ao legislador, mas também, ao aplicador da norma e cuja transposição implica violação ao princípio da supremacia constitucional – em que pese a necessidade arrecadatória e o dever fundamental de pagar tributos.

O primeiro dos princípios a ser aqui analisado é o da capacidade contributiva.

A Constituição Federal, em seu art. 145, § 1º, preceitua que os impostos deverão ser graduados conforme a capacidade econômicas daquele que tem o dever de pagá-los. Desta forma, "quem pode mais" deverá "pagar mais", ao passo que aquele que "pode menos" deverá "pagar menos" e quem "não pode nada" não deverá "pagar nada". O valor jurídico subjacente a este princípio é o ideal de justiça, cuja busca perfaz um dos objetivos maiores do Estado de Direito, ao lado da segurança jurídica.

O exagero na tributação da capacidade contributiva não poderá, contudo, conduzir ao efeito confiscatório (art. 150, IV, CF/88), em homenagem à garantia fundamental da propriedade privada (art. 5º, XXII, CF/88), ainda que eventuais necessidades "de Caixa" possam explicá-lo.

A capacidade contributiva é corolário do princípio da isonomia que, por sua vez, perfaz a noção jurídica que se tem de dignidade humana (art. 1º, III, CF/88), enquanto direito fundamental.

O princípio da isonomia tributária vem reportado em várias passagens constitucionais a exemplo da proibição de tratamento tributário diferenciado entre contribuintes que se encontrem em situação econômica equivalente (art. 150, II, CF), de a União instituir tributo não uniforme no território nacional ou de tributar a renda das obrigações da dívida pública dos demais entes federados por índices superiores aos seus, bem como a renda dos servidores públicos estaduais, distritais e municipais por patamares superiores aos federais (art. 151, I e II, CF), entre outras vedações.

Com isso, o texto constitucional deixa claro que a tributação deverá ser diferenciada (graduada), tendo como *fator discrímen* (apenas) a capacidade econômica do sujeito passivo.

Em outras palavras, quem tem condições de arcar mais com as despesas gerais do Estado Fiscal assim deverá (em tese) fazê-lo; ao passo que quem não pode tanto, o fará por menos e quem não pode nada, em nada contribuirá, pois o tributo não pode atingir o mínimo vital ou existencial (dignidade humana).

Portanto, essa "regra de ouro" da tributação deverá ser observada e não serão questões "de Caixa" (orçamentárias) que poderão validamente afastá-la, pois, "em direito, o meio justifica o fim, e não o inverso".[1]

Nessa ordem de ideias, o postulado da isonomia da tributação deverá necessariamente se compatibilizar com as necessidades arrecadatórias, próprias de um Estado Fiscal, sem perder de vista os objetivos e fundamentos da República Federativa do Brasil, constantes nos arts. 1º e 2º, do texto constitucional de 1988, entre eles: os valores sociais do trabalho e da livre iniciativa; a garantia do desenvolvimento nacional; a erradicação da pobreza e da marginalização, bem como a redução das desigualdades sociais, regionais e a promoção do bem de todos, sem exceção.

Como se percebe, todas as disposições postas ao longo do texto constitucional deverão estar compatibilizadas com esses fundamentos e objetivos anunciados logo nos artigos inaugurais. A tributação não está fora dessas exigências!

Por outro lado, como conciliar uma tributação mais onerosa para os mais ricos diante do risco de que tais riquezas migrem para outros países?

A resposta a essa indagação parece envolver questões de política pública.

Explicando: embora o risco seja evidente, se os grandes contribuintes observarem retorno estatal quanto à elevada tributação por eles arcada, somente diante de casos de extremo egoísmo e ausência de consciência cidadã que o individuo

---

1. Frase emblemática proferida pelo então Ministro (atualmente aposentado) do STF Marco Aurélio.

vai optar por debandar seu patrimônio e seus negócios para outras nações com carga tributária menor.

A questão gira em torno, portanto, do retorno estatal e da forma como o Estado intervém nos negócios.

Um cenário econômico favorável à realização de novos negócios, em que pese a carga tributária elevada, não acarretará significativa fuga de capitais. A opção do contribuinte depende assim de um ambiente econômico fértil ao crescimento, com a redução da burocracia estatal e dos entraves governamentais, em todos os seus níveis (federal, estadual e municipal), os quais, na maioria das vezes, são desnecessários e desproporcionais.

2. ASPECTOS PONTUAIS DA TRIBUTAÇÃO DA RENDA NO BRASIL

O imposto de renda no Brasil, neste ano de 2022, completa 100 anos de existência e, lamentavelmente, em termos de justiça da sua incidência não se tem o que comemorar.

É que aos poucos a tributação da renda no Brasil, notadamente das pessoas físicas, passou a dispor de traços cada vez mais confiscatórios e destruidores do mínimo existencial.

Cita-se como causa disto a ausência de correção efetiva na tabela para apuração do IRPF que já acumula algo em torno de 150% de déficit, ao longo dos últimos 26 anos.[2]

Na primeira metade da década de 90, somente era considerado contribuinte de IRPF (fora da faixa de isenção, portanto) aqueles que auferissem em média 20 salários mínimos mensais. Abaixo disto estariam fora da incidência do imposto, pois a renda seria considerada isenta.

A realidade mudou bastante! O que se tem hoje é aumento oculto de imposto sobre a renda, eis que a tabela não é corrigida adequadamente, enquanto que o valor do salário mínimo recebe acréscimos, mesmo que a título de simples reposição inflacionária.

O desequilíbrio é evidente! Implica tributo confiscatório, ferimento ao princípio da capacidade contributiva e da isonomia, além de violar a capacidade contributiva e o valor social do trabalho, prestigiado constitucionalmente.

---

2. Estudo elaborado pelo Sindicado dos Auditores Fiscais da Receita Federal do Brasil (Sindifisco Nacional) aponta para um déficit de 146% acumulado de 1996 até junho de 2022.

Disponível em: https://www.sindifisconacional.org.br/estudo-do-sindifisco-nacional-sobre-a-defasagem-da-tabela-do-ir-e-tema-de-reportagem-do-jornal-nacional/^. Acesso: 04 nov. 2022, às 16:24h.

Na verdade, a faixa de contribuintes que atualmente são tributados pela alíquota máxima de 27,5% (ganho mensal acima de R$ 4.664,68) corresponde a que deveria estar isenta. Somente a partir de 11 mil reais, aproximadamente, é que a tributação do IR deveria incidir pela referida alíquota máxima, uma vez aplicada a correção necessária de 150% na tabela.

Base de Cálculo (R$)	Alíquota (%)	Parcela a Deduzir do IR (R$)
Até 1.903,98	-	-
De 1.903,99 até 2.826,65	7,5%	142,80
De 2.826,66 até 3.751,05	15%	354,80
De 3.751,06 até 4.664,68	22,5%	636,13
Acima de 4.664,68	27,5%	869,36

Veja-se a tabela atual, sem correção alguma desde 2015[3]

Veja-se uma simulação de como deveria ser, considerando a correção de 150%.

Base de Cálculo (R$)	Alíquota (%)	Parcela a deduzir do IR (R$)
Até 4.759,95	–	–
De 4.759,95 até 7.066,62	7,5	357,00
De 7.06,62 até 9.337,62	15	887,02
De 9.377,62 até 11.661,70	22,5	1.590,32
Acima de 11.661,70	27,5	2.173,40

A questão é meramente matemática!

A ausência de correção na tabela em análise, como visto, tributa o mínimo vital – atingindo a dignidade humana – bem como estabelece um tratamento tributário desigual entre aqueles que ganham pouco mais de 4,5 mil reais e quem ganha mais de 10, 20, 30 mil reais mensais, submetidos ao mesmo percentual máximo de 27,5% de IRPF.

O absurdo salta aos olhos, por desafiar qualquer análise, por mais superficial que seja, acerca de justiça fiscal. Não apenas a tabela está defasada em seus valores, bem como as faixas de tributação não estão adequadamente distribuídas, igualando desiguais e violando frontalmente o art. 150, II, da CF/1988.

O imposto de renda, na forma como está, agrava – sem dúvida alguma – as desigualdades socioeconômicas, pois gera um empobrecimento das pessoas que estão nas faixas menores da tabela, submetidas, injusta e anti-isonomicamente, à tributação de algo que sequer pode ser considerado "riqueza".

---

3. MP 670/2015 convertida na Lei 13.149/2015.

Foi-se o tempo, assim, em que o pavor do "leão" acometia apenas a classe econômica alta. Atualmente, pessoas que ganham pouco mais de 1,5 salário mínimo mensal já estão na mira do "felino".

Afora isso, se tem que, embora o texto constitucional destaque o valor social do trabalho, enquanto um dos fundamentos da República Federativa do Brasil (art. 1º, CF/88), a mesma tabela é utilizada para tributar tanto o produto do trabalho como o produto do capital.

Como se sabe, de acordo com o art. 43, do Código Tributário Nacional, o imposto de renda tem por fato gerador a aquisição da disponibilidade econômica e jurídica de rendas e proventos de quaisquer natureza.

Nos termos do inciso I do mencionado artigo, a renda pode ser obtida em decorrência do capital (imóveis alugados, juros decorrentes de aplicações financeiras etc.), como em decorrência do trabalho (esforço humano envidado em prol de outrem e em troca de uma remuneração).

Desta forma, a pessoa que aufere, por exemplo, 10 mil reais mensais, sem labor algum, apenas aguardando passivamente ser creditado em sua conta-corrente os juros auferidos mensalmente com determinado investimento financeiro, se submete à mesma tabela daquele que entregou todo seu suor (labor) para conseguir uma remuneração mensal pelo mesmo valor de 10 mil reais.

Nessa ordem de ideias, aquele que tem imóveis alugados a terceiros e recebe renda mensal no valor de 5 mil reais (p. ex.) se submete à mesma alíquota de 27,5% de IRPF atinente a qualquer trabalhador que atinja esse montante dedicando seu tempo e labor.

Isso sem falar que os rendimentos auferidos pela exploração econômica de capital (juros, aluguéis etc.) não geram desgaste físico e emocional nem consomem o tempo equivalente de quem aufere renda trabalhando. Capital é acumulável, mas trabalho não – pode haver conflito de horários ou cansaço físico que impedem o acúmulo de trabalho.

Outro ponto que não pode ser esquecido é quanto aos gastos dedutíveis da base de cálculo do IRPF (apenas saúde e educação). Há limitação com relação ao montante dos gastos com educação – em que pese representar um direito social a todos assegurado constitucionalmente. Por seu turno, outros gastos essenciais à dignidade humana não são dedutíveis como medicação, nutricionista, prática de esportes e aluguéis de imóveis ou prestações de financiamento imobiliário (embora a moradia seja, igualmente, um direito social protegido constitucionalmente).

O princípio da isonomia mais uma vez restou desprestigiado. A solução justa seria, possivelmente, a criação – via lei formal – de uma tabela própria, com alíquotas maiores, para os rendimentos auferidos em decorrência do capital, bem como a ampliação do rol de despesas dedutíveis com a revogação dos limites legalmente impostos aos gastos com educação.

Mas os absurdos não param por aqui! O Brasil é um dos poucos países do mundo que tributa a ato de pagar salário, de conceder empregos (art. 195, I, "a", CF/88). Pois bem, a folha de salários representa base de cálculo de uma contribuição social previdenciária ("patronal") devida a quem contrata mão de obra, seja a que título for essa contratação ("empregador, empresa e entidade a ela equiparada").

Ora, se a base de cálculo (expressão econômica do fato gerador) é a folha de salários, deduz-se assim que o fato gerador desse tributo é o ato de remunerar a mão de obra contratada a qualquer título ou regime.

Isso trafega na contramão dos fundamentos da República (art. 1º, CF/88) e de seus objetivos fundamentais (art. 3º, CF/88), entre os quais se destacam a valorização do trabalho e da livre iniciativa, a garantia do desenvolvimento nacional, a erradicação da pobreza e da marginalização, bem como a redução das desigualdades socioeconômicas.

Mesmo assim, muito se sustenta que o tributo é ferramenta adequada para promover a redução das desigualdades, haja vista que se arrecada de quem tem mais para custear serviços públicos (saúde, educação, programas assistenciais etc.) cujos usuários seriam – em tese – exatamente aquelas pessoas que têm pouco ou nada tem (função extrafiscal de *redistribuição de rendas*).

No caso em análise (contribuição social previdenciária) se arrecada mais de quem fornece mais empregos, de quem remunera melhor seus empregados e "colaboradores". Como se reduz a pobreza e a marginalização desestimulando a concessão de empregos e/ou uma remuneração decente?

Ao que parece, esse discurso fiscalista é falacioso! Nada garante que uma carga tributária elevada signifique melhor qualidade e disponibilidade maior dos serviços públicos por ela custeados, muito menos que haja essa efetiva "redistribuição de rendas".

O tributo, por si só, nada garante! Não será a eventual criação, no futuro, do imposto sobre grandes fortunas (art. 153, VII, CF/88), por exemplo, que a pobreza irá reduzir, necessariamente.

É bem verdade que a função do direito tributário, além de precipuamente proteger o contribuinte contra os abusos fiscalistas, é estabelecer e regular os meios, a forma de aferir, compulsoriamente, recursos financeiros, para que o Estado alcance seus objetivos institucionais que podem ser sintetizados na busca pelo "bem-comum".

Entretanto, sem a adoção de políticas públicas eficientes, sem um planejamento orçamentário realizado de forma responsável e atento às verdadeiras necessidades das camadas mais vulneráveis economicamente, de nada – ou de pouca coisa – adiantará o tributo arrecadado.

Portanto, a questão das desigualdades socioeconômicas transpassa o campo tributário, por adentrar no campo do direito financeiro-orçamentário, precisamente, na qualidade da despesa pública.

Especificamente, no caso do imposto de renda pessoa física, a tributação gera um efeito inverso daquele pretendido, pois agrava as desigualdades, haja vista sua (indevida) incidência sobre o mínimo vital, sobre aqueles que poucos recursos dispõem para sobreviver com um mínimo de dignidade.

3. ASPECTOS PONTUAIS DA TRIBUTAÇÃO DA TRANSMISSÃO DE BENS NO BRASIL: ITCMD E ITBI

No Brasil, com o advento da Constituição Federal de 1988, a competência para a tributação sobre a transmissão de bens foi segregada em duas.

Em se tratando de transmissão de bens móveis ou imóveis, por força de herança ou doação, o respectivo imposto permaneceu na competência dos estados-membros e do distrito federal (ITCMD – art. 155, I, CF/88).

Nos casos de transmissão de bens imóveis, "intervivos", por força de ato oneroso (compra e venda, permuta etc.), a competência será municipal e, também, do distrito federal (ITBI – art. 156, II, CF/88).

No âmbito do ITCMD, a CF/88 (art. 155, § 1º, IV) delegou ao Senado Federal a importante tarefa de definir suas alíquotas máximas, no intuito de tolher a voracidade arrecadatória dos estados-membros e proteger o direito consagrado constitucionalmente de herdar (art. 5º, XXX, CF/88).

No Brasil, o Senado Federal, através da Resolução 09, de 05/05/1992, fixou a alíquota máxima do ITCMD em 8%, mas trouxe uma possibilidade que gerou muita polêmica, por não estar prevista expressamente no texto constitucional: a *progressividade de alíquotas.*

A maioria dos Estados da federação (se é que algum assim não o fez) aderiu à progressividade das alíquotas tendo como teto o percentual de 8%.

O Estado do Ceará,[4] nessa toada, vem estabelecendo tabelas progressivas ao longo do tempo. As mais recentes são as seguintes, para os fatos geradores ocorridos desde 1º.01.2016:[5]

---

4. Disponível em: https://www.sefaz.ce.gov.br/itcd/.
5. Lei estadual 15.182, de 20.07.2015.

a) Nas transmissões "causa mortis"

Alíquota	Base de cálculo em UFIRCE's
2%	Até 10.000
4%	Acima de 10.000 e até 20.000
6%	Acima de 20.000 e até 40.000
8%	Acima de 40.000

Valor da UFICE para 2022: R$ 5,18625 (IN 119, de 17/12/2021)

b) Nas transmissões por doação:

Alíquota	Base de cálculo em UFIRCE's
2%	Até 25.000
4%	Acima de 25.000 e até 150.000
6%	Acima de 150.000 e até 250.000
8%	Acima de 250.000

Valor da UFICE para 2022: R$ 5,18625 (IN 119, de 17.12.2021)

Como se vê, as tabelas acima desprezam a capacidade contributiva, ao trazerem progressividade com faixas de valores desproporcionais, caracterizadas pela proximidade das bases, sem o necessário distanciamento, o que revela o interesse meramente arrecadatório que se sobrepõe à justiça fiscal e à isonomia.

Afora a proximidade das faixas, observa-se, por exemplo, que um conjunto de bens a inventariar com valor um pouco acima de 200 mil reais já sofrerá a incidência da alíquota máxima (8%) de ITCMD no Ceará. Por seu turno, a alíquota mínima (2%) só será aplicável para o montante de bens cujo valor seja muito baixo (até 52 mil reais, aproximadamente).

Inegavelmente, essa escala de tributação não promove a redução das desigualdades; mas ao contrário, a acentua, por tributar o mínimo existencial.

Mas, retornando à questão da progressividade de alíquotas de ITCMD autorizada pelo Senado Federal...

Instado a se manifestar acerca da constitucionalidade da progressividade de alíquotas do ITCMD promovida por lei do Estado do Rio Grande do Sul, o STF, em julgamento emblemático ocorrido em 06.02.2013, ao julgar o Recurso Extraordinário 562.045, relatado pelo Ministro Ricardo Lewandowski, entendeu que o princípio da igualdade material tributária e a observância à capacidade contributiva autorizariam tal previsão legal.

ANTÔNIO DE PÁDUA MARINHO MONTE

O curioso é que, em data não muito anterior, o STF editou a Súmula 656,[6] dispondo que o tributo municipal ITBI, ao contrário do estadual ITCMD, não pode dispor de alíquotas progressivas em função do valor venal do bem imóvel adquirido onerosamente – *É inconstitucional a lei que estabelece alíquotas progressivas para o imposto de transmissão inter vivos de bens imóveis – ITBI com base no valor venal do imóvel.*

Ora, com todo respeito, o princípio da capacidade contributiva está muito mais evidente nas transmissões de bens decorrentes de ato oneroso (compra e venda) do que nas transmissões que decorrem de ato não oneroso (herança ou doação) tributáveis pelo estadual ITCMD.

Quem pretende adquirir onerosamente (comprar) um bem imóvel o faz "guiado por seu bolso" (capacidade econômica). As opções disponíveis no mercado imobiliário serão selecionadas e eleitas de acordo com a capacidade econômica do adquirente, indiscutivelmente. O mesmo não ocorre no âmbito das doações e das heranças, em que o componente econômico não influencia na decisão – pode até influenciar, mas naquele caso do testador que resolve "deixar sua legítima" para o filho menos abastado, por exemplo.

O raciocínio, ao que parece, é inverso: o ITBI está autorizado – implicitamente – a dispor de *alíquotas progressivas* determináveis em função do valor do bem imóvel transmitido (capacidade econômico-contributiva); enquanto que o ITCMD com *alíquotas proporcionais* (a capacidade econômica não influencia no negócio jurídico e se, assim for, será exatamente privilegiando aquele de menores "posses").

No entanto, a maioria dos municípios vem – em atenção a esse entendimento jurisprudencial – adotando alíquotas de ITBI proporcionais na média de 2%, a depender da forma de aquisição (imóvel financiado ou não; financiado por programas governamentais de habitação popular – situação em que a alíquota é reduzida ou às vezes até "zerada").

Um último ponto a ser examinado quanto ao ITCMD, é que maioria dos estados-membros (isso para não afirmar com segurança que o mesmo ocorre em todos os estados) adota uma distorcida base de cálculo.

Explicando: o fato gerador do imposto estadual em comento é a transmissão não onerosa de quaisquer bens ou direitos, o que significa dizer que numa herança a ser destinada a vários herdeiros (divisão dos bens), se terá vários fatos geradores, vários contribuintes e bases de cálculo diferentes já que esta dependerá do quevalor do bem que comportar para cada herdeiro individualmente. Na medida em que a lei estadual elege como base de cálculo, equivocadamente, o montante

---

6. RE 346.829 AgR, rel. Min. Marco Aurélio, 1ª T, j. 08.02.2011, *DJE* 42 de 03.03.2011.

de bens a inventariar, certamente, a alíquota será majorada de forma indevida e, facilmente, alcançará seu teto de 8%.

Há quem tente justificar essas discrepâncias aqui apontadas, sustentando que o Brasil é um dos países que menos tributa a herança no mundo,[7] comparado a outros. Alegam ainda que tal fato seria prejudicial a uma efetiva redistribuição de rendas e que o sistema tributário nacional não seria progressivo, nem eficiente no combate às desigualdades etc.

Novamente se reafirma a tese exposta na presente pesquisa de que, não necessariamente, a elevação de carga tributária e uma tributação progressiva conduzirão à redução de desigualdades, cuja consecução depende – invariavelmente – da qualidade do gasto. No Brasil, os governos gastam muito e, pior de tudo, gastam mal!

Como se vê, nenhum dos aspectos tributários aqui abordados e inerentes aos impostos de transmissão de bens no Brasil implica redução das desigualdades socioeconômicas; muito pelo contrário, a tributação da forma mostrada agrava esse cenário não isonômico e de injustiça fiscal.

Por outro lado, não seria através da adoção de uma tributação mais agressiva sobre a transmissão de bens que esse cenário desigual necessariamente se inverteria. Poderia até ser mais adequada, mas não seria – por si só – suficiente.

4. TRIBUTAÇÃO DO CONSUMO E DESIGUALDADES SOCIOECONÔMICAS

A tributação indireta (tributos que não incidem sobre a renda ou sobre o patrimônio; mas sim, sobre o consumo de bens ou sobre a prestação de serviços) representa uma questão debatida mundialmente.

Nela existe a figura do "contribuinte de direito" (aquele que pertence legalmente à relação jurídico-tributária) e do "contribuinte de fato" (aquele que, mesmo sem pertencer à relação jurídico-tributária – pois sua relação é de consumo – acaba suportando o ônus do tributo que lhe é repassado).

O princípio da capacidade contributiva e o postulado da isonomia são inatingíveis na tributação do consumo, pois a mesma carga tributária indireta (ICMS, IPI, ISS, PIS, COFINS, CIDE combustíveis etc.) suportada por quem tem maior capacidade contributiva deverá necessariamente ser paga por quem dispõe de poucos recursos, mas precisa comprar aquele produto/serviço.

---

7. Bélgica até 80%; Espanha até 64%; França até 60%; Alemão, Japão e Venezuela até 50%; Estados Unidos, Grécia e Holanda até 40%.

Imagine uma pessoa em situação de rua que, após juntar várias moedas que lhe foram doadas por transeuntes, se dirige a um supermercado para comprar determinado alimento. Ao seu lado está uma pessoa rica, adquirindo o mesmo produto, pelo mesmo preço e com idêntica carga tributária indireta que comporá o valor final da venda.

Não é preciso esforço mental maior para concluir que essa situação agrava as desigualdades e passa longe de qualquer ideia que se tem de isonomia por mais comezinha que seja.

E como resolver ou tentar suavizar os efeitos da tributação sobre o consumo?

Não seria razoável burocratizar essa venda, exigindo um comprovante de rendimentos de quem vai comprar, para, desta forma, poder aplicar alguma redução de carga tributária indireta eventualmente estabelecida em lei para tais casos de consumidor em "situação de rua". Ou seria? O que fazer então?

Uma vez implementada essa hipotética personificação das compras, a reflexão se aprofunda quando se perquire sobre o que fazer para evitar fraudes (alguém provido de mais recursos pede para outrem, que não os tem na mesma proporção, fazer uma compra em seu próprio nome visando redução de tributo indireto)?

A solução não é das mais fáceis e encontra entraves dos mais variados – seja na ausência de vontade política para mudar esse cenário, seja nas questões burocráticas que a personificação das compras exigiria, seja (principalmente) no elevado retorno financeiro que os tributos indiretos atualmente acarretam ao Estado Fiscal.

A propósito, curiosamente, os impostos indiretos são os de maior arrecadação no país. Cite-se, por exemplo, o ICMS como um recordista de arrecadação e que, desonestamente, os estados-membros e DF estabelecem alíquotas maiores para produtos indiscutivelmente essenciais (energia elétrica e combustível), consumidos por todas as camadas socioeconômicas da população, agravando ainda mais esse cenário de desigualdade e desafiando o texto constitucional (art. 155, § 2º, II, CF/88), bem como o entendimento sedimentado pelo STF.[8]

Alguém pode estar pensando: então é preciso reformar o sistema tributário atualmente vigente, unificando vários desses tributos indiretos, como forma de reduzir essas desigualdades.

Talvez sim; talvez não!

---

8. "Adotada pelo legislador estadual a técnica da seletividade em relação ao Imposto sobre Circulação de Mercadorias e Serviços (ICMS), discrepam do figurino constitucional alíquotas sobre as operações de energia elétrica e serviços de telecomunicação em patamar superior ao das operações em geral, considerada a essencialidade dos bens e serviços" (Tema de Repercussão Geral 745 – RE 714.139, j. em 18.12.2021).

Nada garante que uma unificação de tributos, por mais abrangente que o seja, reduza carga tributária (pode até haver redução no campo das obrigações acessórias).

É que a criatura resultante dessa unificação poderá ser tão robusta que equivalha matematicamente ao somatório da carga que os tributos extintos representavam enquanto vigentes. A vantagem se restringira, portanto, ao campo das obrigações acessórias e não haveria benefício econômico à população mais vulnerável.

Ademais, considerando as necessidades "de Caixa", tão comumente alegadas neste mundo pós-pandemia, não é razoável crer que os estados-membros e os municípios, bem como a própria União, estejam dispostos a abrir mão de importantíssimas fontes de receita, via reforma tributária. Seria, portanto, unificar, simplificar; sem, contudo, reduzir receita.

Uma ideia que poderia se amadurecer (quem sabe!) seria a de criar cadastros de pessoas economicamente vulneráveis (englobando todas as pessoas físicas isentas de imposto de renda, p.ex.) de modo a permitir que esses consumidores ("contribuintes de fato") adquiram produtos sem carga tributária indireta em determinados estabelecimentos comerciais credenciados pelo Poder Público, criados especialmente para esse fim. O cadastro do consumidor exigiria biometria facial para (tentar) diminuir fraudes; mas, mesmo assim, certamente ocorriam casos de interpostas pessoas comprando em nome de quem não teria direito ao benefício.

Como se vê, a solução não é das mais fáceis e nenhum dos projetos de reforma tributária (PEC's) atualmente em trâmite no Congresso Nacional acabará, uma vez aprovado e vigente, com a tributação indireta que agrava esse cenário de desigualdade socioeconômica.

CONCLUSÃO

O Estado Fiscal necessita permanentemente dos recursos financeiros arrecadados dos particulares para financiar as necessidades públicas. Esses recursos são auferidos através da tributação; contudo, essa tributação deverá ser norteada pelos fundamentos e objetivos da República Federativa do Brasil, estabelecidos, entre outros, nos artigos 1º e 3º da Constituição Federal de 1988.

Observa-se que a tributação no Brasil não promove a redução das desigualdades sociais, enquanto um dos fundamentos da República. Muito pelo contrário: determinados tributos, na forma como estão estabelecidos em lei, agravam esse cenário econômico de desigualdade, por menosprezar o princípio da capacidade contributiva, da isonomia fiscal e da não tributação do mínimo existencial. É caso, por exemplo, do imposto de renda pessoa física, do imposto estadual sobre a transmissão de bens por força de herança e doação, da contribuição social previdenciária patronal e, sobretudo, dos tributos indiretos que incidem sobre o consumo de bens e sobre a prestação de serviços.

Reforma tributária que simplifique obrigações acessórias e que unifique espécies tributárias não implica, necessariamente, em redução de carga tributária, muito menos em minoração de desigualdades.

O mesmo acontece com a tributação progressiva ou com a criação de novas espécies tributárias, as quais, em nada garantem que sua receita seja utilizada em consonância com os objetivos e fundamentos da República. O tributo pode até ser uma ferramenta necessária para o cumprimento de tais objetivos. Mas somente será suficiente se sua arrecadação estiver associada a políticas públicas eficientes, traçadas democraticamente via lei orçamentária e efetivamente cumpridas.

A ADEQUADA DISTRIBUIÇÃO DO DEVER FUNDAMENTAL DE PAGAR TRIBUTOS: ANÁLISE HISTÓRICA DO PROBLEMA DA REPARTIÇÃO DA COMPETÊNCIA TRIBUTÁRIA NAS CONSTITUIÇÕES BRASILEIRAS

Benedito Gonçalves

Renato Cesar Guedes Grilo

Sumário: Introdução – 1. As normas de competência tributária nas constituições de 1824 e 1891 – 2. As materialidades abertas à tributação na constituição de 1934 com a inclusão da técnica de repartição do produto da arrecadação tributária – 3. A repartição de competências na constituição federal de 1937 – 4. O início do alargamento das competências da união na repartição da competência tributária na constituição de 1946 – 5. O advento de um sistema tributário na constituição de 1967 com a repartição hiperbólica de competências em favor da união – 6. A repartição de competências no sistema tributário nacional na Constituição Federal de 1988 – Conclusão – Referências.

INTRODUÇÃO

O fenômeno tributário já esteve compreendido como parte do direito financeiro, sendo o tributo nada mais que uma espécie de receita derivada do Estado.

Mais recentemente foi construída a autonomia científica dos estudos tributários, porém, de um modo marcadamente instrumental: predomina o entendimento de que o tributo é um instrumento de carreamento de recursos ao Estado.

Contudo, é possível ver na tributação muito mais do que um agir instrumental do Estado, especialmente quando se dá atenção às escolhas do Estado na distribuição do dever fundamental de pagar tributos.

De acordo com dados extraídos[1] da Instituição Fiscal Independente (IFI),[2] em 2017 37% dos tributos cobrados no Brasil incidiam sobre bens e serviços,

---

1. INSTITUTO FISCAL INDEPENDENTE – IFI. *Relatório de Acompanhamento Fiscal Junho de 2018*. Disponível em: http://www2.senado.leg.br/bdsf/bitstream/handle/id/542807/RAF17_JUN2018_TopicoEspecial_CargaTributaria.pdf. Acesso em: 19 set. 2022.
2. A IFI – Instituição Fiscal Independente – foi criada no final de 2016, por meio de Resolução do Senado Federal (Resolução 42/2016), com o objetivo de ampliar a transparência nas contas públicas.

enquanto 21% de todos os tributos cobrados no país incidiam sobre a renda – somando-se tributos incidentes sobre a renda, lucro e ganhos de capital de pessoas naturais e jurídicas.

Em um recorte mais preciso, tendo por referencial o percentual da carga tributária sobre o PIB, dados da Secretaria do Tesouro Nacional indicam que, em 2020 a divisão da carga tributária atingiu o 31.64% do Produto Interno Bruto, sendo dividida do seguinte modo: 7.06% de imposto sobre renda, lucros e ganhos de capital, 8,41% de contribuições sociais, 1,58% sobre a propriedade, 13,42% sobre bens e serviços.[3]

Entre 2010 e 2020 a variação destes percentuais foi muito pequena, a demonstrar que, efetivamente, o Brasil é um país onde há uma grande concentração de tributos incidente sobre o consumo de bens e serviços. A pouca alteração nos dados, em um espaço de uma década, também demonstra que as propostas de alterações mais profundas no sistema tributário não vingaram.

Segundo estudo da OCDE, no Canadá, por exemplo, tomando toda carga tributária, 23,5% dos tributos incidem sobre o consumo, 16% sobre a folha de pagamento, 11,5% sobre o patrimônio e 48% sobre a renda. A média dos países da OCDE é a seguinte: 33% dos tributos incidem sobre o consumo, 27% sobre a folha de pagamento, 5% sobre o patrimônio e 33.5% sobre a renda. No Brasil 43% dos tributos incidem sobre o consumo, 27,5% sobre a folha de pagamento, 4,5% sobre o patrimônio e 22,5% sobre a renda. Na Argentina 52% dos tributos incidem sobre o consumo, 20% sobre a folha de pagamento, 9% sobre o patrimônio e 18% sobre a renda.[4]

Os percentuais acima trazem a realidade de que todo e qualquer consumidor de bens e serviços, qualquer que seja sua capacidade econômica, pagará o mesmo tributo e que há uma escolha pela concentração ou prioridade distributiva do dever de pagar os tributos sobre os bens e serviços, no Brasil.

Diante disso, parece ficar claro que as escolhas do Estado sobre onde irá recair o dever tributário deve funcionar como uma política pública. Incidindo os tributos prioritariamente sobre bens e serviços, cuja aquisição leva em conta a necessidade de quem irá consumir – sem identificação da capacidade contributiva ou do poder econômico do contribuinte –, corre-se o risco de se instituir

---

3. SECRETARIA DO TESOURO NACIONAL. *Estimativa da carga tributária bruta do governo geral.* Disponível em: https://sisweb.tesouro.gov.br/apex/f?p=2501:9::::9:P9_ID_PUBLICACAO:38233. Acesso em: 19 set. 2022.

4. AGÊNCIA SENADO. *Por que a fórmula de cobrança de impostos do Brasil piora a desigualdade social.* Disponível em: https://www12.senado.leg.br/noticias/infomaterias/2021/05/por-que-a-formula-de--cobranca-de-impostos-do-brasil-piora-a-desigualdade-social. Acesso em: 19 set. 2022.

A ADEQUADA DISTRIBUIÇÃO DO DEVER FUNDAMENTAL DE PAGAR TRIBUTOS **47**

uma política tributária linear, na contramão da justiça fiscal e em encontro à desigualdade material.

Portanto, embora controvertido, parece mesmo que a política tributária é indiscutivelmente instrumental, servindo para a obtenção de recursos que façam frente às políticas públicas, mas também pode ser compreendida como um instrumento finalístico de política pública.

Assim, a tributação não é apenas o mecanismo de viabilização da existência e do agir do Estado, mas também um mecanismo de efetivação, ele mesmo, de justiça social, por meio da calibração da política pública de tributação.

Dado que a instrumentalidade da política tributária está aliada a um aspecto finalístico do tributo, como mecanismo de equalização de desigualdades sociais, é deveras relevante que seja analisada, rotineiramente, a divisão das competências tributárias entre os entes tributantes e, em um recorte qualitativo, quais materialidades estão abertas à tributação.

Entretanto, relevante estudo do Instituto de Pesquisa Econômica Aplicada – Ipea[5] ressalta o caráter regressivo do sistema tributário brasileiro. Os seguintes dados comprovam essa má distribuição da política tributária: (a) excesso de tributação sobre bens e serviços, de 18,8% do PIB, maior do que em qualquer país da OCDE, onde a média é de 11,6% do PIB; (b) isenção total de imposto de renda sobre lucros e dividendos distribuídos a acionistas de empresas, o inverso do que faz a maioria dos países.

Diante desse contexto, revela-se de fundamental importância a identificação da política tributária como política pública, propondo um alargamento da compreensão clássica de tributo como mero instrumento.

Analisando o sistema tributário nacional e a forma como se escolheu distribuir o dever fundamental da pagar tributos,[6] cumpre avaliar se há uma adequada e equânime política pública de distribuição do peso da incidência sobre o patrimônio e sobre a renda e sobre os bens e serviços, investigando especificamente se essa escolha do Estado interfere na redistribuição de renda, dignidade da pessoa humana e combate à marginalização social.

Para que seja promovida uma segura avaliação propositiva, de modo a construir um sistema tributário brasileiro que seja mais equânime, é imprescindível descortinar o modo como as Constituições trataram o tema da repartição tributária de competências entre os entes federativos.

---

5. INSTITUTO DE PESQUISA ECONÔMICA APLICADA – IPEA. *As distorções de uma carga tributária regressiva. 2015. Ano 12. Edição 86 – 28.03.2016.* Disponível em: http://www.ipea.gov.br/desafios/index.php?option=com_content&id=3233. Acesso em: 19 set. 2022.

6. NABAIS. José Casalta. *O dever fundamental de pagar impostos.* Coimbra: Almedina.

Cumpre destacar que duas técnicas tributárias servem para promover a destinação de recursos para o agir estatal: a atribuição de competência tributária para a instituição de tributos sobre determinadas materialidades abertas à tributação pela Constituição Federal; ou, por participação no produto da arrecadação tributária.

Pode-se imaginar que, chegando os recursos suficientes para a consecução das finalidades a serem perseguidas e serviços a serem prestados pelo respectivo ente federativo, pouco importa a técnica que foi utilizada – se por exercício de uma competência tributária própria, ou por participação no produto da arrecadação proveniente do exercício de competência tributária de outro ente federativo.

Contudo, a supressão ou o desprestígio *normogenético* tributário precisa ser analisado sob o ponto de vista da autonomia federativa. É que, quando um ente perde a prerrogativa única e indelegável de instituir um tributo, mediante o exercício de competência própria, para vir a receber parte do produto final da arrecadação de tributo instituído por outro ente, há redução do poder criativo capaz de desestabilizar a harmonia na Federação. Em outras palavras, a divisão de competências representa o espaço federativo ocupado pelos entes, e o resultado disso pode levar a instabilidades e desequilíbrios na Federação.

O nosso objetivo, portanto, é analisar o problema da repartição da competência tributária na história constitucional brasileira e de que modo se processou uma concentração de atribuições institutas de tributos em determinado ente federativo.

A finalidade desse artigo se direciona no sentido de contribuir com o debate atual em torno da equalização da carga e competência tributárias brasileiras.

1. AS NORMAS DE COMPETÊNCIA TRIBUTÁRIA NAS CONSTITUIÇÕES DE 1824 E 1891

A primeira Constituição brasileira, de 1824, não trouxe uma técnica de repartição de receitas tributárias, cuidando apenas da atribuição da competência tributária – outorgada privativamente a iniciativa "sobre impostos" à Câmara dos Deputados (art. 36, I) e, em seu artigo 15, § 10, a competência do Poder Legislativo de "fixar, anualmente, as despesas públicas, e repartir a contribuição direta".

Assim, na sistemática da CF de 1824, a iniciativa "sobre impostos" deveria partir privativamente da Câmara dos Deputados, que era "eletiva e temporária" (art. 35), cabendo ao Poder Legislativo a repartição da "contribuição direta".

Em termos de direito tributário, a disposição constitucional que mais chama a atenção, na Carta de 1824, é a que invoca o dever fundamental de pagar tributos na medida de sua capacidade contributiva ("Ninguem será exempto de contribuir pera as despezas do Estado em proporção dos seus haveres" – art. 179, XV).

Trata-se de cláusula inserta em um contexto de direitos e garantias fundamentais, fazendo sobressaltar também a instituição dos deveres fundamentais (art. 179, XIII a XVII).

O interessante dessa disposição é que ela se encontra em uma sequência de incisos que remetem ao valor constitucional da igualdade. A explicitação do dever fundamental de o contribuinte pagar tributos, na proporção de suas possibilidades, representa um chamado constitucional da Constituição de 1824 à isonomia no custeio das despesas gerais do Estado e viabilização dos serviços públicos que ele presta à sociedade.

É uma disposição normativa que poderia ter sido reproduzida nas Constituições seguintes, mas não se encontra expressa na atual CF de 1988 – muito embora o Supremo Tribunal Federal reconheça o "dever fundamental de pagar tributos".[7]

Voltando ao tema específico da repartição constitucional das competências tributárias, a Constituição Federal de 1891 foi a primeira a instituir um sistema de divisão específico das materialidades a serem tributadas pelos entes federativos.

A Constituição de 1891 adotou a República Federativa como forma de governo, constituindo-se por união perpétua e indissolúvel das suas antigas províncias em Estados Unidos do Brasil (art. 1º). Cada uma das antigas províncias formara um Estado e o antigo município neutro se transformara no Distrito Federal, que continuou a ser a capital da União (art. 2º).

As materialidades abertas à tributação foram discriminadas, por meio da técnica de repartição por competência. A Carta de 1891, por coerência com o regime Federativo que adotou, inaugura a repartição constitucional tributária por competência no constitucionalismo brasileiro; a Constituição de 1934, por sua vez, é a que vai inaugurar a sistemática de repartição por participação na receita tributária de tributos que são da competência de outros entes federativos.

Da competência exclusiva da União, a CF de 1891 discriminou apenas uma materialidade tributada por imposto e duas taxas (art. 7º): o imposto sobre a importação de procedência estrangeira; taxas de selo; taxas dos correios e telégrafos federais.

Para os Estados, a CF de 1891 atribuiu quatro materialidades para tributação privativa por tributo da espécie imposto (art. 9º): exportação de mercadorias de

---

7. "A solução do presente caso perpassa, portanto, pela compreensão de que, no Brasil, o pagamento de tributos é um dever fundamental. A propósito do tema, vale destacar, por seu pioneirismo, a obra do jurista português José Casalta Nabais. No livro "O dever fundamental de pagar impostos", o professor da Faculdade de Direito da Universidade de Coimbra demonstra, em síntese, que, no Estado contemporâneo – o qual é, essencialmente, um Estado Fiscal, entendido como aquele que é financiado majoritariamente pelos impostos pagos por pessoas físicas e jurídicas – pagar imposto é um dever fundamental". ADI 2390/DF, rel. Min. Dias Toffoli, 24.02.2016. (ADI-2390).

sua própria produção; imóveis rurais e urbanos; transmissão de propriedade; sobre indústrias e profissões.

Interessante anotar que, na atual Constituição Federal de 1988, toda as materialidades que a CF de 1891 atribuiu para que os Estados tributassem por meio de impostos estão sob a competência de outros entes federativos. Assim, exportação, imóveis rurais, indústrias e profissões são tributados pela União; a propriedade de imóveis urbanos e a transmissão da propriedade são tributadas pelos Municípios.

Assim, a Carta de 1891 deu destacada preferência aos Estados na repartição da competência tributária privativa que promoveu. Contudo, embora tenha feito repartição de competência privativa para a tributação, a possibilidade do exercício da competência residual era deveras ampla, se comparada com a atual experiência constitucional brasileira.[8]

Portanto, conclusivamente, a Constituição Federal de 1824 não promoveu uma repartição das materialidades tributárias, muito embora tenha trazido algumas normas relevantes de direito tributário; por sua vez, a Constituição de 1891 inaugurou a técnica de repartição das materialidade abertas à tributação, dando destacada relevância à competência privativa dos Estados – com quatro materialidades abertas à tributação por imposto, contra apenas uma da União.

2. AS MATERIALIDADES ABERTAS À TRIBUTAÇÃO NA CONSTITUIÇÃO DE 1934 COM A INCLUSÃO DA TÉCNICA DE REPARTIÇÃO DO PRODUTO DA ARRECADAÇÃO TRIBUTÁRIA

A Constituição Federal de 1934 aprimorou a sistemática de repartição da competência tributária e inaugurou no constitucionalismo brasileiro um sistema de repartição do produto da arrecadação dos tributos.

Após descrever extenso rol de competências materiais ou administrativas da União (art. 5º), a Constituição lhe atribui, privativamente, competência para instituir impostos sobre as seguintes materialidades (art. 6º): 1) a importação de mercadorias de procedência estrangeira; 2) consumo de quaisquer mercadorias, exceto os combustíveis de motor de explosão; 3) renda e proventos de qualquer natureza, excetuada a renda cedular de imóveis; 4) transferência de fundos para o exterior; 5) sobre atos emanados do seu Governo, negócios da sua economia e instrumentos de contratos ou atos regulados por lei federal; 6) e, nos Territórios, os impostos que a Constituição atribui aos Estados. Especificamente quanto às taxas, a União podia cobrar taxas telegráficas, postais e de outros serviços fede-

---

8. Art. 12. Além das fontes de receita discriminadas nos arts. 7º e 9º, é lícito à União como aos Estados, cumulativamente ou não, criar outras quaisquer, não contravindo, o disposto nos arts. 7º, 9º e 11, n. 1.

rais; de entrada, saída e estadia de navios e aeronaves. Portanto, cinco eram as materialidades abertas à tributação pela União.

Por sua vez, os Estados tinham a previsão de competência para instituir impostos sobre as seguintes materialidades: 1) propriedade territorial, exceto a urbana; 2) transmissão de propriedade *causa mortis*; 3) transmissão de propriedade imobiliária *inter vivos*, inclusive a sua incorporação ao capital da sociedade; 4) consumo de combustíveis de motor de explosão; 5) vendas e consignações efetuadas por comerciantes e produtores, inclusive os industriais; 6) exportação das mercadorias de sua produção; 7) indústrias e profissões; 8) atos emanados do seu governo e negócios da sua economia ou regulados por lei estadual. Havia uma previsão genérica para a cobrança de taxas de serviços estaduais.

Da normatividade presente na Constituição de 1934, percebe-se que os Estados permaneceram com a maior parte das materialidades abertas à tributação por meio dos impostos, das quais, no atual regime constitucional de 1988, remanescem apenas duas das oito bases econômicas tributáveis em 1934 – as demais estão hoje como competências da União ou Municípios.

Diferentemente da CF de 1891, a Carta de 1934 fez uma regulamentação específica sobre o exercício da competência residual para a instituição de impostos. Na CF de 1934 a competência residual foi denominada de "competência concorrente" da União e Estados para criar outros impostos, além dos que lhes são atribuídos privativamente (art. 10, VII).

Contudo, em norma extremamente interessante (art. 10, parágrafo único), a Constituição Federal estabeleceu que a arrecadação dos impostos residuais fosse feita pelos Estados, os quais entregavam, dentro do primeiro trimestre do exercício seguinte, trinta por cento à União, e vinte por cento aos Municípios de onde tenham provindo.

Ou seja, a Constituição inaugura, no constitucionalismo brasileiro, a técnica de repartição da receita tributária, através da qual um ente participa da arrecadação dos tributos que são arrecadados por outro ente federativo.[9] Assim, por exemplo, a União poderia criar um imposto residual, mediante o exercício da sua competência concorrente com os Estados, mas a estes caberia a arrecadação, mediante subsequente repartição do produto com a própria União e com os Municípios.

Hoje, na Carta de 1988, a competência residual para instituir imposto é privativa da União (art. 154, I), com determinação de repartição do produto da arrendação entre Estados (25%).

---

9. De acordo com a Constituição, se o Estado faltasse ao pagamento das cotas devidas à União ou aos Municípios, o lançamento e a arrecadação passariam a ser feitos pelo Governo federal, que atribuiria, nesse caso, trinta por cento ao Estado e vinte por cento aos Municípios.

Além da previsão da repartição do produto da arrecadação do imposto residual, a Constituição ainda trouxe a repartição do produto do imposto de indústrias e profissões, de competência dos Estados: metade do arrecadado pertencia aos Municípios.

Também de modo inédito, a Constituição trouxe previsão de competência tributária para os Municípios: 1) imposto de licenças; 2) impostos predial e territorial urbanos; 3) imposto sobre diversões públicas; 4) o imposto cedular sobre a renda de imóveis rurais. Também houve previsão da possibilidade de os Municípios cobrarem as taxas sobre serviços municipais.

É interessante que a Constituição trouxe uma previsão de transferência para o Municípios da competência tributária para instituição dos impostos privativos do Estado (§ 2º, art. 13). Ou seja, uma espécie de delegação da competência tributária, não mais existente no regime constitucional de 1988.

Conclui-se que a Constituição de 1934 trouxe um sofisticado sistema de previsão de competência tributária privativas para União, Estados e Municípios, combinado com mecanismos de participação dos entes federativos na arrecadação tributária dos outros. Observa-se, ainda, que permaneceu a proeminência dos Estados na repartição da competência tributária – muito embora a União tenha, em 1934, mais materialidades abertas à tributação do que tinha em 1891.

3. A REPARTIÇÃO DE COMPETÊNCIAS NA CONSTITUIÇÃO FEDERAL DE 1937

A Constituição Federal de 1937 manteve inalterada as competências tributárias abertas e repartidas à tributação entre União, Estados e Distrito Federal, de modo que os impostos privativos de cada um desses entes são os mesmos da Carta anterior, de 1934.

De igual modo, foi mantida a repartição do produto do imposto de indústrias e profissões, de competência dos Estados: metade do arrecadado pertencia aos Municípios.

Apenas a repartição dos impostos residuais sofreu alteração, deixando de existir previsão específica de repartição do produto. A previsão da competência residual veio no art. 25 da Constituição, seguindo o qual: "Os Estados poderão criar outros impostos. É vedada, entretanto, a bitributação, prevalecendo o imposto decretado pela União, quando a competência for concorrente. É da competência do Conselho Federal, por iniciativa própria ou mediante representação do contribuinte, declarar a existência da bitributação, suspendendo a cobrança do tributo estadual".

Portanto, na Constituição de 1937 a repartição das competências tributárias permanece inalterada, de modo que a maior parte das materialidades abertas à tributação se encontravam na competência dos Estados.

4. O INÍCIO DO ALARGAMENTO DAS COMPETÊNCIAS DA UNIÃO NA REPARTIÇÃO DA COMPETÊNCIA TRIBUTÁRIA NA CONSTITUIÇÃO DE 1946

Na Constituição Federal de 1946, as competências tributárias da União – que já haviam sido aumentadas na comparação entre as Constituições de 1891, 1934 e 1937 – foram objeto de maior concentração em relação às competências dos Estados.

Assim, o art. 15 da Carta, estabeleceu a competência da União para instituir impostos sobre as seguintes materialidades: 1) importação de mercadorias de procedência estrangeira; 2) consumo de mercadorias; 3) produção, comércio, distribuição e consumo, e bem assim importação e exportação de lubrificantes e de combustíveis líquidos ou gasosos de qualquer origem ou natureza, estenden-do-se esse regime, no que for aplicável, aos minerais do País e à energia elétrica; 4) renda e proventos de qualquer natureza; 5) transferência de fundos para o exterior; 6) negócios de sua economia, atos e instrumentos regulados por lei federal; 7) Propriedade territorial rural.

A União, que na Constituição de 1891 tinha apenas competência para insti-tuir imposto sobre a importação, chega na Carta de 1946 com sete materialidades abertas à tributação por impostos, em uma conformação parecida com a da atual Carta de 1988.

Contudo, na medida em que alargou as possibilidades abertas à tributação pela União, a Constituição de 1946 também expandiu a técnica de repartição das receitas tributárias. Assim, do produto arrecadado com o imposto sobre "pro-dução, comércio, distribuição e consumo", sessenta por cento no mínimo eram entregues aos Estados, ao Distrito Federal e aos Municípios, proporcionalmente à sua superfície, população, consumo e produção, nos termos e para os fins esta-belecidos em lei federal.

Já do produto da arrecadação do imposto da União sobre consumo de mer-cadorias, 10% eram entregues aos Municípios, em partes iguais. Da arrecadação imposto da União sobre renda e proventos, 15% eram entregues aos Municípios, em partes iguais.

Quanto ao produto da arrecadação do imposto territorial rural, a totalidade era entregue pela União aos Municípios onde estejam localizados os imóveis sobre os quais incidia a tributação.

Já os Estados, que na Constituição Federal de 1937 possuíam sete materialidades abertas à tributação, passam a ter quatro fatos tributáveis presuntivos de riqueza: 1) Transmissão de propriedade causa mortis; 2) vendas e consignações efetuadas por comerciantes e produtores, inclusive industriais, isenta, porém, a primeira operação do pequeno produtor, conforme o definir a lei estadual; 3) exportação de mercadorias de sua produção para o estrangeiro, até o máximo de 5% (cinco por cento) ad valorem, vedados quaisquer adicionais; 4) os atos regulados por lei estadual, os do serviço de sua justiça e os negócios de sua economia.

Havia uma interessante previsão de repartição condicional de receita tributária, dos Estados para os Municípios, nos seguintes termos: "Quando a arrecadação estadual de impostos, salvo a do imposto de exportação, exceder, em Município que não seja o da Capital, o total das rendas locais de qualquer natureza, o Estado dar-lhe-á anualmente trinta por cento do excesso arrecadado" (Art. 20).

A atribuição de competência residual para a instituição de impostos foi entregue à União e aos Estados, mas o imposto federal excluía o estadual idêntico – essa é uma disposição normativa reveladora do espírito da Carta, que prestigiava a União em um grau maior do que nas Constituições anteriores.

Os Estados realizavam a arrecadação dos impostos residuais e entregavam vinte por cento do produto à União e quarenta por cento aos Municípios onde se tiver realizado a cobrança (art. 21).

Para a competência tributária dos Municípios, a Constituição Federal reservou sete materialidades: 1) propriedade territorial urbana; 2) predial; 3) transmissão de propriedade imobiliária *inter vivos* e sua incorporação ao capital de sociedades; 4) licenças; 5) indústrias e profissões; 6) diversões públicas; 7) atos de sua economia ou assuntos de sua competência.

Ademais, a Constituição de 1946 trouxe a previsão da competência comum da União, Estados, Distrito Federal e Municípios para a cobrança de (art. 30): I – contribuição de melhoria, quando se verificar valorização do imóvel, em consequência de obras públicas; II – taxas; III – quaisquer outras rendas que possam provir do exercício de suas atribuições e da utilização de seus bens e serviços. É a primeira vez que a "contribuição de melhoria" surge na nossa experiência constitucional.

Também é na Constituição de 1946 que encontramos as normas de incompetência tributária (imunidades), de um modo bastante semelhante ao que hoje vige no nosso ordenamento jurídico; nos termos do art. 31, V, da Carta de 1946, estava vedado aos entes federativos a instituição de impostos sobre: a) bens, rendas e serviços uns dos outros, sem prejuízo da tributação dos serviços públicos concedidos, observado o disposto no parágrafo único deste artigo; b) templos de qualquer culto bens e serviços de Partidos Políticos, instituições de educação e de assistência social, desde que as suas rendas sejam aplicadas integralmente no

País para os respectivos fins; c) papel destinado exclusivamente à impressão de jornais, periódicos e livros.

O que ser extrai da Constituição de 1946 é a estruturação de um sistema tributário mais complexo, com a previsão de normas de incompetência tributária (imunidades), tributos de competência comum (taxas e contribuição de melhoria), previsão de diversas materialidades abertas à tributação para que todos os entes federativos instituíssem impostos e uma mais ampla previsão de repartição da receita tributária.

Assim, muito embora tenham sido alargadas as materialidades econômicas abertas à tributação pela União, por meio de impostos, também fora expandida a repartição do produto da arrecadação desses impostos federais com os demais entes federativos, equilibrando, pelas duas técnicas (repartição por competência e pelo produto), a forma como o 'bolo' dos recursos é repartido na Federação.

5. O ADVENTO DE UM SISTEMA TRIBUTÁRIO NA CONSTITUIÇÃO DE 1967 COM A REPARTIÇÃO HIPERBÓLICA DE COMPETÊNCIAS EM FAVOR DA UNIÃO

Antes da Constituição Federal de 1967, a previsão de competências tributárias era feita logo após a enunciação das competências materiais ou administrativas do ente federativo; assim, as Constituições anteriores descreviam o que deveria ser feito e logo após apontava de onde viria a derivação dos recursos dos particulares para a respectiva execução de tais tarefas ou objetivos.

A Carta de 1967 estrutura as questões tributárias de um modo inédito, mediante a previsão de um capítulo apartado e específico para o "Sistema Tributário". Portanto, é nesse momento da experiência constitucional brasileira que se cria uma verdadeira "Constituição Tributária". É interessante perceber que o atual regime constitucional de 1988, no que diz respeito ao arquétipo tributário fundamental, é deveras semelhante ao que veio disposto na Constituição de 1967.

O "Sistema Tributário" da Constituição de 1967 representa um amadurecimento constitucional da previsão de tributos, competências, limites e regras de repartição do produto tributário.

Destaco que uma das mais relevantes garantias para os contribuintes veio prevista ineditamente na Carta de 1967: a utilização da lei complementar para o estabelecimento de normas gerais de direito tributário. Essa previsão garante segurança jurídica a todos os contribuintes, a partir do fato de que todos os entes tributantes partirão de um tronco comum (lei complementar) para derivar recursos das riquezas produzidas na sociedade.

Substancialmente, alargou-se as materialidades abertas à Tributação pela União (dez bases econômicas), em relação àquelas sobre as quais Estados e Municípios podiam instituir impostos (duas materialidades para cada um), prevendo de início que todos os entes federativos têm competência para instituir taxas de polícia e de serviço e contribuição de melhoria.

Assim, a União podia instituir impostos sobre: I – Importação de produtos estrangeiros; II – exportação, para o estrangeiro, de produtos nacionais ou nacionalizados; III – propriedade territorial, rural; IV – rendas e proventos de qualquer natureza; V – produtos industrializados; VI – operações de crédito, câmbio, seguro, ou relativas a títulos ou valores mobiliários; VII – serviços de transporte e comunicações, salvo os de natureza estritamente municipal; VIII – produção, importação, circulação, distribuição ou consumo de lubrificantes e combustíveis líquidos e gasosos; IX – produção, importação, distribuição ou consumo de energia elétrica; X – extração, circulação, distribuição ou consumo de minerais do País.

Os Estados podiam instituir impostos sobre as seguintes materialidades: I – transmissão, a qualquer título, de bens imóveis por natureza e acessão física, e de direitos reais sobre imóveis, exceto os de garantia, bem como sobre direitos à aquisição de imóveis; II – operações relativas à circulação de mercadorias, realizadas por produtores, industriais e comerciantes.

Aos Municípios foi franqueada a instituir de impostos sobre: I – propriedade predial e territorial urbana; II – serviços de qualquer natureza não compreendidos na competência tributária da União ou dos Estados, definidos em lei complementar.

Muito embora substancialmente alargada a competência da União, também foram ainda mais alargadas as previsões de repartição da arrecadação tributária. Inclusive, com esse propósito, foi instituída nova técnica de repartição, feita de modo indireto, mediante a previsão de três diferentes fundos (Art. 26): o Fundo de Participação dos Estados e do Distrito Federal, o Fundo de Participação dos Municípios e o Fundo Especial. Do produto da arrecadação do IPI e do IR, 5% era destinado ao FPE, 5% era encaminhado para o FPM e 2% ao Fundo Especial. Além da repartição indireta, há a previsão da participação direta dos entes federativos, no produto da arrecadação de impostos da União (art. 28), que chegava a 90% do produto, no caso do imposto sobre a extração, circulação, distribuição ou consumo de minerais do País.

A Constituição de 1967 pode ser considerada como a que promoveu a maior concentração de competências tributárias para a União; em nenhum momento da história constitucional brasileira os Estados e Municípios tiveram tão poucas materialidades tributáveis por impostos e, em contrapartida, em nenhum momento histórico a União possuiu tamanha abrangência material tributável.

A ADEQUADA DISTRIBUIÇÃO DO DEVER FUNDAMENTAL DE PAGAR TRIBUTOS **57**

Destaco, em arremate desse tópico, que a Emenda Constitucional n. 1 de 1969, por muitos constitucionalistas considerada como Constituição Federal de 1969, não trouxe substancial modificação no Sistema Tributário da Constituição de 1967.

6. A REPARTIÇÃO DE COMPETÊNCIAS NO SISTEMA TRIBUTÁRIO NACIONAL NA CONSTITUIÇÃO FEDERAL DE 1988

Muito embora tenha estruturado o sistema tributário de um modo temático semelhante ao do regime tributário pretérito, a Constituição de 1988 reduziu as materialidades tributárias abertas à União, em relação aos impostos, e aumentou a competência dos Estados e Municípios. Mas o que chama maior atenção na Carta de 1988 é a substancial repartição do produto tributário que fora prevista.

Conforme dados divulgados pela Receita Federal, que estimou em 32,66% do PIB a carga tributária de 2015, a arrecadação da União corresponderia a 68,26% da carga, a dos Estados, a 25,37%, e a dos Municípios, a 6,37%.[10] Portanto, não obstante nos faltem dados comparativos entre a arrecadação atual, por ente, e aquela existente na vigência da Constituição de 1891, salta aos olhos a proeminência arrecadatória da União.

Mesmo com a redução das materialidades abertas à tributação via imposto – de dez, na Carta de 1967, para sete, na atual CF de 1988 – a União exerce a maior parte de sua competência por meio das contribuições sociais, que agigantaram o sistema tributário brasileiro, praticamente inaugurando um capítulo paralelo no estudo do direito tributário. A inserção na Constituição das contribuições sociais, interventivas e de interesse de categorias profissionais (art. 149) são uma novidade no constitucionalismo brasileiro, alargando o espectro da tributação do Estado sobre a sociedade e tornando o sistema deveras complexo.

Hoje, somando-se as competências para instituição dos impostos com as contribuições (cujas materialidades podem ser encontradas no art. 195 da CF), a União abarca a maior parte do exercício da competência tributária na Federação brasileira. Acrescente-se a isso a possibilidade de instituição, pela União, de contribuições residuais e impostos residuais.

Em relação aos impostos, contudo, há um sistema de repartição do produto extremamente generoso com os demais entes federativos; comparando a repartição instituída pelas Constituições passadas, o atual mecanismo de repartição alcança percentuais consideravelmente maiores.

---

10. PAULSEN, Leandro. *Curso de direito tributário completo.* 10. ed. São Paulo: Saraiva, 2019. p. 119.

Tomemos como comparação a repartição indireta, via fundo; na Carta de 1967, um total de 12% do arrecadado pela União de IR e IPI eram destinados a três fundos: FPE (5%), FPM (5%) e o Fundo Especial (2%).

Na Constituição Federal de 1988, um total de 49% do total arrecadado pela União de IR e IPI são destinados aos Fundos de Participação. Ou seja, a repartição tributária do IR e do IPI saltou de 12% para 49%.

Além dessa destinação aos fundos, 10% do arrecadado com o IPI é destinado diretamente aos Estados; estes, em relação ao montante que recebem, repassam 25% aos Municípios. Assim, mais da metade da arrecadação do IPI não fica com a União, mas é repartida.

Há ainda repartição direta do produto do IR, IOF-Ouro, do ITR, dos impostos residuais e da CIDE-Combustíveis; em relação aos impostos dos Estados, são repartidos o IPVA e o ICMS.

Portanto, muito embora a Constituição de 1988 tenha mantido uma concentração de competência tributária com a União, podemos afirmar que houve uma maior contrapartida em termos de participação na arrecadação dos tributos federais.

CONCLUSÃO

É preciso aferir a possibilidade de o direito tributário conciliar a regulação de um dever, muito mais do que instrumental, com uma decisão política acerca da distribuição de quais ônus e sobre quem estes recairão.

A eleição das bases imponíveis (ou materialidade), os signos presuntivos de riqueza e o aspecto subjetivo da respectiva hipótese de incidência devem passar por uma aferição política do Estado, que se deve preordenar a um determinado fim.

Quando se dimensiona o tamanho da exação e esta é direcionada, como dever fundamental, para um determinado sujeito passivo, ao fim e ao cabo, deixa de se retirar recursos de alguém ou passa a se retirar de modo menos gravoso.

O direito constitucional estabelece as materialidades abertas à tributação; o legislador, em nível complementar e ordinário, disciplina os institutos gerais do direito tributário e elege os aspectos da hipótese de incidência do tributo. Assim, embora as materialidades (bens e serviços, renda, propriedade) estejam previamente estabelecidas pela Constituição Federal, a distribuição dos respectivos deveres tributários será balizada pelo Estado ao colocar em movimento o arquétipo constitucional.

Essa movimentação do arquétipo constitucional tributário passa por uma inevitável decisão política. Assim, precisamos enfrentar a questão do tributo não apenas como um dever instrumental – de carrear recursos que farão frente às necessidades da sociedade e políticas públicas –, mas também como, em si mesmo, uma política pública estatal, preordenada a onerar mais alguns em detrimento de outros, na movimentação e escolha de quem, do quanto e o modo como se tributa.

Podemos concluir que o tributo vai muito além de um mero dever instrumental; contudo, nos parece importante aferir, pontualmente, a questão da distribuição do ônus tributário, no Brasil, em relação à bens e serviços e em relação à renda.

A escolha de se tributar mais pesadamente os bens e serviços, em detrimento à tributação da renda, tendo em conta o pano de fundo da atual crise econômica pela qual passa o Brasil, precisa ser investigada. Aparentemente, cuida-se de uma política pública, preordenada a uma finalidade, que atinge a distribuição de renda, a dignidade da pessoa humana, a marginalização social e o estimulo ao consumo.

Nesse sentido, deve também ser investigado o impacto regressivo dessa eleição de deveres tributários, quando se tem um peso maior da carga incidindo sobre bens e serviços.

O mais importante, contudo, após investigar se a atribuição de um dever tributário funciona, ou não, como uma política pública, deve ser questionar a consequência da escolha do Estado brasileiro em onerar mais pesadamente os bens em serviços.

Essa escolha precisa ser estudada e, a depender dos resultados, deve ser oferecido um resultado de distribuição tributária que seja equânime e que se volte à uma adequada redistribuição de renda.

Historicamente, a repartição das materialidades econômicas abertas à tributação nasce no constitucionalismo brasileiro com a Carta de 1891; naquela ocasião, os Estados possuíam a proeminência na competência para a instituição dos tributos (impostos).

Enquanto a União detinha, em 1891, apenas a competência para tributar a importação, os Estados podiam tributar quatro materialidades, mediante imposto (art. 9º): exportação de mercadorias de sua própria produção; imóveis rurais e urbanos; transmissão de propriedade; sobre indústrias e profissões.

A competência tributária da União foi se alargando, e a Constituição Federal de 1934 passou a prever competências também aos Municípios, mas se destacou principalmente pela técnica de repartição da arrecadação tributária – que viria a ser aprimorada, já na Constituição de 1967, com a previsão da chamada repartição indireta, por meio dos Fundos de Participação.

O que se observa é que a União passou a ter uma maior competência tributária (cujo ápice de concentração se deu na Constituição de 1967), mas, em contrapartida, também passou a repartir mais amplamente o produto da arrecadação dos tributos de sua competência.

Desse modo, o alargamento da repartição da competência, em favor da União, foi equilibrado com o aumento das hipóteses de repartição do produto tributário, assegurando que os recursos que são derivados das riquezas que a sociedade produz sejam equanimemente repartidos entres os entes da Federação.

Essa opção se sujeita à crítica no sentido de que a repartição do produto tolhe a prerrogativa de instituição do tributo, vulnerando a autonomia federativa. Em outras palavras, pode-se argumentar que, ao reduzir a repartição por competência tributária e alargar a repartição do produto, o ente somente receberá percentual do tributo instituído e cobrado por outro, fica a mercês daquele que possui a competência tributária.[11]

De fato, a participação no produto como opção à supressão da previsão de competência tributária ocorre em demérito à autonomia federativa, a representar uma redução das possibilidades *normogenéticas* de um ente federativo.

Considerando o apanhado histórico, não é o caso de se retornar ao modelo de 1891, que prestigiava os Estados em detrimento da União, tampouco se reaproximar aos termos da Constituição de 1967, que fazia o contrário; mas o sistema também não pode permanecer do modo como está, repartindo o exercício da competência tributária de modo hiperbólico para a União, em relação às competências dos demais entes federativos.

Conclusivamente, nos parece que uma reforma tributária precisa ser feita de modo a equacionar as materialidades abertas à tributação, reequilibrando igualmente os percentuais de repartição do produto tributário – por conseguinte e na proporção em que sejam redistribuídas as competências para a instituição dos impostos sobre as grandezas econômicas.

---

11. Destacamos que o ente que recebe o produto da arrecadação de tributo da competência de outro fica sujeito às consequências arrecadatórias dos benefícios fiscais eventualmente concedidos. Nesse sentido é o Tema 653 da sistemática da repercussão geral do STF: "É constitucional a concessão regular de incentivos, benefícios e isenções fiscais relativos ao Imposto de Renda e Imposto sobre Produtos Industrializados por parte da União em relação ao Fundo de Participação de Municípios e respectivas quotas devidas às Municipalidades." (RE 705423, Relator(a): Min. Edson Fachin, Tribunal Pleno, julgado em 23.11.2016, Processo Eletrônico Repercussão Geral – Mérito DJe-020 Divulg 02.02.2018 Public 05.02.2018).

REFERÊNCIAS

ABRAHAM, Marcus. *Curso de direito financeiro brasileiro*. Rio de Janeiro: Elsevier, 2010.

AGÊNCIA SENADO. Por que a fórmula de cobrança de impostos do Brasil piora a desigualdade social. Disponível em: https://www12.senado.leg.br/noticias/infomaterias/2021/05/por-que-a-formula-de-cobranca-de-impostos-do-brasil-piora-a-desigualdade-social. Acesso em: 19 set. 2022.

AMARO, Luciano. *Direito tributário brasileiro*. 12. ed. São Paulo: Saraiva, 2006.

AZAMBUJA, Darcy. *Introdução à ciência política*. 17. ed. São Paulo: Globo, 2005.

BECKER, Alfredo Augusto. *Teoria geral do direito tributário*. 2. ed. São Paulo: Saraiva, 1972.

CARDOSO, Alessandro Mendes. *O dever fundamental de recolher tributos*. Porto Alegre: Livraria do Advogado, 2014.

INSTITUTO FISCAL INDEPENDENTE – IFI. Relatório de Acompanhamento Fiscal Junho de 2018. Disponível em: http://www2.senado.leg.br/bdsf/bitstream/handle/id/542807/RAF17_JUN2018_TopicoEspecial_CargaTributaria.pdf. Acesso em: 19 set. 2022.

INSTITUTO DE PESQUISA ECONÔMICA APLICADA – IPEA. As distorções de uma carga tributária regressiva. 2015. Ano 12. Edição 86 – 28.03.2016. Disponível em: http://www.ipea.gov.br/desafios/index.php?option=com_content&id=3233. Acesso em: 20 nov. 2018.

NABAIS. José Casalta. *O dever fundamental de pagar impostos*. Coimbra: Almedina.

PAULSEN, Leandro. *Curso de direito tributário completo*. 10. ed. São Paulo: Saraiva, 2019.

SECRETARIA DO TESOURO NACIONAL. Estimativa da carga tributária bruta do governo geral. Disponível em: https://sisweb.tesouro.gov.br/apex/f?p=2501:9::::9:P9_ID_PUBLICACAO:38233. Acesso em: 19 set. 2022.

TORRES, Ricardo Lobo. *Tratado de direito constitucional financeiro e tributário*. Os direitos humanos e a tributação – Imunidades e isonomia. Rio de Janeiro: Renovar, 1995.

TRIBUTAÇÃO E DESIGUALDADES PÓS-PANDEMIA

Bruno Nogueira Rebouças

Sumário: Introdução – 1. Premissas fundamentais; 1.1 Existem critérios a partir dos quais as desigualdades podem ser avaliadas, de sorte a serem consideradas moralmente legítimas, ou ilegítimas?; 1.2 Mesmo abstraída a questão moral, a redução de algumas desigualdades seria defensável sob um ponto de vista econômico?; 1.3 O tributo é uma ferramenta adequada para se promover a redução de desigualdades? Mesmo que seja considerado adequado, é ele suficiente?; 1.4 Como equacionar a questão relacionada ao fato de que os detentores de maior capacidade contributiva, se confrontados com uma tributação mais onerosa – como pode ser o caso de uma destinada a reduzir desigualdades –, tendem a migrar para países de tributação mais branda, ou mesmo recorrer ao planejamento tributário internacional e ao uso de paraísos fiscais? – 2. Tributação do consumo; 2.1 É correto dizer-se que a tributação do consumo é regressiva? Como conciliar essa possível e suposta regressividade, com a necessidade de respeito à capacidade contributiva e às ideias de justiça fiscal?; 2.2 Há como ajustar a tributação do consumo à luz de considerações ligadas à capacidade contributiva, ao gênero, ou a quaisquer outras características pessoais do consumidor, levando-se em conta que o contribuinte legalmente registrado e identificado junto às repartições fiscais é o comerciante vendedor?; 2.3 É correto dizer-se que sociedades economicamente mais desiguais oneram mais pesadamente o consumo, e sociedades economicamente menos desiguais o oneram menos? A desigualdade é causa ou consequência de se atribuir maior peso à tributação do consumo?; 2.4 Possíveis defeitos da tributação sobre o consumo, no Brasil, no que tange à redução das desigualdades, serão mitigados ou incrementados pelas propostas de reforma tributária ora em tramitação e discussão no Congresso Nacional?; 2.5 Os fatos relativos às indagações acima foram de algum modo atingidos pelos efeitos da pandemia causada pelo SARS Covid-19? – 3. Tributação da renda; 3.1 Há relação entre a progressividade das alíquotas do imposto sobre a renda e o enfrentamento das desigualdades econômicas ou sociais?; 3.2 Quais as desvantagens, defeitos ou problemas da tributação progressiva da renda? Elas são superadas por eventuais vantagens dessa técnica de tributação?; 3.3 Tendo em vista a determinação constitucional para que o imposto sobre a renda seja regido pelo princípio da progressividade, seria válida a instituição de uma alíquota única (*flat tax*) para esse imposto no país?; 3.4 É possível atingirem-se os objetivos buscados com alíquotas progressivas, sem se considerarem adequadamente as bases sobre as quais elas incidem? Bases muito baixas, ou próximas umas das outras, são capazes de aproximar a tributação progressiva de um *flat tax*? – Referências.

INTRODUÇÃO

É com muito orgulho que aceitamos o honrado convite do prestigiado Instituto Cearense de Estados Tributários (ICET), que nos foi direcionado por seu presidente, Schubert de Farias Machado, para escrever o presente artigo, o que se reforça pela qualidade dos estudos publicados pelo ICET há mais de duas décadas, particularmente em matéria tributária, e se soma ao fato de que os temas suscitados, a partir das perguntas que nos foram propostas, compreendem assuntos da maior relevância em matéria de Direito Tributário.

A escolha de temas intrincados, com evidente repercussão prática, revela a necessidade de tais leituras, que se tornam obrigatórias a advogados, empresários, procuradores, juízes e a todos os estudiosos que se interessem pelo tema.

1. PREMISSAS FUNDAMENTAIS

1.1 Existem critérios a partir dos quais as desigualdades podem ser avaliadas, de sorte a serem consideradas moralmente legítimas, ou ilegítimas?

Sob um ponto de vista estritamente moral, sem proceder a uma incursão ainda e tão necessariamente à esfera jurídica, uma avaliação das desigualdades como legítimas e/ou ilegítimas parece conduzir-nos, inevitavelmente, a um imprescindível aprofundamento não só filosófico; mas, assim também, sociológico direcionado aos fatores e circunstâncias que poderiam e que – de fato – podem influir em uma avaliação de legitimidade e da justificação de tratamentos considerados como desiguais ou não isonômicos, especialmente quando observados aspectos culturais e históricos atinentes a uma determinada sociedade, o que parece ser hercúlea tarefa e de imensurável apreensão, e que, por decorrência lógica, nos foge à competência, assim como ao escopo do presente estudo.

Vale ressaltar que o aspecto sociológico estaria sendo aqui qualificado em sua dimensão histórico-cultural, representando um processo necessariamente dinâmico e não equânime de fatores e circunstâncias particulares de cada corpo social que influiriam em um estudo mais aprofundado dessas dimensões em dada sociedade.

Algumas considerações, entretanto, podem ser minimamente úteis acerca da questão proposta, o que se procura fazer sucintamente.

Como já introduzido, a História, assim como a cultura de cada corpo social individualmente considerado, é fator crucial de análise acerca da aceitação, por essa mesma sociedade, das igualdades ou desigualdades nela verificadas, atribuindo-lhes legitimidade sob o aspecto moral, caso a caso.

Para tanto, não há de se entender a questão do que se considera legítimo ou ilegítimo em termos de desequiparação de tratamentos sociais, notadamente em sentido estritamente moral, sem antes se perquirir acerca de qual o contexto histórico-cultural em que determinado tratamento desigual estaria inserido e, com isso, sendo necessariamente tal contexto analisado em cada caso concreto, à luz de suas necessárias particularidades.

Em outras palavras, aquilo que se considera como uma desigualdade moralmente legítima ou ilegítima dependerá, irremediavelmente, de tais análises, que, como mencionado sucintamente, possuem um escopo que não pode ser, *a priori*, medido, e que devem ser realizadas sob um recorte de análise específico para cada sociedade particularmente considerada.

Até mesmo sob o prisma jurídico, que não necessariamente se separa totalmente do moral, o denominado conteúdo do princípio da igualdade, do qual se falará mais a frente, como uma finalidade intentada pelo constituinte, não pode ignorar aspectos histórico-culturais, tema que não passou despercebido a Celso Antonio Bandeira de Mello.[1]

Por outro lado, a Filosofia, e particularmente a denominada Filosofia do Direito vem se esforçando, há algum tempo, em tentar identificar elementos importantes para uma avaliação moral das desigualdades, sob um prisma do que seria justo ou injusto, notadamente no intuito de que o Direito possa ser utilizado como instrumento útil ao combate desses estados ou tratamentos considerados como desiguais. Notabilizam-se, nesse sentido, os estudos desenvolvidos por John Rawls, em uma espécie de revisitação àquilo que começou a ser pensado na justiça redistributiva aristotélica[2] – esta última embasada numa particular ideia de proporcionalidade –, especialmente o que se encontra descrito em sua obra "Uma teoria da justiça",[3] que nega uma separação entre direito e moral, assim como entre Direito e justiça, separação esta propugnada como classicamente necessária pela tese juspositivista.[4]

Nesse sentido, Rawls propõe em sua teoria uma espécie de modelo hipotético que parte de uma situação originária, descrevendo mesmo uma "natureza hipotética da posição original",[5] procedendo disso a uma construção racional de dois princípios

---

1. Celso Antonio bandeira de Mello, ao tratar da correlação lógica entre fator de discrímen e o tratamento diferenciado atribuído pelo legislador, destaca que "A correlação lógica a que se aludiu nem sempre é absoluta, "pura", a dizer, isenta de penetração de ingredientes próprios das concepções da época, absolvidos na intelecção das coisas. Basta considerar que em determinado momento histórico parecerá perfeitamente lógico vedar mulheres o acesso a certas funções públicas, e, em outras épocas, pelo contrário, entender-se-á inexistir motivo racionalmente subsistente que convalide a vedação." (MELLO, Celso Antonio Bandeira de. *O conteúdo jurídico do princípio da igualdade*. 3. ed. atual., 15. tir. São Paulo: Malheiros, 2007, p. 39).
2. Assim, para Aristóteles "(...) o justo é o proporcional, e o injusto o que está fora da proporção" (ARISTÓTELES. *Ética a Nicômaco*. Trad. e notas: Luciano Ferreira de Souza. São Paulo: Martin Claret, 2015, 130).
3. RAWLS, John. *Uma teoria da justiça*. 3. ed. – nova tradução, baseada na versão americana revista pelo autor, Jussara Simões. São Paulo: Martins Fontes, 2008.
4. Na dicção do positivismo jurídico de Hans Kelsen, "Se o direito e justiça são identificados, se apenas uma ordem justa é chamada de Direito, uma ordem social que é apresentada como Direito é – ao mesmo tempo – apresentada como justa, e isso significa justificá-la moralmente. A tendência de identificar Direito e justiça é a tendência de justificar uma dada ordem social. É uma tendência política, não científica" (KELSEN, Hans. *Teoria geral do Direito e do Estado*. 4. ed. Trad. Luís Carlos Borges. São Paulo: Martins Fontes, 2005, p. 8-9).
5. RAWLS, John. *Uma teoria da justiça*. 3. ed. – nova tradução, baseada na versão americana revista pelo autor, Jussara Simões. São Paulo: Martins Fontes, 2008, p. 724.

de justiça[6] em que todos estariam encobertos pelo "véu da ignorância", desconhecendo as funções que iriam ocupar na sociedade:[7] "(...) 1) igualdade na atribuição de direitos e deveres básicos, também formulado como princípio da liberdade igual; 2) desigualdades econômicas e sociais só se justificam se corresponderem à justificativa racional de que trarão vantagens para todos, principalmente para os menos favorecidos (...)".[8] Em outras palavras, como bem notado por Roberto Gargarella, Rawls não concebe uma teoria da justiça onde pessoas são beneficiadas ou prejudicadas por fatores alheios às suas vontades,[9] o que define um ideal de igualdade relacionado às suas escolhas.[10] Busca-se, assim, a partir de sua teoria da justiça, uma igualdade de oportunidade para todos, com inevitável fundamento moral.

A teoria desenvolvida por Rawls, embora bastante atraente e rica em sua logicidade, não esgota o rol de possibilidades interpretativas acerca da legitimidade moral das desigualdades. Mesmo aí, numa distinção daquilo que se denomina como positivismo e pós-positivismo, uma tomada de decisão, sob o aspecto ideológico, passa a ser estritamente necessária, inclusive em relação ao primeiro (positivismo jurídico), desde que não conduza a inferências precipitadas acerca de uma ideologia que justificaria regimes totalitários, *notoriamente reconhecidos como desiguais*, o que deve ser visto com muita atenção, como bem alertara Norberto Bobbio:

> Esta distinção entre teoria e ideologia do juspositivismo é importante porque ajuda a compreender o significado da polêmica antipositivista. Os críticos do positivismo jurídico vêm de duas "praias" diferentes e se dirigem a dois aspectos diversos: de um lado a corrente do realismo jurídico (ou jurisprudência sociológica) critica os seus aspectos teóricos, afirmando que não representam adequadamente a realidade efetiva do direito; de outro lado, a renascida (ou, melhor dizendo, a revigorada) corrente do jusnaturalismo critica os aspectos ideológicos do juspositivismo, destacando as consequências práticas funestas que deles derivam. É mister distinguir a crítica dos *erros* da crítica dos *horrores* do positivismo jurídico.
>
> Esta última crítica tem assumido grande relevância nos últimos anos, pois o positivismo jurídico foi considerado como uma das causas que provocaram ou favoreceram o advento de regimes totalitários europeus e, em particular, o nazismo alemão.
>
> É natural que uma crítica deste gênero, que queira denunciar as consequências moral e socialmente negativas do juspositivismo (a este propósito se falou polemicamente de uma *reductio ad Hitlerum* de tal doutrina), haja tido na opinião pública uma ressonância muito maior que a crítica conduzida contra o seu aspecto científico.[11]

---

6. NEVES, Marcelo. *Entre Hidra e Hércules*: princípios e regras constitucionais. 3. ed. São Paulo: Editora WMF Martins Fontes, 2019, p. 44.
7. Idem, p. 44.
8. Idem, p. 44.
9. GARGARELLA, Roberto. *As teorias da justiça depois de Rawls*: um breve manual de filosofia política. São Paulo: WMF Martins Fontes, 2008, p. 26.
10. Idem, p. 26.
11. BOBBIO, Norberto. *O positivismo jurídico*: lições de filosofia do direito. São Paulo: Ícone, 2006, p. 225.

Desse modo, com base nas pontuais observações acima realizadas, sob os aspectos tanto sociológico, em sua dimensão histórico-cultural, como o filosófico, notadamente à luz da Filosofia do Direito, parece, ao menos em princípio, precipitado tentar-se chegar a parâmetros morais subservientes a um propósito apriorístico de categorização das desigualdades como legítimas ou ilegítimas sob o aspecto estritamente moral.

Em que pese essa conclusão apenas parcial, focada no questionamento formulado, importante ressaltar que, dentro de uma análise específica do Brasil, a política fiscal, assim como a política financeira de gastos públicos, sempre representou e continua representando importante instrumento, tido pela maioria de nossa sociedade como moralmente legítimo, para a promoção da igualdade entre os indivíduos, o que deverá ser melhor explorado nos tópicos e subtópicos seguintes.

1.2 Mesmo abstraída a questão moral, a redução de algumas desigualdades seria defensável sob um ponto de vista econômico?

Mesmo que abstraída a questão moral, a pergunta atrelada ao questionamento no sentido de que se seria a redução de algumas desigualdades defensável sob um ponto de vista econômico parece ser tida como algo, ao menos, um tanto polêmico sob a perspectiva de cada uma das diversas correntes e doutrinas econômicas existentes, de sorte que a adoção de uma visão economicamente mais liberal levaria a uma conclusão necessariamente bem diversa acerca da questão em comparação a uma posição econômica mais próxima de ideologias tipicamente influenciadas por teorias socialistas, por exemplo.

A título de exemplo, Thomas Piketty, festejado economista francês, analisa a questão da igualdade e, consequentemente, de seu oposto (a desigualdade), sob uma perspectiva evolutiva econômica que pode ser notada sob um ponto de vista histórico, perpassando pela análise de uma herança histórica escravocrata, colonial e o fenômeno industrial,[12] analisando a força das reparações[13] e revoluções,[14] assim como o efeito das políticas de redistribuição[15] com o passar do tempo, dentre outras temáticas importantes. Nesse sentido, propõe-se um modelo progressivo de igualdade, pautado em um confronto entre ideais perseguidos pelo capitalismo e, por outro viés, pelo socialismo.[16]

---

12. PIKETTY, Thomas. *Uma breve história da igualdade*. Trad. Maria de Fátima Oliva de Couto. Rio de Janeiro: Intrínseca, 2022, p. 61-78.
13. Idem, p. 105.
14. Idem, p. 109-132.
15. Idem, p. 133-162.
16. Idem, p. 247-249.

Nesse contexto, faz-se mister lembrar que a preocupação política atrelada à intervenção do Estado na economia, que se relaciona com a tema da igualdade ou desigualdade é fenômeno relativamente recente, como bem pontua José Casalta Nabais,[17] de modo que os estudos mais focados em efeitos positivos e negativos gerados a partir de políticas intervencionistas, como, por exemplo, as de redistribuição ou, até mesmo, políticas fiscais das mais diversas hoje adotadas pelos países, também se veem como relativamente recentes, como ocorre em relação à questão atrelada não só à adoção, mas à pulverização dos impostos ditos progressivos.

Nesse sentido, interessante a observação pontuada por Elizabeth Nazar Carrazza quando trata da denominada tributação progressiva, que, embora seja uma constante na atividade impositiva desde tempos remotos,[18] hoje é bastante difícil conceber uma estrutura fiscal que não disponha de tributos progressivos,[19] de modo que, só mais recentemente, tributaristas se debruçaram sobre a matéria.[20] Assim, como será visto mais adiante, em resposta à pergunta mais direcionada ao tema, poder-se-á constatar que a progressividade parece ser mais fácil de ser adotada, sendo de mais fácil graduação, na formatação dos tributos pessoais, ou seja, que não se confundem com a denominada tributação sobre o consumo, esta tipicamente exemplificada no Imposto sobre Produtos Industrializados (IPI) e no Imposto sobre operações de Circulação de Mercadorias e Serviços (ICMS).

1.3 O tributo é uma ferramenta adequada para se promover a redução de desigualdades? Mesmo que seja considerado adequado, é ele suficiente?

Antes de se adentrar na questão proposta, e já fazendo uma correlação entre a ideia de uma justiça redistributiva, tributação e desenvolvimento econômico, interessante fazer a distinção, na esteira de Ricardo Lobo Torres, entre o que denomina *de princípio da redistribuição de rendas*,[21] que teria uma natureza mais abrangente, até mesmo orçamentária, englobando as vertentes tanto da receita como da despesa, daquela que se denomina como *princípio da distribuição de ren-*

---

17. Acerca do intervencionismo do Estado na vida econômica, o professor português José Casalta Nabais leciona que seria importante ver "(...) como as coisas evoluíram. Evidentemente que no século passado, no século XIX, não se pensava em temas destes. Ou, se se pensou, nunca correspondeu a qualquer prática. É sabido quão difícil seria para a Escola Clássica aceitar uma atuação do Estado que subvertesse a assim considerada ordem natural das coisas comandada pela "mão invisível" que, enquanto senhora do mundo da economia, guiava a iniciativa econômica (individual)" (NABAIS, José Casalta. *Por um Estado fiscal suportável: estudos de direito fiscal*. Coimbra: Almedina, 2018, v. V, p. 9-10).
18. CARRAZZA, Elizabeth Nazar. *IPTU e Progressividade*. 2. ed. São Paulo: Quartier Latin, 2019, p. 111.
19. Idem, p. 111.
20. Idem, p. 111.
21. TORRES, Ricardo Lobo. *Tratado de direito constitucional financeiro e tributário*: valores e princípios constitucionais tributários. Rio de Janeiro: Renovar, 2005, v. II, p. 348.

das,[22] este último afetando exclusivamente a vertente da receita ou da imposição tributária. De fato, reconhece ainda o autor, com base em Rawls, que o princípio da distribuição de renda, que não deixa de estar contido no primeiro (da redistribuição), busca corrigir a distribuição de riquezas e prevenir a concentração de poder que possa prejudicar um justo valor da liberdade política e a igualdade de oportunidade.[23]

Nesse sentido, em que pese o princípio do desenvolvimento econômico melhor se classifique como um "objetivo, diretiva ou programa constitucional",[24] isso não quer dizer que o legislador não tenha qualquer compromisso com sua consecução, de modo que os "princípios doa distribuição da renda e do desenvolvimento econômico muitas vezes caminham juntos",[25] como bem observado por Ricardo Lobo Torres.

Perguntar se o tributo é ferramenta adequada para se promover a redução de desigualdades parece diferente de questionar sobre a sua necessidade para tanto, de sorte que, em um sentido genérico, o tributo pode ser visto sim como uma ferramenta adequada e, muitas vezes, extremamente importante, para que se possa promover a redução das desigualdades existentes, sem reduzir ou ignorar a relevância ou, até mesmo, a necessidade de outros instrumentos, inclusive como corre em relação àqueles atrelados à política financeira de gastos públicos, que se veem notoriamente importantes.

Com base nisso, se bem que seja adequando e, muitas vezes, indubitavelmente necessário, não é suficiente, tendo em vista que a promoção da igualdade não é algo simples em uma sociedade complexa como a nossa, a brasileira, derivando disso a necessidade de ferramental diversificado de políticas interventivas (entendidas em sentido amplo) por parte do Estado, inclusive com o intuito redistributivo, como aquela atrelada à gestão, planejamento e devida orientação dos gastos públicos para que seja possível alcançar-se uma situação realmente e minimamente igualitária em relação aos indivíduos nela inseridos.

É papel da Economia e, mais particularmente, daquele ramo científico que se passou a denominar como Ciência das Finanças, questionar-se acerca das políticas interventivas do Estado, notadamente dentro desse viés redistributivo, a fim de que se intente promover, no máximo teor possível, a igualdade. Isso tendo em vista que a nossa Constituição Federal (CF) promove o ideal da igualdade, especialmente aqui trado em sua dimensão normativa de princípio[26] (isto é, no

---

22. Idem, p. 348.
23. Idem, p. 348.
24. Idem, p. 349.
25. Idem, p. 347.
26. ÁVILA, Humberto. *Teoria da igualdade tributária*. 4. ed. São Paulo: Malheiros, 2022, p. 143.

maior grau possível) a partir dos dispositivos normativos constantes do art. 5º, caput, e, mais especificamente em matéria tributária, do art. 150, inciso II, da CF.

Em relação ao conteúdo jurídico do princípio da igualdade, Celso Antonio Bandeira de Mello bem leciona que há três elementos importantes para o reconhecimento da não quebra da isonomia que sempre devem ser considerados:

a) a primeira diz com o elemento tomado como fator de desigualação;

b) a segunda reporta-se à correlação lógica abstrata existente entre o fator erigido em critério de discrímen e a disparidade estabelecida no tratamento jurídico diversificado;

c) a terceira atina à consonância desta correlação lógica com os interesses absorvidos no sistema constitucional e destarte judicializados.[27]

Nesse sentido, sendo adotado um fator de discrímen que faça sentido, ou seja, que não seja completamente neutro para fins da discriminação que se pretende ou que não singularize de forma presente e definitiva, em absoluto, um sujeito que deverá ser colhido pelo regime peculiar,[28] assim como haja correlação e pertinência lógica entre o fator eleito e o tratamento diferenciado,[29] e perseguição de interesses constitucionalmente previstos e protegidos,[30] tem-se, em tese, um atendimento, ao princípio jurídico da igualdade. E isso não é diferente em relação à igualdade especificamente tributária, que, como bem demonstra Humberto Ávila, busca uma medida de comparação, por meio de elemento indicativo desta, adequada à finalidade almejada.[31] Ademais da graduação do tributo por meio da capacidade contributiva de cada sujeito, como ocorre quando se propõe a aplicação, a título de exemplo, do imposto de renda progressivo para as pessoas físicas, pode-se vislumbrar a utilização com fins predominantemente extrafiscais do tributo com o intento de combate às desigualdades.

Como dito, isso não restringe outras formas de se alcançar a igualdade, ou melhor, combater a desigualdade, como, a título de exemplo, o incentivo financeiro do Estado, que representa um gasto público, concedido a pessoas ou a empresas que estejam em situação desvantajosa em relação a outras, e necessitem de uma atuação positiva nesse sentido, justificando a aprovação de lei que o autorize.

Em resposta objetiva ao questionamento formulado, o tributo pode ser tido como ferramenta adequada ao combate às desigualdades, seja buscando metas extrafiscais, seja sendo adequadamente graduado conforme a capacidade con-

---

27. MELLO, Celso Antonio Bandeira de. *O conteúdo jurídico do princípio da igualdade*. 3. ed. atual., 15. tir. São Paulo: Malheiros, 2007, p. 21
28. Idem, p. 23.
29. Idem, p. 37.
30. Idem, p. 41.
31. ÁVILA, Humberto. *Teoria da igualdade tributária*. 4. ed. São Paulo: Malheiros, 2022, p. 46-77.

tributiva de cada indivíduo (art. 150, §1º, da CF), longe de ser um instrumento suficiente a consecução de tal intento.

1.4 Como equacionar a questão relacionada ao fato de que os detentores de maior capacidade contributiva, se confrontados com uma tributação mais onerosa – como pode ser o caso de uma destinada a reduzir desigualdades –, tendem a migrar para países de tributação mais branda, ou mesmo recorrer ao planejamento tributário internacional e ao uso de paraísos fiscais?

Em que pese os mais diversos mecanismos hoje estudados e, inclusive, já adotados pelas mais diversas legislações, a fim de obstar planejamentos tributários abusivos em âmbito internacional, evitando-se e se enfrentando problemas originados a partir do refúgio aos paraísos fiscais (*tax haven*), à pratica do *treaty shopping*, à subcapitalização (*thin capitalization*), do *treaty override*, assim como considerando as *Controlled Foreign Company* (CFC) *Rules* e a regras de controle de preços de transferência *(trasnfer pricing)*, dentre outros mecanismos que buscam evitar a evasão fiscal internacional e a erosão da base tributável, não se pode atribuir a resolução do problema a tais ferramentas exclusivamente, que teriam mais um caráter de remediar o incentivo a tais práticas abusivas e a saída de pessoas em busca de outras residências, mas que não parecem atacar, sempre que possível, o problema em seu amago, o que poderia ser proporcionado por meio da adoção de uma tributação não só mais justa, mas que, ao mesmo tempo, proporcionasse um justo retorno à população, por meio de uma boa gestão de gastos públicos, dos valores recolhidos aos cofres públicos.

2. TRIBUTAÇÃO DO CONSUMO

2.1 É correto dizer-se que a tributação do consumo é regressiva? Como conciliar essa possível e suposta regressividade, com a necessidade de respeito à capacidade contributiva e às ideias de justiça fiscal?

Classicamente se define dentro do espectro do que se denomina de tributação do consumo, no nosso País, impostos transacionais como o IPI e o ICMS, geralmente categorizados por parte da doutrina[32] também como indiretos, por incorporar, em sua essência, o fenômeno da repercussão econômica. Nesse sentido,

---

32. Cleucio Santos Nunes define os tributos sobre o consumo no seguinte sentido: "Como referido os tributos sobre o consumo classificam-se no Direito Tributário como "indiretos". Isso significa que os encargos fiscais sobre o consumo são embutidos no custo das mercadorias e serviços consumidos, resultando na transposição da carga tributária aos consumidores finais" (NUNES, Cleucio Santos. *Justiça tributária*. Belo Horizonte: Fórum, 2019, p. 155).

seria possível dizer, de forma objetiva, que a tributação do consumo é regressiva ou, ao menos, tende à regressividade.

Isso porque o imposto regressivo se qualifica pelo maior sacrifício arcado por parte de quem menos ganha, ou detém menor poder aquisitivo, o que tende a ocorrer em relação ao consumidor que arca com o peso dessa tributação, o que se demonstra a partir da incidência de impostos como o IPI e o ICMS em uma determinada cadeia de mercantil que corre desde a produção até o consumo.

Tudo isso se nota mais nitidamente quando tais tributos incidem sobre bens de primeira necessidade, como alimentos, vestuários etc., que não representam um luxo por parte de quem os adquire. São relevantes, nesse sentido, as clássicas e sempre percucientes lições de Aliomar Baleeiro:

> Igualmente, impostos proporcionais, quando incidem sobre o consumo em geral – gêneros de primeira necessidade e coisas que não são de luxo –, operam regressivamente, porque a maior parte da população, em todos os países, é composta por proletários e classes submédias, que aplicam a quase totalidade de seus rendimentos na aquisição do estritamente indispensável. Uma tributação sobre alimentos, roupas de uso comum, aluguéis de casa, objetos de uso doméstico, remédios, artigos de higiene e coisas imprescindíveis à vida tem como efeito retirar das classes menos remuneradas fração maior do que a exigida das classes abastadas, que despendem naqueles bens apenas um parte reduzida de seus proventos.[33]

Nesse sentido, especialmente sob a tônica a ele dispensada pelo mestre Aliomar Baleeiro é que desperta a sensação de que a tributação do consumo tende, em sua essência *prima facie*, à oneração dos consumidores que detém um menor poder aquisitivo, provendo-se de menor riqueza.

E isso se dá por uma questão elementar de que, embora o fenômeno da repercussão econômica do imposto tenda a ser um fenômeno mais econômico/financeiro do que jurídico, não seria lógico que o próprio comerciante vendedor arcasse ao final do dia com o ônus do tributo incidente sobre os negócios e transações por ele provocadas, sob pena de tender a "comer" sua margem de lucro com base no ato de assumir em determinado caso esse ônus financeiro, sendo comum falar-se que o normal é que isso seja, de uma maneira ou de outra, repassada no preço. E, mesmo que o ônus financeiro do tributo, por um sem número de fatores possíveis, não seja repassado do preço do mercadoria hoje, algum dia pode sê-lo no futuro. A verdade é que se arca – independentemente de qualquer coisa –, tanto o consumidor rico como o consumidor pobre, com o mesmo preço atribuído à mercadoria no caso concreto, onerando aquele que menos detém riqueza, e isso independe de qualquer repasse que se verifique.

---

33. BALEEIRO, Aliomar. *Uma introdução à ciência das finanças*. 17. ed. rev. e atual. por Hugo de Brito Machado Segundo. Rio de Janeiro: Forense, 2010, p. 271.

Em que pese as críticas formuladas à classificação dos tributos em direitos e indiretos, como acima mencionado, entendemos que tal categorização não seria de todo inútil; pois, ao menos, revela a dificuldade do legislador em alcançar a capacidade contributiva de determinados sujeitos, por meio da aferição das condições e características pessoais relacionadas com quem arca com o ônus do tributo indireto. Pensamos que isso esteja, de certa forma, reproduzido no pensamento de Alberto Xavier, que, ainda quando professor auxiliar da Faculdade de Direito da Universidade de Lisboa, ao comentar a classificação dos tributos em direitos ou indiretos, deu maior enfoque à (i) capacidade contributiva do que à questão da (ii) repercussão econômica do tributo:

> O cerne ou ponto de partida da referida classificação radica na forma por que se revela a manifestação da capacidade contributiva atingida pelo imposto: os impostos directos incidem sobre manifestações directas de capacidade contributiva (a obtenção de um rendimento, a posse de um capital ou de um património); impostos indirectos incidem sobre manifestações indirectas de capacidade contributiva (a utilização da riqueza em consumo).[34]

Em outras palavras, as mencionadas manifestações tanto diretas como indiretas de capacidade contributiva decorrem, justamente, de uma maior ou menor dificuldade de o legislador atingir a capacidade contributiva dos indivíduos quando da criação das espécies tributárias, o que fornece um mínimo lógico de sentido à referida classificação, afastando uma alegação de completa inutilidade atrelada ao seu uso.

Por fim, infere-se que uma das formas encontradas – talvez a mais divulgada – para conciliar a questão da regressividade, esta quase que intrínseca à tributação do consumo – com o respeito à capacidade contributiva e à justiça fiscal, genericamente considerada, é o recurso ao expediente da seletividade, o que será explorado em maiores detalhes em resposta ao subtópico seguinte.

2.2 Há como ajustar a tributação do consumo à luz de considerações ligadas à capacidade contributiva, ao gênero, ou a quaisquer outras características pessoais do consumidor, levando-se em conta que o contribuinte legalmente registrado e identificado junto às repartições fiscais é o comerciante vendedor?

Em relação aos tributos tidos como reais, como é o caso do ICMS e do IPI, estes classicamente representativos da denominada "tributação do consumo" mencionada na questão acima formulada, que também são classificados, sob outro prisma, como indiretos (haja vista o fenômeno da repercussão que tipicamente se

---

34. XAVIER, Alberto Pinheiro. *Manual de Direito Fiscal*. Lisboa: Manuais da Faculdade de Direito de Lisboa, 1974, p. 96.

lhes atribuem os economistas e financistas), parecem ter uma relação mais indireta com o princípio da capacidade contributiva do que aqueloutros tributos denominados como pessoais (v.g., imposto de renda), de sorte que a eles não parece que não se lhes possa negar, sempre que possível (art. 145, § 1º, da CF), a observância à capacidade econômica por parte de quem os arca financeiramente, sobe pena de a tributação, em casos extremos, poder alcançar até mesmo o patamar confiscatório, constitucionalmente vedado (art. 150, inciso IV, CF), malferindo, por exemplo, a dignidade humana, a livre atuação profissional, a propriedade privada, dentre outros direitos e garantias constitucionalmente assegurados.

Com isso, nesses tributos do consumo, quem arca, em final de contas, ao menos em tese, com o ônus financeiro do tributo é aquele que se costuma denominar de contribuinte "de fato", em oposição à figura do contribuinte "de direito" (que se deduz diretamente do texto normativo), que, no caso do ICMS, por exemplo, é o comerciante vendedor, de modo que usualmente se diz que, ao final do dia, tais exações tributárias oneram o consumo de tais bens comercializados, pesando sobre o bolso dos consumidores de tais bens.

Em que pese as várias críticas à referida classificação em (i) tributos direitos e indiretos, tendo em vista que o fenômeno da repercussão seria econômico, e não jurídico, dependente de fatores como elasticidade de demanda e oferta, escassez de produtos no mercado, qualificação dos agentes econômicos (v.g., monopólio, oligopólio, monopsônio, oligopsônio etc.), que não dizem respeito ao Direito Tributário,[35] assim como (ii) em tributos reais e pessoais, esta última classificação

---

35. A propósito do tema, o Supremo Tribunal Federal já teve a oportunidade de se pronunciar em sede de julgamento do Recurso Extraordinário 608.872/MG, de relatoria do Min. Dias Toffoli, consta do fundamentado trecho constante do voto-vencedor proferido pelo referido ministro, discordando do teor jurídico da classificação dos tributos em indireto, em decorrência do fenômeno da repercussão, o que implicaria o reconhecimento de imunidade ao contribuinte "de fato" no caso concreto: "Na mesma toada, Hugo de Brito Machado Segundo ensina que a repercussão econômica tributária ocorre por força de uma "oportunidade de transferência": se o mercado permitir, será possível repassar todo o encargo financeiro da exação. Igualmente afirma que "em qualquer caso, o terceiro para o qual é transferido esse ônus estará pagando, juridicamente, preço, regido pelas normas contratuais correspondentes" (MACHADO SEGUNDO, Hugo de Brito. Tributação indireta no direito brasileiro. In: MACHADO, Hugo de Brito (Coord.). *Tributação indireta no direito brasileiro*. São Paulo: Malheiros Editores Ltda., 2013, p. 218). Para Geraldo Ataliba, a classificação dos tributos em direto e indireto, segundo o critério da translação econômica, não é jurídica, mas simplesmente econômica. O professor ainda afirma que a exação pode ter sua classe alterada pela conjuntura econômica, mesmo inexistindo mudança no sistema jurídico (ATALIBA, Geraldo. *Hipótese de incidência tributária*. 6. ed. São Paulo: Malheiros Editores, 2010. p. 143). Sobre a influência da tributação na formação de preços, Luís Eduardo Schoueri, embasado especialmente nos ensinamentos de Cesare Cosciani (Principios de ciencia de la hacienda. Madrid: Ed de Derecho Financiero), indica, além do tempo (longo, curto ou curtíssimo), os mais variados fatores de influxo: em relação ao tributo, o montante (grande ou pequeno), o tipo (geral ou especial), a forma de cálculo (fixo, segundo a quantidade produzida, sobre o valor das vendas, sobre a renda marginal, sobre o capital investido) e o sistema geral de arrecadação e lançamento (embutido ou não no preço); quanto ao bem onerado, a curva de custos (custo fixo ou variável), a elasticidade da demanda (alta,

tendo sido já rechaçada, inclusive, pelo Supremo Tribunal Federal,[36] fundamenta-do seu entendimento no art. 145, § 1º, da CF, e no princípio da igualdade material, e pelo próprio poder constituinte derivado no âmbito do Imposto sobre Propriedade Predial Urbana (IPTU)[37] – críticas estas extremamente relevantes e pertinentes –, por outro lado, a intensidade, a forma e a metodologia como o princípio da capacidade contributiva atua e se faz presente em tais tributos parece fazer alguma diferença em decorrência de tais categorizações, tendo a capacidade econômica um função mais imediata e de maior protagonismo em relação ao tributos tidos como pessoais, como se observa na prática.

Um dos meios encontrados e eleitos (talvez, o mais mencionado pela dou-trina) por parte do constituinte para se garantir o referido ajuste, em atendimento à referida capacidade contributiva de quem arca indevidamente com tais tribu-tos, no caso específico dos tributos do consumo, se dá por meio da seletividade, tida como constitucionalmente obrigatória de adoção pela União no âmbito do IPI e, por outro viés, facultativa para os Estados e Distrito Federal no âmbito da

---

média, baixa ou nula), a elasticidade da oferta (alta, média, baixa ou nula), a durabilidade (conservação ou deterioração) e a existência de bens complementares, substitutivos ou de oferta rival; a respeito do regime econômico, a existência de concorrência perfeita, de monopólio (de oferta ou de demanda), e monopólio bilateral, de duopólio (de oferta ou de demanda), de oligopólio perfeito (de oferta ou de demanda) ou de concorrência monopolista; no tocante ao sujeito passivo, a possibilidade de estoques (grande, média, pequena ou nula), a necessidade de manutenção de níveis mínimos de trocas, possi-bilidade de uso de linhas de crédito, possibilidade de abandonar a produção do bem onerado pela de outro, motivação do pagamento indevido do imposto; em relação à conjuntura econômica, a taxa de juros (alta ou baixa), a taxa de remuneração do capital (alta ou baixa) e a conjuntura (prosperidade, crise ou estagnação, inflação acentuada ou não) (SCHOUERI, Luís Eduardo. A restituição de impostos indiretos no sistema jurídico-tributário brasileiro. Revista de Administração de Empresas. São Paulo: jan./mar. 1987, v. 27, n. 1, p. 39/48). (...) Essas lições doutrinárias bem como a jurisprudência desta Corte desaconselham levar em consideração a denominada repercussão econômica do tributo para verificar a existência da imunidade tributária" (STF – Recurso Extraordinário 608.872/MG; Relator Min. Dias Tofolli; data de julgamento: 23.02.2017; DJe: 27.09.2017).

36. Como um exemplo, no Recurso Extraordinário 562.045, proveniente do Estado do Rio Grande do Sul, a partir de voto-vista discordante do então Min. Eros Roberto Grau, fez prevalecer o entendimento de que a progressividade aplicável ao ITCMD seria sim constitucional, *independentemente de se tratar de um imposto real*, restando assim consignado em seu voto: "(...)6. O que a Constituição diz que os impostos, sempre que possível, deverão ter caráter pessoal. A Constituição prescreve, afirma um dever ser: os impostos deverão ter caráter pessoal sempre que possível. E, mais, diz que os impostos, todos eles, sempre que possível serão graduados segundo a capacidade econômica do contribuinte. 7. Há duas sentenças aí: (1) terem caráter pessoal e (2) serem graduados, os impostos, segundo a capacidade econômica do contribuinte. Sempre que possível. Assim devem ser os impostos. 8. Permitam-me in-sistir neste ponto: o § 1º do artigo 145 da Constituição determina como devem ser todos eles. Não somente como devem ser alguns deles. Não apenas como devem ser os impostos dotados de caráter pessoal. Isso é nítido. Nítido como a luz solar passando através de um cristal, bem polido." (STF – Recurso Extraordinário 562.045/RS; Relator: Min. Ricardo Lewandowiski, Relatora: Min. Carmen Lúcia; data de julgamento: 06.02.2013).

37. Conforme foi previsto e validado, por meio da aprovação da Emenda Constitucional 29, o denominado IPTU progressivo "em razão do valor do imóvel".

instituição e cobrança do ICMS. A esse respeito, tratando da correlação entre a capacidade contributiva e a seletividade, bem ensina Hugo de Brito Machado:

> A seletividade também pode prestar-se, como já demonstramos, para a realização de princípios da economia e da capacidade contributiva, como acontece com os impostos sobre a produção, a circulação ou o consumo de bens, ou sobre a prestação de serviços que sejam seletivos em função da essencialidade dos bens ou serviços tributados.[38]

E ensina, ainda, o perspicaz jurista:

> Entretanto, isso não é necessário ao conceito de seletividade, posto que seletivo é todo tributo que seleciona, onerando diferentemente objetos diferentes. A razão ou critério de discriminação é que indicará se a seletividade está sendo usada com esta ou com aquela finalidade.[39]

Em que pese a seletividade não dependa exclusivamente da capacidade contributiva para a sua existência – como bem observado –, por outro lado, pode-se notar, às vezes, como sói ocorrer quando é aplicada aos denominados tributos incidentes sobre o consumo em razão da essencialidade do bem/produto, a exemplo típico do que acontece em relação ao IPI e ao ICMS no Brasil, parece haver uma relação direta e indissociável da capacidade contributiva com a seletividade e que, em certa medida, garante a preservação de valores atrelados a direitos e garantias constitucionais como atinentes ao patrimônio, ao mínimo existencial, ao livre exercício de profissão, à dignidade da pessoa humana, todos correlacionados, ao menos em certa medida, com a capacidade contributiva.

Mesmo para quem entende que essa correlação entre seletividade e capacidade contributiva e igualdade tributária não necessariamente existiria como fundamento no que diz respeito aos tributos usualmente denominados de indiretos, a exemplo do IPI e do ICMS, encontra sustentação para a seletividade no princípio da igualdade genericamente considerado[40] (considerando a proteção do Estado e do Direito aos mais frágeis ou fracos).

Entendemos, entretanto, diferentemente da autora supracitada, que seria possível se extrair a seletividade dos tributos sobre o consumo, notadamente no caso em que se busca a essencialidade das mercadorias (art. 155, §2º, inciso III, da CF) ou produtos (art. 153, § 3º, inciso I, da CF) transacionados a partir de sua capacidade contributiva, embora, na prática, isso não pareça ser tarefa tão fácil atribuída ao legislador, notadamente naquelas situações em que se vê como difícil identificar o teor de essencialidade de um produto ou bem em relação a outro particularmente considerado.

---

38. MACHADO, Hugo de Brito. *Os princípios jurídicos da tributação da Constituição de 1988*. 6. ed. rev. e atual. São Paulo: Malheiros, 2019, p. 133-134.
39. Idem, p. 134.
40. CARRAZZA, Elizabeth Nazar. *IPTU e Progressividade*. 2. ed. São Paulo: Quartier Latin, 2019, p. 99.

Estamos, portanto, do lado da doutrina de Hugo de Brito Machado no sentido de que a seletividade com base na essencialidade dos produtos, para o IPI, ou a seletividade com fundamento na essencialidade de bens e serviços, para o ICMS, realiza, de certo modo, o princípio da capacidade contributiva,[41] mas sem conferir, entretanto, "a esse imposto um caráter pessoal",[42] de forma que segue sendo um imposto tido como real.[43]

Uma prova da difícil aplicação da capacidade contributiva à tributação do consumo está na progressividade, como já antes mencionado, de maneira que a progressividade parece ser mais fácil de ser adotada, sendo de mais fácil utilização para fins de graduação da matéria tributável, na formatação dos tributos pessoais, que consideram tipicamente as condições e características pessoais do contribuinte, ou seja, que não se confundem com a denominada tributação sobre o consumo, esta tipicamente exemplificada no Imposto sobre Produtos Industrializados (IPI) e no Imposto sobre operações de Circulação de Mercadorias e Serviços (ICMS), estes – por essência – abstraindo de tais condições ou características de maior pessoalidade.

Em relação ao gênero ou outras características pessoais do consumidor, também seria possível tentar-se alcançar a capacidade contributiva do consumidor, utilizando-se de expedientes extrafiscais que serviriam, nos casos concretos aplicáveis, para induzir comportamentos que levassem a uma diminuição de fatores geradores, real ou potencialmente, de desigualdades.

De um jeito ou de outro, a seletividade serve em nosso País como mecanismo de ajuste a desigualdades eventualmente evidenciadas na sistemática de tributação do consumo, a exemplo do que ocorre em relação ao ICMS e IPI.

2.3 É correto dizer-se que sociedades economicamente mais desiguais oneram mais pesadamente o consumo, e sociedades economicamente menos desiguais o oneram menos? A desigualdade é causa ou consequência de se atribuir maior peso à tributação do consumo?

Embora aparentemente pareça fazer todo o sentido a referida afirmação de que a sociedades economicamente menos desiguais oneram menos o consumo, tal afirmativa não deve ser vista em sentido infalível e de modo absoluto. Isso tendo em vista que outros fatores de igual ou, até mesmo, maior importância quando analisados no caso concreto, podem influir fortemente na compreensão dessas desigualdades.

---

41. MACHADO, Hugo de Brito. *Os princípios jurídicos da tributação da Constituição de 1988*. 6. ed. rev. e atual. São Paulo: Malheiros, 2019, p. 75.
42. Idem, p. 77.
43. Idem, p. 77.

Isso quer significar que, mesmo frente a um caráter regressivo identificado dentro de um determinado sistema tributário focado na tributação sobre o consumo pode ser diminuído ou, até mesmo, subvertido, frente a ações positivas e/ou intervencionistas (*lato sensu*) do Estado que promovam esse ideal de igualdade, como já mencionado, ideal este pretendido e propugnado a partir do texto constitucional.

Isso não afasta, noutro giro, a evidente importância da existência nos mais diversos sistemas tributários adotados nos países de tributos direitos ou que, ao menos, não se restrinjam ao que aqui se denominou de "tributação do consumo", inclusive promovendo, sempre que possível sua graduação não só proporcional, mas também progressiva, de modo que já se apontou que é difícil se identificar hoje um país que não tenha adotado a progressividade, notadamente de sua modalidade graduada, para fins de garantia do respeito à capacidade contributiva e como política promotora de redistribuição de renda, em atendimento último a igualdade.

Como os gastos públicos serão empregados na promoção das igualdades ou, ao menos, na redução das desigualdades influencia diretamente na atenuação ou, por vezes, na própria inversão, em sentido positivo, dos efeitos perniciosos gerados a partir da regressividade. Nesse sentido, Aliomar Baleeiro já alertava que a modos de atenuar-se o caráter regressivo constante ou, até mesmo, predominante em um certo sistema tributário adotado em um país, como bem demonstra sem sua explicação acerca do tema:

> O caráter regressivo de um sistema tributário atenua-se, em seus efeitos perniciosos, como a causa de pauperismo, fomento da tendência à concentração de riqueza, em um grupo limitadíssimo, embaraços à saúde e ao bem-estar do povo etc., se as despesas públicas, bem ou mal, satisfazem as necessidades mais prementes do povo. A assistência médica integral, inteiramente gratuita, como concedeu a "Public Health Service", introduzido na Inglaterra por Bevan, explica essa hipótese.[44]

Com fundamento no que foi dito até aqui, em que pese não deixe de ter um teor de verdade de que a desigualdade, ao menos em certa medida, poderia ser gerada; e, portanto, tratada como consequência do incremento da tributação do consumo, tal afirmação deve ser sempre vista de forma crítica, com os devidos temperamentos. Isso porque (i) a desigualdade é fenômeno muito mais amplo e complexo do que se pode a priori imaginar, para ser uma mera consequência da adoção predominante da tributação do consumo; e (ii) não há como medir o incremento da desigualdade em tais casos, se as contrapartidas de gastos/ despesas públicas, em benefícios dos menos favorecidos, também são garantidamente incrementadas ou ampliadas.

---

44. BALEEIRO, Aliomar. *Uma introdução à ciência das finanças*. 17. ed. rev. e atual. por Hugo de Brito Machado Segundo. Rio de Janeiro: Forense, 2010, p. 272.

2.4 Possíveis defeitos da tributação sobre o consumo, no Brasil, no que tange à redução das desigualdades, serão mitigados ou incrementados pelas propostas de reforma tributária ora em tramitação e discussão no Congresso Nacional?

Seja em relação à Proposta de Emenda Constitucional (PEC) 45, de inciativa da Câmara dos Deputados, seja no que diz respeito à PEC 110, de inciativa do Senado Federal, não parece que haja grande iniciativa no intuito de redução das desigualdades tributárias, em que pese o discurso eventualmente sustentado nesse sentido, principalmente sob o argumento de que ambas trariam supostamente maior transparência aos cidadãos; mas, muito pelo contrário, identificam-se fatores evidentes que podem prejudicar o intento de alcance, na maior medida possível, de um sistema tributário que se propõe igualitário.

Em relação à PEC 45, a medida proposta promoveria uma reforma parcial do nosso sistema tributário, fundindo no denominado Imposto sobre Bens e Serviços (IBS) os cinco tributos hoje incidentes sobre o consumo (PIS, COFINS, IPI, ICMS e ISS).

Em primeiro lugar, parece malferir a nossa forma federativa de Estado (inciso I, do § 4º, do art. 60 da CF), cláusula pétrea intransponível, e isso porque, principalmente, a ideia de autonomia financeira e independência dos entes federados não pode ser vista de forma segregada de nossa construção histórico-constitucional particularmente experimentada no Brasil, que sempre garantiu o direito ao exercício da competência impositiva aos entes federados.

Ademais de que a supressão da competência impositiva dos demais entes federados, afora a União, um tributário que tendesse à concentração da tributação tão somente em um ente federado levaria a um inevitável esgotamento da possibilidade de os entes federados atuarem por meio de políticas de cunho extrafiscais, como quando concedem, por exemplo, isenções, por meio de benefícios e incentivos fiscais. Nesse sentido, a ideia de autonomia financeira não deixa de ser uma expressão conceitual de conteúdo indeterminado, a depender de uma textura aberta da linguagem, que precisa ser contextualmente preenchida, a fim de que se chegue a um mínimo de determinação desse conceito do que seja necessário à preservação de nosso pacto federativo, ao menos como historicamente foi estruturado. Faz-se mister lembrar as lições sempre atuais de Antônio Roberto Sampaio Dória, quando analisa a simultânea atribuição do poder financeiro na "autonomia na percepção, na gestão e dispêndio das rendas próprias",[45] procedendo a um estudo comparativo entre diferentes formas federativas de Estado e a repartição de renda entre os res-

---

45. DÓRIA, Antônio Roberto Sampaio. *Discriminação de rendas tributárias*. São Paulo: José Bushatsky, 1972, p. 11.

pectivos entes federados, concluindo que "Desfaz-se, assim, a opinião comumente sustentada de ser a discriminação de rendas característica do federalismo. De fato, historicamente, não o é. A atribuição de competência tributária, sim, é requisito axiomático da federação, para assegurar independência política".[46]

Assim, independentemente de seus movimentos reconhecidamente centrífugos ou centrípetos, a depender das conjunturas políticas de cada época, não se suprimiu a competência impositiva dos entes federados, ou seja, nunca se lhes estorvou o poder de criar assim como o de cobrar tributos que lhes fossem próprios, de modo que nunca lhes fez depender exclusivamente de repasses, mesmo que obrigatórios e constitucionalmente assegurados.

De modo pragmático, ainda, pode-se dizer que, por mais que se proponha a garantia de tais repasses, assim como a suficiência dos recursos repassados para a subsistência a atendimento das necessidades de cada ente federado, pragmaticamente e de fato, tais coisas nunca foram asseguradas na prática, assim como não há qualquer garantia que o sejam em face da mera previsão pautada em disposição de um texto normativo.

Essa falta de preservação do pacto federativo, assim como esse descompasso pragmático entre a garantia constitucionalmente assegurada e a realidade na repartição de receitas entre os entes federados, que deve afetar diretamente a sua autonomia financeira, poderá fomentar muito mais a desigualdade do que a igualdade. Nesse sentido, o próprio Supremo, quando do julgamento do Ação Direta de Inconstitucionalidade 926-5, por exemplo, já entendeu que o enfraquecimento dos entes locais e regionais pode representar uma medida tendente a abolir a forma federativa de Estado.

E, em segundo lugar, o denominado Comitê Gestor, conforme proposto, é simplesmente inexequível de criação e operacionalização, o que não se delongará em argumentos para tanto, já que isso parece se deduzir a partir da simples leitura da proposta.

Em terceiro lugar, em que pese proponha a unificação dos cinco principais tributos hoje incidentes sobre o consumo no Brasil por tributo sobre bens e serviços, parece oferecer, por outro viés, problemas adjacentes de nascença, como uma pulverização tendendo ao infinito, de incidências tributárias, logo porque bens e serviços abarcaria aparentemente tudo, mercadorias, serviços de toda natureza, imóveis, ativos tangíveis e intangíveis, bens digitais e o que puder incluir-se sob essa rubrica, podendo ultrapassar na prática, e muito, os cinco tributos existentes hoje. Outros problemas que atinem à promoção ou ao desincentivo à igualdade poderiam ser aqui mencionados.

---

46. Idem, p. 15.

TRIBUTAÇÃO E DESIGUALDADES PÓS-PANDEMIA 81

Já no que diz respeito à PEC 110, por exemplo, além de problemas eventualmente parecidos ou coincidentes aos apontados em relação à PEC 45, apresentam também outros problemas de extrema dificuldade de resolução (para não dizer irresolúveis) em relação aos saldos credores/ créditos acumulados decorrentes da sistemática de apuração não cumulativa, o que afeta diretamente a pretensão de neutralidade dos ditos tributos, assim como, direta ou indiretamente, a capacidade econômica de quem com eles arca. Além disso, não se sabe como, na prática, funcionará essa não cumulatividade proposta.

Já o governo federal chegou a propor a aprovação do Projeto de Lei (PL) 3887, este de 2020, em cuja proposta sugeriu-se a criação da denominada Contribuição sobre Bens e Serviços (CBS), em substituição ao PIS e à Cofins, os quais passariam a deixar de existir. Em relação a este último, não parece sequer um caso que possa ser tratado propriamente dentro de um contexto de Reforma Tributária, mas sim como uma proposta pontual de reparo a um tributo dual (PIS/Cofins), de forma que parece nem ter dimensão necessária para suportar grandes mudanças no cenário das desigualdades, de forma que dispensaremos maiores comentários.

Em suma, tais críticas, acima sintetizadas, que podem ser somadas a tantas outras, apenas resume o fato de que as propostas de reforma tributária ora em tramitação e discussão no Congresso Nacional não garantem, sob qualquer perspectiva, uma real garantia de redução das desigualdades tributárias.

2.5 Os fatos relativos às indagações acima foram de algum modo atingidos pelos efeitos da pandemia causada pelo SARS Covid-19?

Um dos efeitos da pandemia está relacionado à estagnação econômica, com uma repercussão negativa em vários setores do mercado de consumo de bens e serviços, de forma que isso gerou um impacto direto na tributação incidente sobre o consumo.

Devido a escassez de recursos financeiros e o empobrecimento progressivo da população, com aumento da taxa de desemprego e diminuição do poder aquisitivo relacionado ao consumo de bens e serviços, o governo procurou incentivar alguns setores econômicos, a fim de afetar tais consumidores prejudicados pela pandemia, adequando a realidade à sua capacidade econômica, dirimindo desigualdades existentes, como ocorreu a exemplo da aprovação da Resolução 17, de 17 de março de 2020, do Comitê-Executivo de Gestão, que é núcleo colegiado da Câmara de Comércio Exterior (Camex), em atendimento ao art. 50, alínea "d", do Tratado de Montevidéu, por meio de que se criou lista de produtos em que as alíquotas do Imposto de Importação foram reduzidas, temporariamente, a 0% (zero por cento), com o intento de vir a facilitar o combate à pandemia causada pelo SARS Covid-19.

No caso do IPI, do mesmo modo, verificou-se a aprovação por parte do governo federal do Decreto 10.302, de 2020, que passou a prever a temporária redução a 0% (zero por cento) da alíquota do referido imposto federal incidente sobre artigos de laboratório ou de farmácia, termômetros, luvas e termômetros clínicos.

A relação com o que já foi explorado quando das respostas formuladas às perguntas anteriores se refere a mecanismos que buscam atingir a capacidade contributiva do consumidor final, numa cadeia de tributação sobre o consumo, com o objetivo de diminuir as desigualdades e tentar proporcionar, minimamente, a justiça fiscal a través de tais políticas.

3. TRIBUTAÇÃO DA RENDA

3.1 Há relação entre a progressividade das alíquotas do imposto sobre a renda e o enfrentamento das desigualdades econômicas ou sociais?

Pode-se dizer que, como regra, há uma reconhecida relação entre a progressividade das alíquotas do imposto sobre a renda e o enfrentamento das desigualdades econômicas ou sociais, mesmo que tal relação venha a se dar tanto em (i) sentido positivo, de reduzir tais desigualdades, como eventualmente em (ii) sentido negativo, neste último caso, eventualmente, as incrementando.

No primeiro caso, pode-se apontar, pode-se apontar a conhecida vantagem de se adotar a progressividade graduada (ou composta), em que a tributação progressiva da renda representa uma vantagem, no sentido de incentivar a redução de desigualdades, considerando que a alíquota majorada não comporta o todo do montante tributável, mas somente o que se identifica entre um limite mínimo e máximo de faixa de renda, no lugar da progressividade simples, esta tendente a ser menos justa, pois se aplicaria de forma uniforme a toda o montante de renda tributável, desde que o todo ultrapassasse um determinada faixa de rendimento.

A progressividade graduada está presente no Brasil, por exemplo, no modelo por nós hoje adotado de tributação da renda das pessoas físicas, preservando, inclusive, uma faixa de rendimento abaixo da qual permanece isenta a renda auferida, o que reforça que a isenção em tais casos também está contida nesse sistema de tributação progressiva graduada ou composta.

Como quase que uma regra, entre a progressividade simples e a progressividade graduada, a segunda tende a atender melhor o primado da redistribuição de rendas e da justiça fiscal, de modo a dirimir desigualdades tributárias.

Em relação a situações que podem ser vistas como desvantajosas, incrementadas situações de desigualdades, pode-se mencionar, a título de exemplo, modelos específicos de tributação que ignoraram os efeitos inflacionários e, por conseguinte, geraram efeitos negativos quando da apuração de ganhos de capital na alienação de ativos a longo prazo, em que o efeito inflacionário passa gerar não só uma possibilidade de manipulação da base tributável da renda, mas desequiparações e efeitos negativos na economia, como ocorreu a partir da produção de efeitos da Medida Provisória 692/2015, e sua conversão na Lei 13.256/2016, questão que foi muito bem observada em interessante estudo realizado por Carlos Augusto Daniel Neto[47] acerca do tema.

3.2 Quais as desvantagens, defeitos ou problemas da tributação progressiva da renda? Elas são superadas por eventuais vantagens dessa técnica de tributação?

Podem ser apontadas como desvantagens da tributação progressiva da renda está em que há um desestímulo à (i) acumulação de capital por parte daqueles que detém um maior poder aquisitivo, que poderia ser utilizado para novos investimentos etc., (ii) a rápida desatualização das faixas de renda utilizadas como base à progressividade a que servem de parâmetro para a aplicação de alíquotas progressivas, à revelia da legalidade tributária (art. 150, inciso I, da CF), assim como a desatualização dos valores de dedução de despesas, conforme uma previsão razoável de valor para esses gastos comportados em um determinado período de tempo; (iii) a depender da faixa máxima de renda para fins de aplicação da alíquota progressiva majorada, uma parcela considerável de renda, incluindo justamente aquelas pertencente aos sujeitos que detém maior riqueza e poder aquisitivo, vai ficar fora de uma justa e proporcional tributação da renda; (iv) os efeitos deletérios da inflação e as desvantagens da progressividade em sistema como o nosso que tributa indiferentemente ativos alienados a curto ou longo prazo de modo indiferente, sem considerar as injustiças geradas quando do prolongamento do tempo para que depois se realiza a alienação de tais bens, como o que foi instituído a partir da Medida Provisória 692/2015 e sua conversão na Lei 13.256/2016, dentre outros problemas que podem ser adicionados aos aqui suscitados.

Com exceção do último caso apontado, referente ao nosso modelo hoje vigente de tributação progressiva dos ganhos de capital das pessoas físicas (item "iv"), as demais desvantagens apontadas, embora gerem desconfortos a partir da progressividade, não necessariamente incrementam as desigualdades, tendendo a progressividade a permanecer como uma vantajosa, mesmo nesses casos, com o propósito de promoção de uma política redistributiva e promotora de justiça fiscal.

---

47. DANIEL NETO, Carlos Augusto. A irracionalidade na tributação progressiva dos ganhos de capital da Lei 13.256/2016. *Revista ABRADT Fórum de Direito Tributário*. ano 1, n. 02. Belo Horizonte: Fórum, jul./dez. 2017.

Em perspicaz estudo acerca do tema, Carlos Augusto Daniel Neto trata do contexto normativo e histórico,[48] de forma bem completa, da tributação dos ganhos de capital das pessoas físicas no Brasil, que sofreu diversas alterações, desde quando era atrelada ao regime cedular, até o momento atual após a desconsideração dos efeitos inflacionários sobre os ativos adquiridos com a Lei 9.249/95,[49] que extinguiu a possibilidade de correção monetária, o que a partir de então seria tributado a mais-valia, mesmo sem considerar o seu efeito inflacionário.

A partir daí aponta como passaria a ser, de fato, deletéria e injusta a tributação dos ganhos de capital, deixando de garantir uma igualdade horizontal,[50] de forma que fosse assegurada uma tributação justa aos contribuintes que se encontrem em situações semelhantes, o que se nota com maior evidência a partir da análise de ativos alienados em longo prazo, sujeitos a alíquotas progressivas, como passou a reger a MP 692/2015, com sua conversão na Lei 13.256/2016, isso tudo com o intuito de evitar a risco de diferimento temporal de seus ganhos (*lock-in effect*).[51]

Por fim, como alternativa ao que passou a dispor a Lei 13.256/2016, que trouxe as alíquotas progressivas na tributação dos ganhos da capital à legislação brasileira, propõe o seguinte: ou se faça a diferenciação em ativos de alienação a longo prazo e ativos de alienação a curto prazo, conforme o período em que foram alienados, a exemplo do que foi implementado na Espanha,[52] ao se rateie a base de cálculo por períodos de tempo, para que o tempo não seja tão deletério ao patrimônio das pessoas.

Em relação às questões desvantajosas relacionadas à progressividade apontadas nos itens "i" e "ii", parece que as vantagens da progressividade, notoriamente para efeitos de promoção da igualdade, capacidade contributiva, redistribuição de renda e política fiscal não são anuladas; mas, no máximo, prejudicadas parcialmente, parecendo ser ainda vantajosa, numa perspectiva global, a adoção da progressividade em tais casos de tributação da renda.

Vale ressaltar, em relação à segunda desvantagem acima mencionada (referente ao item "ii"), que, desde o ano de 2015, não tivemos uma atualização das faixas de rendimentos e nem das alíquotas nominais progressivas aplicáveis à renda reconhecida, de modo que, como bem aponta, e com toda a razão, Hugo de Brito Machado,[53] com o incremento da alíquota real graças à inflação (em que pese a alíquota nominal não mude, a verdadeiro aumento de tributo sem lei, em

---

48. Idem, p. 108-112.
49. Idem, p. 111.
50. Idem, p. 112-118.
51. Idem, p. 118.
52. Idem, p. 114.
53. MACHADO, Hugo de Brito. *Os princípios jurídicos da tributação da Constituição de 1988*. 6. ed. rev. e atual. São Paulo: Malheiros, 2019, p. 157.

evidente afronta à legalidade tributária (art. 150, inciso I, da CF), além de malferir a capacidade contributiva.[54]

Ao se constatar que as dificuldades ou desvantagens da tributação progressiva da renda podem ser superadas pelas vantagens dessa técnica de tributação, ao menos na grande maioria dos casos analisados, não exclui a possibilidade de malferimentos especificamente identificados à capacidade contributiva ou à igualdade tributária, por exemplo, que levem à necessidade de invalidação, frente a um caso concreto específico de determinada forma de tributação que de demonstra notoriamente injusta nesse sentido ou excessivamente onerosa, de forma que não se deve olvidar do fato de que as regras jurídicas, que naturalmente arcam com o custo da previsibilidade e da simplificação[55] por elas asseguradas, chega a resultados *subótimos*, ou seja, resultados que se veem adequados para a maioria dos casos por elas abrangidos, mas que pode ser afastado em determinados casos concretos específicos.[56] Assim, frente a casos concretos específicos, quando a progressividade gerar tratamento desigual e injusto, nitidamente não desejado pelo sistema constitucional, tende ele a ser afastada no caso concreto.

3.3 Tendo em vista a determinação constitucional para que o imposto sobre a renda seja regido pelo princípio da progressividade, seria válida a instituição de uma alíquota única (*flat tax*) para esse imposto no país?

Em análise preliminar, não parece ser coerente com o princípio da progressividade, conforme propugnado na Constituição, a adoção de um *flat tax* ("imposto chato" ou de "alíquota fixa") no Brasil, que teria, *a priori*, apenas a vantagem da simplicidade fiscalizatória e administrativa, ademais de incidir levemente sobre os rendimentos e evitando, por conta disso, a evasão fiscal. Isso não quer dizer que a progressividade seja sempre a melhor alternativa no lugar da tributação simplesmente proporcional com uma só alíquota, notadamente nas situações em que a progressividade da tributação da renda venha a subverter a própria lógica da igualdade tributária em sentido material, da capacidade contributiva, gerando, em verdade uma situação de injustiça fiscal evidente, incrementando desigualdades, a exemplo do que foi demonstrado em relação ao nosso sistema hoje vigente de tributação de ganhos de capital de pessoas físicas, com fundamento na Medida Provisória 692/2015, com sua conversão na Lei 13.256/2016.

---

54. Idem, p. 155.
55. NETO, Carlos Augusto Daniel. *Tributação e exceção*: a derrotabilidade das regras tributárias. Porto Alegre: Sérgio Antonio Fabris Editor, 2022, p. 37.
56. Idem, p. 37.

Além desses aspectos, um *flat tax* geraria uma inevitável perda de arrecadação por parte do Estado, pois não teria como capturar situações de maior rendimento, que representassem uma maior capacidade econômica do contribuinte, ao mesmo tempo que careceria no atendimento de uma mínima justiça redistributiva.

3.4 É possível atingirem-se os objetivos buscados com alíquotas progressivas, sem se considerarem adequadamente as bases sobre as quais elas incidem? Bases muito baixas, ou próximas umas das outras, são capazes de aproximar a tributação progressiva de um *flat tax*?

Até com base no que foi mencionado em questionamento anteriormente respondido, a existência de alíquotas progressivas, nominalmente estipuladas pela legislação, mas que alcancem patamares de alíquota real não desejáveis para aquelas faixas de rendimento, devido à falta de sua atualização, conforme inflação etc., pode obstar, em grande medida, o alcance dos objetivos almejados com a tributação progressiva da renda, como os atrelados à diminuição de desigualdades, redistribuição de renda e justiça fiscal.

Em outras palavras, as bases sobre as quais essas alíquotas progressivas incidem, a exemplo do que ocorre com o imposto de renda pessoa física, podem, com o passar do tempo, não espelhar mais o patamar de poder aquisitivo que aquelas faixas de rendimento – utilizadas como base de cálculo na tributação progressiva – já representaram no passado, de modo que bases muito desatualizadas e que representem um baixo poder aquisitivo, podem sim aproximar o imposto, em final de contas, de um *flat tax*.

Em resumo, para se atingirem os objetivos buscados com alíquotas progressivas, deve-se considerar, adequadamente, as bases de cálculo sobre as quais elas incidem, de forma a espelhar melhor a realidade com base na capacidade contributiva do indivíduo sujeito à tributação.

REFERÊNCIAS

ARISTÓTELES. *Ética a Nicômaco*. Tradução e notas: Luciano Ferreira de Souza. São Paulo: Martin Claret, 2015.

ÁVILA, Humberto. *Teoria da igualdade tributária*. 4. ed. São Paulo: Malheiros, 2022.

BALEEIRO, Aliomar. *Uma introdução à ciência das finanças*. 17. ed. rev. e atual. por Hugo de Brito Machado Segundo. Rio de Janeiro: Forense, 2010.

BOBBIO, Norberto. *O positivismo jurídico*: lições de filosofia do direito. São Paulo: ícone, 2006.

CARRAZZA, Elizabeth Nazar. *IPTU e progressividade*. 2. ed. São Paulo: Quartier Latin, 2019.

DANIEL NETO, Carlos Augusto. A irracionalidade na tributação progressiva dos ganhos de capital da Lei 13.256/2016. *Revista ABRADT Fórum de Direito Tributário*. ano 1, n. 02. Belo Horizonte: Fórum, jul./dez. 2017.

DANIEL NETO, Carlos Augusto. *Tributação e exceção*: a derrotabilidade das regras tributárias. Porto Alegre: Sérgio Antonio Fabris Editor, 2022.

DÓRIA, Antônio Roberto Sampaio. *Discriminação de rendas tributárias*. São Paulo: José Bushatsky, 1972.

GARGARELLA, Roberto. *As teorias da justiça depois de Rawls*: um breve manual de filosofia política. São Paulo: WMF Martins Fontes, 2008.

KELSEN, Hans. *Teoria geral do Direito e do Estado*. 4. ed. Trad. Luís Carlos Borges. São Paulo: Martins Fontes, 2005.

MACHADO, Hugo de Brito. *Os princípios jurídicos da tributação da Constituição de 1988*. 6. ed. rev. e atual. São Paulo: Malheiros, 2019.

MELLO, Celso Antonio Bandeira de. *O conteúdo jurídico do princípio da igualdade*. 3. ed. atual., 15. tir. São Paulo: Malheiros, 2007.

NEVES, Marcelo. *Entre Hidra e Hércules*: *princípios e regras constitucionais*. 3. ed. São Paulo: Editora WMF Martins Fontes, 2019.

NUNES, Cleucio Santos. *Justiça tributária*. Belo Horizonte: Fórum, 2019.

PIKETTY, Thomas. *Uma breve história da igualdade*. Trad. Maria de Fátima Oliva de Couto. Rio de Janeiro: Intrínseca, 2022.

RAWLS, John. *Uma teoria da justiça*. 3. ed. – nova tradução, baseada na versão americana revista pelo autor, Jussara Simões. São Paulo: Martins Fontes, 2008.

TORRES, Ricardo Lobo. *Tratado de direito constitucional financeiro e tributário*: valores e princípios constitucionais tributários. Rio de Janeiro: Renovar, 2005. v. II.

XAVIER, Alberto Pinheiro. *Manual de direito fiscal*. Lisboa: Manuais da Faculdade de Direito de Lisboa, 1974.

TRIBUTAÇÃO E DESIGUALDADES NO CONTEXTO PÓS-PANDEMIA

Debora Bezerra de Menezes Serpa Maia

Sumário: 1. Premissas fundamentais – 2. Tributação do consumo – 3. Justiça fiscal e gasto público – Conclusões – Referências.

1. PREMISSAS FUNDAMENTAIS

1.1 Existem critérios a partir dos quais as desigualdades podem ser avaliadas, de sorte a serem consideradas moralmente legítimas, ou ilegítimas?

1.2 Mesmo abstraída a questão moral, a redução de algumas desigualdades seria defensável sob um ponto de vista econômico?

1.3 O tributo é uma ferramenta adequada para se promover a redução de desigualdades? Mesmo que seja considerado adequado, é ele suficiente?

1.4 Como equacionar a questão relacionada ao fato de que os detentores de maior capacidade contributiva, se confrontados com uma tributação mais onerosa – como pode ser o caso de uma destinada a reduzir desigualdades –, tendem a migrar para países de tributação mais branda, ou mesmo recorrer ao planejamento tributário internacional e ao uso de paraísos fiscais?

Em época de crise mundial, algumas questões tornam à tona com mais força. Uma delas é a que se refere às desigualdades sociais e de que forma essa problemática interfere no desenvolvimento econômico das sociedades.

A tributação tem papel extremamente importante na redistribuição de renda e também contribui para que as desigualdades já existentes não sejam incrementadas. Isso porque não somente a arrecadação tributária encontra base na ideia de solidariedade social, em que aqueles que possuem maior capacidade contributiva arcam com ônus maiores do que aqueles que a possuem em menor escala, mas também a própria aplicação dos recursos oriundos da tributação, se procedida de forma correta, enseja a redução das desigualdades sociais e propicia o financiamento da efetivação de direitos sociais.

Reduzir as desigualdades sociais, através de mecanismos como a redistribuição de renda, mormente através da efetivação dos direitos sociais, deve estar na pauta política de todos os Estados que almejam se desenvolver ou continuar crescendo economicamente. Por desigualdades sociais, entende-se "aquelas surgidas entre segmentos da sociedade em virtude precipuamente de discrepâncias na renda auferida e no patrimônio acumulado pelas pessoas".[1]

Machado Segundo[2] salienta que a existência de certas desigualdades é algo saudável e que não necessariamente deve ser combatida. Por outro lado, há desigualdades que precisam sim ser minadas ou ao menos mitigadas, pois não são moralmente justificáveis, por não reverterem em proveito de todos e não decorrerem de escolhas feitas pelos sujeitos envolvidos:

> Estas últimas são desigualdades que prejudicam o desenvolvimento da sociedade, e que não representam a consequência de maior ou menor esforço, trabalho, ousadia, criatividade ou mérito; são essas, não justificáveis moralmente, e nocivas economicamente, que precisam ser reduzidas.

A redução das desigualdades sociais é um dos objetivos da República Federativa do Brasil, conforme exposto no seu art. 3º, inciso III. E essa redução é importante pois é fator que estimula o desenvolvimento econômico. Isso porque buscar uma sociedade mais igualitária não é aspecto meramente moral e filosófico, mas ação que, ao trazer a população para um nível em que pelo menos os mínimos existenciais e patrimoniais sejam alcançados por todos, aumentam-se tanto o mercado consumidor quanto o capital humano, impulsionando a economia.[3] Com uma renda maior, é possibilitado ao indivíduo investir em educação e desenvolver de forma plena suas habilidades e garantir oportunidades. Destaque-se que até a base de cidadãos-contribuintes é implementada quando pessoas são retiradas do ciclo da pobreza.[4]

Piketty[5] destaca que a desigualdade social é fruto, principalmente, da sociedade de rentistas, em que há uma concentração de renda bastante elevada em razão principalmente de patrimônios herdados. Cabe aos pesquisadores compreenderem as origens dessa desigualdade e identificarem o que pode ser feito para modificar essa situação.

> A primeira forma de se chegar à extrema desigualdade é o esquema clássico de uma 'sociedade hiperpatrimonial' (ou 'sociedade de rentistas'), isto é, uma sociedade em que os patrimônios são muito importantes e a concentração atinge níveis muito elevados (tipicamente 90% do patrimônio total para o décimo superior e 50% para o centésimo superior). A hierarquia da renda total é, assim, dominada pelas rendas muito elevadas do capital e, sobretudo, pelas rendas do capital herdado. É o esquema que se observa, com pequenas variações, no Antigo Regime e na Europa da Belle Époque. Necessitamos ainda compreender as condições que permitem o surgimento e a durabilidade dessas estruturas de propriedade e desigualdade, bem como entender em que medida elas pertencem ao passado ou, ao contrário, podem retornar no século XXI.

---

1. MACHADO SEGUNDO, 2018, p. 107.
2. 2018, p. 109.
3. CINGANO, 2014.
4. HOLMES; SUNSTEIN, 1999, p. 212.
5. 2014, p. 258.

No âmbito dos fundamentos da exação tributária, é preciso destacar de que forma a solidariedade, a isonomia e o mecanismo da progressividade da tributação podem contribuir para a redução dessas desigualdades sociais, mormente quando esses recursos oriundos da tributação são corretamente aplicados.

Nabais[6] ressalta que o pagamento de impostos trata-se de um dever fundamental, mas não devemos entendê-lo como mero sacrifício para os cidadãos, e, sim, como contribuição indispensável ao exercício do bem comum e de uma vida próspera para a sociedade. Sem tributação, sequer haveria como a coletividade agir buscando o seu bem-estar. Nas palavras de Piketty,[7]

> O imposto não é uma questão apenas técnica, mas eminentemente política e filosófica, e sem dúvida a mais importante de todas. Sem impostos, a sociedade não pode ter um destino comum e a ação coletiva é impossível. Sempre foi assim. No cerne de cada transformação política importante, encontramos uma revolução fiscal.

A vida em sociedade impõe deveres fundamentais, os quais se consubstanciam no princípio da solidariedade, em que cada cidadão contribui e participa com o bem-estar social, sendo a tributação o meio pelo qual o Estado cumpre suas tarefas e objetivos.

A tributação não é sanção. Em verdade, nem pode sê-lo. O ser humano é capaz de agir não apenas a favor de seu interesse, mas tendo em vista o interesse da coletividade. A vida em comunidade demanda, pois, solidariedade, a qual se relaciona com o sentimento de pertença àquele grupo social.[8]

Instituto que torna evidente a ideia de solidariedade na tributação é o princípio da capacidade contributiva, nos termos do art. 145, § 1º da Constituição Federal. Para a realização dos direitos fundamentais, não somente os de cunho prestacional, é imprescindível a realização de investimentos que devem ser arcados por todos os membros da sociedade dotados de capacidade contributiva, e de preferência, na medida dessa desigualdade.

Como os impostos incidem sobre signos de riqueza, quando esta é manifestada, o Estado Fiscal tem a prerrogativa de cobrar do cidadão uma parcela dessa riqueza, a fim de que se financie o bem comum, promovendo redistribuição e, consequentemente, uma sociedade mais justa. Segundo Piketty,[9] a tributação pode

> fazer com que os cidadãos possam escolher soberana e democraticamente os recursos que desejam dedicar aos projetos comuns: educação, saúde, aposentadoria, desigualdade, emprego, desenvolvimento sustentável etc. É claro que a forma concreta assumida pelos

---

6. 1998, p. 185.
7. 2014, p. 480.
8. NABAIS, 2007, p. 112.
9. 2014, p. 480.

impostos em todas as sociedades está no cerne do confronto político. Trata-se de criar um consenso sobre o que deve ser pago a quem e em nome de quais princípios. Isso não é tarefa fácil, tanto que há uma grande divergência em várias dimensões, a começar, é claro, pela renda e pelo capital.

As diferenças na renda atual devem determinar a distribuição das cargas tributárias porque as pessoas de maior renda têm mais dinheiro à disposição, sendo injusto, pois, cobrar os mesmos impostos de todos.[10]

> Em primeiro lugar, podemos dizer que as pessoas mais endinheiradas podem se dar ao luxo de se desfazer de mais dinheiro porque o excedente de dinheiro que possuem vale menos para elas em termos reais. Assim, elas podem pagar mais do que os pobres [...] sem sofrer uma perda maior de bem-estar. Por outro lado, podemos dizer que as pessoas mais endinheiradas podem se dar ao luxo de se desfazer de mais dinheiro porque, mesmo que façam um sacrifício real maior, a quantia que lhes vai sobrar será também muito maior: em certo sentido, elas ainda terão o suficiente. [...] John Stuart Mill declarou-se explicitamente a favor da primeira dessas possibilidades; é a ele que devemos a ideia do famoso princípio da igualdade de sacrifícios.[11]

Em suma, a ideia é que quem possui mais contribua com um montante maior, pois quanto maior a riqueza, maior será a possibilidade de que haja uma contribuição que não afete sobremaneira a situação financeira do indivíduo, concretizando outro princípio, qual seja, a isonomia. Nesse sentido, é que surgem as alíquotas progressivas, com a finalidade de garantir a eficácia dos princípios supracitados.

Para Murphy e Nagel,[12] a cobrança de um imposto fixo igual para todos os cidadãos contribuintes igualmente estaria eivado de iniquidade, por ignorar o fato de que estes não têm a mesma capacidade de arcar com o ônus do pagamento de impostos. De acordo com o princípio da igualdade de sacrifícios, um esquema tributário justo distingue os contribuintes de acordo com sua renda e consequentemente cobra mais dos que possuem mais riqueza, com o fito de que cada contribuinte arque com a mesma perda de bem-estar, ensejando um esquema progressivo ou proporcional.[13] Conforme aduz Piketty, o imposto progressivo constitui método de redução das desigualdades, representando um compromisso entre justiça social e liberdade individual:

> O imposto progressivo constitui sempre um método mais ou menos liberal para se reduzir desigualdades, pois respeita a livre concorrência e a propriedade privada enquanto modifica os incentivos privados, às vezes radicalmente, mas sempre de modo previsível e contínuo, segundo regras fixadas com antecedência e debatidas de maneira democrática, no contexto

---

10. MURPHY; NAGEL, 2005, p. 30.
11. MURPHY; NAGEL, 2005, p. 34.
12. 2005, p. 29.
13. MURPHY; NAGEL, 2005, p. 35.

de um Estado de direito. O imposto progressivo exprime de certa forma um compromisso ideal entre justiça social e liberdade individual.[14]

A questão da tributação mais ostensiva daqueles que possuem grande capacidade contributiva sempre leva à discussão acerca da probabilidade de migração de capitais. Aduz-se que o aumento da tributação ensejaria a transferência de investimentos para outros países, principalmente para os ditos "paraísos fiscais". Entretanto, estudos têm mostrado que há um mito sobre a fuga de capitais, o que não se comprova na prática: Segundo o *Center on Budget and Policy Priorities*, o aumento da carga tributária, em regra, não gera migração do capital, sendo esta, na verdade, causada por um conjunto de fatores, tanto de esferas sociais, geográficas e econômicas. Um dos aspectos mais decisivos nessa migração são questões socioeconômicas, como aquelas referentes ao custo de vida. Até cenários políticos influenciam mais na migração de capitais do que a carga tributária em si. Uma tributação mais branda pode, por exemplo, em diversos casos, tornar mais difícil a manutenção de políticas públicas de educação, segurança pública e saúde, e isso sim pode ensejar uma fuga de capitais.

Piketty ainda aborda a possibilidade teórica de um imposto mundial progressivo sobre capitais. Segundo o autor, esse tributo, aliado à transparência financeira internacional, seria o instrumento ideal para regular de forma eficaz a concentração mundial de riquezas e evitar o aumento desenfreado das desigualdades sociais. O próprio autor, no entanto, destaca que essa tributação é utópica, mas isso não retira sua utilidade teórica.[15]

A ideia abordada pelo autor seria a criação de um imposto progressivo anual sobre o patrimônio global, o qual teria como escopo menos o financiamento estatal e mais a transparência democrática e financeira. Em que pese esse tributo seja de difícil concretização, Piketty[16] aduz que já há mecanismos que permitem certa transparência quanto aos grandes patrimônios, qual seja, as transmissões automáticas de informações bancárias.

A progressividade é, pois, instrumento que pode viabilizar a redistribuição de renda, através da concretização dos princípios da isonomia e da capacidade contributiva. Ocorre que esse instituto no Brasil ainda é muito falho, uma vez que os principais casos de progressividade em nosso sistema tributário não são verdadeiramente eficazes, haja vista a existência de pouca variação entre as alíquotas. As alíquotas em tese progressivas não são tão diversificadas quanto deveriam para alcançar aquele escopo, e, ademais, têm suas alíquotas máximas atingindo faixas

---

14. PIKETTY, 2014, p. 492.
15. PIKETTY, 2014, p. 501.
16. 2014, p. 507.

que não são verdadeiramente elevadas, incidindo sobre rendas, por exemplo, que em outros países poderiam ser, inclusive, isentas.

A grande dificuldade, no entanto, consiste em desenvolver sistemas tributários que sejam não apenas os mais eficientes economicamente, mas também que efetivem valores como a justiça. Ademais, para a efetiva redistribuição de rendas e redução das desigualdades, faz-se necessário ainda que os recursos arrecadados sejam corretamente aplicados, mormente para custear direitos fundamentais referentes às necessidades mais básicas, como saúde e educação. Somente dessa forma, é possível atingir o objetivo constante no inciso III do art. 3º da Constituição Federal.

2. TRIBUTAÇÃO DO CONSUMO

2.1 É correto dizer-se que a tributação do consumo é regressiva? Como conciliar essa possível e suposta regressividade, com a necessidade de respeito à capacidade contributiva e às ideias de justiça fiscal?

2.2 Há como ajustar a tributação do consumo à luz de considerações ligadas à capacidade contributiva, ao gênero, ou a quaisquer outras características pessoais do consumidor, levando-se em conta que o contribuinte legalmente registrado e identificado junto às repartições fiscais é o comerciante vendedor?

2.3 É correto dizer-se que sociedades economicamente mais desiguais oneram mais pesadamente o consumo, e sociedades economicamente menos desiguais o oneram menos? A desigualdade é causa ou consequência de se atribuir maior peso à tributação do consumo?

2.4 Possíveis defeitos da tributação sobre o consumo, no Brasil, no que tange à redução das desigualdades, serão mitigados ou incrementados pelas propostas de reforma tributária ora em tramitação e discussão no Congresso Nacional?

2.5 Os fatos relativos às indagações acima foram de algum modo atingidos pelos efeitos da pandemia causada pelo SARS Covid – 19?

Tributar o consumo é uma das formas de exação preferidas do Estado fiscal, por diversos fatores: a possibilidade de manutenção dessa cobrança mesmo em períodos de grande crise; o fato de, em regra, ser arcada economicamente pelos consumidores (contribuintes de fato); o seu caráter velado, repassado no preço dos bens e serviços, o que gera a denominada anestesia fiscal nos cidadãos.

No Brasil, por exemplo, o consumo é uma das bases mais tributadas, principalmente devido à alta carga de tributos indiretos sobre bens e serviços. Esses tributos representam quase metade da tributação incidente no país, ao passo que a média nos países da Organização para a Cooperação e Desenvolvimento Econômico (OCDE) é de pouco mais que 30%. Machado Segundo[17] destaca que a realidade brasileira é bem diferente de outros países

---

17. 2013, p. 236.

como o Japão (tributação do consumo em 5%), a Coreia (10%) ou o México (15%). A carga brasileira, se considerado não apenas o ICMS, mas também o IPI, o ISS, o PIS e a COFINS, é talvez a maior do mundo sobre o consumo, superando até mesmo a de países como a Suécia (25%), que não apenas tributam progressivamente patrimônio e renda em patamares elevados, como oferecem à sua população serviços públicos de alta qualidade.

Essa forma de exação, somada ao fato de que a tributação sobre a renda e o patrimônio é mais branda, é um dos fatores que contribui para que haja uma discrepância entre a proporção que pobres e ricos são tributados em nosso país. A população mais pobre acaba despendendo mais de 50% de sua renda com tributos, ao passo que a população mais rica não gasta mais do que 30% de seus rendimentos com as exações,[18] o que ocorre, notadamente, em função da regressividade dessa elevada tributação indireta sobre o consumo, observando o princípio da capacidade contributiva apenas de forma muito tênue.

Essa carga da tributação indireta no Brasil desvirtua o cumprimento da justiça distributiva, pois a realidade é que o sistema tributário brasileiro acaba ensejando concentração, ao invés de distribuição de renda. Afinal, apesar de não lhe serem garantidos retornos em forma de serviços de qualidade, quem arca com a parcela mais significativa da carga tributária é a população com menor capacidade contributiva.

Na classificação tradicional, entende-se que tributo indireto seria aquele devido pelo contribuinte de direito, que é o sujeito passivo da relação tributária, mas repassado ao contribuinte de fato, o qual o suporta economicamente, em regra, através do aumento do preço do produto.

Para os contribuintes de fato, as características da tributação indireta são notadamente negativas, tendo em vista que essa forma de tributação culmina em fenômenos como o da regressividade, da anestesia fiscal causada pelo seu caráter velado e até mesmo da dificuldade de acesso à justiça.

A denominada regressividade dessa tributação não é em si um fenômeno diametralmente oposto ao da progressividade, mas seus efeitos, sim, possuem papel inverso, uma vez que ensejam, ao invés de redistribuição de renda, o desvirtuamento dos princípios da isonomia e da capacidade contributiva.

Por regressividade nos referimos ao ato de se onerar proporcionalmente mais aqueles que têm menos recursos financeiros à disposição. Esse fenômeno acontece porque os contribuintes mais abastados podem se desfazer de um montante maior de suas riquezas, uma vez que o excedente que possuem tem um valor menor para eles (no que se refere à utilidade da renda), podendo se desfazer de mais recursos financeiros sem prejuízos ao seu bem-estar, ao passo que, para as pessoas

---

18. PESSOA; SALES, 2012, p. 02.

de menor renda, a porcentagem de seus rendimentos despendidas no consumo de bens para sua subsistência é bastante considerável. Ou seja, nos moldes como ocorre em nosso sistema, a tributação sobre o consumo atinge de forma veemente praticamente todos os cidadãos, haja vista que inclusive as classes da base da pirâmide consomem periodicamente produtos e serviços, tendo que arcar com um ônus na maioria das vezes desproporcional à sua capacidade de contribuir.

O sistema tributário brasileiro, como um todo, acaba sendo de forma geral extremamente regressivo, ao invés de progressivo e justo, tributando de forma avassaladora os mais pobres – principalmente quando se considera a proporção entre sua renda e o que lhe é retirado a título de tributos – causado pela política que prioriza a tributação indireta sobre o consumo, ao passo que a instituição de impostos que atinjam as classes mais altas, como o Imposto sobre Grandes Fortunas, cuja competência foi conferida à União pela Constituição Federal, nunca ocorreu.

Apesar de a seletividade representar papel importante na tentativa de concretizar uma justiça fiscal na tributação sobre o consumo, no caso da aquisição de um produto ou serviço por pessoas de rendas discrepantes, não se pode negar a presença da regressividade, haja vista que o valor despendido pelo contribuinte mais pobre a título de tributação é muito mais representativo para o seu orçamento do que para a renda do contribuinte mais abastado.

> Ao onerar produtos e serviços, tornando mais elevados seus preços, tais tributos atingem, do ponto de vista econômico, os consumidores, e toda tributação do consumo é regressiva, ou implica maneira regressiva de se tributar, indiretamente a renda. Isso porque quanto menor a renda, maior a porção dela aplicada no consumo e, nessa condição, indireta ou economicamente alcançada pela forma de tributação em análise.[19]

Ademais, a adoção de alíquotas seletivas, que onerem de forma mais branda os produtos essenciais e de forma mais agressiva aqueles supérfluos, além de tornar a administração tributária mais complexa, aumentando o custo da cobrança do fisco, bem como os custos dos empresários, muitas vezes não possui os efeitos desejados.[20] O que se vê na prática é um número expressivo de alíquotas diversas para situações específicas, muitas vezes sem critério de essencialidade, gerando situações contenciosas por tecnicidades.

Destaque-se ainda que, em nosso país, diversos produtos e serviços essenciais, como a energia elétrica, são tributados com alíquotas extremamente elevadas. Por outro lado, a cesta básica não é suficientemente desonerada. Em oposição à isonomia e à capacidade contributiva, nesse caso, quem menos possui paga mais

---

19. MACHADO SEGUNDO, 2013, p. 235.
20. MACHADO SEGUNDO, 2013, p. 235.

e essa situação "ocorre quando os bens e serviços essenciais são mais tributados que os supérfluos ou luxuosos, onerando os mais pobres".[21] Seligman[22] já destacava que o gasto é a menos justa de todas as bases tributárias.

Piketty ressalta que os tributos sobre o consumo de produtos existem há séculos e seriam talvez as espécies mais detestadas e as que mais atingem os pobres, além de não dependerem diretamente da renda dos contribuintes, sendo pagos indiretamente, no próprio preço de venda. O autor levanta a questão que poderia se cogitar a criação de um tributo sobre o consumo geral de um cidadão, que variaria de acordo com o montante consumido por cada um, mas esse tributo jamais foi criado.

> Os impostos sobre o consumo compreendem, hoje em dia, a taxação sobre o valor agregado e as diversas taxas sobre importação, as bebidas, os combustíveis, o tabaco, ou um bem ou serviço em particular. Esses impostos existem desde sempre e são muitas vezes os mais detestados e os mais onerosos para classes populares, como a gabela (imposto sobre o sal) no Antigo Regime. Com frequência dizemos que eles são 'indiretos', no sentido de que não dependem diretamente da renda ou do capital do contribuinte individual: são pagos de forma indireta, por intermédio do preço de venda, quando fazemos compras. Em teoria, podemos de fato imaginar um imposto direto sobre o consumo, que dependerá do montante consumido por cada um, mas isso nunca ocorreu.[23]

Em regra, os tributos diretos podem ser ajustados às características pessoais do contribuinte, enquanto os tributos indiretos não levam em consideração circunstâncias do comprador ou do vendedor.[24] Em que pese a tributação indireta não considerar características do contribuinte de fato, sendo o contribuinte de direito o sujeito passivo da relação tributária e, portanto, único a constar nos cadastros do Fisco, entendemos que a atual tecnologia tem o potencial de permitir a identificação de praticamente todos os contribuintes de fato. O comércio eletrônico, tanto na sua modalidade direta quanto na indireta, desenvolveu-se em larga escala nas duas últimas décadas, representando uma considerável parcela das aquisições de bens. Além disso, mesmo no comércio presencial, é cada vez mais comum a identificação do consumidor, através, por exemplo, de mecanismos de informação de dados pessoais no momento da compra. Dessa forma, desde que observadas as questões pertinentes à proteção desses dados, seria possível, em tese, a criação de um tributo direto sobre o consumo, proporcional às operações de cada cidadão.

Tal tributo direto poderia representar um avanço no que concerne às questões de acesso à justiça e de anestesia fiscal dos cidadãos contribuintes. No entanto,

---

21. COELHO, 2013, p. 399.
22. 1892, p. 183.
23. PIKETTY, 2014, p. 481.
24. ATKINSON, 1977, p. 592.

essa modificação promoveria ainda mais complexidade ao sistema tributário, sem gerar, por si só, alterações efetivas quanto à regressividade dessa tributação. Nesse sentido, proposta talvez mais interessante seria a criação de mecanismos de devolução de valores pagos a título de impostos indiretos para contribuintes de fato que atendessem a determinadas condições, como, por exemplo, os beneficiários de programas sociais.

A regressividade está presente principalmente na tributação indireta, mas também em vários aspectos do nosso sistema, como no próprio imposto de renda, que, apesar de em tese ser caracterizado pela progressividade, por diversas vezes mais aparenta ser eivado de regressividade, uma vez que tributa faixas que deveriam ser isentas e apresenta pouca variação entre as alíquotas e as faixas atingidas por elas. Nota-se, então, que há em nosso sistema uma alta carga sobre o consumo em detrimento de uma tributação mais branda sobre a renda, com alíquotas menores que a média dos países da OCDE, além de isenção dos rendimentos obtidos a título de dividendos.

Esse injusto fenômeno só será aplacado quando a tributação sobre o consumo em si for menos relevante do que a tributação sobre a renda e o patrimônio. Dentre possíveis soluções estaria a aplicação de alíquota menor para a tributação sobre o consumo, aliada a uma tributação progressiva mais pesada quanto à tributação incidente sobre o patrimônio e sobre a renda, haja vista que a regressividade do sistema tributário não é consequência apenas de um tributo, mas do conjunto.[25]

Apesar de a proposta de reforma tributária atual propor a criação de um imposto geral sobre bens e serviços (IBS), o qual simplificaria o sistema ao substituir o IPI, ICMS, ISS, além de PIS/Cofins, não visualizamos, *a priori*, a possibilidade de essa modificação reduzir o caráter regressivo da tributação sobre o consumo – e consequentemente do sistema nacional –, uma vez que tal reforma propõe a unificação dos tributos retrocitados, mas sem ensejar em um primeiro momento alterações substanciais quanto a sua carga tributária, a qual, em realidade, permaneceria a mesma. Ademais, em que pesem algumas propostas de alteração no Imposto de Renda, como, por exemplo, a ampliação da faixa de isenção e a retomada da tributação sobre dividendos, as alterações não parecem ser suficientes para efetivamente mudar a realidade do sistema nacional. Dessa forma, as pessoas com menos recursos financeiros continuariam sendo afetadas praticamente da mesma maneira e o sistema tributário continuaria injusto, uma vez que baseado em uma alta carga sobre o consumo e uma carga mais branda sobre a renda e o patrimônio.

---

25. MACHADO SEGUNDO, 2013, p. 236.

Em razão do caráter regressivo da tributação sobre o consumo, a desigualdade acaba sendo uma consequência dessa alta carga, uma vez que se aumenta a distância entre aqueles que podem despender de mais dinheiro e aqueles que têm suas rendas extremamente comprometidas pela tributação dos bens e serviços. No entanto, não podemos deixar de notar que a alta tributação sobre o consumo também tem como causa a desigualdade, uma vez que esta faz com que haja desequilíbrio no processo democrático e na tomada de decisões políticas[26] e a política tributária acaba, por diversas vezes, refletindo o interesse daqueles no topo da pirâmide, os quais são bem menos tributados em um sistema em que a incidência se dá de maneira mais acentuada no consumo do que na renda e no patrimônio.

Ou seja, há um ciclo, em que se retroalimenta a desigualdade social, gerando ainda mais concentração de renda. E esse contexto foi ainda mais agravado pela pandemia de Covid-19, em que a população mais pobre foi a mais atingida.

Os índices mundiais de desenvolvimento previstos para os anos 2020-2025 eram bastante promissores. Contudo, uma situação de emergência de saúde global surgiu e o que estamos vendo é um grande retrocesso nos índices de desenvolvimento. A pandemia causada pela Covid-19 teve inúmeros reflexos não somente sanitários, mas também sociais e econômicos, ensejando inclusive o aumento nos níveis de pobreza: ao final de 2022, a previsão é de que vivam em situação de pobreza (com menos de US$ 1,90 por dia), em todo o mundo, 75 milhões de pessoas a mais do que o previsto antes da pandemia.[27]

O isolamento social se fez necessário para conter as transmissões do vírus e, apesar de benefícios sociais e fiscais concedidos por diversas esferas federativas, houve um grande declínio no poder de compra de grande parte da população. O Banco Mundial demonstrou que pessoas de todos os níveis de renda perderam dinheiro, no entanto, os mais ricos recuperaram mais da metade das perdas até 2021, ao passo que os mais pobres ainda não retomaram os níveis anteriores.[28]

A camada mais atingida por essa crise foi a parcela mais pobre da população, principalmente aqueles que trabalham em setores nos quais o teletrabalho é inviável. Desta feita, o desemprego e a inflação prejudicaram sobremaneira as pessoas com menor capacidade contributiva. Os recursos financeiros já escassos acabam sendo, em grande parte, absorvidos pelo consumo de itens essenciais, como alimentação, e tal desigualdade é ainda mais agravada pela já relatada injusta tributação sobre o consumo, uma vez que, nesses períodos, as famílias com menos recursos tendem a reduzir ainda mais os gastos, mantendo somente os que reputam essenciais. No entanto, como abordado, a tributação indireta,

---

26. MACHADO SEGUNDO, 2018, p. 114.
27. SIDIK, 2022.
28. SIDIK, 2022.

mesmo com alíquotas seletivas, atinge em proporções maiores a renda daqueles na base da pirâmide.

3. JUSTIÇA FISCAL E GASTO PÚBLICO

3.1 A justiça de um sistema tributário pode ser aferida, ou medida, sem se considerarem os fins nos quais os recursos arrecadados são aplicados?

3.2 Quais gastos públicos seriam mais adequados, no Brasil, para minimizar o problema das desigualdades econômicas e sociais?

3.3 Os fatos relativos às indagações acima foram de algum modo atingidos pelos efeitos da pandemia causada pelo SARS Covid-19?

A justiça social não é alcançada quando se tributa, mas quando se destina corretamente o que se arrecadou. Logo, a tributação ótima ou ideal, bem como sua justiça, deve ser analisada tendo em consideração não somente a cobrança das obrigações tributárias, mas principalmente como os recursos assim arrecadados são aplicados e redistribuídos. Destarte,

a idealidade de uma tributação não pode ser examinada de forma divorciada de uma análise do gasto ou da destinação dada ao recursos com ela obtidos. Daí falar-se, atualmente, em princípios de legitimação, os quais conduzem a uma tributação considerada ideal pela sociedade que a ela se submete. Em vez de defender-se, predominantemente, uma tributação sobre esta ou aquela base, ou por esta ou aquela alíquota, tem-se defendido, mais recentemente, que a tributação seja estabelecida por meios democráticos, havendo efetiva representação da sociedade não apenas na elaboração das leis disciplinadoras da relação tributária, mas também nas decisões referentes à aplicação dos gastos correspondentes.[29]

O ideal de bem-estar, durante muitos séculos, restringiu-se à ideia de alcançar indivíduos de forma isolada, noção que, no entanto, evoluiu para uma ideia de bem-estar coletivo. Essa mudança de paradigma acabou por modificar o enfoque do Estado, que de abstencionista passou a atuar de forma prestacional. Sabe-se ainda que a noção de bem-estar social não é uma só, variando de acordo com os anseios de cada população, sendo sempre fruto de um opção social, a qual reflete a valoração da sociedade quanto a determinados direitos em detrimento de outros. Não se nega, no entanto, que um conteúdo mínimo de proteção é imprescindível.

Destarte, os direitos sociais e a redução de desigualdades, constitucionalmente previstos, necessitam de concretização, fazendo-se necessárias não apenas uma organização política, mas também jurídica e financeira. Como ressaltam Holmes e Sunstein,[30] direitos dependem do governo e custam dinheiro, não podendo ser protegidos ou assegurados sem financiamento e apoio públicos. Nesse

---

29. MACHADO SEGUNDO, 2014, p. 37.
30. 1999, p. 15.

sentido, é o ensinamento de Galdino (2005) que destaca que, sob a ótica da teoria dos custos dos direitos, só há direito onde há fluxo orçamentário compatível e suficiente para seu atendimento. Afinal, na prática, estes somente existem quando e se eles possuem previsão de orçamento.[31] Atualmente, tendo em vista a análise econômica do Direito, sabe-se que todos os direitos, independentemente de sua dimensão ou de serem classificados como negativos ou positivos, demandam custos para sua efetivação.

O Estado fiscal, então, arrecada recursos para garantir a concretização dos direitos fundamentais, o atingimento do bem comum e a redistribuição de renda. No entanto, por serem os recursos finitos, ao passo que os anseios sociais são infindáveis e de alto custo, faz-se necessária a correta aplicação desses recursos para garantir sua eficiência, escolhendo-se através de estudos prévios onde devem ser gastos os geralmente insuficientes recursos financeiros. Dessa forma, o gestor tem de, em situações de corte orçamentário, fazer escolhas ditas trágicas, optando por determinadas políticas públicas em detrimento de outras.

A viabilidade financeira talvez seja o mais importante fator a ser observado quanto à efetivação dos direitos fundamentais, mormente os sociais, tendo em vista que sem recursos é impossível efetivar qualquer direito, sejam individuais ou coletivos,[32] e consequentemente não é possível a redistribuição de renda e a redução de desigualdades. Contudo, a escassez e a limitação do orçamento acabam muitas vezes sendo óbices à efetivação desses direitos sociais, surgindo inclusive o argumento da reserva do possível, o qual, no entanto, não deve, por si só, servir como escusa para a não implementação desses direitos. Deve-se ter demonstração da ausência de viabilidade financeira, além de se ter em mente o mínimo existencial.

Deve-se avaliar, pois, qual o conteúdo que pode ser exigido do Estado no que concerne à concretização dos direitos sociais, já que não é possível atender a todos os anseios sociais. Afinal, os custos devem ser meios para a concretização dos direitos e não obstáculos à sua efetivação. Ou seja, apesar de sofrerem limitações de ordem econômica e política, essas prestações são plenamente exigíveis em diversos casos, na medida em que representam o dever estatal de fornecimento de serviços necessários à manutenção da vida dos cidadãos.

Destarte, fator primordial para a redução das desigualdades sociais e para a concretização de direitos sociais é, por um lado, o próprio cumprimento dos deveres de cidadão-contribuinte – uma vez que somente há direitos na medida em que o Estado recolhe recursos para concretizá-los – e por outro, a correta destinação desses recursos.

---

31. HOLMES; SUNSTEIN, 1999, p. 19.
32. GALDINO, 2005, passim.

As desigualdades sociais só serão reduzidas se os recursos arrecadados pelo Estado fiscal forem corretamente aplicados, a fim de que direitos sociais não sejam meramente formais, mas, sim, concretos e efetivos, de modo a proporcionar ao cidadão a observância das garantias constitucionais, bem como do princípio da dignidade da pessoa humana. Somente dessa forma o escopo da redução de desigualdades sociais previsto na Carta Magna será alcançado.

Segundo estudo sobre mobilidade social da OCDE (2018), no Brasil, por exemplo, são necessárias cerca de 9 gerações para que um indivíduo cujos antepassados vieram do grupo de 10% mais pobres do país consiga ascender socialmente e chegar a uma renda média. É o conceito de *sticky floor* (piso pegajoso). A mobilidade social no Brasil é tão diminuta que os casos de pessoas que saem da pobreza e atingem as camadas mais altas são exceções que confirmam a regra. Por isso, a redução de desigualdades sociais somente se torna viável com gastos públicos que diminuam as diferenças de oportunidades, garantindo benefícios de curto prazo (como projetos de benefícios sociais de redistribuição de renda e mecanismos que possam proporcionar condições aos estudantes mais pobres de se dedicarem às atividades escolares) somados a investimentos em educação, saúde e garantia de segurança alimentar.

Ademais, políticas que garantam educação de qualidade são a chave para quebrar o ciclo da desigualdade social, pois há uma tendência de redução no crescimento econômico de sociedades que não investem em educação.[33] O gasto com educação é um dos maiores exemplos de investimento de uma sociedade em que há expectativa de retorno. Investir em educação e em segurança pública, por exemplo, compensam no longo prazo. Ou seja, educação é um bom investimento em si mesmo e também por razões instrumentais.[34]

A pandemia de Covid-19 ressaltou ainda mais a imprescindibilidade dos investimentos em políticas públicas relacionadas à saúde, à educação e ao desenvolvimento de pesquisas científicas. Em meio à crise sanitária, ficou ainda mais cristalino que a sociedade deve direcionar suas políticas públicas de forma permanente – e não somente em momentos de emergência – na manutenção dos sistemas de saúde e no fomento de inovações científicas.

CONCLUSÕES

O mundo vive um momento de crise, não somente sanitária, mas também política e econômica. A crise, no entanto, pensada em sua acepção original grega (*krisis*), é, na verdade, momento de separação, de ruptura, ocasião decisiva

---

33. CINGANO, 2014.
34. HOLMES; SUNSTEIN, 1999, p. 212.

em que é possível a tomada de dois caminhos: um que leva ao fracasso; o outro, porém, bem sucedido. Se tomado o caminho certo, com medidas que visem ao desenvolvimento econômico, mas sem provocar aumento de desigualdades sociais – afinal, a redução das desigualdades, na maior parte das vezes, anda em conjunto com o crescimento econômico de um país – é possível o retorno a bons índices econômicos de superávit e de inflação.

Não é possível falar em desigualdade social sem destacar o binômio justiça fiscal – justiça social. Isso porque a tributação, apesar de sempre ter ensejado resistências nos contribuintes, os quais diversas vezes se sentem prejudicados por terem seus patrimônios "invadidos" pelo Estado fiscal, baseia-se na arrecadação de recursos derivados para alcance do bem-estar comum. E essa arrecadação – principalmente quando se leva em consideração um financiamento maior por aqueles dotados de maior capacidade contributiva, através da cobrança sobre fatos geradores que expressem signos de grandes riquezas ou com alíquotas variadas para alcançar de forma mais incisiva aqueles contribuintes mais abastados e, de forma mais branda, os mais pobres – tem o potencial de propiciar redistribuição de renda, se tais recursos forem bem aplicados.

Busca-se redistribuir renda (justiça social) através de um tratamento isonômico entre os contribuintes, na medida das suas capacidades contributivas (justiça fiscal). Nota-se, pois, que a tributação tem o poder de atuar diretamente na redução das desigualdades sociais. No entanto, o que se verifica é que o sistema tributário brasileiro, nos moldes atuais, não somente acaba desvirtuando essa expectativa como também, muitas vezes, acaba por incentivar essas desigualdades. Isso porque a tributação brasileira acaba sendo extremamente regressiva, ao invés de progressiva, taxando de forma avassaladora os mais pobres, principalmente através da tributação indireta.

Ademais, os principais casos de progressividade em nosso sistema tributário não são verdadeiramente eficazes, haja vista a existência de pouca variação entre as alíquotas. As alíquotas em tese progressivas não são tão diversificadas quanto deveriam para alcançar aquele escopo, e, ademais, atingem, em sua máxima, faixas que não são verdadeiramente elevadas, alcançando até mesmo contribuintes que, em verdade, se aplicados parâmetros de outros sistemas tributários, deveriam ser isentos.

Questão importante também é a que concerne à aplicação desses recursos oriundos da tributação, haja vista que é imprescindível para concretizarmos e alcançarmos a redução das desigualdades que os recursos obtidos daqueles que possuem maior capacidade contributiva sejam corretamente aplicados, o que não ocorre, por exemplo, quando gestores corruptos desviam esses valores. A aplicação incorreta dos recursos do Estado impede a concretização dos direitos fundamentais, mormente os de cunho social, os quais se mostraram ainda mais essenciais no contexto de emergência sanitária recente.

A pandemia de Covid-19 afetou a todos, mas seus reflexos socioeconômicos atingiram principalmente a população com menos recursos financeiros, tornando a sociedade ainda mais desigual e elevando os níveis de pobreza. Desta feita, faz-se cada vez mais necessário discutir um sistema tributário de arrecadação mais justa e cujos recursos sejam aplicados em políticas públicas que possam propiciar a redução das desigualdades sociais, principalmente com investimentos em saúde, educação e pesquisas científicas.

REFERÊNCIAS

ATKINSON, Anthony B. *Optimal taxation and the direct versus indirect tax controversy*. The Canadian Journal Of Economics, v. 10, n. 04, p. 590-606, 1977.

BUFFON, Marciano. Cidadania fiscal: o dever fundamental de pagar tributos e os direitos fundamentais In: TORRES NETO, Argemiro; MACHADO, Sandra Maria Parente Neiva; SILVA, Imaculada Maria Vidal da (Org.). *15 anos do programa de educação fiscal do Estado do Ceará*: Memórias e perspectivas. Fortaleza: Edições Fundação Sintaf, 2014.

CINGANO, F. *Trends in Income Inequality and its Impact on Economic Growth*. OECD Social, Employment and Migration Working Papers, No. 163. Paris: OECD Publishing, 2014. Disponível em: https://doi.org/10.1787/5jxrjncwxv6j-en. Acesso em: 20 ago. 2022.

COELHO, Sacha Calmon Navarro. Tributação Indireta e Regressividade. In: MACHADO, Hugo de Brito (Org). *Tributação indireta no direito brasileiro*. São Paulo: Malheiros, 2013.

GALDINO, Flávio. *Introdução à teoria dos custos dos direitos*: Direitos não nascem em árvores. Rio de Janeiro: Lumen Juris, 2005.

HOLMES, Stephen; SUNSTEIN, Cass R. *The Cost of Rights*: Why Liberty Depends on Taxes. Nova York: W. W. Norton & Company, 1999.

MACHADO SEGUNDO, Hugo de Brito. Tributação Indireta no Direito Brasileiro. In: MACHADO, Hugo de Brito (Org.). *Tributação indireta no direito brasileiro*. São Paulo: Malheiros, 2013.

MACHADO SEGUNDO, Hugo de Brito. Ética nas relações tributárias. In: TORRES NETO, Argemiro; MACHADO, Sandra Maria Olimpio (Coord.); MARINO, Carlos Eduardo dos Santos; BELCHIOR; Germana Parente Neiva; SILVA, Imaculada Maria Vidal da (Org.). *15 anos do programa de educação fiscal do Estado do Ceará: Memórias e perspectivas*. Fortaleza: Edições Fundação Sintaf, 2014. p. 31-46.

MACHADO SEGUNDO, Hugo de Brito. Tributação e redução de desigualdades sociais. *Revista Jurídica Luso Brasileira*, Vol. 4, No. 6, 2018.p. 105-146.

MURPHY, Liam; NAGEL, Thomas. *O mito da propriedade*. São Paulo: Martins Fontes, 2005.

NABAIS, José Casalta. *O dever fundamental de pagar impostos*. Coimbra: Almedina, 1998.

NABAIS, José Casalta. *Por uma liberdade com responsabilidade*. Coimbra: Coimbra, 2007.

OECD (2018), *A broken social elevator?* How to Promote Social Mobility. Paris: OECD Publishing, 2018. Disponível em: https://doi.org/10.1787/9789264301085-en. Acesso em: 20 ago. 2022.

PESSOA, Gabriela; SALES, Tainah. Os impactos negativos da tributação indireta para o contribuinte. *Anais do XXII Encontro de Pós-Graduação e Pesquisa da Universidade de Fortaleza (UNIFOR)*, 22 e 26 de outubro de 2012.

PIKETTY, Thomas. *O capital no século XXI*. Trad. Monica Baumgarten de Bolle. Rio de Janeiro: Intrínseca, 2014.

SELIGMAN, Edwin R. A. *On the shifting and incidence of taxation*. Publications of the American Economic Association, v. 7, n. 2/3, p. 7-191, mar./maio 1892.

SIDIK, Saima M. *How Covid has deepened inequality*. Nature. v. 606. Berlin: Springer Nature, 2022. Disponível em: https://media.nature.com/original/magazine-assets/d41586-022-01647-6/d41586-022-01647-6.pdf. Acesso em: 02 ago. 2022.

TANNENWALD, Robert; SHURE, Jon; JOHNSON, Nicholas. *Tax Flight Is a Myth*. Higher State Taxes Bring More Revenue, Not More Migration. Washington: Center on Budget and Policy Priorities, 2011. Disponível em: https://www.cbpp.org/sites/default/files/atoms/files/8-4-11sfp.pdf. Acesso em: 21 ago. 2022.

ISONOMIA E CAPACIDADE CONTRIBUTIVA PERANTE A REGRESSIVIDADE DO SISTEMA TRIBUTÁRIO

Eduardo Sabbag

Sumário: 1. A igualdade: considerações iniciais – 2. A isonomia tributária – 3. A capacidade contributiva: a equidade e a tributação justa; 3.1 A capacidade contributiva e o mínimo vital; 3.2 A capacidade contributiva e seu plano histórico; 3.3 A capacidade contributiva na Carta Magna de 1988; 3.3.1 A capacidade contributiva e a exclusiva associação a impostos; 3.3.2 A capacidade contributiva e a expressão "sempre que possível"; 3.3.3 Impostos diretos e indiretos: conceito e classificação; 3.3.4 A capacidade contributiva e a progressividade; 3.3.5 A capacidade contributiva e a proporcionalidade; 3.3.5.1 A proporcionalidade e a regressividade no sistema tributário brasileiro; 3.3.6 A capacidade contributiva e a seletividade – Conclusão – Referências.

1. A IGUALDADE: CONSIDERAÇÕES INICIAIS

A regra da igualdade (ou da isonomia) consiste senão em aquinhoar igualmente aos iguais e desigualmente aos desiguais, na medida em que se desigualam. Tal afirmação originou-se do sábio ensinamento de *Duguit*, que, reproduzindo o pensamento de Aristóteles, permitiu que a clássica ideia da *igualdade relativa* fosse divulgada a nós por Ruy Barbosa.[1]

A relativização da igualdade obsta que se trate com desigualização aqueles considerados "iguais", ou, ainda, que se oferte um linear tratamento isonômico àqueles tidos como "dessemelhantes", sob pena de se veicular uma condenável desigualdade no lugar de uma aconselhável isonomia. Sendo assim, quando o tratamento diferenciado, dispensado pelas normas jurídicas, guarda relação de pertinência lógica com a *razão diferencial* (motivo da atitude discriminatória), não há que se falar em afronta ao princípio de isonomia. Por outro lado, a adoção de um dado fator de discriminação, sem qualquer correspondência com a lógica racional de diferenciação, colocará em xeque a almejada ideia de igualdade.

Entre nós, o *princípio da isonomia* foi prescrito, de forma genérica, no *caput* do art. 5º do texto constitucional, nos seguintes termos:

---

1. BARBOSA, Ruy. *Oração aos moços*. São Paulo: [s.e.] Arcádia, 1944, p. 10-11.

> Todos são iguais perante a lei, sem distinção de qualquer natureza, garantindo-se aos brasileiros e aos estrangeiros residentes no país a inviolabilidade do direito à vida, à liberdade, à igualdade, à segurança e à propriedade (...).

É de fácil constatação a insigne posição ocupada pelo *princípio da isonomia* – considerado "sobreprincípio" para Paulo de Barros Carvalho[2] –, em comparação com outros princípios e normas constitucionais.[3]

A ordem constitucional doméstica prevê que o princípio da igualdade, ocupando destacado lugar na enumeração de tais garantias individuais, a saber, o próprio *caput* do art. 5º, regerá todos os outros direitos que a ele sucedam.[4]

No plano doutrinário, surgem duas faces ou dimensões da igualdade: a *igualdade perante a lei* e a *igualdade na lei (através da lei)*. Note-as:

A *igualdade perante a lei* mostra-se na substituição do governo dos homens pelo governo das leis, aproximando-se a isonomia do princípio da legalidade.[5] Aqui a igualdade, em uma lógica estritamente formal, serve como imperativo de hipoteticidade da norma jurídica.[6] Na *igualdade perante a lei*, verificar-se-á tão somente se a lei está sendo cumprida, no plano formal, de maneira uniforme para todos os cidadãos a que se dirige.

A *igualdade na lei (ou por intermédio da lei)*, por sua vez, é uma diferente dimensão da isonomia, que se volta ao legislador, a fim de que este institua a norma com respeito ao imperativo corrente de que *os iguais deverão ser igualmente tratados, enquanto os desiguais, na medida de suas dessemelhanças, deverão ser desigualmente tratados*. Vale dizer que esta dimensão da igualdade mostra-se como *cláusula geral de proibição do arbítrio*, obstaculizando ao legislador a adoção de critérios casuísticos e opções políticas no tratamento normativo das situações equivalentes, que o levem a promover discriminações gratuitas e artificiais. A propósito, o legislador será chamado a enfrentar a legitimidade dos critérios adotados, com base na *razoabilidade*. Sendo assim, o Estado, diante de diferenças reais, pode se abrir à discriminação, desde que essa seja razoável, ou seja, mostre-se como racionalmente tolerável.

Aliás, o eminente constitucionalista José Joaquim Gomes Canotilho,[7] quando se refere ao indigitado princípio da isonomia, explora-o à luz da retrocitada *proi-*

---

2. CARVALHO, Paulo de Barros. O princípio da anterioridade em matéria tributária. *Revista de Direito Tributário*. São Paulo: Malheiros, n. 63, [s.d.], p. 104.-

3. V. BORGES, José Souto Maior. Princípio da isonomia e sua significação na Constituição de 1988. *Revista de Direito Público*, São Paulo, n. 93, ano 23, jan./mar. 1990, p. 34.

4. V. CAMPOS, Francisco. *Direito constitucional*. Rio de Janeiro: Freitas Bastos, 1956, v. 2, p. 12.

5. V. CANOTILHO, José Joaquim Gomes. *Constituição dirigente e vinculação do legislador*. Coimbra: Coimbra, 1994, p. 381.

6. V. MACHADO, Hugo de Brito. *Os princípios jurídicos da tributação na Constituição de 1988*, 5. ed., p. 63.

7. V. CANOTILHO, José Joaquim Gomes. *Direito constitucional e teoria da Constituição*. 3. ed. Coimbra: Almedina, 1999, p. 398.

ISONOMIA E CAPACIDADE CONTRIBUTIVA PERANTE A REGRESSIVIDADE DO SISTEMA TRIBUTÁRIO **109**

bição geral do arbítrio, no sentido de que "existe observância da igualdade quando indivíduos ou situações iguais não são arbitrariamente (proibição do arbítrio) tratados como desiguais. Por outras palavras: o princípio da igualdade é violado quando a desigualdade de tratamento surge como arbitrária". E, ao falar sobre a costumeira associação do princípio da igualdade com o princípio da proibição do arbítrio, o eminente autor[8] aduz que este último "costuma ser sintetizado da forma seguinte: existe uma violação arbitrária da igualdade jurídica quando a disciplina jurídica não se basear num: (i) fundamento sério; (ii) não tiver um sentido legítimo; (iii) estabelecer diferença jurídica sem fundamento razoável".

Daí se falar nas duas *dimensões da igualdade*: (I) aquela por meio da qual a norma se destina isonomicamente a todos aqueles que realizarem a conduta descrita na hipótese legal; e (II) *aqueloutra*, em que se busca vedar as desequiparações irracionais, nas quais transborda a inadequação entre meio e fim, servindo como cláusula geral de proibição do arbítrio.

2. A ISONOMIA TRIBUTÁRIA

O *princípio da isonomia* ou *igualdade tributária* (ou princípio da proibição dos privilégios odiosos), por sua vez, está expresso no art. 150, II, nos seguintes termos:

> É vedado (...) instituir tratamento desigual entre contribuintes que se encontrem em situação equivalente, proibida qualquer distinção em razão da ocupação profissional ou função por ele exercida, independentemente da denominação jurídica dos rendimentos, títulos ou direitos.

Trata-se de postulado específico que veda o tratamento tributário desigual a contribuintes que se encontrem em situação de equivalência ou equipolência. Enquanto o art. 5º, *caput*, da CF, expõe a temática da igualdade de modo genérico, o art. 150, II, da CF, explora-a de modo específico, fazendo-a convergir para a seara da tributação.

No plano semântico, nota-se que o referido preceptivo se põe como um contraponto fiscal àquilo que se proclamou afirmativamente no art. 5º, *caput*, da Carta Magna. Com efeito, enquanto neste se busca afirmar, no plano positivo, uma realidade, dispondo-se que *"todos são iguais perante a lei, (...)"*, no comando específico, afeto à isonomia tributária (art. 150, II, CF), almeja-se negativamente inibir uma dada conduta, por meio do mandamento *"é vedado instituir tratamento desigual (...)"*.

Se o postulado da isonomia tributária preconiza que é defeso instituir tratamento desigual entre contribuintes que se encontrem em situação de equipolência,

---

8. CANOTILHO, José Joaquim Gomes. *Direito constitucional e teoria da Constituição*. 3. ed., p. 401.

mostra-se, nessa dimensão negativa, como cláusula de defesa do cidadão contra o arbítrio do Estado, aproximando-se da ideia da "isonomia na lei (ou através de lei)".

O princípio da igualdade tributária é também conhecido por "princípio da proibição dos privilégios odiosos", na medida em que visa coibir a odiosidade tributária, manifestável em comandos normativos discriminatórios, veiculadores de favoritismos por meio da tributação.

Por outro lado, partindo-se da premissa de que "(...) a faculdade de discriminar é da essência do poder tributário",[9] é induvidoso que o princípio da isonomia tributária se revela como mandamento de difícil aplicabilidade, pois deverá ser burilado em meio a conflituosos e múltiplos interesses convergentes, que aglutinam antagônicos elementos volitivos: a vontade do Estado tributante, a vontade do particular tributado e a vontade dos setores econômicos beneficiados por dada política desonerativa (benefícios e isenções).Nesse passo, diz-se que o princípio da isonomia tributária é postulado vazio, recebendo o conteúdo axiológico de outros valores, como a *liberdade* e *a* justiça, ou, "*justiça tributária*", na expressão utilizada pelo STF (RE 423.768, rel. Min. Marco Aurélio, Pleno, j. em 1º.12.2010). *Daí se notar o previsível* elemento desafiador ao exegeta que se põe diante do intrincado tema da interpretação do postulado da isonomia tributária: *indagar-se sobre a legitimidade dos critérios distintivos adotados na atividade de desigualização, além da simples valoração, em si, dos critérios adotados.*

No Estado de Direito, a igualdade jurídica não pode se restringir a uma igualdade meramente formal, vocacionada ao vago plano da abstração, sem interagir com as circunstâncias concretas da realidade social, que lhe permitem, de fato, voltar-se para a efetiva correção das desigualdades, que subjazem ao plano fenomênico do contexto social em que estamos inseridos. Daí se dizer que o legislador infraconstitucional, ao pretender realizar o princípio da isonomia tributária – e o decorrencial postulado da capacidade contributiva, a ser estudado adiante –, deverá levar em consideração as condições concretas de todos aqueles envolvidos (cidadãos e grupos econômicos), evitando que incida a mesma carga tributária sobre aqueles economicamente diferenciados, sob pena de sacrificar as camadas pobres e médias, que passam a contribuir para além do que podem, enquanto os ocupantes das classes abastadas são chamados a suportar carga tributária aquém do que devem.

Bernardo Ribeiro de Moraes,[10] nesse compasso, enuncia algumas regras que devem nortear a aplicação do princípio da isonomia tributária: "a) a igual-

---

9. DÓRIA, Antonio Roberto Sampaio. *Direito constitucional tributário* e "*due process of law*". 2. ed. Rio de Janeiro: Forense, 1986, p. 128.

10. MORAES, Bernardo Ribeiro de. *Compêndio de direito tributário*. 3. ed. Rio de Janeiro: Forense, 1995, p. 116-117.

dade jurídica tributária consiste numa igualdade relativa, com seu pressuposto lógico da igualdade de situações ou condições (...); b) não se admitem exceções ou privilégios, tais que excluam a favor de um aquilo que é exigido de outros em idênticas circunstâncias (...); c) a existência de desigualdades naturais justifica a criação de categorias ou classes de contribuintes, desde que as distinções sejam razoáveis e não arbitrárias".

Vale dizer, à luz de tais entendimentos doutrinários uníssonos, que o fato tributário deverá ser analisado em sua nudez econômica, longe de conotações extrínsecas. Desse modo, irrelevante será se a atividade é "limpa" ou "suja", devendo o tributo gravar o resultado econômico de todas as circunstâncias fáticas, lícitas ou ilícitas.[11]

3. A CAPACIDADE CONTRIBUTIVA: A EQUIDADE E A TRIBUTAÇÃO JUSTA

O *princípio da capacidade contributiva*, embora vinculado ao postulado da isonomia, em mútua implicação, com este não se confunde. A capacidade contributiva evidencia uma das dimensões da isonomia, a saber, a *igualdade na lei*, quando se busca tratar de forma distinta situações diversas, conforme se estudou em ponto anterior.

Nesse sentido, diz-se que o *princípio da capacidade contributiva* está profundamente ligado ao da igualdade, mas neste não se esgota. Enquanto a isonomia avoca um caráter relacional, no bojo do confronto entre situações jurídicas, o *princípio da capacidade contributiva*, longe de servir apenas para coibir discriminações arbitrárias, abre-se para a consecução de um efetivo ideal de *justiça* para o Direito Tributário.[12]

A busca da *justiça* avoca a noção de "equidade" na tributação. Esta, na visão dos economistas, liga-se ao modo como os recursos são distribuídos pela sociedade, desdobrando-se em *duas dimensões*: (I) na *equidade horizontal*, em que deve haver o tratamento igual dos indivíduos considerados iguais (é a ideia do "tratamento igual para os iguais"); e (II) na *equidade vertical*, com o tratamento desigual aos indivíduos considerados desiguais (é a ideia do "tratamento desigual para os desiguais").[13] Aqui despontam os critérios de concretização do postulado

---

11. V. MARTINS, Ives Gandra da Silva. *Teoria da imposição tributária*, p. 320.
12. V. ANDRADE, Rodrigo Fonseca Alves de. O princípio base da capacidade contributiva e a sua aplicação diante de uma pluralidade de tributos. *Revista de Informação Legislativa*, Brasília, ano 38, n. 149, jan./ mar. 2001, p. 127.
13. Em 6 de outubro de *2016*, o Pleno do *STF*, nas *ADIs n. 4.762 e 4.697* (rel. Min. Edson Fachin), ao pugnar pela constitucionalidade de dispositivos da Lei n. 12.514/2011 (art. 6º, I, II e III), os quais teriam fixado valores diferenciados e progressivos de anuidades profissionais (contribuições), levando em conta o nível do profissional (técnico ou superior) e o porte da pessoa jurídica (montante do capital social),

da capacidade contributiva, *v.g.*, a progressividade, a seletividade, entre outros. Assim, indivíduos com rendas maiores deverão contribuir, proporcional e equitativamente, com mais recursos do que aqueles que possuem menores rendimentos. O objetivo dessa forma de tributação não é o de inverter a posição das classes de renda, mas reduzir a diferença entre elas, por sinal, exageradamente grande no Brasil.

De fato, a implementação do critério de distinção, para fins de aferição da real capacidade cont ributiva, está intimamente ligada ao modo como o Estado recebe os recursos necessários ao atendimento das necessidades coletivas. Não basta arrecadar a receita, mas "arrecadar a receita exigida pela justiça".[14]

Atuando positivamente, na esteira da concretização da justiça distributiva, ínsita ao postulado da capacidade contributiva, o legislador deverá procurar criar o que Casalta Nabais denomina "mínimo de igualdade", em duas perspectivas: (I) o *mínimo de igualdade como ponto de partida*, que se mostra como a forma isonômica de concessão de oportunidades ou chances, à luz do grau de satisfação das necessidades primárias dos indivíduos (alimentação, vestuário, habitação, saúde etc.); (II) o *mínimo de igualdade como ponto de chegada*, ou seja, a própria igualdade de resultados, dependente sobretudo da satisfação das mencionadas necessidades primárias.[15]

Esta última – o mínimo de igualdade como ponto de chegada – leva-nos à inafastável demarcação conceitual dos contornos do *mínimo vital*, para uma adequada análise do postulado da capacidade contributiva, que ora se desdobra.

3.1 A capacidade contributiva e o mínimo vital

O *mínimo existencial*, também conhecido por várias expressões sinônimas – "mínimo necessário", "mínimo de existência", "mínimo indispensável" e "mínimo imponível" –, é corolário de um dos fundamentos do Estado brasileiro: a *dignidade da pessoa*.

Segundo registros históricos, a primeira referência à ideia de "mínimo vital" vem do século XIX, quando, em 25 de maio de 1873, o Estado alemão fixou em 1.000 *thalers* (moeda alemã) o limite de isenção para o contribuinte, equivalendo ao patamar mínimo para a sua subsistência. Desde esse momento até os tempos hodiernos, os estudiosos, mesmo diante da ausência de normas constitucionais

---

evidenciou que a norma cotejada estava em consonância com a *equidade vertical* eventualmente aferida em certos contribuintes. Houve a chancela da progressividade para a contribuição profissional.

14. RAWLS, John. *Uma teoria da justiça*. Tradução de Almiro Pisetta e Lenita Esteves. São Paulo: Martins Fontes, 1997, p. 307.

15. *V.* NABAIS, José Casalta. *O dever fundamental de pagar impostos*. Coimbra: Almedina, 1998, p. 436.

ISONOMIA E CAPACIDADE CONTRIBUTIVA PERANTE A REGRESSIVIDADE DO SISTEMA TRIBUTÁRIO **113**

específicas sobre o tema, têm se dedicado à tormentosa tarefa de demarcação conceitual do mínimo vital, a partir de elementos definitórios, variáveis no tempo e no espaço,[16] que, ofertados pelo legislador, por meio de decisão política, buscam traçar os contornos das necessidades básicas do indivíduo e de sua família.

Em nossa Carta Magna, o inciso IV do art. 7º, ao disciplinar os itens que compõem o salário mínimo, parece ofertar parâmetros para a fixação do mínimo existencial. Entretanto, diante da ausência de normas constitucionais específicas sobre este importante plano de delimitação, entendemos que compete ao legislador traçar parâmetros que sigam, em dada base territorial, o padrão socialmente aceito para a definição das necessidades fundamentais mínimas do cidadão.[17]

Nesse contexto, para Alfredo Augusto Becker,[18] a renda ou capital presumido devem ser em valor acima do mínimo indispensável para a subsistência do cidadão, garantindo-lhe o mínimo existencial.

É importante asseverar que, no momento em que se busca definir o conceito desse mínimo de subsistência intangível, abre-se para o intérprete a possibilidade de aproximação entre a capacidade contributiva e a vedação do confisco (art. 150, IV, CF). Note que o mínimo vital e a vedação ao confisco são limites opostos, dentro dos quais gravitará a tributável capacidade contributiva.

Se o "mínimo vital" se traduz na quantidade de riqueza mínima, suficiente para a manutenção do indivíduo e de sua família, sendo intangível pela tributação por via de impostos, é de todo natural que a capacidade contributiva só possa se reputar existente quando se aferir alguma riqueza acima do mínimo vital. Abaixo dessa situação minimamente vital haverá uma espécie de isenção, para fins de capacidade contributiva aferível. Nesse passo, "a isenção do mínimo vital é inseparável do princípio da capacidade contributiva".[19]

3.2   A capacidade contributiva e seu plano histórico

No Brasil, historicamente, o *princípio da capacidade contributiva* apareceu na Constituição Imperial de *1824*, à luz do art. 179, XV, segundo o qual se estipulava que *"ninguém será exempto de contribuir para as despesas do Estado na proporção dos seus haveres"*. Na Constituição de *1891*, o tema da capacidade contributiva foi suprimido. Logo após, retomou a estatura constitucional na Carta de 1934, que tratou do postulado, em mais de um comando, versando sobre os seguintes

---

16. *V.* BORGES, José Souto Maior. *Isenções tributárias*. 2. ed. São Paulo: Sugestões Literárias, 1980, p. 62.
17. *V.* COSTA, Regina Helena. *Princípio da capacidade contributiva*. 3. ed. São Paulo: Malheiros, 2003, p. 70.
18. *V.* BECKER, Alfredo Augusto. *Teoria geral do direito tributário*, 2. ed., p. 454-456.
19. SAINZ DE BUJANDA, Fernando. *Hacienda y derecho*. Madri: Instituto de Estudios Políticos, 1963, v. 34, p. 197.

pontos: (I) a progressividade dos impostos incidentes nas transmissões de bens por herança ou legado (art. 128); (II) a proibição de que nenhum imposto poderia ser elevado além de 20% de seu valor no instante do aumento (art. 185); e (III) a proibição de que as multas de mora impusessem ônus exorbitante ao contribuinte, que não poderia superar 10% do valor do imposto ou taxa devidos (art. 184, parágrafo único).A Constituição de *1937*, por sua vez, não tratou do princípio, enquanto a democrática Constituição de *1946*, diferentemente, trouxe, estampada no art. 202, a dicção mais próxima da que vemos hoje no texto constitucional de 1988: "Os tributos terão caráter pessoal sempre que isso for possível, e serão graduados conforme a capacidade econômica do contribuinte". A EC 18, de *1965*, ao imprimir a reforma constitucional tributária, revogou o mencionado art. 202, sendo seguida, na mesma linha de abstenção de tratamento da matéria, pela Constituição de *1967* e pela EC n. 1, de *1969*. Com o fim do período ditatorial, o *Princípio da Capacidade Contributiva* ressurgiu, uma vez que, "no decurso dos trabalhos da Assembleia Constituinte, não passou ao largo a inquietação sobre o anseio de justeza na distribuição do ônus tributário".[20] O postulado foi reprojetado no texto constitucional de *1988*, no art. 145, § 1º, com redação praticamente idêntica à do superado art. 202 do texto constitucional de 1946, alterando-se o vocábulo "tributos" por "impostos".

3.3 A capacidade contributiva na Carta Magna de 1988

O *princípio da capacidade contributiva* é considerado uma forma de instrumentalizar-se o *princípio da isonomia tributária*, do qual se mostra como natural *decorrência* ou *corolário*, para uns, ou *subprincípio*, para outros. De fato, o princípio em análise se mostra como projeção do postulado da isonomia tributária, deste se avizinhando e com este se entrelaçando, no intuito de se alcançar o ideal de *justiça fiscal* – seu elemento axiologicamente justificador –, que, conquanto não apareça formalmente escrito no texto da Constituição, deverá ser apreendido no bojo de uma prática constitucional.

A "capacidade econômica ou contributiva" (*taxable capacity*) é a capacidade de pagar o tributo (*ability to pay*), estando prevista, como importante princípio, no art. 145, § 1º, da Constituição de 1988. Note o comando:

> *Art. 145.* A União, os Estados, o Distrito Federal e os Municípios poderão instituir os seguintes tributos: (...) § 1º Sempre que possível, os impostos terão caráter pessoal e serão graduados *segundo a capacidade econômica do contribuinte*, facultado à administração tributária, especialmente para conferir efetividade a esses objetivos, identificar, respeitados os direitos

---

20. NOBRE JÚNIOR, Edílson Pereira. *Princípio constitucional da capacidade contributiva*. Porto Alegre: Sérgio Antônio Fabris, 2001, p. 38.

ISONOMIA E CAPACIDADE CONTRIBUTIVA PERANTE A REGRESSIVIDADE DO SISTEMA TRIBUTÁRIO **115**

individuais e nos termos da lei, o patrimônio, os rendimentos e as atividades econômicas do contribuinte.

Segundo Ricardo Lobo Torres, o princípio em análise determina "que cada um deve contribuir na proporção de suas rendas e haveres, independentemente de sua eventual disponibilidade financeira".[21]

Para Regina Helena Costa,[22] destacam-se dois tipos de capacidade contributiva:

> *a) Capacidade Contributiva Absoluta (ou Objetiva):* é a capacidade identificada pelo legislador, que elege o evento ou fato-manifestação de riqueza, vocacionados a concorrer com as despesas públicas. Aqui se tem um sujeito passivo potencial;
>
> *b) Capacidade Contributiva Relativa (ou Subjetiva):* é a capacidade identificada pelo legislador, que elege o sujeito individualmente considerado, apto a contribuir na medida de suas possibilidades econômicas, suportando o impacto tributário. Nesta capacidade contributiva, desponta o rito gradualístico dos impostos, à luz da progressividade, bem como o respeito ao mínimo existencial e à não confiscabilidade.

É algo curioso o fato de que o art. 145, § 1º, CF, não menciona o termo "cidadão", como consta de certos textos constitucionais de outros países – a Constituição Portuguesa de 1933 (art. 28) e a Constituição Italiana (art. 53, I) –, mas, sim, o vocábulo "contribuinte". De fato, a melhor demarcação dos destinatários do dever de pagar impostos deve se ligar à figura do *contribuinte*, levando-se em conta que as pessoas jurídicas, aqui instaladas, e os estrangeiros e os apátridas, por aqui residentes, submetem-se aos mesmos deveres cabentes aos *cidadãos em geral*.

Na busca da concretização do postulado, deverá o aplicador da norma proceder ao cotejo dos objetos iguais e dos objetos desiguais, o que implica a adoção de um critério ou termo de comparação. Esse *tertium comparationis* identifica-se com a ideia de capacidade contributiva.

Como assinala Dino Jarach,[23] não se pode conceber "impostos cujo pressuposto de fato consista, por exemplo, em serem inteligentes ou estúpidos, ou serem loiros ou morenos, possuir nariz grego ou aquilino, as pernas direitas ou tortas (...) Os impostos não se cobram segundo o capricho dos legisladores providos de fantasias".

No mesmo sentido, segue Victor Uckmar, para quem o "único elemento para diferenciar as cargas tributárias entre várias pessoas é a sua capacidade econômica: portanto, não seria consentido estabelecer que os loiros devem pagar mais

---

21. TORRES, Ricardo Lobo. *Curso de direito financeiro e tributário*, 12. ed., p. 94.
22. COSTA, Regina Helena. *Princípio da capacidade contributiva*, 3. ed., p. 27.
23. JARACH, Dino. *O fato imponível*: teoria geral do direito tributário substantivo. Trad. Dejalma de Campos. São Paulo: Ed. RT, 1989, p. 95-96.

EDUARDO SABBAG

que os morenos ou que todas as pessoas calvas ou míopes devam, enquanto tais, pagar um tributo".[24]

Na ordem constitucional pátria, a capacidade contributiva é um princípio autoaplicável, devendo ser observado não apenas pelo legislador, que é seu *destinatário imediato*, mas também pelos operadores do direito.[25] Segundo o comando inserto no princípio, entendemos que ao legislador compete graduar a exação, enquanto ao administrador tributário cabe aferir tal gradação.[26]

Para Alfredo Augusto Becker,[27] o princípio da capacidade contributiva é endereçado exclusivamente ao legislador. Desse ponto de vista do eminente doutrinador, ousamos discordar, *permissa venia*, entendendo que o Poder Judiciário não deve atuar como mero legislador negativo, mas, de modo proativo, como nítido legislador positivo-supletivo.[28] Não há dúvida de que o princípio da capacidade contributiva, quando se apresenta constitucionalizado, tem por destinatário o órgão legislativo, o autor da lei fiscal, apresentando-se, materialmente, na forma de "norma sobre como fazer lei". Entretanto, o princípio há de ser concretizado não só pelo legislador, mas também pelo aplicador da lei.[29] Se a lei ofender o princípio da capacidade contributiva, genericamente, dar-se-á uma hipótese de inconstitucionalidade material, permitindo ao Judiciário declarar a sua inconstitucionalidade, tanto por meio de uma ação direta de inconstitucionalidade (controle concentrado), quanto no bojo de uma ação comum, *incidentertantum* (controle difuso).

Procedendo-se, neste momento, à análise do art. 145, § 1º, da CF, tal dispositivo faz menção (I) a *impostos*, tão somente, e (II) à fluida expressão "sempre que possível". Passemos à análise de tais particularidades:

3.3.1 A capacidade contributiva e a exclusiva associação a impostos

Evidencia-se que o texto constitucional, constante do art. 145, § 1º, da CF, apega-se, terminologicamente, a uma espécie de tributo, a saber, o *imposto*, do que decorre o rótulo, a ele empregado, de "princípio da personalização dos impostos".

É bom repisar que a Constituição Federal de *1946* associava o postulado da capacidade contributiva a "tributos", diferentemente da atual previsão constitu-

---

24. UCKMAR, Victor. *Princípios comuns de direito constitucional tributário*. Tradução de Marco Aurélio Greco. São Paulo: Ed. RT, 1976, p. 69-70.
25. *V.* BALEEIRO, Aliomar. *Limitações constitucionais ao poder de tributar*, 7. ed., p. 689.
26. *V.* COÊLHO, Sacha Calmon Navarro. *Comentários à Constituição de 1988*: sistema tributário, 7. ed., p. 56.
27. *V.* BECKER, Alfredo Augusto. *Teoria geral do direito tributário*, 2. ed., p. 454-456.
28. BALEEIRO, Aliomar. *Limitações constitucionais ao poder de tributar*, 7. ed., p. 521.
29. *V.* TORRES, Ricardo Lobo. *Normas de interpretação e integração do direito tributário*, 3. ed., p. 224.

cional. É induvidoso, todavia, que se pode atrelar o comando a outros tributos – obedecendo, todavia, às peculiaridades de cada espécie tributária –, tais como: taxas, contribuições para a seguridade social e contribuições profissionais. A jurisprudência é pródiga nesse sentido.[30]

No plano doutrinário, desponta idêntico entendimento, conforme se nota nos dizeres de Anderson S. Madeira:[31]

> O princípio da capacidade contributiva é aplicável a todas as espécies tributárias. No tocante aos impostos, o princípio é aplicável em toda a sua extensão e efetividade. Já no caso dos tributos vinculados, é aplicável restritivamente, devendo ser respeitados apenas os limites que lhe dão os contornos inferior e superior, vedando a tributação do mínimo vital e a imposição tributária que tenha efeitos confiscatórios.

Ad argumentandum, aproximando-se da ideia da não confiscabilidade, a doutrina diverge quanto à correta aplicação do *princípio da capacidade contributiva*, levando-se em conta, de um lado, o tributo, isoladamente considerado, e, de outro, a carga tributária, como um todo.

Para Alfredo Augusto Becker, a capacidade contributiva deve ser considerada em relação a um único tributo, não se levando em conta o conjunto da tributação.[32] Por outro lado, subsiste entendimento doutrinário[33] segundo o qual "o princípio da capacidade contributiva como um limite, assume uma função absolutamente fundamental diante de uma pluralidade de tributos. É o que se sucede, repita-se, acima de tudo, no que diz respeito à não confiscatoriedade, cujo sentido protetivo ganha maior expressão em face da carga tributária global – abstratamente considerada –, incidente sobre uma pessoa, atividade ou bem".

3.3.2 A capacidade contributiva e a expressão "sempre que possível"

A expressão "sempre que possível" revela-se como dado dependente das *possibilidades técnicas de cada imposto*. Com efeito, se o IR, por exemplo, mostra-se vocacionado à variação de alíquotas, na busca do ideal de justiça, o ICMS, em princípio – e por outro lado –, repudia-a, uma vez que se trata de imposto

---

30. (I) AgR-RE 176.382-5/CE, 2ª T., j. em 09.05.2000; (II) AgR-RE 216.259, rel. Min. Celso de Mello, 2ª T., j. em 09.05.2000 (*Taxa de Fiscalização da CVM*); (III) RE 232.393, rel. Min. Carlos Velloso, Pleno, j. em 12.08.1999; (IV) RE 656.089/MG, rel. Min. Dias Toffoli, Pleno, j. em 24.05.2017; (V) RE 599.309/SP, rel. Min. Ricardo Lewandowski, Pleno, j. em 24.05.2017; (VI) RE 598.572, rel. Min. Edson Fachin, Pleno, j. em 30-03-2016; (VII) RE 852.796, rel. Min. Dias Toffoli, Pleno, j. em 17.05.2021; (VIII) ADIs n. 4.762 e 4.697, rel. Min. Edson Fachin, Pleno, j. em 06.10.2016.
31. MADEIRA, Anderson S. *Direito tributário*. Rio de Janeiro: Rio IOB Thomson, 2006, p. 117.
32. BECKER, Alfredo Augusto. *Teoria geral do direito tributário*, 2. ed., p. 447.
33. ANDRADE, Rodrigo Fonseca Alves de. *O princípio base da capacidade contributiva e a sua aplicação diante de uma pluralidade de tributos*, p. 133.

incidente sobre o consumidor final, no plano da *repercussão tributária*, indo de encontro à ideia da pessoalidade anunciada no dispositivo.

Nesse contexto, surge a necessidade de conhecermos os *meios de exteriorização* ou *possibilidades de concretização* da capacidade contributiva, a saber, a *progressividade*, a *proporcionalidade* e a *seletividade* – cognominados, por Ricardo Lobo Torres, de *"subprincípios constitucionais"*.[34] É nesse contexto que se vislumbra a abertura para o trato da *regressividade*, no presente estudo. A bem da verdade, tais possibilidades de concretização do postulado são instrumentos ou técnicas que, longe de afrontarem a isonomia tributária, revelam-se como meios idôneos à diminuição da *regressividade* dos tributos, na busca do respeito à capacidade contributiva.

A análise do § 1º do art. 145 da Constituição Federal deve orientar o estudioso no sentido de que a expressão "sempre que possível" não confere poder discricionário ao legislador, mas designa, sim, por meio do advérbio "sempre", um inafastável grau de imperatividade no comando, "deixando claro que, apenas sendo impossível, deixará o legislador de considerar a pessoalidade para graduar os impostos pela capacidade econômica do contribuinte".[35]

Ademais, a menção ao "caráter pessoal" sinaliza a vocação do imposto para se relacionar com a pessoa do sujeito passivo da obrigação tributária principal, diante dos indícios e indicadores que melhor aquilatem o fato tributável. Entretanto, a mencionada sistemática de variação gradualística de alíquotas não será facilmente adaptável a todos os impostos. De fato, existem gravames que não se coadunam com a técnica da progressividade. São classificados pela *Ciência das Finanças*, ainda que de forma pouco científica, como *impostos reais (ITBI, por exemplo)*. A propósito desse gravame, seguiram nossos Tribunais, valendo-se da edição de duas importantes súmulas: (1) a *Súmula 45 do 1º TACivil/SP* ("É inconstitucional o art. 10, da Lei 11.154, de 30-12-91, do Município de São Paulo, que instituiu alíquotas progressivas para o Imposto de Transmissão de Bens Imóveis"); (2) a *Súmula 656 do STF* ("É inconstitucional a lei que estabelece alíquotas progressivas para o ITBI com base no valor venal do imóvel").

Frise-se, em tempo, que a referida classificação, a qual divide os impostos em "reais" e "pessoais", não desfruta de endosso generalizado entre os juristas pátrios.

Para o insigne Sacha Calmon Navarro Coêlho,[36] separar os impostos em *pessoais*, quando incidirem sobre as pessoas, e *reais* quando incidirem sobre as coisas, é atitude falha, uma vez que os impostos, quaisquer que sejam, são pagos

---

34. V. TORRES, Ricardo Lobo. *Tratado de direito constitucional financeiro e tributário*: os direitos humanos e a tributação. v. III, Imunidades e isonomia, p. 335.
35. BALEEIRO, Aliomar. *Limitações constitucionais ao poder de tributar*, 7. ed., p. 390.
36. V. COÊLHO, Sacha Calmon Navarro. *Curso de direito tributário brasileiro*, 6. ed., p. 78-79.

ISONOMIA E CAPACIDADE CONTRIBUTIVA PERANTE A REGRESSIVIDADE DO SISTEMA TRIBUTÁRIO **119**

sempre por pessoas. Mesmo o imposto sobre o patrimônio, o mais real deles, atingirá o proprietário independentemente da coisa, em face do vínculo *ambulat cum dominus,* designando que a coisa segue o dono.

Como se nota, nem sempre será facilmente avaliável a pessoalidade do imposto. Tal dificuldade se mostra evidente nos *impostos reais*, que abrangem os chamados *impostos indiretos*, ou seja, tributos que comportam, por sua natureza, a transferência do respectivo encargo financeiro, conforme dispõe o art. 166 do CTN. Trata-se de gravames marcados pela *repercussão tributária*, isto é, pela transferência do encargo tributário do realizador do fato jurídico-tributário para o consumidor final, adquirente do bem. Os *impostos diretos*, recaindo sobre um único contribuinte, não admitem a traslação do ônus do tributo (*v.g.*, o IR, o IPVA, o ITCMD, o ITBI, entre outros). De outra banda, os *impostos indiretos*(*e.g.*, o ICMS, o IPI etc.), conquanto sejam recolhidos por um contribuinte determinado – chamado "contribuinte de direito" –, atingirão, na verdade, outra pessoa, ou seja, o adquirente do bem ou consumidor final, intitulado "contribuinte de fato".[37] A propósito, nos *impostos indiretos*, o postulado da capacidade contributiva será aferível mediante a aplicação da técnica da *seletividade*, uma nítida forma de extrafiscalidade na tributação, como se estudará em tópico ulterior.

3.3.3 Impostos diretos e indiretos: conceito e classificação

Entre as variadas classificações de impostos ofertadas pela dogmática, destaca-se aquela que os distingue entre *impostos diretos* e *impostos indiretos*. Os primeiros, os *impostos diretos,* são aqueles em que o impacto do tributo recai sobre o próprio patrimônio do contribuinte, vale dizer, "nos tributos tidos como diretos, perfaz-se uma 'confusão' entre contribuinte direto e indireto, pois se reúnem na mesma pessoa tais atribuições".[38] Quanto aos últimos, os *impostos indiretos*, trata-se de exações em que ocorre uma transferência do custo do tributo para uma outra pessoa, quase sempre pelo mecanismo da inserção do seu valor no preço da mercadoria ou serviço.[39-40]

---

37. V. CONTI, José Maurício. *Princípios da capacidade contributiva e da progressividade*. São Paulo: Dialética, 1996, p. 48-49.
38. MACHADO, Eduardo Muniz. A repercussão jurídica do tributo e a sua influência na restituição do indébito. In: CAMPOS, Dejalma (Coord.). *Revista Tributária e de Finanças Públicas* n. 57, ano 12, jul./ago. 2004, p. 76-84 (p. 81).
39. V. BECHO, Renato Lopes. *Lições de direito tributário*. Teoria geral e constitucional. São Paulo: Saraiva, 2011, p. 255.
40. Para uma crítica ao tratamento classificatório em comento, enfatizando o caráter puramente econômico da classificação entre impostos *diretos* e *indiretos*, fruto de elaboração da ciência das finanças, cf. ATALIBA, Geraldo. *Hipótese de incidência tributária*. 6. ed., 12. tir., São Paulo: Malheiros, 2011, p. 143; MACHADO, Hugo de Brito (*Comentários ao código tributário nacional* – Artigos 139 a 218, São Paulo: Atlas, 2005, v. III, p. 422), para quem "a classificação dos tributos em diretos e indiretos é, na verdade,

EDUARDO SABBAG

O conceito de *imposto indireto* não costuma oscilar no universo doutrinário. Sempre se relaciona tal gravame ao fato de um sujeito dever o tributo, enquanto outro, economicamente, suporta-o. O primeiro recebe a denominação de *contribuinte de direito* (contribuinte *de jure* ou *solvens*), e o segundo, o rótulo de *contribuinte de fato* (contribuinte *de facto*).[41] Nesse compasso, o contribuinte *de jure* deve pagar o tributo, porém transfere o sacrifício ao contribuinte *de facto*,[42] na medida em que o embute monetariamente no preço e o repassa ao consumidor. Aqui se avoca, apropositadamente, o contexto da citada *repercussão tributária* (ou *translação*, como preferem os italianos),[43]-[44] que procura traduzir, no plano lexical, tal transferência de ônus.

Não se perca de vista que parte da doutrina tem lançado severas críticas à figura do "contribuinte de fato", quer no plano terminológico, quer no universo semântico. Quanto a este último, afirma-se que tal pessoa não tem espaço em termos jurídicos, sendo elemento estranho ao Direito. Sua pretensa existência careceria de rigor científico, sendo imprópria para separar, com clareza, o obje-

---

inconsistente e inteiramente desprovida de fundamento científico"; por fim, BECKER, Alfredo Augusto (*Teoria geral do direito tributário*, cit., p. 536-543), para uma análise da austera crítica à dicotômica separação entre tributos *diretos* e *indiretos*, a qual rotula de "falsa e impraticável" (p. 536-539).

41. Para uma crítica à classificação que estrema *contribuinte de direito* de *contribuinte de fato*, apontando-se-lhe as falhas de contradição e pleonasmo, cf. QUEIROZ, Luís Cesar Souza de (*Sujeição passiva tributária*. 2 ed. Rio de Janeiro: Forense, 2002, p. 181), segundo o qual "há total imprecisão do ato de classificar o conceito de contribuinte em: *contribuinte de direito* e *contribuinte de fato*. Essa falta de rigor científico é facilmente atestável por duas fortes razões: a) o flagrante pleonasmo da expressão *contribuinte de direito*; e b) a flagrante contradição da expressão *contribuinte de fato*". E, mais adiante, detalha: "Falar-se em contribuinte que não seja o de *direito* é tratar de matéria estranha ao Direito e, portanto, é incabível no plano da linguagem da Ciência do Direito. (...) Há flagrante contradição na expressão *contribuinte de fato*, pois o termo 'de fato' choca-se com a juridicidade do conceito (jurídico) de contribuinte." E, mais adiante (p. 182), partindo da premissa de que há total impropriedade na terminologia "contribuinte de fato", por acreditar na existência exclusiva do contribuinte, juridicamente considerado, o autor arremata, afirmando que "a confusão entre o conceito jurídico de *contribuinte* com o conceito econômico de *contribuinte de fato* é inadmissível e só prejudica a compreensão do Direito." (Grifos do Autor)

42. V. BALEEIRO, Aliomar. *Uma introdução à ciência das finanças*. 14. ed., 7. tir., atual. por Flávio Bauer Novelli, Rio de Janeiro: Forense, 1992, p. 262.

43. Para a conferência dos elementos conceituais afetos a tais signos (*repercussão* e *translação*), v. SOUSA, Rubens Gomes de. *Compêndio de legislação tributária*. Edição Póstuma. São Paulo: Resenha tributária, 1975, p. 170; COSTA, Regina Helena. *Curso de direito tributário*: Constituição e código tributário nacional. São Paulo: Saraiva, 2009, p. 113; e, ainda, FABRETTI, Láudio Camargo. *Código tributário nacional comentado*. 6. ed. rev. e atual com a LC n. 118/2005. São Paulo: Atlas, 2005, p. 211.

44. Para uma crítica à *teoria da repercussão* ou *translação* do tributo, demonstrando sua total falta de juridicidade e também de qualquer relevância jurídica, cf. FALCÃO, Amílcar de Araújo. *Introdução ao direito tributário*. 3. ed. rev. e atual. Flávio Bauer Novelli, Rio de Janeiro: Forense, 1987, p. 81. Na mesma linha crítica, cf. BECKER, Alfredo Augusto (*Teoria geral do direito tributário*, cit., p. 536-543), que endereça uma negativa visão ao instituto da *repercussão econômica* (p. 537 e 540-543), que, a seu ver, mais se mostra como um falso problema, o qual tem repousado na "simplicidade da ignorância" – uma expressão cunhada por De Parieu e também utilizada por Seligman ("Théorie de la répercussion et de l'incidence de l'impôt", Paris, 1910, p. 1), o ínclito professor de Economia Política na Universidade de Columbia, New York.

to-Direito do objeto-Economia.[45] Daí se propugnar a defesa, no âmbito doutrinário, da existência de um único contribuinte, o chamado *contribuinte de direito* ou *contribuinte legal*.[46]

Desse modo, o referencial utilizado para cognominar um imposto de "direto" ou "indireto" será, em princípio, a sua *repercussão econômica*, ou seja, "a possibilidade ou não de o custo econômico do imposto ser repassado a outra pessoa que não o contribuinte".[47]

Nesse rumo, entende-se ser plausível associar a sistemática da imposição indireta, quase que automaticamente, aos impostos que incidem sobre o consumo (*v.g.*, ICMS e IPI), distinguindo-os daqueles que incidem sobre a renda e o patrimônio, tachados de "impostos diretos".[48] Entretanto, a clareza de tais ideias deixa de seduzir quando se retoma o alerta de Aliomar Baleeiro,[49] segundo o qual todas essas fricções "podem perturbar o processo de repercussão e invertê-lo".

Com efeito, procedendo-se a uma rápida incursão na seara tributária doméstica, será factível não se cogitar, até mesmo, de repasse de ônus ao consumidor no âmbito dos *tributos indiretos* (*e.g.*, em virtude das mais variadas imposições decorrentes da oferta *versus* demanda),[50] ao mesmo tempo em que, de igual modo, será crível defender que, entre os *tributos diretos*, nem sempre aquele ônus será suportado pelo próprio contribuinte (*v.g.*, o IR devido pelo médico, que é repassado ao paciente no preço da consulta;[51] ou o IPTU devido pelo proprietário-locador, que é transferido ao inquilino na negociação imobiliária[52]). Portanto, transborda

---

45. *V.* QUEIROZ, Luís Cesar Souza de. *Sujeição passiva tributária*, cit., p. 182.
46. *V.* SOUSA, Rubens Gomes de. *Compêndio de legislação tributária*, cit., p. 91.
47. BECHO, Renato Lopes. *Lições de direito tributário...*, cit., p. 255.
48. *V.* COSTA, Regina Helena. *Curso de direito tributário...*, cit., p. 113-114.
49. BALEEIRO, Aliomar. *Uma introdução à ciência das finanças*, cit., p. 156.
50. Para o detalhamento dos reflexos provocados na repercussão tributária diante do confronto entre a *elasticidade-preço da oferta* e a *elasticidade-preço da demanda*, *v.* KRUGMAN, Paul; WELLS, Robin. *Introdução à economia*. Rio de Janeiro: Elsevier, 2007, p. 111. Nessa linha, tratando dos efeitos no consumo, provocados pela *procura* – se rígida ou elástica –, *v.* BALEEIRO, Aliomar. Idem, p. 155-158.
51. Sobre a associação do IR ao rótulo de *imposto direto* (ou não), *v.* COÊLHO, Sacha Calmon Navarro. *Curso de direito tributário brasileiro*: comentários à constituição federal e ao código tributário nacional. 6. ed. Rio de Janeiro: Forense, 2001, p. 760; e, ainda, MACHADO, Hugo de Brito. *Comentários ao código tributário nacional...*, cit., p. 408. A propósito da possibilidade de *translação* para o IR, *v.* NEVIANI, Tarcísio, o qual, baseando-se em Krzyzaniak e Musgrave, defende que tal fenômeno "retira toda validade científica à ideia de que os impostos diretos não se trasladam, ideia esta implícita *a contrario sensu* nas Súmulas n. 71 e 546 (...)." (*A restituição dos tributos indevidos, seus problemas, suas incertezas*. São Paulo: Resenha Tributária, 1983, p. 69-70).
52. Sobre a associação do IPTU ao rótulo de *imposto direto* (ou não), sobretudo no contexto da locação de imóvel, *v.* COÊLHO, Sacha Calmon Navarro. *Curso de direito tributário brasileiro...*, cit., p. 760; MACHADO, Hugo de Brito. Imposto indireto, repetição do indébito e imunidade subjetiva. *Revista Dialética de Direito Tributário*, v. 2, São Paulo, nov. 1995, p. 32-35 (p. 33); _____. *Curso de direito tributário*, cit., p. 203; _____. *Comentários ao código tributário nacional...*, cit., p. 408. A propósito, ainda, *v.* TIPKE, Klaus; LANG, Joachim (*Direito tributário* ("Steuerrecht"), Porto Alegre: Sergio An-

uma dificuldade classificatória,[53] por meio da qual se evidencia claramente que "pode inclusive acontecer de um imposto qualificável como direto, numa dada conjuntura econômica, se transformar em indireto e vice-versa, sem que nada altere a lei e sem que se modifique o sistema jurídico".[54]–[55]

E, para tornar a temática ainda mais discutível: pode-se defender a ideia de que a repercussão econômica "é comum a todos os tributos, não podendo ser usada como critério para a distinção dos tributos em diretos e indiretos".[56-57]

No plano da exemplificação,[58] é fácil demonstrar a celeuma: um produto que custe 100 e que tenha acrescido, a título de imposto sobre o consumo, o valor de 20, passará a ter o preço total de 120. Ocorre que, havendo baixa demanda, o vendedor poderá vendê-lo por 100 (105 ou, talvez, 110). Com o expediente, evidencia-se que o ônus do tributo terá sido repartido economicamente entre o comprador e o vendedor.[59-60]. Assim, a chamada *repercussão* acaba se sujeitando inexoravelmente à *lei da oferta e da procura*, o que

---

tonio Fabris Editor, 2008, v. 1, p. 401), para quem "todo imposto pode segundo a situação de mercado ser *repassado*. Exemplos: repasse do imposto imobiliário para o inquilino (...)". (Grifo do Autor). Por fim, *v.* BECHO, Renato Lopes (*Lições de direito tributário...*, cit., p. 255-256), para quem o indigitado imposto pode bem exemplificar um imposto direto, bem como um imposto indireto.

53. Sobre a dificuldade de exemplificar, por meio de um critério uniforme, os impostos *diretos* e *indiretos*, *v.* MARTINEZ, Pedro Mário Soares. *Direito Fiscal*. 10. ed. Coimbra: Almedina. 2000, p. 49.

54. ATALIBA, Geraldo. *Hipótese de incidência tributária*, cit., p. 143.

55. No rumo apontado, Aliomar Baleeiro, já em 1966, em excerto de seu voto de relatoria no RE 45.977/ES (2ª T., j. em 27.09.1966), acenava que "o mesmo tributo poderá ser direto ou indireto, conforme a técnica de incidência e até conforme as oscilantes e variáveis circunstâncias do mercado (...)". No voto, Baleeiro deixou claro que o STF precisava rever os ultrapassados conceitos econômico-financeiros adstritos à repercussão dos tributos indiretos, até então adotados, baseados no errôneo pressuposto de que tais gravames "sempre, (...) comportam transferência do ônus do contribuinte *de jure* para o contribuinte *de facto*".

56. BECKER, Alfredo Augusto. *Teoria geral do direito tributário*, cit., p. 540-541. Na mesma direção, entendendo que a *repercussão econômica* é propriedade comum, senão a todos, a quase todos os impostos, *v.* BALEEIRO, Aliomar. *Direito tributário brasileiro*, cit., p. 760; COÊLHO, Sacha Calmon Navarro. *Curso de direito tributário brasileiro...*, cit., p. 760; GRUPENMACHER, Betina Treiger. A inaplicabilidade do disposto no art. 166 do código tributário nacional à repetição de indébito do ISS. In: SCHOUERI, Luís Eduardo (Org.). *Direito tributário*. São Paulo, Quartier Latin, 2003, v. 1, p. 565-580 (p. 573); CARRAZZA, Roque Antonio. *ICMS*. 15. ed. rev. e ampl. São Paulo: Malheiros, 2011, p. 509; e, ainda, TAVARES, Alexandre Macedo. A desregrada aplicação do art. 166 do Código Tributário Nacional como "matéria-prima" da reprovável "indústria da inconstitucionalidade útil". *Revista Dialética de Direito Tributário*, v. 136, São Paulo, p. 7 a 15 (p. 11).

57. Na doutrina estrangeira, *v.* PANTALEONI, Maffeo. "Teoria della traslazione dei tributi". Milano: Giuffrè, 1958, p. 30; e, ainda, D'ALBERGO, E. "Economia della finanza publica". Bologna: Università di Bologna, v. I, 1952, p. 236.

58. *V.* MACHADO SEGUNDO, Hugo de Brito. *Repetição do tributo indireto...*, cit., p. 17. Em tempo, na linha da exemplificação, *v.* BECHO, Renato Lopes (*Lições de direito tributário...*, cit., p. 256), o qual faz menção ao IPI, podendo ser direto ou não, a depender do repasse ou não do seu custo para o consumidor.

59. A propósito, ao fenômeno dá-se o nome de "difusão do imposto", conforme ensina HUGON, Paul. *O imposto*. 2. ed. Rio de Janeiro: Financeiras, 1951, p. 92.

60. Sobre a necessidade de uma visão menos hermética, mediante a qual é possível concluir que comprador e vendedor podem compartilhar o ônus do imposto, *v.* MACHADO SEGUNDO, Hugo de Brito. *Repetição do tributo indireto...*, cit., p. 16-17. A propósito, *v.* MACHADO, Hugo de Brito (*Curso de direito*

ISONOMIA E CAPACIDADE CONTRIBUTIVA PERANTE A REGRESSIVIDADE DO SISTEMA TRIBUTÁRIO | **123**

demonstra que sua ocorrência apresenta suscetibilidade maior ou menor às condições de mercado.[61]

Nas palavras de Hugo de Brito Machado, quando faz menção ao art. 166 do CTN, "seja como for, o certo é que não se pode confundir a relação jurídica de direito tributário, existente entre o contribuinte e o Fisco, com a relação jurídica de Direito Privado, existente entre o comprador e o vendedor dos bens e serviços".[62] Assim, teremos, na linha vertical, uma relação jurídica tributária de índole publicística, e, na linha horizontal, uma relação jurídica que se trava entre contribuinte e consumidor. Na primeira, por exemplo, haverá legitimidade ativa do sujeito ativo da obrigação tributária para pleitear a restituição contra o Fisco; por sua vez, na segunda, despontará legitimidade ativa do consumidor para pedir restituição contra o contribuinte (de direito).[63]

Daí se preferir fazer, por cautela – e com maior rigor –, a distinção dos *impostos diretos* e *indiretos* a partir de um *critério jurídico*, levando-se em conta o fato gerador (ou fato imponível) do imposto.[64] Com efeito, a repercussão financeira (ou econômica) não representa genuinamente um "fato jurídico", mas, de modo diverso, um *fato econômico*. O fato de repassar ou não o custo do tributo para o preço do bem é algo que deve ser perquirido pela Ciência das Finanças. Para o Direito, o que importa é quem realizou o fato gerador, independentemente de haver ou não o repasse.[65]

Posto isso, a regra de transferência do ônus tributário não está diretamente ligada ao plano classificatório dos impostos – se *diretos* ou *indiretos* –, e, além disso, sabe-se que nem mesmo a jurisprudência tem conseguido traçar caminhos seguros para serem trilhados, o que exige do intérprete uma visão mais abrangente, máxime diante da circunstância, aqui já relatada, de que todo tributo pode repercutir nos

---

tributário, cit., p. 204), segundo o qual "admitir que o contribuinte sempre transfere o ônus do tributo ao consumidor dos bens ou serviços é uma ideia tão equivocada quanto difundida."

61. V. MELO, José Eduardo Soares de. *IPI – Teoria e prática*. São Paulo: Malheiros, 2009, p. 197; _____. *Curso de direito tributário*. 6. ed. rev. e atual. São Paulo: Dialética, 2005, p. 311; e, ainda, COSTA, Regina Helena. *Curso de direito tributário...*, cit., p. 114.

62. MACHADO, Hugo de Brito. *Curso de direito tributário*, cit., p. 204. A esse propósito, ver a nota 45 deste Capítulo.

63. V. DENARI, Zelmo. Repetição dos tributos indiretos. In: MARTINS, Ives Gandra da Silva (Coord.). *Repetição do indébito* – Cadernos de Pesquisas Tributárias, v. 8, São Paulo: Resenha Tributária; CEU, 1983, p. 105-153 (p. 132-135).

64. Na linha de defesa de que a multicitada classificação deve ser haurida a partir do fato gerador dos impostos, ou seja, do seu *regime jurídico*, v. SOUSA, Rubens Gomes de. *Compêndio de legislação tributária*, cit., p. 170; e, ainda, MACHADO, Hugo de Brito. *Comentários ao código tributário nacional...*, cit., p. 395. A propósito, na esteira da jurisprudência, ver a elucidativa ementa do STJ no REsp 118.488/RS, rel. Min. José Delgado, 1ª T., j. em 04.09.1997.

65. V. CARRAZZA, Roque Antonio. *ICMS*, cit., p. 506.

preços. Aliás, tal constatação econômica é demasiado óbvia, chegando a ser uma moeda corrente na doutrina do Direito Tributário pátrio.[66]

Em tempo, avocando-se o plano jurisprudencial, é cediço que o *STJ*[67] teve a oportunidade de traçar algumas linhas definidoras do que viria a ser um *tributo indireto*, as quais, a nosso ver, podem ser assim resumidas:[68] (I) trata-se do tributo que comporta uma transferência, ou seja, aquele cujo fato gerador envolva uma dualidade de sujeitos, em um contexto de "operação"; (II) trata-se do tributo cujo contribuinte, impulsionando o ciclo econômico, transfere o encargo para outro partícipe do mesmo fato gerador.

Por assim dizer, os *impostos indiretos* se mostram como aqueles que incidem sobre "relações" (operações ou negócios), sempre quando houver dois polos ou partes, em que uma assume o pagamento, e outra suporta o ônus do tributo, acrescido ao preço, que lhe é repassado. Desponta, desse modo, um alinhavo jurídico que magnetiza uma dupla relação jurídica: uma, de índole tributária, que se estabelece entre o sujeito ativo e o sujeito passivo; e outra, de caráter civil ou comercial, que se desdobra entre o sujeito passivo e o terceiro.[69]

Com todo o rigor, observa-se que tais premissas, adotadas pela *Corte Superior*, *data venia*, também se mostram fragilmente insuficientes, porquanto os critérios bem se adaptariam a vários impostos além dos esperáveis ICMS, IPI e ISS. De fato, a considerar o entendimento sufragado pela Corte Superior, seriam considerados *indiretos*, de igual modo, o ITBI, o ITCMD (nas doações), o IR, a CIDE-Combustível, o PIS e a COFINS,[70] já que possuem fatos geradores que acabam por vincular pessoas.

---

66. *V.* SANTIAGO, Igor Mauler. In: PEIXOTO, Marcelo Magalhães; LACOMBE, Rodrigo Santos Masset (Coord.). *Comentários ao código tributário nacional*. São Paulo: MP Editora, 2005, p. 1219 a 1254 (p. 1228).

67. Recomenda-se a leitura do trecho da ementa na qual se menciona o entendimento de Marco Aurélio Greco, no REsp 118.488/RS, rel. Min. José Delgado, 1ª T., j. em 04.09.1997.

68. Tais ideias, adotadas pelo STJ, apresentam expressiva similitude com o pensamento de GRECO, Marco Aurélio (Repetição do indébito tributário. In: MARTINS, Ives Gandra da Silva (Coord.). *Repetição do indébito*. São Paulo: Resenha Tributária, 1983, p. 282 e 286-287). Tal constatação também é de MACHADO, Hugo de Brito. (Repetição do indébito tributário. In: MARTINS, Ives Gandra da Silva (Coord.). *Repetição do indébito*. São Paulo: Resenha Tributária, 1983, p. 236) e de MACHADO SEGUNDO, Hugo de Brito (*Repetição do tributo indireto...*, cit., p. 20).

69. Nesse sentido, *v.* BOTALLO, Eduardo Domingos. *Curso de processo administrativo tributário*. 2. ed. rev. e ampl. Malheiros: São Paulo, 2009, p. 168. Em idêntica trilha, *v.* MELO, José Eduardo Soares de. *Curso de direito tributário*, cit., p. 311, e, da mesma forma, em obra distinta (*IPI...*, cit., p. 195), na qual o tributarista explicita que o art. 166 do CTN "é impertinente ao sistema tributário, porque traduz norma financeira de natureza procedimental, e só colhe a categoria de tributo no que concerne à natureza dessa espécie normativa, que implique a translação da carga financeira (...)". Por fim, adotando o mesmo tom, porém o reforçando com as reverberações do art. 123 do CTN – o qual estatui a inoponibilidade das convenções particulares ao Fisco no tocante à determinação da sujeição passiva –, *v.* OLIVEIRA, Ricardo Mariz de. Repetição do indébito, compensação e ação declaratória. In: MACHADO, Hugo de Brito (Coord.). *Repetição do indébito e compensação no direito tributário*. São Paulo: Dialética; Fortaleza: ICET, 1999, p. 355-398 (p. 360).

70. *V.* MACHADO SEGUNDO, Hugo de Brito. *Repetição do tributo indireto...*, cit., p. 21 e 29.

ISONOMIA E CAPACIDADE CONTRIBUTIVA PERANTE A REGRESSIVIDADE DO SISTEMA TRIBUTÁRIO **125**

O dado animador é que, com o passar dos anos, aquela Corte vem burilando a exegese em termos mais nítidos, como se pode notar no teor da ementa abaixo:

> Ementa: (...) Repercussão econômica. Não-transferência do ônus ou autorização do contribuinte de fato. Art. 166 do CTN. Prova desnecessidade. (...) 2. A classificação dos tributos em diretos e indiretos obedece ao critério econômico da repercussão. 3. *Não há, entretanto, rigidez nesse critério classificatório. Alguns tributos, a depender da situação de mercado, ora se apresentam como 'indiretos', permitindo a transferência do encargo financeiro, ora se colocam na condição de tributos 'diretos', assumindo o próprio contribuinte de direito o ônus da imposição fiscal.* 4. Daí que o art. 166 do CTN tenha exigido daqueles que se propõem a ajuizar ações de repetição de indébito que façam prova da não repercussão financeira ou que, pelo menos, estejam autorizados a pleitear a restituição por quem tenha suportado o ônus fiscal. (...) (REsp 724.684/RJ, rel. Min. Castro Meira, 2ª T., j. em 03.05.2005) (Grifo nosso)

Entretanto, no plano da exemplificação dos impostos em cotejo com a classificação em comento, constata-se que o STJ sempre se sentiu à vontade para acenar apenas para três casos paradigmáticos de impostos indiretos: o ICMS,[71] o IPI e o ISS.[72] A esse tripé, aliás, a doutrina majoritária tem feito coro,[73] não vendo grandes óbices nessa exemplificação.

Ao mesmo tempo, o *STJ* vem aproveitando para rechaçar tal atributo ao âmbito de algumas exações. Por se tratar de aspecto deveras relevante, entendemos necessária a menção a esse rol, destacando até mesmo os trechos das ementas dos julgados, os quais seguem nas notas correspondentes: IR;[74] II;[75] CIDE-Combustível;[76] e certas contribuições previdenciárias.[77]

---

71. A propósito, entre várias outras, ver a ementa do STJ, atrelando o antigo ICM ao art. 166 do CTN, no REsp 13.889/SP, rel. Min. Américo Luz, 2ª T., j. em 09.11.1994.
72. Sobre a consideração, no STJ, de que o ISS pode vir a ser um *tributo indireto*, ver a ementa no REsp 657.707/RJ, Rel. Min. José Delgado, 1ª T., j. em 28-09-2004. Para uma análise da inaplicabilidade do art. 166 do CTN ao ISS, cf. GRUPENMACHER, Betina Treiger. A inaplicabilidade do disposto no art. 166 do código tributário nacional à repetição de indébito do ISS..., cit., p. 570-579.
73. V. MACHADO SEGUNDO, Hugo de Brito. *Repetição do tributo indireto...*, cit., p. 29; COSTA, Regina Helena. *Curso de direito tributário...*, cit., p. 113-114; e, ainda, PAULSEN, Leandro. *Direito tributário: Constituição e código tributário nacional à luz da doutrina e da jurisprudência.* 12. ed. Porto Alegre: Livraria do Advogado Editora, 2010, p. 1136. Particularmente, para a menção do ICMS e do IPI como *impostos indiretos, v.* COSTA, Regina Helena. *Curso de direito tributário...*, cit., p. 114; e, ainda, MELO, José Eduardo Soares de. *Dicionário de direito tributário...*, cit., p. 467, verbete "tributo indireto".
74. Sobre a consideração, no STJ, de que o IR *não* é um *tributo indireto*, ver as seguintes ementas: REsp 118.488/RS, rel. Min. José Delgado, 1ª T., j. em 04-09-1997; REsp 198.508/SP, rel. Min. João Otávio de Noronha, 2ª T., j. em 08-03-2005; e *ementas complementares* (ver, no mesmo sentido, o AgRg no Ag 138.476/MG, rel. Min. Antônio de Pádua Ribeiro, 2ª T., j. em 19-06-1997 e o REsp 157.847/RS, rel. Min. Demócrito Reinaldo, 1ª T., j. em 10.03.1998).
75. Sobre a consideração, no STJ, de que o II *não* é um *tributo indireto*, ver a ementa no REsp 755.490/PR, rel. Min. Denise Arruda, 1ª T., j. em 04.11.2008.
76. Sobre a consideração, no STJ, de que a CIDE-Combustível *não é* um *tributo indireto*, ver a no AgRg-REsp 1.160.826/PR, rel. Min. Herman Benjamin, 2ª T., j. em 03.08.2010.
77. Sobre a consideração, no STJ, de que a contribuição previdenciária *não* é um *tributo indireto*, ver as seguintes ementas: EREsp 189.052/SP, rel. Min. Paulo Medina, 1ª T., j. em 12.03.2003 e *ementas*

Diante da fragilidade classificatória expendida, Ricardo Lobo Torres,[78] apontando para o caráter exclusivo de tal diferenciação em nosso ordenamento, analisa o fenômeno, de modo incrédulo, e conclui que "a solução brasileira não encontra paralelo de monta no direito comparado".

A dicotomia dos tributos em *diretos* e *indiretos* revela-se – e sempre se revelou – como uma realidade inafastável para a apreciação do Direito Brasileiro, devendo ser apreendida no bojo de uma *repercussão jurídica*, prevista na legislação, e não em fatores econômicos subjacentes à exigibilidade do gravame indireto. De fato, nem se cogite de conclusão diversa, uma vez que o tributo pertence ao mundo do Direito, e não aquele afeto à Economia,[79] e, por isso mesmo, os tributos *diretos* e *indiretos,* classificados como tais, devem ser considerados como elementos integrantes do Direito Tributário brasileiro.[80]

Por isso, estamos seguros em defender que o problema da classificação em estudo, diante dos que o pretendem deslindar, estará longe de ser dirimido, enquanto se preestabelecerem situações que vierem a se pôr, cartesiana e infalivelmente, à moda de um "tudo ou nada".

3.3.4 A capacidade contributiva e a progressividade

O princípio da capacidade contributiva impõe, na esteira da justiça distributiva, que aqueles cidadãos dotados de maior poder aquisitivo devem pagar impostos com alíquotas maiores, de forma que o sacrifício econômico por eles sentido seja proporcionalmente maior do que o suportado pelos contribuintes mais economicamente vulneráveis.

Na lição de Roque Carrazza,[81] "em nosso sistema jurídico, todos os impostos, em princípio, devem ser progressivos. Por quê? Porque é graças à progressividade que eles conseguem atender ao princípio da capacidade contributiva".

---

complementares (ver, no mesmo sentido, o REsp 211.330/RJ, rel. Min. Humberto Gomes de Barros, 1ª T., j. em 22-06-1999; o EREsp 168.469/SP, rel. Min. Ari Pargendler, rel. p/ Ac. Min. José Delgado, 1ª T., j. em 10-11-1999; o AgRg no REsp 215.627/SC, rel. Min. Eliana Calmon, 2ª T., j. em 22-02-2000; o REsp 387.788/BA, rel. Min. Eliana Calmon, 2ª T., j. em 11-06-2002; o REsp 529.733/PE, rel. Min. Teori Zavascki, 1ª T., j. em 23-03-2004; e, por fim, o EREsp 187.481/RS, rel. Min. Luiz Fux, 1ª T., j. em 22-09-2004). Bem a propósito, na esteira do entendimento jurisprudencial em epígrafe, v. MELO, José Eduardo Soares de (*Dicionário de direito tributário* – Material e processual. São Paulo: Saraiva, 2012, p. 466-467, verbete "tributo direto"), que associa, no plano lexicográfico, as contribuições PIS, COFINS e CSLL à condição de "tributos diretos".

78. TORRES, Ricardo Lobo. *Curso de direito financeiro e tributário.* 12. ed. Rio de Janeiro: Renovar, 2005, p. 294.
79. Nesse sentido, v. MOREIRA, André Mendes. *A não cumulatividade dos tributos,* cit., p. 48-49; ver, ainda, COÊLHO, Sacha Calmon Navarro. *Curso de direito tributário brasileiro...,* cit., p. 759.
80. *V.* MOREIRA, André Mendes. Idem, p. 49.
81. CARRAZZA, Roque Antonio. *Curso de direito constitucional tributário,* 24. ed., p. 88.

ISONOMIA E CAPACIDADE CONTRIBUTIVA PERANTE A REGRESSIVIDADE DO SISTEMA TRIBUTÁRIO **127**

A *progressividade* traduz-se em técnica de incidência de *alíquotas variadas*, cujo aumento se dá à medida que se majora a base de cálculo do gravame. O critério da progressividade diz com o aspecto *quantitativo*, desdobrando-se em duas modalidades: a progressividade *fiscal* e a progressividade *extrafiscal*. A primeira alia-se ao brocardo *"quanto mais se ganha, mais se paga"*, caracterizando-se pela finalidade meramente arrecadatória, que permite onerar mais gravosamente a riqueza tributável maior e contempla o grau de "riqueza presumível do contribuinte".[82] A segunda, por sua vez, fia-se à *modulação de condutas*, no bojo do interesse regulatório.

Consoante a previsão explícita na Carta Magna, exsurgem *3 (três) impostos progressivos*: o IR, o IPTU e o ITR. A lista é composta de um imposto municipal e dois impostos federais. Entretanto, não se pode perder de vista que, em fevereiro de *2013*, o *STF* declarou constitucional a progressividade para o *Imposto sobre Transmissão Causa Mortis e Doação (ITCMD)*, deixando evidente, de um lado, a explicitude constitucional da progressividade para o IR, ITR e IPTU, e, de outro, a latente força pretoriana na interpretação do tema, quanto à chancela do ITCMD progressivo.

3.3.5 A capacidade contributiva e a proporcionalidade

A técnica da *proporcionalidade* – obtida pela aplicação de uma alíquota única sobre uma base tributável variável – é um instrumento de justiça fiscal "neutro", por meio do qual se busca realizar o princípio da capacidade contributiva. Vale dizer que a técnica induz que o desembolso de cada qual seja proporcional à grandeza da expressão econômica do fato tributado.

Partindo-se da adoção de uma mesma relação matemática entre o tributo e a matéria tributável, a proporcionalidade – que não vem explícita no texto constitucional, como a *progressividade* – faz com que a alíquota mantenha-se incólume, uniforme e invariável. Desse modo, tal sistemática torna a alíquota uma constante, e a base de cálculo, uma variável. Portanto, quer a base de cálculo sinalize um valor *alfa* ou um valor *beta*, a alíquota sobre estes montantes recairá com idêntica percentagem.

No plano histórico, de há muito, a proporcionalidade transita em abundância como técnica tributária, tendo sido originariamente apresentada a nós por meio dos intitulados "quintos" (20%), "dízimos" (10%) ou "décimas prediais". Ainda na Roma Imperial, sobressaiu o instituto da *vicesima hereditatum* (5%) – um imposto proporcional incidente sobre a herança.[83] Nesse passo, é importante re-

---

82. BECKER, Alfredo Augusto. *Teoria geral do direito tributário*, 2. ed., p. 454-456.
83. V. BALEEIRO, Aliomar. *Uma introdução à ciência das finanças*, 16. ed., p. 216.

EDUARDO SABBAG

gistrar que, embora os impostos proporcionais tenham sido muito utilizados na *Idade Moderna*, ocupando, ainda hoje, posição de destaque nos sistemas fiscais contemporâneos, já não são considerados os mais idôneos a atender o princípio da capacidade contributiva, persistindo sua aplicação em casos pouco ajustáveis à progressividade.[84]

Com efeito, subsistem férteis críticas à técnica da proporcionalidade, como se nota da lição de Geraldo Ataliba,[85] para quem "*os impostos que não sejam progressivos – mas que tenham a pretensão de neutralidade – na verdade, são regressivos, resultando em injustiça e inconstitucionalidade*".

Quanto a essa distorção conhecida por *regressividade*, diz-se que o sistema tributário brasileiro encerra evidente paradoxo: o dilema de conciliar a ação afirmativa do Estado na distribuição equitativa da riqueza social com a impossibilidade de expansão da incidência tributária para além das fronteiras do mínimo vital e do não confisco. Tal paradoxo tem sido, lamentavelmente, solvido pela indesejável opção da tributação regressiva, que onera mais gravosamente as famílias com menor poder aquisitivo, amplificando a concentração de renda e as desigualdades sociais.

Passemos, então, a algumas considerações pontuais sobre este fenômeno anômalo, ou seja, a *regressividade*, em nosso sistema tributário.

3.3.5.1 A proporcionalidade e a regressividade no sistema tributário brasileiro

A *carga fiscal* ou *carga tributária* bruta corresponde à relação entre a totalidade de tributos pagos pela sociedade e o PIB. Quanto ao seu resultado, a carga fiscal será regressiva, quando provocar uma maior concentração de renda na sociedade.

Nesse passo, uma das discussões mais candentes sobre a inflação refere-se à "distribuição da carga tributária", porquanto, se de um lado ela atua como um tributo sobre os encaixes reais, afetando mais gravosamente as classes de menor poder aquisitivo, de outro, corrói a base e a recolha dos tributos, conquanto sejam guarnecidos por algum esquema de indexação. Nessa condição é que exsurge a tão propalada *regressividade do sistema tributário*.

O Brasil possui uma carga tributária elevada e em ascensão, e sua distribuição pela sociedade beneficia quem ganha mais e, de modo perverso, sacrifica quem ganha menos.

---

84. *Ibidem*, p. 202-203.
85. ATALIBA, Geraldo. Progressividade e capacidade contributiva. *Separata da Revista de Direito Tributário*, 1991, p. 49.

Em elucidativo artigo publicado por Gilberto Luiz do Amaral (e outros),[86] pudemos extrair curiosas estatísticas sobre a carga tributária brasileira, que reputamos merecedoras de registro neste trabalho: os autores evidenciam que a carga tributária sobre renda, consumo e patrimônio já consome *153 dias* de trabalho do brasileiro, ou seja, 5 meses e 3 dias. Assim, em *2017, 2018 e 2019*, o brasileiro trabalhou de 1º de janeiro a 2 de junho com o exclusivo propósito de pagar os tributos (impostos, taxas e contribuições) exigidos pelos governos federal, estadual, distrital e municipal. Comparativamente, constatam os autores, enquanto nas décadas de 70 e 80, o cidadão brasileiro trabalhava, respectivamente, 76 e 77 dias ao ano para arcar com o ônus tributário, na década de 90, o número subiu para 102 dias ao ano. Após o ano 2000, por sua vez, os números não pararam de crescer: em 2000, o brasileiro dispôs de 121 dias de seu ano para pagamento de tributos; em 2005, de 140 dias; em 2010, de 148 dias; em 2015, de 151 dias; nos anos de 2017, 2018 e 2019, de 153 dias (5 meses e 2 dias); em 2020, de 151 dias; em 2021 e 2022, de 149 dias. Portanto, hoje se trabalha mais do que o dobro do que se trabalhava na década de 70 para arcar com nossa dívida tributária. Por fim, os autores registram que países como *Dinamarca, Suécia e França* apresentam, curiosamente, números mais expressivos (o cidadão dinamarquês trabalha 176 dias do ano para pagar os tributos; o francês, 171 dias; o sueco, 163 dias), porém aqui ninguém duvida de que, em tais países, é possível desfrutar de uma efetiva contraprestação estatal quanto aos serviços públicos de qualidade que venham a ser prestados.

Seguindo na contramão das experiências internacionais, a estrutura tributária brasileira constitui-se, predominantemente, de *tributos indiretos*, ou seja, daqueles que incidem sobre o consumo, o lucro, o faturamento, tais como o ICMS, o IPI, o ISS, o PIS, a COFINS, a CSLL, entre outros. No plano arrecadatório, estes gravames sobressaem, de modo expressivo, em relação aos chamados "tributos diretos", geralmente incidentes sobre o patrimônio (IPTU, IPVA, ITR, ITBI, IT-CMD, entre outros), com pouco volume arrecadável.

No Brasil, analisando-se a tributação nas últimas duas décadas, pode-se afirmar, sem receio de errar, que as cargas tributárias *direta* e *indireta*, mantiveram-se assim distribuídas: 40% para a primeira e 60% para a segunda.

É induvidoso que os *impostos indiretos*, particularmente, tendem à regressividade, pois os consumidores, ricos ou pobres, realizando transações de bens e serviços, pagam na mesma proporção, em relação ao valor do bem ou serviço adquirido, independentemente de suas capacidades de contribuição.

---

86. *V.* Estudo sobre os dias trabalhados para pagar tributos – 2022 Disponível em: https://impostometro. com.br/Estudos/Interna?idEstudo=10. Acesso em: 18 out. 2022.

Daí se evidenciar, ano a ano, um Estado brasileiro que se torna cada vez mais financiado pelas classes de menor poder aquisitivo, com a população de baixa renda suportando uma elevada tributação indireta, o que contribui para o recrudescimento das desigualdades sociais. Infelizmente, nossa filosofia tributária busca onerar menos a renda e o patrimônio e gravar mais os bens e serviços. Ademais, os tributos indiretos provocam um imediato impacto nos custos e na competitividade das empresas quando veiculam uma tributação cumulativa sobre a produção e a circulação de mercadorias.

Segundo Marcio Pochmann,[87] presidente do IPEA (*Instituto de Pesquisa Econômica Aplicada*), "os pobres no Brasil pagam 44% mais imposto, em proporção à sua renda, que os ricos. Embora os 10% mais pobres não paguem Imposto de Renda, consomem bens com alta carga de impostos indiretos, como os da cesta básica". Para Pochmann, ao apresentar dados que mostram a incidência de tributos mais fortes entre os hipossuficientes, afirma que 1,8% da renda dos mais pobres é gasta com IPTU, enquanto 1,4% da renda dos mais ricos é gasta com o imposto. Para ele, "*o IPTU das mansões é proporcionalmente menor que o da favela*".

De fato, há estudos que apontam curiosa proporção: à medida que a renda aumenta, os gastos familiares com habitação tendem a decrescer, pois as famílias mais abastadas promovem menor esforço financeiro para adquirir o imóvel. Daí se afirmar que a adoção, por exemplo, de uma alíquota única e invariável, incidente sobre a propriedade imobiliária, tende a provocar uma regressividade, onerando-se mais gravosamente as famílias mais pobres.

Por derradeiro, insta mencionar que o *Instituto Brasileiro de Planejamento Tributário* (IBPT)[88] divulgou, em junho de *2019*, um novo e profícuo estudo sobre o confronto entre "carga tributária" e "IDH" (o conhecido "Índice de Desenvolvimento Humano"). A propósito, o IDH – um índice padronizado de avaliação desenvolvido por um economista paquistanês em 1990 – é uma reconhecida medida comparativa de riqueza, alfabetização, educação, entre outros fatores. Ele varia de 0 (zero) a 1 (um): quanto mais próximo dessa última medida, maior será o grau de desenvolvimento aferido. Desafortunadamente, as conclusões demonstraram que o Brasil detém uma elevadíssima carga tributária em comparação com o pífio retorno de bem-estar que essa receita pública oferta à sociedade brasileira

---

87. Ver: http://www.ipea.gov.br/003/00301009.jsp?ttCD_CHAVE=4547. Jornal *Folha de S.Paulo*, sob o título "Pobres pagam 44% mais impostos, aponta estudo", em 16-05-2008.

88. *V.* AMARAL, Gilberto Luiz; OLENIKE, João Eloi; AMARAL, Letícia Mary Fernandes do. *Estudo sobre Carga Tributária/PIB x IDH; Cálculo do IRBES (Índice de Retorno de Bem-Estar à Sociedade); Edição junho de 2019 – Com a Utilização da Carga Tributária de 2017 e IDH do Ano de 2018.* Disponível em: https://drive.google.com/file/d/1Wd_BUjYlsUbk5jWZNA-t1_GMzA4c7epd/view. Acesso em: 26 ago. 2019.

ISONOMIA E CAPACIDADE CONTRIBUTIVA PERANTE A REGRESSIVIDADE DO SISTEMA TRIBUTÁRIO **131**

(o IDH brasileiro, em 2018, foi de *0,759*). Entre os *30 países*[89] com maiores cargas tributárias, o Brasil ocupou a *30ª posição* – e essa lamentável situação de "lanterna" vem se repetindo há vários anos. Em renovação do estudo pelo IBPT, em *2019*, foi possível detectar que o Brasil, pelo 8º ano consecutivo, continua como o país com pior retorno de bem-estar à população nas esferas federal, estadual e municipal, quando comparado aos mencionados 30 países, em relação às áreas de saúde, educação e segurança. Nessa última pesquisa, teve destaque a *Irlanda*, ocupante da elogiável 1ª posição, um país que, mesmo tendo uma carga tributária não tão elevada, de (22,80%), consegue oferecer à população serviços públicos de qualidade (o IDH irlandês, em 2018, foi de *0,938*). Quanto ao *IDH*, aliás, pudemos notar que a *Suíça* e a *Austrália* apresentaram os melhores índices na disputa (0,944 e 0,939, respectivamente).

Tais estatísticas, reveladoramente tristes, apenas atestam que há um longo caminho a percorrer no sentido de alcançarmos, um dia, a meta da tributação justa, aliada a um racional sistema tributário.

Para além disso, o ambiente de *regressividade* que há tempos caracteriza o sistema tributário doméstico, incentiva a cobrança dos irrepetíveis tributos indiretos,[90] além de enaltecer os "interesses eventuais da Administração", em detrimento

---

89. Na pesquisa de *2019*, a qual levou em conta a carga tributária de 2017 e o IDH de 2018, os primeiros *cinco* lugares foram assim preenchidos: *Irlanda* (1º lugar: Carga Tributária/2017 de *22,80%* para um IDH/2018 de *0,938*); *Austrália* (2º lugar: Carga Tributária/2017 de *27,80%* para um IDH/2018 de *0,939*); *Suíça* (3º lugar: Carga Tributária/2017 de *28,50%* para um IDH/2018 de *0,944*); *Estados Unidos* (4º lugar: Carga Tributária/2017 de *27,10%* para um IDH/2018 de *0,924*); e *Coreia do Sul* (5º lugar: Carga Tributária/2017 de *26,90%* para um IDH/2018 de *0,903*). À guisa de curiosidade, vale a pena observarmos os resultados afetos à Argentina e ao Uruguai, ambos mais bem posicionados do que o nosso país: *Uruguai* (*18º lugar*: Carga Tributária/2017 de *29,30%* para um IDH/2018 de *0,804*); *Argentina* (*19º lugar*: Carga Tributária/2017 de *31,30%* para um IDH/2018 de *0,825*); e, lamentavelmente, na lanterna, *Brasil* (*30º lugar*: Carga Tributária/2017 de *34,25%* para um IDH/2018 de *0,759*). Frise se que, nos últimos anos, o estudo vem sendo renovado, e as novas pesquisas apontam uma alteração de posicionamento dos países

90. A nosso sentir, seguindo na contramão das experiências internacionais, a estrutura tributária brasileira constitui-se, predominantemente, de *tributos indiretos*, ou seja, daqueles que incidem sobre o consumo, tais como o ICMS, o IPI, o ISS, entre outros que ao rol poderiam se somar. No plano arrecadatório, esses gravames sobressaem, de modo expressivo, em relação aos chamados "tributos diretos", geralmente incidentes sobre o patrimônio (IPTU, IPVA, ITR, ITBI, ITCMD, entre outros), com pouco volume arrecadável. No Brasil, analisando-se a tributação nas últimas duas décadas, pode-se afirmar, sem receio de errar, que as cargas tributárias *direta* e *indireta*, mantiveram-se assim distribuídas: 40% para a primeira e 60% para a segunda (*v.* ALMANAQUE ABRIL 2012. Política fiscal (Economia – Referências). São Paulo: Abril S.A., ano 38, 730p., 2012, p. 100). É induvidoso que os *impostos indiretos*, particularmente, tendem à *regressividade*, pois os consumidores, ricos ou pobres, realizando transações de bens e serviços, pagam na mesma proporção, em relação ao valor do bem ou serviço adquirido, independentemente de suas capacidades de contribuição.

132 EDUARDO SABBAG

dos imprescindíveis *interesses permanentes e gerais da Administração*, vale dizer, em prejuízo da plena realização do direito e da justiça fiscal.[91-92]

3.3.6 A capacidade contributiva e a seletividade

A seletividade é forma de concretização do postulado da capacidade contributiva em certos tributos indiretos. Nestes, o postulado da capacidade contributiva será aferível mediante a aplicação da técnica da *seletividade*, uma evidente forma de extrafiscalidade na tributação.

Mais do que isso, apresenta-se a seletividade como uma inafastável expressão de *praticabilidade na tributação*, inibitória da *regressividade*, na medida em que se traduz em meio tendente a tornar simples a execução do comando constitucional, apresentável por meio da fluida expressão "sempre que possível", constante do art. 145, § 1º, CF. A seletividade mostra-se, assim, como o "praticável" elemento substitutivo da recomendada pessoalidade, prevista no citado dispositivo, no âmbito do ICMS e do IPI, como a solução constitucional de adaptação de tais gravames à realidade fático-social.

Como mais um meio de exteriorização do postulado da capacidade contributiva, a seletividade, prestigiando a *utilidade social* do bem e informando, basicamente, *dois impostos* – o *ICMS (art. 155, § 2º, III, CF)* e o *IPI (art. 153, § 3º, I, CF)* –, mostra-se como técnica de incidência de alíquotas que variam na razão direta da *superfluidade* do bem (*maior* alíquota – bem *mais* desimportante) ou, em outras palavras, na *razão inversa* da essencialidade (ou imprescindibilidade) do bem (*maior* alíquota – bem *menos* essencial). Portanto, *ICMS e IPI* detêm seletividade.

Na lição de Aliomar Baleeiro,[93] "a palavra (essencialidade) (...) refere-se à adequação do produto à vida do maior número dos habitantes do País. As mercadorias essenciais à existência civilizada deles devem ser tratadas mais suavemente ao passo que as maiores alíquotas devem ser reservadas aos produtos de consumo restrito, isto é, o supérfluo das classes de maior poder aquisitivo. Geralmente são os artigos mais raros e, por isso, mais caros (...)".

Quanto à temática da superfluidade, frise-se que o Poder Judiciário poderá ser chamado a declarar se esta ou aquela mercadoria é ou não supérflua, não se reservando tal tarefa, com exclusivismo, ao legislador.[94]

---

91. *V.* MELLO, Gustavo Miguez de. In: MARTINS, Ives Gandra da Silva (Coord.). *Comentários ao código tributário nacional*. São Paulo: Saraiva, 1998, v. 2 (arts. 96 a 218), p. 359-378 (p. 366-367).

92. Para uma análise do confronto entre os *interesses permanentes e gerais* e os "interesses eventuais da Administração", ver o voto de relatoria do Ministro Xavier de Albuquerque, proferido no RE 73.289 (2ª T., j. em 06.10.1972).

93. BALEEIRO, Aliomar. *Direito tributário brasileiro*, 11. ed., p. 348.

94. *V.* COÊLHO, Sacha Calmon Navarro. *Comentários à Constituição de 1988*: sistema tributário, 7. ed., p. 239.

Em termos práticos, haverá desoneração de tais impostos nos bens considerados essenciais, como alimentos, vestuário etc. De modo oposto, onerar-se-ão mais gravosamente os produtos considerados supérfluos, de luxo ou suntuários, como os perfumes, as bebidas, os cigarros, entre outros bens. Em resumo: gravam-se menos os produtos indispensáveis; oneram-se mais os "produtos de consumo restrito, isto é, o supérfluo das classes de maior poder aquisitivo".[95]

Por essa razão, Ricardo Lobo Torres[96] adverte, com a precisão que lhe é peculiar, que "a desigualdade consistirá em agravar a tributação dos bens úteis ou necessários ou abandonar a diferenciação de alíquotas".

Insta mencionar que, nesses impostos seletivos (ICMS e IPI), a capacidade contributiva será concretizável não apenas do ponto de vista pessoal-individual mas também do ponto de vista objetivo-genérico. Desse modo, a exteriorização da técnica não ocorrerá por meio da fórmula *"fulano é igual ou desigual a beltrano"*, mas, na trilha do consumo objetivo, por intermédio da fórmula *"fulano é igual ou desigual a beltrano, em face do consumo de dado bem".*[97]

É bom que se diga que tais impostos seletivos rechaçam a técnica da "progressividade", sob pena de, entendendo-se de modo diverso, esvaziarem assim os comandos constitucionais que a eles associam a própria técnica da *seletividade*, antes de veicularem uma iníqua graduação de alíquotas, que se estabeleceria, caso se lhes avocasse a progressividade, em total menoscabo da essencialidade do bem tributado.[98]

CONCLUSÃO

O *princípio da isonomia* ou *igualdade tributária* veda o tratamento tributário desigual a contribuintes que se encontrem em situação de equivalência ou equipolência. Enquanto o art. 5º, *caput*, da CF, expõe a temática da igualdade de modo genérico, o art. 150, II, da CF, explora-a de modo específico, fazendo-a convergir para a seara da tributação.

O *princípio da capacidade contributiva*, embora vinculado ao postulado da isonomia, em mútua implicação, com este não se confunde. A capacidade contributiva evidencia uma das dimensões da isonomia, a saber, a *igualdade na lei*, quando se busca tratar de forma distinta situações diversas, conforme se estudou em ponto anterior.

---

95. BALEEIRO, Aliomar. *Direito tributário brasileiro*, 11. ed., p. 347-348.
96. TORRES, Ricardo Lobo. *Tratado de direito constitucional financeiro e tributário: os direitos humanos e a tributação. Imunidades e isonomia*, v. III, p. 336.
97. V. TIPKE, Klaus; YAMASHITA, Douglas. *Justiça fiscal e princípio da capacidade contributiva*. São Paulo: Malheiros, 2002, p. 105.
98. V. MACHADO SEGUNDO, Hugo de Brito. A tributação da energia elétrica e a seletividade do ICMS. *Revista Dialética de Direito Tributário*, São Paulo, n. 62, nov. 2000, p. 70.

A isenção do mínimo vital é indissociável do princípio da capacidade contributiva. Se o "mínimo vital" se traduz na quantidade de riqueza mínima, suficiente para a manutenção do indivíduo e de sua família, sendo intangível pela tributação por via de impostos, é de todo natural que a capacidade contributiva só possa se reputar existente quando se aferir alguma riqueza acima do mínimo vital.

O *princípio da capacidade contributiva* é considerado uma forma de se instrumentalizar o *princípio da isonomia tributária*, do qual se mostra como natural *decorrência* ou *corolário*, para uns, ou *subprincípio*, para outros.

Para além de sua exclusiva associação textual à figura do *imposto*, do que decorre o rótulo a ele empregado de "princípio da personalização dos impostos", desponta no comando constitucional a expressão "sempre que possível", a qual nos leva a refletir sobre as *possibilidades técnicas de cada imposto*. Daí falarmos em *meios de exteriorização* ou *possibilidades de concretização* da capacidade contributiva – a *progressividade*, a *proporcionalidade* e a *seletividade* – e, mais: *na* disfunção conhecida por *regressividade* e na classificação de impostos em *diretos e indiretos*.

Tal classificação deve ser compreendida no bojo da *repercussão jurídica*, prevista na legislação, e não em fatores econômicos subjacentes à exigibilidade do gravame indireto, uma vez que o tributo pertence ao mundo do Direito, e não aquele afeto à Economia. É induvidoso que os *impostos indiretos*, particularmente, tendem à *regressividade*, pois os consumidores, ricos ou pobres, realizando transações de bens e serviços, pagam na mesma proporção, em relação ao valor do bem ou serviço adquirido, independentemente de suas capacidades de contribuição. Daí se evidenciar, ano a ano, um Estado brasileiro que se torna cada vez mais financiado pelas classes de menor poder aquisitivo, com a população de baixa renda suportando uma elevada tributação indireta, o que contribui para o recrudescimento das desigualdades sociais. Infelizmente, nossa filosofia tributária busca onerar menos a renda e o patrimônio e gravar mais os bens e serviços. Ademais, os tributos indiretos provocam um imediato impacto nos custos e na competitividade das empresas quando veiculam uma tributação cumulativa sobre a produção e a circulação de mercadorias.

Para além disso, o ambiente de *regressividade* que há tempos caracteriza o sistema tributário doméstico, incentiva a cobrança dos irrepetíveis tributos indiretos, além de enaltecer os "interesses eventuais da Administração", em detrimento dos imprescindíveis *interesses permanentes e gerais da Administração*, vale dizer, em prejuízo da plena realização do direito e da justiça fiscal.

O sofrível cenário de regressividade que encampa o nosso sistema tributário apenas atesta que há um longo caminho a percorrer no sentido de alcançarmos, um dia, a racional meta da tributação justa.

REFERÊNCIAS

ALMANAQUE ABRIL 2012. Política fiscal (Economia – Referências). São Paulo: Abril S.A., ano 38, 730p., 2012.

AMARAL, Gilberto Luiz; OLENIKE, João Eloi; AMARAL, Letícia Mary Fernandes do. *Estudo sobre Carga Tributária/PIB x IDH; Cálculo do IRBES (Índice de Retorno de Bem-Estar à Sociedade); Edição junho de 2019 – Com a Utilização da Carga Tributária de 2017 e IDH do Ano de 2018.* Disponível em: https://drive.google.com/file/d/1Wd_BUjYlsUbk5jWZNA-t1_GMzA4c7epd/view. Acesso em: 26 ago. 2019.

ANDRADE, Rodrigo Fonseca Alves de. O princípio base da capacidade contributiva e a sua aplicação diante de uma pluralidade de tributos. *Revista de Informação Legislativa*, Brasília, ano 38, n. 149, jan./mar. 2001.

ATALIBA, Geraldo. *Hipótese de incidência tributária.* 6. ed., 12. tir., São Paulo: Malheiros, 2011.

ATALIBA, Geraldo. Progressividade e capacidade contributiva. *Separata da Revista de Direito Tributário*, 1991.

BALEEIRO, Aliomar. *Direito tributário brasileiro.* Atual. por Misabel Abreu Machado Derzi. 11. ed., 23. tir., Rio de Janeiro: Forense, 2010.

BALEEIRO, Aliomar. *Limitações constitucionais ao poder de tributar.* 7. ed., 2. tir., rev. e atual. por DERZI, Misabel Abreu Machado, Rio de Janeiro: Forense, 1998.

BALEEIRO, Aliomar. *Uma introdução à ciência das finanças.* 14. ed., 7. tir., atual. por Flávio Bauer Novelli, Rio de Janeiro: Forense, 1992.

BARBOSA, Ruy. *Oração aos moços.* São Paulo: [s.e.] Arcádia, 1944.

BECHO, Renato Lopes. *Lições de direito tributário.* Teoria geral e constitucional. São Paulo: Saraiva, 2011.

BECKER, Alfredo Augusto. *Teoria geral do direito tributário.* 3. ed., 2. tir., São Paulo: Lejus, 2002.

BORGES, José Souto Maior. Princípio da isonomia e sua significação na Constituição de 1988. *Revista de Direito Público,* São Paulo, n. 93, ano 23, jan./mar. 1990.

BORGES, José Souto Maior. *Isenções tributárias.* 2. ed. São Paulo: Sugestões Literárias, 1980.

BOTALLO, Eduardo Domingos. *Curso de processo administrativo tributário.* 2. ed. rev. e ampl. Malheiros: São Paulo, 2009.

CAMPOS, Francisco. *Direito constitucional.* Rio de Janeiro: Freitas Bastos, 1956.

CANOTILHO, José Joaquim Gomes. *Direito constitucional e teoria da Constituição.* 3. ed. Coimbra: Almedina, 1999.

CANOTILHO, José Joaquim Gomes. *Constituição dirigente e vinculação do legislador.* Coimbra: Coimbra, 1994.

CARRAZZA, Roque Antonio. *Curso de direito constitucional tributário.* 27. ed. rev., ampl. e atual. São Paulo: Malheiros, 2011.

CARRAZZA, Roque Antonio. *ICMS.* 15. ed. rev. e ampl. São Paulo: Malheiros, 2011.

CARVALHO, Paulo de Barros. O princípio da anterioridade em matéria tributária. *Revista de Direito Tributário.* São Paulo: Malheiros, n. 63, [s.d.].

COÊLHO, Sacha Calmon Navarro. *Curso de direito tributário brasileiro:* comentários à constituição federal e ao código tributário nacional. 6. ed. Rio de Janeiro: Forense, 2001.

COÊLHO, Sacha Calmon Navarro. *Comentários à constituição de 1988*. Sistema tributário. 7. ed., Rio de Janeiro: Forense, 1998.

CONTI, José Maurício. *Princípios da capacidade contributiva e da progressividade*. São Paulo: Dialética, 1996.

COSTA, Regina Helena. *Curso de direito tributário*: Constituição e código tributário nacional. São Paulo: Saraiva, 2009.

COSTA, Regina Helena. *Princípio da capacidade contributiva*. 3. ed. São Paulo: Malheiros, 2003.

D'ALBERGO, E. Economia della finanza publica. Bologna: Università di Bologna, v. I, 1952.

DENARI, Zelmo. Repetição dos tributos indiretos. In: MARTINS, Ives Gandra da Silva (Coord.). *Repetição do indébito* – Cadernos de Pesquisas Tributárias, v. 8, São Paulo: Resenha Tributária; CEU, 1983.

DÓRIA, Antonio Roberto Sampaio. *Direito constitucional tributário* e "*due process of law*". 2. ed. Rio de Janeiro: Forense, 1986.

Estudo sobre os dias trabalhados para pagar tributos – 2022 Disponível em: https://impostometro. com.br/Estudos/Interna?idEstudo=10. Acesso em: 18 out. 2022.

FABRETTI, Láudio Camargo. *Código tributário nacional comentado*. 6. ed. rev. e atual com a LC n. 118/2005. São Paulo: Atlas, 2005.

FALCÃO, Amílcar de Araújo. *Introdução ao direito tributário*. 3. ed. rev. e atual. Flávio Bauer Novelli, Rio de Janeiro: Forense, 1987.

GRECO, Marco Aurélio. Repetição do indébito tributário. In: MARTINS, Ives Gandra da Silva (Coord.). *Repetição do indébito*. São Paulo: Resenha Tributária, 1983.

GRUPENMACHER, Betina Treiger. A inaplicabilidade do disposto no art. 166 do código tributário nacional à repetição de indébito do ISS. In: SCHOUERI, Luís Eduardo (Org.). *Direito tributário*. São Paulo, Quartier Latin, 2003. v. 1.

HUGON, Paul. *O imposto*. 2. ed. Rio de Janeiro: Financeiras, 1951.

JARACH, Dino. *O fato imponível*: teoria geral do direito tributário substantivo. Trad. Dejalma de Campos. São Paulo: Ed. RT, 1989.

KRUGMAN, Paul; WELLS, Robin. *Introdução à economia*. Rio de Janeiro: Elsevier, 2007.

MACHADO SEGUNDO, Hugo de Brito. *Repetição do tributo indireto*: Incoerências e contradições. São Paulo: Malheiros, 2011.

MACHADO SEGUNDO, Hugo de Brito. A tributação da energia elétrica e a seletividade do ICMS. *Revista Dialética de Direito Tributário*, São Paulo, n. 62, nov. 2000.

MACHADO, Eduardo Muniz. A repercussão jurídica do tributo e a sua influência na restituição do indébito. In: CAMPOS, Dejalma (Coord.). *Revista Tributária e de Finanças Públicas* n. 57, ano 12, jul./ago. 2004.

MACHADO, Hugo de Brito. *Curso de direito tributário*. 29. ed. São Paulo: Malheiros, 2008.

MACHADO, Hugo de Brito. *Comentários ao código tributário nacional* – Artigos 139 a 218, São Paulo: Atlas, 2005. v. III.

MACHADO, Hugo de Brito. *Os princípios jurídicos da tributação na Constituição de 1988*, 5. ed. São Paulo: Dialética, 2004.

MACHADO, Hugo de Brito. Imposto indireto, repetição do indébito e imunidade subjetiva. *Revista Dialética de Direito Tributário*, São Paulo, v. 2, nov. 1995.

MACHADO, Hugo de Brito. Repetição do indébito tributário. In: MARTINS, Ives Gandra da Silva (Coord.). *Repetição do indébito*. São Paulo: Resenha Tributária, 1983.

MADEIRA, Anderson S. *Direito tributário*. Rio de Janeiro: Rio IOB Thomson, 2006.

MARTINEZ, Pedro Mário Soares. *Direito Fiscal*. 10. ed. Coimbra: Almedina. 2000.

MARTINS, Ives Gandra da Silva. *Teoria da imposição tributária. In: MARTINS, Ives Gandra da Silva (Coord.). Curso de Direito Tributário. 7. ed. São Paulo: Saraiva, 2000.*

MELLO, Gustavo Miguez de. In: MARTINS, Ives Gandra da Silva (Coord.). *Comentários ao Código Tributário Nacional*. São Paulo: Saraiva, 1998. v. 2 (arts. 96 a 218).

MELO, José Eduardo Soares de. *Dicionário de direito tributário* – Material e processual. São Paulo: Saraiva, 2012.

MELO, José Eduardo Soares de. *IPI* – Teoria e prática. São Paulo: Malheiros, 2009.

MELO, José Eduardo Soares de. *Curso de direito tributário*. 6. ed. rev. e atual. São Paulo: Dialética, 2005.

MORAES, Bernardo Ribeiro de. *Compêndio de direito tributário*. 3. ed. Rio de Janeiro: Forense, 1995.

MOREIRA, André Mendes. *A não cumulatividade dos tributos*. São Paulo: Noeses, 2010.

NABAIS, José Casalta. *O dever fundamental de pagar impostos*. Coimbra: Almedina, 1998.

NEVIANI, Tarcísio. *A restituição dos tributos indevidos, seus problemas, suas incertezas*. São Paulo: Resenha Tributária, 1983.

NOBRE JÚNIOR, Edílson Pereira. *Princípio constitucional da capacidade contributiva*. Porto Alegre: Sérgio Antônio Fabris, 2001.

OLIVEIRA, Ricardo Mariz de. Repetição do indébito, compensação e ação declaratória. In: MACHADO, Hugo de Brito (Coord.). *Repetição do indébito e compensação no direito tributário*. São Paulo: Dialética; Fortaleza: ICET, 1999.

PANTALEONI, Maffeo. *Teoria della traslazione dei tributi*. Milano: Giuffrè, 1958.

PAULSEN, Leandro. *Direito tributário*: Constituição e código tributário nacional à luz da doutrina e da jurisprudência. 12. ed. Porto Alegre: Livraria do Advogado Editora, 2010.

Pobres pagam 44% mais impostos, aponta estudo. Jornal *Folha de S.Paulo*. Disponível em: http://www.ipea.gov.br/003/00301009.jsp?ttCD_CHAVE=4547. Acesso em: 16 maio 2008.

QUEIROZ, Luís Cesar Souza de. *Sujeição passiva tributária*. 2 ed. Rio de Janeiro: Forense, 2002.

RAWLS, John. *Uma teoria da justiça*. Trad. Almiro Pisetta e Lenita Esteves. São Paulo: Martins Fontes, 1997.

SAINZ DE BUJANDA, Fernando. *Hacienda y derecho*. Madri: Instituto de Estudios Políticos, 1963, v. 34.

SANTIAGO, Igor Mauler. In: PEIXOTO, Marcelo Magalhães; LACOMBE, Rodrigo Santos Masset (Coord.). *Comentários ao código tributário nacional*. São Paulo: MP Editora, 2005.

SOUSA, Rubens Gomes de. *Compêndio de legislação tributária*. Edição Póstuma. São Paulo: Resenha tributária, 1975.

TAVARES, Alexandre Macedo. A desregrada aplicação do art. 166 do Código Tributário Nacional como "matéria-prima" da reprovável "indústria da inconstitucionalidade útil". *Revista Dialética de Direito Tributário*, v. 136, São Paulo.

TIPKE, Klaus; LANG, Joachim. *Direito tributário* ("Steuerrecht"). Porto Alegre: Sergio Antonio Fabris Ed., 2008, v. 1.

TIPKE, Klaus ; YAMASHITA, Douglas. *Justiça fiscal e princípio da capacidade contributiva*. São Paulo: Malheiros, 2002.

TORRES, Ricardo Lobo. *Curso de direito financeiro e tributário*. 12. ed. Rio de Janeiro: Renovar, 2005.

TORRES, Ricardo Lobo. *Normas de interpretação e integração do direito tributário*. 3. ed. rev. e atual. Rio de Janeiro: Renovar, 2000.

TORRES, Ricardo Lobo. *Tratado de direito constitucional, financeiro e tributário* – Os direitos humanos e a tributação: Imunidades e isonomia. Rio de Janeiro: Renovar, 1999. v. III.

UCKMAR, Victor. *Princípios comuns de direito constitucional tributário*. Trad. Marco Aurélio Greco. São Paulo: Ed. RT, 1976.

VGBL – UM CASO DE DIFERENCIAÇÃO INJUSTIFICADA DE TRIBUTAÇÃO

Fabio Junqueira de Carvalho

Maria Inês Murgel

Sumário: Introdução – 1. O incentivo à previdência complementar através da tributação – 2. Planos VGBL – regra especial de tributação dos rendimentos – 3. Ausência de fundamentos para tributação favorecida aos planos VGBL – Conclusão.

INTRODUÇÃO

No Brasil, o regime geral da previdência social – RGPS, há muito, enfrenta sérias dificuldades, em face do envelhecimento da população e da redução das taxas de natalidade, sendo sabido que o sistema previdenciário brasileiro não garante um benefício de aposentadoria suficiente para manter o mesmo padrão de vida do indivíduo após o término de sua vida laboral.

De acordo com levantamento realizado em 2019 pelo Tribunal de Contas da União na previdência social, na última década as desonerações previdenciárias tiveram um crescimento real de 117,2%, enquanto a receita previdenciária cresceu apenas 24,6%. No mesmo período, as desonerações previdenciárias passaram de 0,5% para 0,9% do Produto Interno Bruto brasileiro.

O RGPS adota a modalidade de financiamento denominada repartição simples, em que as contribuições previdenciárias dos trabalhadores são destinadas ao pagamento dos benefícios daqueles que já se aposentaram, e não à formação de reserva para arcar com a sua própria aposentadoria, como ocorre com o regime de capitalização. No regime de repartição simples, a equação ideal é que haja um maior número de pessoas contribuintes e um menor número de pessoas em gozo de benefícios, de forma que o encargo não seja pesado demais. Entretanto, a inversão dessa *ratio* vem sendo observada há alguns anos, em face da redução dos índices de natalidade, e a consequente redução do número de novos contribuintes, e em decorrência do aumento da expectativa de vida daqueles que já se aposentaram.

A União Europeia aprovou, em 2013, um estudo de 2012 denominado *Livro branco: uma agenda para pensões adequadas, seguras e sustentáveis.*[1] O

---

1. COMISSÃO EUROPEIA. *Livro branco* – uma agenda para pensões adequadas, seguras e sustentáveis. Bruxelas: Comissão Europeia, 2012.

estudo resume a gravidade da situação demográfica nos regimes financeiros de repartição simples, adotados pelos regimes de previdência pública. Indica que a longevidade é uma adversidade que deverá ser enfrentada por todos os países, e que possivelmente retardará o momento da aposentadoria, e irá requerer um acréscimo do nível de poupança. Apenas a utilização desta fórmula permitirá a adequação nos valores das aposentadorias. De acordo com o estudo, em 2060 a expectativa de vida dos homens à nascença será 7,9 anos superior à de 2010, ao passo que a das mulheres será de 6,5 anos.

Não bastasse a vida mais longeva das pessoas, que culmina num prazo significativamente maior de recebimento das aposentadorias; é de se considerar que uma parcela maior da população irá envelhecer, deixará de contribuir e obterá a aposentadoria. Em contrapartida, em razão do decréscimo das taxas de natalidade, um número menor de pessoas entrará no sistema e contribuirá para o financiamento das aposentadorias.

A pandemia da Covid-19 agravou esse quadro no Brasil e no mundo, pois no atual momento pós-pandemia observa-se uma mudança profunda na relação das pessoas com o trabalho, através da tendência de valorização da autonomia e de uma crescente dissociação de emprego (como vínculo formal) e trabalho (enquanto atividade). O trabalho remoto se mostrou produtivo para grande parte das relações de emprego, fazendo com que várias empresas modificassem a sua relação com colaboradores, que migraram do vínculo empregatício para o vínculo de trabalho. Houve, portanto, um significativo aumento do trabalho autônomo e do número de trabalhadores como pessoas jurídicas.

Essa revolução vem exigindo que se repense a proteção social, descolando-a do emprego e do salário. O financiamento da previdência social, baseado em contribuições sobre folha, num contexto em que os salários deixam de ser a forma de renda dos trabalhadores, é fortemente impactado. Por conseguinte, é urgente a adoção de medidas práticas para adaptar os regimes de pensões à evolução das circunstâncias sociais, econômicas e demográficas, ante a limitação de recursos públicos que possam suprir a proteção previdenciária para a massa de trabalhadores autônomos que vem sendo formada.

O cenário pós-pandemia agrava a insuficiência dos regimes públicos de previdência para atender as necessidades futuras de uma população crescentemente autônoma, e transparece a imprescindibilidade de o Estado adotar medidas que incentivem a formação, pelos cidadãos, de uma previdência complementar. Por essa razão, é fundamental resgatar e fortalecer a adoção de políticas de previdência em consonância com a Constituição em vigor, buscando extrair, de seu texto, o papel que deve ser conferido à previdência complementar como um veículo importantíssimo na elaboração de políticas públicas. Ambientes que sinalizam incertezas dessa natureza reclamam do Estado medidas de incentivo e proteção.

Ao inserir os regimes de previdência privada no capítulo da seguridade social, o legislador constitucional ressaltou a relevância da previdência complementar, indicando que deve ser ela apoiada e fomentada quando da intervenção do Estado nesse setor econômico. De fato, os regimes públicos, sozinhos, não serão capazes de socorrer as necessidades de aposentadoria da população, sendo essencial a conjugação de forças entre os regimes de previdência públicos e os regimes de previdência privados.

Os regimes de previdência são classificados pelo Banco Mundial[2] e pela OCDE[3] em pilares. A classificação decorre de estudos realizados pelos organismos internacionais que sugerem que a segurança financeira para os idosos e o crescimento econômico do país podem ser mais facilmente alcançados quando os Estados desenvolvem políticas de previdência. Trazendo a classificação internacional para a realidade brasileira,[4] podemos assim identificá-los:

a) Primeiro Pilar: regime público, obrigatório, e com financiamento de repartição simples, com base em um tributo sobre a folha de pagamento. Regime Público de Previdência.

b) Segundo Pilar: gestão privada, com recursos decorrentes de contrato de trabalho ou associativo. Regime financeiro de capitalização. Normalmente geridos por Entidades Fechadas de Previdência Complementar sem finalidade lucrativa.

c) Terceiro Pilar: planos de pensão pessoal na forma de poupança, regime de capitalização, vinculado a instituições financeiras e seguradoras, e executado com intuito lucrativo.

De fato, o sistema publicamente gerenciado com participação obrigatória e com o objetivo limitado de reduzir a pobreza entre os idosos; aliado a um sistema de poupança ligada ao contrato de trabalho e gerenciado de forma privada (entidades fechadas de previdência complementar); bem como à poupança voluntária, garantem a redistribuição e a poupança, e minimizam os muitos riscos da velhice.

---

2. Banco Mundial (1994), em estudo denominado *Averting the Old-Age Crisis: Policies to Protect the Old and Promote Growth* [Evitando a crise da velhice: Políticas para proteger os idosos e promover o crescimento].

3. OCDE – Organização para Cooperação e Desenvolvimento Econômico. *Private Pensions*: OECD Classification and Glossary. 2005. Disponível em: https://www.oecd.org/daf/fin/private-pensions/38356329. pdf. Acesso em: 11 fev. 2019.

4. O modelo é mais complexo do que o apresentado no presente trabalho. Vale mencionar que a classificação do Banco Mundial sofreu uma revisão em 2005, e passou incluir dois pilares adicionais: o pilar 0, que é a adoção de uma política assistencial de combate à pobreza, e o pilar 4, referente a programas financeiros específicos, tais como programas de auxílio moradia. Atualmente o Banco Mundial e a OCDE começam a pensar em sistema de "pagodes" no lugar de pilares, visando viabilizar sistemas mais fluidos e flexíveis, que possam ser alterados durante o período laboral de um trabalhador.

É inegável que a previdência complementar constitui uma alternativa importante para aliviar a pressão do Estado em seu papel assistencial. Desloca-se para a iniciativa privada e para o próprio cidadão a responsabilidade por complementar a renda na aposentadoria e o encargo pela formação das reservas que o salvaguardarão no futuro, minimizando a dependência do auxílio do Estado. Além disso, fomenta a poupança de longo prazo e, com ela, a possibilidade de investimentos estruturais no país.

E é exatamente por isso que o Estado deve intervir, via tributação, no setor de previdência complementar, diferenciando os planos administrados pelas diferentes espécies de entidades de previdência. E a intervenção estatal, para atingir o seu propósito social, deve observar as distinções existentes entre as espécies de planos de previdência complementar existentes, beneficiando aquela que, efetivamente, representar um ganho para o cidadão e para o Estado.

1. O INCENTIVO À PREVIDÊNCIA COMPLEMENTAR ATRAVÉS DA TRIBUTAÇÃO

Uma das formas de o Estado intervir no domínio econômico é através da criação de tributos. O tributo, como instrumento de intervenção no domínio econômico, não terá como objetivo a arrecadação de recursos para o custeio das despesas públicas, mas sim o estímulo ou freio de condutas, encorajando ou retraindo comportamentos e demandas.

A utilização de tributos para inibir ou incentivar comportamentos, hábitos ou atividades é denominada extrafiscalidade. A extrafiscalidade é o manejo dos tributos através da majoração ou diminuição de sua carga visando a obtenção de resultados que transcendem a necessidade estatal de recolher tributos e a satisfação das políticas econômicas e sociais urgentes do Estado.

O objetivo maior da tributação extrafiscal é promover algum direito fundamental, seja de ordem econômica ou social, e não a pura e simples arrecadação. Porém, não obstante um tributo possa ter natureza extrafiscal, não significa que tenha perdido sua função arrecadatória. As duas nuances podem conviver harmonicamente na mesma figura impositiva. O que ocorre é que um objetivo predomina sobre o outro.

A extrafiscalidade é, portanto, uma alternativa do Estado para promover a intervenção através de incentivo, seja majorando ou minorando um tributo, com a intenção de estimular ou inibir alguma conduta do contribuinte, de forma a resguardar algum preceito constitucional.

As normas tributárias que possuem o fim específico de influenciar condutas, são denominadas normas diretivas, que dizem respeito à persecução indireta e motivada de finalidades administrativas concretas. Por afetarem a prática econômica, tais normas devem ser compatibilizadas com os direitos fundamentais, tais como liberdade e propriedade. Justamente porque possuem eficácia formativa, exteriorizada por recomendações comportamentais, é que a intensidade de seus comandos merece atenção, de forma a preservar a proporcionalidade.

A extrafiscalidade visando incentivar formação de poupança previdenciária pode ser verificada na legislação tributária vigente. Mencione-se, como exemplo, o artigo 4º. da Lei no. 9.250/1995, que autoriza a dedução, no cálculo do Imposto de Renda das Pessoas Físicas, das contribuições vertidas para as entidades de previdência complementar, limitada a doze por cento do total dos rendimentos tributáveis na Declaração de Ajuste Anual. Trata-se de atraente estímulo para que o contribuinte opte por não gastar parte do seu rendimento tributável agora, reservando-o para o futuro.

As pessoas jurídicas também são encorajadas a auxiliar seus empregados nesse propósito. O legislador tributário admite que sejam consideradas despesas operacionais, dedutíveis do lucro real para fins de apuração do Imposto de Renda das Pessoas Jurídicas e da CSLL, as contribuições não compulsórias destinadas a custear planos de benefícios complementares assemelhados aos da previdência social, instituídos em favor dos empregados e dirigentes da pessoa jurídica, conforme preceitua o artigo 13, inciso V, da Lei 9.249, de 1995. Para determinação do lucro real, a referida dedução, cujo ônus seja da pessoa jurídica, não poderá exceder, em cada período de apuração, a vinte por cento do total dos salários dos empregados e da remuneração dos dirigentes da empresa, vinculados ao referido plano (Lei 9.532, de 1997, art. 11, § 2º).

Além disso, as contribuições pagas pelos empregadores relativas a programas de previdência complementar em favor de seus empregados e dirigentes não entram no cômputo do rendimento bruto, para fins de incidência do imposto de renda da pessoa física.

De se destacar, ainda, que as contribuições pagas pelo empregador ao plano de previdência complementar em benefício de seus empregados e dirigentes não são consideradas salário ou remuneração, para fins fiscais. Significa isso dizer que sobre tais parcelas não haverá a incidência de contribuições previdenciárias.

Da mesma forma, pode-se entender como norma tributária indutora da poupança previdenciária privada a que dispensou, a partir de 2005, a retenção na fonte e o pagamento em separado do imposto de renda sobre os rendimentos e ganhos auferidos nas aplicações de recursos das provisões, reservas técnicas e fundos de planos de benefícios de entidade de previdência complementar, sociedade seguradora e FAPI, bem como de seguro de vida com cláusula de cobertura por sobrevivência (artigo 5º da Lei 11.053/2004).

Outro exemplo de tributação extrafiscal na previdência complementar é verificado na possibilidade de a pessoa física, participante de planos de benefícios de previdência complementar, optar por um, dentre dois regimes de tributação cabíveis a rendimentos auferidos de entidades de previdência privada. São eles, o regime progressivo e o regime regressivo.

O regime progressivo é o regime geral, aplicável aos rendimentos de todas as pessoas físicas, provenientes do trabalho assalariado, das remunerações por trabalho prestado no exercício de empregos, cargos e funções e quaisquer proventos ou vantagens percebidas. Nesse regime, a apuração do imposto de renda se dá pela tabela progressiva, de modo que, quanto maior o rendimento recebido pelo contribuinte, maior a alíquota aplicável. Atualmente, a tabela progressiva prevê cinco faixas de alíquotas,[5] que começam em zero e chegam a 27,5%.

No regime progressivo de tributação, o imposto de renda incidente sobre os rendimentos pagos por entidade de previdência privada a seus participantes, será retido na fonte e recolhido pela entidade de previdência complementar.

Já o regime regressivo de alíquotas, representa nítida intervenção do Estado visando o incentivo da poupança previdenciária. Criado pela Lei 11.053/2004, o regime regressivo de tributação de imposto de renda, opcional aos participantes quando aderirem a planos de benefícios de previdência complementar, baseia-se no princípio de que, quanto mais tempo os valores vertidos para a poupança previdenciária permanecerem nela aplicados, menor será a alíquota do imposto de renda, quando do recebimento dos rendimentos de aposentadoria privada.

Por esta modalidade de tributação, a variável *prazo de acumulação* é o que definirá a alíquota aplicável, independentemente do valor que o participante receberá. Assim, se o prazo de acumulação for de até 2 anos, aplica-se a alíquota de 35%; se o prazo de acumulação for superior a 2 anos e inferior a 4 anos a alíquota será de 30%, ocorrendo uma redução de 5 pontos percentuais na alíquota a cada intervalo de 2 anos; chegando à alíquota de 10% quando o prazo de acumulação for igual ou superior a 10 anos.

Sobre o valor total dos rendimentos e resgates, incidirá a alíquota respectiva, e o montante líquido pago pela entidade de previdência é tributado de forma definitiva e exclusiva na fonte. Desta forma, o valor recebido no regime regressivo não comporta as deduções previstas para a tributação pela tabela progressiva. Por outro lado, mesmo em se tratando de tributação exclusiva e definitiva na fonte, sobre os rendimentos recebidos e resgates feitos por optante pela tabela regressiva são aplicadas todas as regras de isenção, não incidência e exclusão da base de cálculo previstas na legislação de imposto de renda da pessoa física.

---

5. As alíquotas hoje vigentes são: 0% – isento; 7,5%; 15%; 22,5% e 27,5%.

Evidente, portanto, a natureza indutora da norma que institui o regime regressivo de tributação pelo imposto de renda para a previdência complementar. A princípio, há benefícios para todas as partes envolvidas – participantes, que terão uma tributação menos onerosa, União Federal, que terá suas dívidas alongadas e mais investimentos na economia nacional, e entidades de previdência, que terão um incremento no número de participantes e de valor poupado a ser investido.

Os exemplos mencionados denotam inegável iniciativa do legislador tributário de incentivar a poupança de longo prazo, induzindo a formação da poupança previdenciária.

Destaque-se que há três grupos de planos de benefícios no mercado de previdência complementar. O primeiro grupo é composto por planos de benefícios administrados pelas entidades fechadas de previdência complementar, sem fins lucrativos (fundos de pensão). É contratado por pessoas físicas vinculadas a empresas públicas ou privadas (patrocinadores), sindicatos, associações e entidades de classe (instituidores), que oferecem esse benefício a seus trabalhadores e associados. Ou seja, para poder se inscrever nestes planos de benefícios, a pessoas física precisará ter um vínculo de trabalho com um patrocinador, ou um vínculo associativo com um instituidor. Os planos de benefícios são estruturados em três modalidades, quais sejam, benefício definido – BD, contribuição definida – CD e contribuição variável – CV.

O segundo grupo é composto por planos de previdência na modalidade Plano Gerador de Benefício Livre – PGBL, administrados por entidades abertas de previdência complementar, com fins lucrativos. Os planos podem ser coletivos, ou seja, vinculados a um empregador (instituidor) ou a uma associação (na condição de averbadores); ou individuais, podendo ser contratados diretamente pelos indivíduos junto a seguradoras. Os planos PGBL são semelhantes aos planos administrados pelas entidades fechadas de previdência, podendo ser mais flexíveis e conter maior variedade de composições entre os planos BD, CD e CV.

Pode-se dizer que hoje, a maioria dos planos de fundos de pensão e dos planos PGBL oferecidos no mercado requerem um aporte mensal de valor fixo (contribuição para a previdência), e o valor recebido na aposentadoria irá variar conforme o valor aportado e sua rentabilidade durante o período de investimento.

Por fim, tem-se o Vida Gerador de Benefício Livre – VGBL, plano também administrado por entidades abertas de previdência complementar, com finalidade lucrativa e que, embora seja um produto do mercado de acumulação (previdência), possui também componentes de um seguro de vida individual, que tem por objetivo pagar uma indenização, ao segurado, sob a forma de renda ou pagamento único, em função de sua sobrevivência ao período de diferimento contratado.

Se o Estado acertou ao intervir para estimular a poupança previdenciária, através das regras de tributação mencionadas, equivocou-se ao criar uma regra de tributação mais benéfica para um produto específico de previdência complementar, qual seja, o VGBL, exclusivo das entidades de previdência complementar com finalidades lucrativas (entidades abertas de previdência complementar).

É essencial que a adoção de políticas extrafiscais no estímulo de condutas seja coerente, sob pena de se anular os seus efeitos e não se atingir o seu objetivo.

2. PLANOS VGBL – REGRA ESPECIAL DE TRIBUTAÇÃO DOS RENDIMENTOS

O VGBL é o modelo de plano que mais cresce no sistema de previdência complementar. O principal fundamento de seu ótimo desempenho é a tributação.

De acordo com a legislação vigente, independentemente do regime de tributação pelo qual tenha optado o contribuinte, progressivo ou regressivo, a base de cálculo do imposto de renda do participante de um plano VGBL será tão somente a rentabilidade auferida durante o lapso temporal em que as contribuições permanecerem no plano, e não o valor total do benefício ou do resgate, como ocorre nas outras modalidades de plano de previdência complementar.

Assim sendo, os aportes realizados ao longo do tempo são segregados das rentabilidades das aplicações, e somente os ganhos auferidos nas aplicações serão tributados. Por exemplo: um participante aporta durante um período, R$10.000,00. Quando requer o resgate, recebe R$ 12.000,00, porquanto o valor aportado foi devidamente aplicado. Se se tratar de um plano VGBL, somente os R$ 2.000,00 adicionais serão considerados base de cálculo do imposto de renda retido de forma exclusiva e definitiva na fonte. Nas outras modalidades de planos de benefícios, a tributação ocorrerá sobre o valor total resgatado, qual seja, R$ 12.000,00.

A diferenciação entre a regra de tributação do VGBL e os demais planos de previdência complementar trouxe um grave desequilíbrio no mercado de previdência. Isto porque, como consequência, possibilitou um impressionante crescimento de entidades abertas de previdência, com finalidades lucrativas e, em contrapartida, visível enfraquecimento e diminuição da atuação das entidades fechadas de previdência complementar, que não visam o lucro e que não podem administrar planos VGBL.

O Estado, ao intervir na economia, deve estar alerta aos efeitos de uma norma tributária indutora de comportamento. O incentivo fiscal ou a desoneração tributária não podem resultar em privilégios ou punições para contribuintes. A tributação diferenciada do VGBL não poderia ensejar o crescimento exclusivo deste modelo de plano de previdência em detrimento de outros modelos, a não ser que existisse um fundamento constitucional ou um objetivo econômico e social que justificasse tal prerrogativa.

Poder-se-ia argumentar que o VGBL possui natureza securitária, assemelhando-se mais a um seguro de vida do que a um plano de previdência. E, por essa razão, o discrímen na regra de tributação seria justificável. Porém, a própria SUSEP – Superintendência de Seguros Privados, órgão que regula e fiscaliza o mercado de seguros e de previdência complementar aberta, admite que o VGBL é um produto de previdência, tal como o PGBL, e que sua colocação como seguro se deve a questões regulatórias e fiscais.[6]

Vale também mencionar que a Federação Nacional de Previdência Privada e Vida – Fenaprevi, entidade que congrega seguradoras e entidades abertas sem fins lucrativos, em seu informe de março de 2018 sobre o mercado de previdência privada aberta,[7] assegura que o VGBL compõe a mercado de previdência privada.

Ora, se o órgão regulador e fiscalizador e o órgão de classe de seguradoras e entidades previdência complementar aberta reconhecem que o VGBL é um produto de previdência, a tributação desse modelo de plano deveria ser estendida aos demais produtos previdenciários, ou então, deveria ser equivalente à tributação aplicada aos demais.

Apesar de o VGBL possuir, sim, natureza previdenciária, pode-se afirmar que, por suas características estruturais, principalmente, pela facilidade de resgate, é o

---

6. SUSEP/COGET – 6º Relatório de Análise e Acompanhamento dos Mercados Supervisionados, 2018, p. 2: "Os produtos dos mercados de seguros e previdência complementar aberta foram reagrupados de acordo com as características de cada produto, e classificados como produto de seguro ou de acumulação. O VGBL, por exemplo, apesar de estar contabilizado como produto de seguro (de sobrevivência), foi classificado neste relatório como um produto do mercado de acumulação. *Isso porque o VGBL é, de fato, um produto de acumulação (previdência), semelhante ao PGBL, inserido no âmbito do seguro de pessoas por razões regulatórias e fiscais*. Assim, os produtos do mercado de seguros (excl. VGBL) foram classificados nos segmentos Auto, Pessoas, Compreensivos, DPVAT, Garantia Estendida, Habitacional, Grandes Riscos, Rural, Transportes etc., e os produtos do mercado de acumulação foram classificados nos segmentos Previdência Tradicional, PGBL e VGBL".

7. "O total de reservas de planos de previdência privada aberta bateu a marca de R$ 756,16 bilhões em 2017, uma evolução nominal de 17,6% em relação aos R$ 643,16 bilhões registrados em 2016. Os dados são da Fenaprevi (Federação Nacional de Previdência Privada e Vida), entidade que representa 67 seguradoras e entidades abertas de previdência complementar no país.
As contribuições a planos de previdência complementar aberta somaram R$ 117,66 bilhões no ano passado, resultado 2,5% superior ao montante acumulado no mesmo período em 2016, quando os aportes totalizaram R$ 114,71 bilhões. A captação líquida apresentou um saldo positivo de R$ 56,94 bilhões no período.
Na análise por produto, *o VGBL fechou 2017 respondendo por 76,2% das reservas*. Os planos PGBL somaram 18,46% das provisões. Os planos tradicionais somaram 4,4% do total. 'Desde 2008 as reservas crescem a uma taxa de dois dígitos ao ano, refletindo o interesse crescente dos brasileiros por formação de poupança de longo prazo para complementação de renda na aposentadoria', aponta Edson Franco, presidente da Fenaprevi" (FENAPREVI, 2018, s.p., grifos nossos).

produto que tem o menor potencial previdenciário. Isto porque o participante pode ter acesso a suas reservas em um curto lapso temporal – há planos cuja carência para o primeiro resgate é de apenas sessenta dias. Assim sendo, os participantes do plano VGBL podem acessar sua reserva antes da aposentadoria, conferindo-lhe contornos de um investimento qualquer.

Por se tratar de plano de previdência cujo resgate pode se dar em curto prazo, o gestor do VGBL tende a realizar investimentos de liquidez imediata, normalmente não focados em atividades produtivas, e sim em produtos dos próprios bancos. E a utilização das reservas de previdência complementar na atividade econômica de um país é importante fator de desenvolvimento.

Por óbvio, a tributação diferenciada dos planos VGBL traz efeitos danosos para o segmento de previdência complementar, especialmente por incentivar exclusivamente as entidades de previdência com fins lucrativos, únicas autorizadas a administrar planos VGBL, em detrimento das entidades sem fins lucrativos.

Veja-se, pois, que não há como justificar uma tributação mais vantajosa para participantes de planos VGBL, dotado de baixo potencial previdenciário, quando a intenção do Estado é o estímulo da previdência privada, tão essencial ao país. A coerência sistemática das normas tributárias é imprescindível para legitimar a tributação extrafiscal.

3. AUSÊNCIA DE FUNDAMENTOS PARA TRIBUTAÇÃO FAVORECIDA AOS PLANOS VGBL

Um fato inconteste é o crescimento acelerado e pujante do sistema aberto de previdência, alicerçado em VGBL, em comparação com o tímido desenvolvimento do sistema fechado regulado. No quesito reservas, em apenas quinze anos o montante de recursos administrados por entidades abertas de previdência complementar, com fins lucrativos, que correspondiam a apenas 25% das reservas administradas por entidades fechadas de previdência complementar, sem fins lucrativos, passaram a ser equivalentes. E, no aspecto população, durante os últimos dez anos as entidades abertas de previdência complementar receberam dez vezes mais participantes que as entidades fechadas de previdência complementar. Segundo dados do Governo,[8] das reservas hoje administradas pelas entidades abertas, quase 80% estão alocadas em VGBL, e 87% da população dos planos de benefícios das entidades abertas é participante de VGBL.

---

8. Disponível em: https://www.gov.br/trabalho-e-previdencia/pt-br/assuntos/dados-e-estatisticas/previdencia/painel-estatistico-da-previdencia/regime-de-previdencia-complementar. Acesso em: 18 nov. 2022.

Em 2016 o governo brasileiro, através do Ipea, publicou estudo capitaneado por Di Conti,[9-10] no qual demostra que já tinha ciência do cenário de crescimento exclusivo do sistema aberto de previdência, e identificou algumas causas para a migração do sistema fechado para o sistema aberto:

Dessa investigação é possível identificar três causas que levam à transferência de empresas e pessoas a migrar de entidades fechadas para as entidades abertas, ou que levam à escolha direta do sistema aberto:

a) imposição de mais e maiores riscos e responsabilidades para o patrocinador no sistema fechado;

b) flexibilidade dos produtos ofertados pelas entidades abertas, que são equiparados às aplicações financeiras;

c) privilégios tributários dos produtos das entidades abertas, em especial do VGBL.

Em sua obra, Nóbrega,[11-12] ao abordar a intervenção do Estado na economia e os efeitos de uma norma tributária indutora, fez o alerta de que "o mero conceito de incentivo fiscal ou desoneração tributária, não pode ser tratada como fator de discriminação privilegiada ou punitiva para contribuintes ou, isoladamente, como espelho da neutralidade fiscal".

Ora, por que adotar uma tributação mais vantajosa para os planos de benefícios estruturados na modalidade VGBL? Seria o VGBL mais adequado e benéfico para um poupador previdenciário? Existe alguma razão fundamentada para o discrímen criado pelo legislador tributário? É vantajoso para o Estado que a previdência complementar seja concentrada em entidades abertas de previdência, especialmente no produto VGBL?

No contexto mundial, a maioria dos países prioriza o fomento do sistema fechado de previdência complementar, em face de suas características estruturais: (i) ausência de finalidade lucrativa das entidades, resultando em melhores benefícios para os participantes; (ii) presença dos participantes e assistidos nos órgãos de gestão e fiscalização, permitindo maior transparência nas informações; (iii) ausência de relação de consumo entre a entidade fechada e o participante; (iv) a natureza previdenciária com foco em pagamento de benefícios, e não em resgates; e (v) possibilidade de realizar investimentos de longo e longuíssimo prazo, que

---

9. DE CONTI, Bruno. *Características estruturais do sistema financeiro brasileiro* – um registro da reflexão do Ipea no biênio 2014-2015. Brasília: Ipea, 2016. v. 1, p. 357.

10. 2016, p. 357.

11. NÓBREGA, Felipe Crisanto M. Estado, mercado e tributação: normas tributárias indutoras e seus reflexos socioeconômicos sobre o subsetor da construção civil de edificações residenciais. Campina Grande: EDUEPB, 2017. p. 98.

12. 2017, p. 98.

resultam em melhores rentabilidades para os participantes e ainda contribuem para as economias nacionais.

Em uma análise incipiente, porém fundamentada, do resultado financeiro para o participante de previdência privada, pode-se afirmar que um plano de benefícios gerido por uma entidade fechada é mais vantajoso para o participante do que um plano administrado por entidade aberta, pelo simples fato de a entidade fechada não auferir lucro.

No Relatório Gerencial de Previdência Complementar do 4º Bimestre de 2021, elaborado pela SURPC,[13] está expresso nas conclusões sobre custeio administrativo cobrado pelas entidades de ambos os sistemas de previdência: "Assim, a taxa média de administração para as EAPC é de 1,3% ao ano. A taxa de administração estimada do segmento fechado é de 0,27% ao ano." Assim, sob o aspecto de custo, o sistema aberto adota taxas quase cinco vezes maior que as praticadas pelo sistema fechado.

Não é só a ausência de lucro, refletida diretamente nas taxas de administração, que torna as entidades fechadas mais atrativas para os participantes. Há de se atentar também para a rentabilidade das reservas, que afetará significativamente o valor do benefício final a ser pago ao participante. Em face da estrutura dos planos de benefícios administrados por entidade fechada de previdência complementar, formatada com o objetivo de pagamento de benefícios de complementação de aposentadoria e de poupança de longo prazo, os gestores podem escolher investimentos com vencimentos de longo prazo, que remuneram o capital com taxas de juros maiores que os investimentos de curto prazo. Investimentos de curto prazo são a opção mais adequada para os produtos oferecidos pelas entidades abertas, em função da facilidade que o participante possui de resgatar os valores aplicados nos planos.

A alocação de recursos em investimentos que possuem uma duração maior tem inegável vantagem. O investidor, no caso, a entidade de previdência, pode optar por investimentos com maior prazo de retorno e, por conseguinte, com taxas mais atraentes. As entidades fechadas de previdência complementar podem aplicar os recursos em investimentos que, por exemplo, financiam a construção de usinas hidrelétricas, que levam um tempo considerável para iniciar a amortizar o investimento. Entretanto, a remuneração do investimento é alta, em comparação com ativos de renda fixa, com maior liquidez. A mesma vantagem é verificada em investimentos de renda variável, lastreados em ações com negociação em bolsa de

---

13. SURPC. Subsecretaria do Regime de Previdência Complementar. Relatório Gerencial de Previdência Complementar – 4º Bimestre 2021. Brasília, 2021, p.48. Disponível em: https://www.gov.br/trabalho-e-previdencia/pt-br/assuntos/previdencia-complementar/mais-informacoes/arquivos/relgersurpc_082021.pdf. Acesso em: 11 nov. 2021.

valores. Ora, se o investidor não precisa de liquidez imediata, não sente a pressão da oscilação da bolsa, e tende a obter melhores resultados no longo prazo.

Fica patente que a prosperidade exclusiva do sistema aberto de previdência complementar, sem que o sistema fechado se desenvolva igualmente ou prioritariamente, não é medida adequada para o país e para os participantes e assistidos. Com relação aos participantes, conforme se procurou mostrar neste trabalho, é mais vantajoso, sob o aspecto de rentabilidade e custo, que sua poupança previdenciária seja alocada em uma entidade fechada de previdência complementar. O fato de as pessoas serem induzidas, via norma tributária, a realizar a poupança previdenciária no regime aberto, resultará em menores benefícios de complementação de aposentadoria, ou em pagamentos de benefícios por um período de tempo reduzido, o que provocará um problema social no futuro.

Ora, se uma entidade fechada de previdência complementar está estruturada para disponibilizar a totalidade da rentabilidade das reservas, fundos e provisões para a melhoria do valor do benefício de seus participantes e assistidos, através de relação jurídica que não se confunde com relação de consumo, não parecem razoáveis as regras tributárias que induzem os cidadãos a optarem por constituir poupanças previdenciárias em entidades abertas de previdência.

Dando enfoque às consequências para o Brasil, a convergência da poupança previdenciária em direção ao sistema aberto, alicerçada em um produto como o VGBL, cujas características previdenciárias são minimizadas pela flexibilização dos resgates, resultará em reservas, fundos e provisões investidos em ativos de curto prazo, mitigando, assim, um dos maiores benefícios que a poupança previdenciária pode trazer para um país, que é a capacidade de investimentos de longo prazo de maturação, tais como os de infraestrutura e mercado de ações. Tal consequência, acrescida do efeito prejudicial na formação do valor dos benefícios de complementação dos participantes, já demonstra a necessidade de revisão da política tributária adotada.

Merece menção a previsão contida no § 2º do artigo 174 da Constituição Federal de 1988, segundo o qual o associativismo deve ser apoiado e estimulado, sendo, portanto, não recomendável que a norma tributária resulte em um desincentivo da poupança previdenciária em entidades fechadas de previdência, que são constituídas como associações.

Analisando conjuntamente o artigo 174, § 2º, com o princípio da isonomia, todos inseridos na Constituição Federal, pode-se inferir a inexistência de óbice para que o legislador infraconstitucional confira à poupança previdenciária realizada através de associações sem fins lucrativos um tratamento tributário mais vantajoso. O tratamento diferenciado, caso não seja mais benéfico, deve ser ao menos igual ao conferido à poupança previdenciária realizada em planos VGBL, administrados por instituições com fins lucrativos.

CONCLUSÃO

Diante de todo o exposto, concluímos que:

A pandemia modificou sensivelmente as relações de trabalho e afetou a manutenção de vínculos empregatícios, trazendo como consequência indireta uma dificuldade maior de manutenção de pessoas em planos benefícios geridos por entidades fechadas de previdência complementar.

Ocorre que, para fins de adoção de políticas eficazes de previdência, deve o Estado harmonizar os regimes públicos de previdência com os regimes de previdência complementar, sendo que o sistema fechado é aquele eleito pelos organismos internacionais como a principal ferramenta a ser utilizada, tendo em vista as vantagens que traz a seus participantes e ao Estado.

A diferenciação da regra de tributação aplicada para os investimentos alocados nos planos VGBL, mais vantajosa, causou um grave desequilíbrio no mercado de previdência. Como consequência, possibilitou um impressionante crescimento de entidades abertas de previdência, com finalidades lucrativas e, em contrapartida, visível enfraquecimento e diminuição da atuação das entidades fechadas de previdência complementar, que não visam o lucro e que não podem administrar planos VGBL.

De fato, o Estado, ao intervir na economia, deve estar alerta aos efeitos de uma norma tributária indutora de comportamento. A tributação diferenciada do VGBL não poderia ensejar o crescimento exclusivo deste modelo de plano de previdência em detrimento de outros modelos, a não ser que existisse um fundamento constitucional ou um objetivo econômico e social que justificasse tal prerrogativa.

Concentrar a poupança previdenciária em planos de benefícios administrados pelas entidades abertas de previdência, especialmente em um produto como o VGBL, é ruim para os participantes e para os empregadores e associações, pois trata-se de um produto caro e com baixa rentabilidade, resultando em menores reservas e valores diminutos de complementação de aposentadoria. Tampouco é oportuno para o Brasil, pois além de não proporcionar aos participantes vantagens financeiras em sua aposentadoria, planos VGBL não atuam de forma a fomentar a economia nacional.

A regra diferenciada e mais vantajosa de tributação do VGBL deve ser estendida para os demais planos de benefícios administrados pelas entidades fechadas e abertas de previdência, em observância a princípios de isonomia e justiça.

MÍNIMO EXISTENCIAL – IMPOSTO DE RENDA – DESIGUALDADE PÓS-PANDEMIA

Fernando Aurelio Zilveti

Sumário: Introdução – 1. Mínimo existencial como direito fundamental – 2. Mínimo existencial no imposto de renda – 3. Mínimo existencial na interpretação constitucional – Conclusão.

INTRODUÇÃO

O momento de pandemia da Covid-19 vivido pelos brasileiros sem renda despertou o legislador para a necessidade de pensar uma saída para a miséria absoluta ao estabelecer o auxílio emergencial. Cabe ao Estado socorrer aos que sequer constam nas estatísticas econômicas, aplicando recursos do orçamento para um auxílio financeiro, em cumprimento ao princípio constitucional do mínimo existencial.

Observando o direito comparado, constatou-se que a Corte Constitucional alemã decidiu ampliar o benefício. Para tanto, a Corte alemã equiparou cidadãos. Mais recentemente, outra decisão da mesma corte constitucional desautorizou extraditar um estrangeiro no meio da pandemia Covid-19, por temer que no país de origem o extraditado não tivesse igual acesso ao mínimo existencial garantido a ele pelo Estado alemão, ao menos enquanto ambos os países se encontrem assolados pela pandemia.[1] Os requisitos constitucionais centrais para o desenho dos benefícios de segurança básica do Estado decorrem da garantia do direito fundamental de um nível de subsistência digno (art. 1º, § 1º conjugado com o art. 20º, § 1º GG). O que se entende por mínimo existencial varia no tempo, mas é possível dizer que a Corte Constitucional alemã se dedica a isso há mais de trinta anos, concretizando o princípio para os jurisdicionados.[2]

---

1. ALEMANHA – Corte Constitucional – Decisão de 5 de novembro de 2019 – 1 BvL 7/16. Acesso em: 20 set. 2022. Disponível em: https://www.bundesverfassungsgericht.de/SharedDocs/Entscheidungen/DE/2019/11/ls20191105_1bvl000716.html.
2. ALEMANHA – Corte Constitucional – BVerfGE 87, p. 153. (p 169 ff.) (Existenzminimum). Acesso em: 20 set. 2022. Disponível em: https://www.bundesverfassungsgericht.de/SharedDocs/Entscheidungen/DE/2019/11/ls20191105_1bvl000716.html.

Esse princípio constitucional do mínimo existencial informa o Estado para a realização de políticas públicas de combate à pobreza, para tornar visível aquele cidadão que, com a pandemia Covid-19, demanda uma ação emergencial. Nesse sentido, o STF decidiu por unanimidade intimar o Congresso a regulamentar uma lei aprovada há duas décadas, que prevê a renda mínima. A pressão do STF para que o Legislativo regulamente a concessão de renda mínima tem um contorno dirigente de inspiração constitucional portuguesa. Não se trata de intervenção, apenas de chamar a atenção de outro poder para uma questão emergencial, em cumprimento à Constituição.[3]

Resta ao STF tratar dos contribuintes que durante a pandemia sequer foram atendidos em seu mínimo existencial, muito embora economicamente ativos e contribuintes do imposto de renda. Todos os anos, os cidadãos economicamente ativos deixam sua parcela de contribuição para o Estado. Esses contribuintes, em função da pandemia, viram seus rendimentos diminuírem e as despesas aumentarem. Não se confunda aqui, mínimo existencial com correção monetária de tabela de isenção do imposto de renda das pessoas físicas.

Ora, o contribuinte que custeia o Estado em suas políticas públicas, pagando os tributos indiretos sobre o consumo e diretos sobre o patrimônio e a renda, merece proteção constitucional ao seu mínimo existencial. Trataremos aqui do imposto de renda, aquele tributo descontado mensalmente do trabalhador com carteira assinada ou dos contribuintes autônomos, cobrado mensalmente, ou no ajuste anual. O imposto de renda ainda é a melhor ferramenta de aferição da capacidade contributiva e, por consequência lógica, do mínimo existencial. Mas ele não equaliza a desigualdade de renda, pois não é essa a sua função como tributo. Por outro lado, realiza o ideal de igualdade na tributação, por meio da capacidade contributiva.

Com o distanciamento social, os contribuintes aumentaram seus gastos com saúde, com médicos, psicólogos, fisioterapeutas etc. Além disso, os gastos com medicamentos aumentaram. O estresse provocado pela pandemia custou ao contribuinte uma boa parte de seus rendimentos e isso precisa ser considerado pelo Fisco, na apuração do imposto de renda. Os gastos com despesas médicas não têm limite de dedução, diferentemente de valores com educação. Essa escolha do legislador do imposto de renda foi, essencialmente, ligada às políticas públicas. Sabia o legislador tributário das necessidades básicas do contribuinte, mas foi obrigado a fazer escolhas. Optou, com efeito, por deixar a educação limitada em

---

3. BRASIL – Decreto 10.852/21 – Acesso em: 20 ago. 2022. Disponível em: http://www.planalto.gov.br/ccivil_03/_ato2019-2022/2021/decreto/D10852.htm.

dedução e a saúde não. O sistema de declaração de ajuste anual, automatizado, expressa tal escolha legislativa, detalhadamente.[4]

O problema está no fato da qualificação de despesas médicas, levando em conta que grande parte das despesas do contribuinte durante a pandemia, não são estritamente médicas, mas de saúde, e nem todas as despesas dessa natureza são aceitas pela RFB. Um exemplo disso é o teste de Covid-19, conhecido por RT-PCR, que muitos contribuintes precisaram fazer, com frequência diária, para poder trabalhar em determinados locais. Estes gastos com exames, muitas vezes realizados em farmácia, segundo a legislação do imposto de renda, não são admitidos, como despesas com saúde.

Mesmo que se sustente que as despesas médicas declaradas no ajuste anual do imposto de renda não são limitadas, a experiência nos mostra que esse é um dos principais motivos para a chamada "malha fina", inspeção da Receita Federal sobre o contribuinte.[5] Para poupar a Receita Federal de fiscalizar e dar maior praticidade na declaração de ajuste, atendendo o contribuinte em seu mínimo existencial, o legislador poderia permitir uma dedução padrão, num valor anual predeterminado, ou com teto para determinadas despesas médicas. Acima de um determinado valor, o contribuinte deveria comprovar a despesa, simplificando o sistema. Outra medida, também pragmática, seria delimitar melhor as despesas médicas, fazendo incluir aquelas paramédicas e até farmacêuticas, levando em conta o que custa ao contribuinte conviver com a pandemia Covid-19.

Quanto menor a renda, maior o comprometimento dela com itens básicos, como alimentação.[6] A saúde, porém, também consome boa parte da renda dos mais pobres. A questão dos mais pobres é um tema de política pública, demandando ações específicas para mitigar a vulnerabilidade. Aqueles cidadãos fora da linha de pobreza absoluta, que integram as faixas de renda passível de tributação pelo imposto de renda, sofrem com o comprometimento de seus rendimentos, com alimentação, saúde e educação. Especificamente com a saúde, algumas jurisdições aumentaram o teto de dedução de despesas para as pessoas físicas, em virtude da Covid-19. Por um lado, as despesas com saúde são reconhecidas de modo mais abrangente, porém, por outro, estabelecem-se tetos para determinados gastos. Enquanto o cidadão não alcançar a condição mínima vital, lhe falta capacidade

---

4. BRASIL – Receita Federal do Brasil – Acesso em: 20 ago. 2022. Disponível em: https://www.gov.br/receitafederal/pt-br/assuntos/meu-imposto-de-renda.
5. BRASIL – CARF. Acórdãos sobre despesas médicas. Acesso em: 20 ago. 2022. Disponível em: https://acordaos.economia.gov.br/solr/acordaos2/browse/.
6. FGV Ibre – peso das despesas em cada intervalo de renda – em %.

contributiva. Nessa condição de pobreza, o Estado deve prover o necessário para sua sobrevivência, assim como entendem algumas jurisdições.[7]

1. MÍNIMO EXISTENCIAL COMO DIREITO FUNDAMENTAL

O próprio conceito de Constituição, tal qual desenvolvido nos séculos XVIII e XIX, trabalha com a ideia de garantia de direitos em troca da proteção do Estado. O Estado constitucional desenvolvido desde então, evoluiu no sentido da maior garantia dos direitos sociais, em contrapartida de imposição fiscal, numa ideia de solidariedade.[8] Os direitos humanos ganharam, afinal, um posicionamento de destaque nos textos constitucionais do último quarto do século XX. Dentre os direitos humanos, o mínimo existencial, expresso ou tácito, representa a concretização dos direitos sociais do cidadão.

O mínimo existencial tem raízes ancestrais no campo constitucional, como garantia do cidadão a direitos sociais. No Estado de Direito, os chamados direitos sociais eram programáticos, mas a partir do último quarto do século XX, ganharam conotação impositiva. Nesse momento, outras designações foram criadas na doutrina, como Estado Democrático de Direito, Estado de Segurança e Estado Fiscal, para demonstrar um movimento de equilíbrio entre os direitos sociais e o mínimo existencial. Este seria um instrumento de afirmação de direitos sociais, baseados no princípio da solidariedade.[9]

A determinação de concretização dos direitos sociais trouxe ao Estado um problema central, a quantificação. Afinal, o dever do Estado de efetivar direitos sociais expressos na Constituição parece certo, porém indeterminado quantitativamente. Naturalmente, outros aspectos dos direitos sociais que tornam difícil sua efetivação são discutido no direito constitucional, como a qualidade, o tempo e os sujeitos. Disso não se tratará neste ensaio, restrito ao tema da quantificação dos direitos sociais por meio da tributação. A quem compete, afinal, determinar o valor da prestação de direitos sociais ao cidadão desprovido de um mínimo vital? A resposta imediata a tal indagação seria, evidentemente, ao legislador, porém, no papel constitucional de revisor vem o juiz.

Deixar ao Poder Judiciário a tarefa de determinação de valores a serem prestados pelo Estado a título de direitos sociais representa um risco tanto para

---

7. HOLANDA – Pensão mínima vital. Acesso em: 20 ago. 2022. Disponível em: https://www.government.nl/topics/minimum-wage/amount-of-the-minimum-wage
8. BÖCKENFÖRDE, Ernst-Wolfgang. Start Nation Europa, Studien zur Staatslehre, Verfassungstheorie. Frankfurt am Main: Suhrkamp, 2000, p. 128.
9. TORRES, Ricardo Lobo. A metamorfose dos direitos sociais em mínimo existencial. In: SARLET, Ingo Wolfgang (Org.). *Direitos fundamentais sociais, estudos de direito constitucional, internacional e comparado*. Rio de Janeiro: Renovar, 2003, (1/46) p. 17.

a teoria da separação de poderes, quanto para o próprio Judiciário. Este teria que ser ver com critérios de desigualdade, de pobreza e miséria, todos lábeis e de difícil quantificação. A chamada "proteção" daqueles em estado de pobreza ou vulnerabilidade, por meio de um imposto de renda negativo, foge do papel típico de revisão do Judiciário. A revisão judicial, tal qual foi pensada no direito anglo-saxão, se abstém de ultrapassar os limites legais estabelecidos no parlamento, para determinar o *quantum* devido pelo Estado para concretizar direitos sociais.[10]

A possibilidade técnica de quantificar direitos sociais de modo a efetivá-los, em que pese argumentos contrários, passou ao Poder Judiciário por função constitucional de revisão de atos normativos.[11] Ao assim proceder, algumas cortes constitucionais têm recorrido à remissão, garantindo a determinados jurisdicionados o que é dado a outros, estes últimos, por eleição legal. Os requisitos constitucionais centrais para o desenho dos benefícios de segurança básica do Estado decorrem da garantia do direito fundamental de um nível de subsistência digno. Se uma obrigação de cooperar para superar a própria carência não for cumprida sem uma razão importante e o legislador sancionar isso retirando temporariamente benefícios básicos, isso cria um ônus extraordinário.[12]

A Corte Constitucional, então, será chamada a resolver essa questão. Em determinados casos, no campo do direito privado, quando se verifique que, para cumprir uma obrigação o devedor coloca em risco seu mínimo existencial, pode o tribunal constitucional impedir que sucumba.[13] Este posicionamento da Corte Constitucional da Itália representa uma intervenção na esfera privada, impedindo que o cidadão coloque em risco sua vida ao cumprir determinada obrigação. A execução de sentença, portanto, não é algo inevitável ou mesmo, certo, se o exequente coloque o executado numa posição de perda de bens essenciais para sua sobrevivência.[14] Veremos isso, mais detidamente, abaixo.

A Constituição brasileira de 1988 teve, em alguns pontos, inspiração na Constituição portuguesa de 1976, entendendo como "status social do cidadão",

---

10. ALEMANHA – Corte Constitucional. (Mencionar aqui a decisão sobre mínimo existencial a refugiados, em função da epidemia de Covid).
11. TORRES, Ricardo Lobo. A metamorfose dos direitos sociais em mínimo existencial. In: SARLET, Ingo Wolfgang (Org.). *Direitos fundamentais sociais, estudos de direito constitucional, internacional e comparado.* Rio de Janeiro: Renovar, 2003, (1/46) p.32.
12. ALEMANHA – Corte Constitucional. Decisão de 5 de Novembro de 2019 – 1 BvL 7/16. Acesso em: 20 jul. 2022. Disponível em: https://www.bundesverfassungsgericht.de/SharedDocs/Entscheidungen/DE/2019/11/ls20191105_1bvl000716.html.
13. ESPANHA – Corte Constitucional. Sentença 113/1989. Acesso em: 20 mar. 2022. Disponível em: https://www.tribunalconstitucional.es/es/Paginas/default.aspx.
14. RÚBIO Llorente, Francisco. *Derechos Fundamentales y Principios Constitucionales.* Barcelona: Ariel Derecho, 1995, p. 525.

prestações do Estado, especialmente, em saúde e educação, entre outras.[15] O STF tem se preocupado com o tema do mínimo existencial, garantido, em algumas ocasiões, que o Estado conceda a determinados cidadãos o necessário para prover a sua manutenção e a de sua família.[16]

No exemplo do Brasil, as autoridades fiscais se pronunciaram sobre medidas para sair da crise econômica, que paralisou ao menos 522 mil empresas ou 34% dos empreendimentos, motivando o encerramento de algo em torno de 700 mil pequenos e médios negócios até o mês de junho de 2020;[17] É preciso lembrar que a Constituição Federal possui uma série de regras de proteção da atividade econômica, atendendo ao que se denomina função social da empresa.[18] Nesse sentido, houve: postergação por seis meses para pagamento de tributos federais no Simples Nacional; suspensão, prorrogação e adiamento de cobrança de dívida ativa da União; adiamento do pagamento do FGTS; redução de 50% por três meses das contribuições do Sistema "S". Em relação aos tributos sobre o consumo, o fisco brasileiro ainda premiou a importação de mercadorias com aplicação para prevenção e combate ao Covid-19, com a isenção de tributos incidentes sobre essas operações.[19] O parlamento brasileiro promoveu o pagamento de auxílio emergencial às pessoas mais vulneráveis à crise econômica gerada pela pandemia da Covid-19, notadamente os trabalhadores autônomos. Esses benefícios, comentados mais adiante, foram tratados na Lei 13.982/20.[20]

A Corte Constitucional de Portugal reconheceu o direito a um mínimo de sobrevivência condigna, como algo que ao Estado é defeso subtrair ao indivíduo, ao mesmo tempo que deve positivamente assegurar.[21] As prestações do Estado também se fizeram sentir nas renúncias fiscais relativas ao imposto de renda da pessoa física quando, expressamente, permite deduções das despesas com saúde e educação. Para garantir a dignidade da pessoa humana, mais do que prestação

---

15. CANOTILHO, José J. Gomes. *Constituição dirigente e vinculação do legislador*. Coimbra: Coimbra, 1982, p. 371.

16. BRASIL – STF – RE 567.985 MT – Relator Min. Marco Aurélio. Julgamento em 18.04.2013. Acesso em: 20 ago. 2022. Disponível em: https://redir.stf.jus.br/paginadorpub/paginador.jsp?docTP=TP&docID=4614447.

17. BRASIL – IBGE – *Pesquisa Pulso Empresa: Impacto da Covid-19 nas Empresas*. Acesso em: 02 jul. 2020. Disponível em: http/:agenciadenoticias.ibge.gov.br.

18. BRASIL – Constituição Federal – Art. 5º, XIII e art. 170, parágrafo único.

19. BRASIL – Receita Federal do Brasil – RFB. Acesso em: 02 jul. 2020. Disponível em: http://www4.planalto.gov.br/legislacao/.

20. BRASIL – Lei 13.982/20. Dispõe sobre parâmetros adicionais de caracterização da situação de vulnerabilidade social para fins de elegibilidade ao benefício de prestação continuada (BPC), e estabelece medidas excepcionais de proteção social a serem adotadas durante o período de enfrentamento da emergência de saúde pública de importância internacional decorrente do coronavírus (Covid-19) responsável pelo surto de 2019, a que se refere a Lei 13.979, de 6 de fevereiro de 2020.

21. PORTUGAL – Corte Constitucional. Acórdão 509 de 2002. Acesso em 20/3/22. Disponível em: https://www.tribunalconstitucional.pt/tc/home.html.

MÍNIMO EXISTENCIAL – IMPOSTO DE RENDA – DESIGUALDADE PÓS-PANDEMIA

positiva, demanda-se que se permita a plena fruição dos direitos fundamentais. Este é o desafio para as cortes constitucionais. O mínimo existencial não está expresso no texto constitucional, mas implícito nos deveres republicanos, como a erradicação da pobreza e redução das desigualdades. Sob a perspectiva tributária, o mínimo existencial é imune aos tributos, segundo a doutrina desenvolvida na segunda metade do século XX.[22]

Discute-se ainda se a prestação de direitos sociais se dá em via de mão dupla, ou seja, positiva e negativamente. Garantir direitos sociais significa tanto evitar que o cidadão seja tolhido de seu direito quanto efetivá-lo. Essa dupla função de garantia do mínimo vital também é observada nos dois sentidos, simultaneamente. Reafirma-se, assim, a necessidade de garantir a disponibilidade efetiva e suficiente para fazer frente ao núcleo essencial da existência de vida quotidiana. O mínimo existencial surge no reconhecimento do imposto de renda como instrumento, quando se garante o direito de dedução adequada de despesas do contribuinte para sua sobrevivência.[23] A Corte Constitucional italiana, enfim, pensou na necessária coordenação entre o sistema tributário e os serviços sociais, de sorte a obrigar o fisco a respeitar o mínimo existencial do contribuinte. A doutrina italiana comenta a Constituição no sentido de enxergar no próprio sentido da capacidade contributiva, a concretização do mínimo existencial.[24]

Na Espanha, o mínimo vital está associado ao princípio da capacidade contributiva como irmãos siameses.[25] A própria configuração da segurança social experimentou uma evolução no último quarto do século XX, no que se considera a competência do Estado para prover prestações afirmativas de direitos sociais, a partir do que se inicia a capacidade econômica do contribuinte. Existiria, assim, um "rendimento garantia" de cidadania.[26] O legislador ordinário, seguindo o dispositivo constitucional e reconhecendo seu papel de efetivar o mínimo vital, assume a função de formular políticas públicas para gestão do rendimento correspondente ao cidadão em estado de pobreza. Existiria um assim denominado "selo de inclusão social", a partir do qual, o cidadão passa a ter a condição de contribuinte. Nesse sentido, o imposto de renda merece um estudo particular. A decisão da corte constitucional sobre mínimo existencial, ademais, não fere

---

22. GIARDINA, Emílio. *Le Basi Teoriche del Principio della Capacità Contributiva*. Milão: Dott.A. Giuffrè, 1961, p. 1.
23. ITÁLIA – Corte Constitucional. Sentença 152, de 23 de junho de 2020. Acesso em: 20 jul. 2022. Disponível em: https://www.rivistadirittotributario.it/2021/05/19/garanzie-del-minimo-vitale-e-coordinamento-tra-sistema-tributario-e-provvidenze-sociali-note-a-margine-di-corte-cost-n-152-2020/.
24. TESAURO, Francesco. *Istituzioni di diritto tributario*. Parte Geral. Turin: Cedam, 2016, p. 79.
25. RUBIO Llorente, Francisco. *Derechos Fundamentales y Principios Constitucionales*. Barcelona: Ariel Derecho, 1995, p. 514.
26. ESPANHA – Corte Constitucional. Decisão STC/2016. Acesso em: 20 ago. 2022. Disponível em: https://www.tribunalconstitucional.es/es/Paginas/default.aspx.

autonomia de entes tributantes, por se tratar de direitos fundamentais sob a tutela da Corte. Disso trataremos mais adiante.

Com o evento da pandemia Covid-19 se observou um aumento da pobreza e consequente distanciamento maior entre ricos e pobres. Alguns países do norte da Europa continental reagiram a esse fato com políticas públicas específicas e até descentralizadas, para mitigar os efeitos da pobreza na população. Esses países, como a Finlândia e os Países Baixos já tinham colocado em prática programas de concretização do mínimo existencial anteriormente.[27] Alguns programas sociais são especialmente desenhados para garantir renda básica, como no exemplo finlandês, alterado circunstancialmente, em função de crises sociais como a pandemia Covid-19.[28]

O modelo europeu de atenção ao mínimo existencial como programa de segurança social guarda semelhança com o brasileiro, guardadas as respectivas proporções. De toda a sorte, para o que se pretende neste ensaio, os programas de segurança social têm relação apenas marginal com as questões a serem enfrentadas aqui. Aqui trataremos do imposto de renda e do mínimo existencial. A despeito disso, o agente fiscal procura, especialmente em momentos de crises agudas como a que se apresenta com a Covid-19, pensar na distribuição de renda e bem estar numa economia de mercado. Isso depende de um número de fatores, incluindo leis que permitam a igualdade de oportunidades, a mobilidade social e a reestruturação de mercados. O contexto sistêmico em que se desenvolvem as atividades econômicas durante a crise ocasionada pela pandemia da Covid-19, torna estratégico o papel do agente de política fiscal. De igual sorte, os ajustes no sistema tributário são muito oportunos em tempos agudos como de pandemia, no sentido de modificar a legislação do imposto de renda, revisitando os critérios de apuração do imposto de renda, apenas para citar o exemplo legislativo alemão.[29]

2. MÍNIMO EXISTENCIAL NO IMPOSTO DE RENDA

O mínimo existencial relacionado ao imposto de renda tem um ponto de convergência com a ideia de cidadania fiscal, no sentido de direitos fundamentais, políticos, sociais, econômicos e difusos. O direito às condições mínimas de

---

27. VERLAAT, T., DE KRUIJK, M. Experimento con ayudas a la renta en los Países Bajos: Utrecht, Barcelona Societat: *Revista de investigación y análisis social*, n. 23, p. 167. 2019.

28. KANGAS, O., JAUHIAINEN, S., SIMANAINEN, M., YLIKÄNNÖ, M. (Ed.): *The Basic Income Experiment 2017-2018 in Finland*. Preliminary Results, Ministry of Social Affairs and Health, Helsinki, 2019, p. 7-8.

29. HEY, Johanna. *Stellungnahme Zu dem Entwurf der Fraktionen der CDU/CSU und PSD Corona-Steuerhilfegesetz (BT-Drucks. 19/19150)*. Institut für Steuerrecht Universität zu Köln, Öffentliche Anhörung im Finanzausschuss am 25 maio 2020, (1/11) p. 7 e 8. Acesso em: 02 jul. 2022. Disponível em: www.bundestag.de/ressurge/blog/697504/4eebd50ec9.

existência humana, uma vida digna que exige prestações positivas do Estado, ao mesmo tempo que o impede de retirar do cidadão aquilo que é vital.[30] A questão da cidadania fiscal é um tanto controvertida, preferindo aqui a ideia de pertencimento, destino comum, perante uma unidade constitucional. Um fundamento comum de identidade política, sim, confere ao contribuinte a ideia de garantia constitucional.[31]

Tal fundamentação se dá por meio da concretização de direitos fundamentais. O princípio da tributação universal surgiu como uma regra de guerra de distribuição do encargo fiscal na luta contra o feudalismo. O princípio básico da igualdade foi desenvolvido como padrão de avaliação para tributação justa, mas o princípio do mínimo existencial perdeu sua função de referência para o princípio da capacidade contributiva. Mesmo um pouco controvertida, sustenta-se a tese de que a capacidade contributiva e mínimo existencial encontrariam raízes na ética de Aquino, ainda no século XII.[32]

A lei alemã de 25 de maio de 1873, trouxe a primeira noção de mínimo existencial no direito positivo tributário. A lei do Reich alemão fixou em 1.000 thalers (moeda alemã na época), a isenção fiscal para o contribuinte, que seria o mínimo necessário para a subsistência. Esta iniciativa pioneira da legislação fiscal alemã produziu um forte impacto no número de contribuintes do imposto de renda da época. Em 1873, ano da publicação da lei, de um universo de 9.300.000 (nove milhões e trezentos mil) contribuintes, 5.000.000 (cinco milhões) de contribuintes pagaram a alíquota mínima ou alíquota diferenciada. No ano seguinte, quando a mencionada lei passou a vigorar, 6.400.000 (seis milhões e quatrocentos mil) contribuintes ficaram isentos.[33]

O imposto de renda tem uma relação muito próxima com o mínimo existencial e este, não por acaso, com a capacidade contributiva. A ideia de excluir o contribuinte do campo tributário por conta da tem um conteúdo intrínseco no princípio da capacidade contributiva. Não é sequer idôneo tributar além do mínimo existencial, ingressando o Estado na esfera da ética fiscal, um perigoso ponto de inflexão sobre direitos fundamentais. A questão ética, porém, é de política fiscal, algo pouco tratado no campo das finanças públicas e tributação aqui no

---

30. TORRES, Ricardo Lobo. A Cidadania Fiscal Múltipla. In: REZENDE, Condorcet (Org.). *Estudos tributários*. Rio de Janeiro: Renovar, 1999, (259/278) p. 464.
31. HABERMAS, Jürgen, I fondamenti morali prepolitici dello Stato liberale. In: HABERMAS, Jürgen e RATZINGER, Joseph. *Etica, religione e stato liberale*, Brescia, 2004, p. 29.
32. AMATUCCI, Andrea. I'l concetto di tributo in Italia ed in Germania. In: TÔRRES, Heleno Taveira (Coord.). *Direito tributário internacional aplicado*. São Paulo: Quartier Latin, 2008, v. V.
33. ZILVETI, Fernando Aurelio. *Princípios de direito tributário e a capacidade contributiva*. São Paulo: Quartier Latin, 2001, p. 205.

Brasil.[34] A Constituição de 1988 trouxe um elenco extenso de direitos fundamentais, assimilado pela legislação e jurisprudência. O mínimo existencial, no campo dos direitos fundamentais não prestacionais, se encontra no imposto de renda.[35]

O legislador do imposto de renda pode, assim, esbarrar no valor maior da vida e da dignidade, quando limite gastos com saúde, objeto deste estudo. Num primeiro momento da pandemia Covid-19, buscou-se compreender a natureza jurídica da ação do governo brasileiro, levando em conta a ajuda emergencial para a renda e o emprego, com redução da jornada de trabalho. A ajuda pode ser excluída do lucro líquido da empresa, para fins de apuração do lucro real. Essa despesa, no que diz respeito ao que a empresa arca é dedutível. Mesmo na hipótese dos empregados serem mantidos em casa, inativos, com o salário pago pela empresa, de igual sorte a despesa é dedutível.[36] Para a pessoa física, porém, as medidas para enfrentar a pandemia não se deram senão para postergar ajustes. Faltou enfrentar os gastos do contribuinte pessoa física, para atender o mínimo existencial pessoal e familiar.

Se, por um lado, o Fisco se interessa pela renda do contribuinte em qualquer circunstância e, como em algumas jurisdições, até a renda mundial, por outro lado, o imposto de renda não avança sobre o mínimo existencial. Na Alemanha, este mínimo está previsto na legislação do imposto de renda (§ 32a I 2 n. 1 EStG).[37] Mesmo nas hipóteses de simplificação do imposto de renda, com uso de estruturas práticas, o mínimo existencial permanece fora do campo de ação fiscal. A praticabilidade não é autorizada, portanto, a avançar sobre o mínimo existencial do contribuinte.[38]

Também na Alemanha, é defeso ao legislador impor a tributação do imposto de renda sobre parcela indisponível do contribuinte, em atenção ao princípio do mínimo existencial. Ademais da doutrina, a consistente jurisprudência das cortes superiores, como a Corte Federal de Finanças, entende indisponível a renda das pessoas físicas, empregados e autônomos.[39] O pano de fundo dessa discussão é essencialmente a questão de saber até que ponto as necessidades reais dos contribuintes desempenham um papel na determinação do nível mínimo de

---

34. TORRES, Ricardo Lobo. O mínimo existencial, os direitos sociais e os desafios de natureza orçamentária. In: SARLET, Ingo Wolfgang; TIMM, Luciano Benetti (Org.). *Direito fundamentais, orçamento e "reserva do possível"*. Porto Alegre: Livraria do Advogado, 2002, (3/86) p. 78.

35. SARLET, Ingo. *A eficácia dos direitos fundamentais*. Porto Alegre: Livraria do Advogado, 2001, p. 265.

36. OLIVEIRA, Ricardo Mariz de. Pandemia e indagações tributárias. *RDTA* 44, (493/505) p. 495. O autor cita corretamente o art. 47 da Lei 4.506, refletida no art. 311 do RIR/2018.

37. TIPKE, Klaus e LANG, Joachim et al. Steuerrecht. Colônia: Dr. Otto Schmidt, 2012, § 9, 26.

38. TIPKE, Klaus e LANG, Joachim et al. Steuerrecht. Colônia: Dr. Otto Schmidt, 2012, § 4, 132.

39. ALEMANHA – Corte Federal de Finanças (BFH). ECLI:DE:BFH:2017:U.270717.IIIR1.09.0. Acesso em: 20 jul. 2022. Disponível em: https://www.bundesfinanzhof.de/de/entscheidung/entscheidungen--online/detail/STRE201710276/.

subsistência, se as definições e valores de avaliação existentes são adequados para registrar isso e o que realmente constitui o nível de subsistência.

A Corte Constitucional espanhola apreciou recentemente a legislação catalã, no sentido de investigar o papel do parlamento na efetivação de direitos fundamentais, especificamente do rendimento do cidadão, que atenda o mínimo existencial.[40] O imposto de renda, afinal, deve ser configurado de modo a permitir que o contribuinte possa deduzir sua parcela necessária à sobrevivência sua e de sua família. A partir daí formamos a soma dos rendimentos, aplicamos a alíquota devida e, assim, teremos o imposto de renda a ser pago pela pessoa física.

Nos Países Baixos, o imposto de renda é considerado um meio de concretização do mínimo existencial, com uma dedução pessoal, de cônjuges ou companheiros, família monoparental com filhos menores e pressões idosas.[41] A efetivação do mínimo existencial, após os impactos da pandemia de Covid-19, tornou-se imperativa, propiciando que o cidadão holandês alcance o patamar de capacidade contributiva.[42] A ideia do imposto de renda ligado ao princípio do mínimo existencial realiza, afinal, a capacidade contributiva.

No ordenamento tributário italiano o mínimo existencial se articula através de determinadas deduções do imposto de renda, admite-se deduzir cônjuges dependentes até um determinado valor. Admite-se, como nos demais exemplos comparados, dedução de filhos menores e outros dependentes, ainda que não tenham laços sanguíneos. Afinal, os limites de dedutibilidade são desafiados pelo contribuinte em determinadas condições, para que se atenda ao mínimo existencial pessoal e da família. O Tribunal Constitucional italiano identificou os chamados elementos do mínimo existencial "naqueles meios que parecem indispensáveis às necessidades fundamentais do homem", nas "rendas tão modestas que mal são suficientes para satisfazer as necessidades elementares da vida".[43] O conceito de mínimo existencial está subjacente ao indivíduo, pois cada um possui "necessidades básicas" e "necessidades fundamentais". No entanto, pode referir-se ao homem "tanto como indivíduo como nas formações sociais onde se desenvolve a sua personalidade" (artigo 2.º da Constituição); "Todos os cidadãos têm igual dignidade" e "É dever da República remover os obstáculos de natureza económica e social que, limitando efectivamente a liberdade e a igualdade dos cidadãos,

---

40. ESPANHA – Corte Constitucional. Pleno. Sentença 1140-2021, 1º.03.2021. Acesso em: 20 ago. 2022. Disponível em: https://www.tribunalconstitucional.es/NotasDePrensaDocumentos/NP_2021_084/2021-1140STC.pdf.

41. SERRANO Antón, Fernando. Derecho Comparado: Panorámica General. *El Mínimo Personal Y Familiar en el Impuesto Sobre la Renta de las Personas Físicas*. Análisis de la Ley 40/1998, de 9 de diciembre, a la luz del Derecho comparado. Barcelona e Madrid: Marcial Pons, 2000, (55/70) p. 65.

42. HOLANDA – Amount of the minimum wage – Acesso em: 20 ago. 2022. Disponível em: https://www.government.nl/topics/minimum-wage/amount-of-the-minimum-wage.

43. ITÁLIA – Corte Constitucional – Decisão 97 de 10 jul. 1968. Acesso em: 20 ago. 2022.

impedem o pleno desenvolvimento da pessoa humana". O tributo se configura, assim, não só como *premium libertatis*, mas também como justiça distributiva, necessário a balancear, em nome do interesse público, a distonia provocada pelo mercado entre cidadãos igualmente tutelados pelo Estado.[44]

No direito tributário, afinal, o conceito de mínimo de existencial é tratado pela doutrina em conexão com os princípios da universalidade e uniformidade da tributação e da tributação segundo a capacidade contributiva.[45] Os princípios da tributação servem para especificar o princípio da justiça fiscal e são reconhecidos pelas cortes constitucionais como resultado de um sistema tributário justo. O princípio do Estado de bem-estar, interpretado pela Corte constitucional, confirma e esclarece o princípio da tributação segundo a capacidade contributiva.[46] Quando o tribunal constitucional isenta contribuintes, sua companheira ou companheiro, seus filhos e pessoas que convivem, de pagar imposto de renda além do mínimo existencial, concretiza a igualdade na tributação.

É questionável que a presunção prática se aplique indefinidamente. Seu poder de persuasão diminui na medida que a carga tributária aumenta.[47] Quanto maior a parcela que o que o Estado retira do contribuinte, menor a probabilidade de respeito ao mínimo existencial. Por um lado, foi exigida no mérito dos debates sobre o imposto de renda, a consideração de despesas de alimentos, por outro lado, contudo, foi aceita a exclusão da consideração de reduções fáticas na capacidade contributiva do contribuinte devido a encargos de alimentos para filhos, contrários ao sistema.[48]

O mínimo existencial deve ser deixado isento de impostos em qualquer caso, cabendo ao intérprete determinar o *quantum*. Os critérios de apuração do imposto de renda da pessoa física, com a possibilidade de declaração conjunta, da inclusão de filhos e parentes, atendem, a depender do grau de tipificação simplificadora, a capacidade contributiva e o mínimo existencial. As despesas com a manutenção do contribuinte e da família seguem sendo uma quimera, nos diversos sistemas aqui estudados.[49]

---

44. MARINO, Giuseppe. La Capacità Contributiva nella prospettiva internazionale e comparata: dalla misurazione dei diritti proprietari alla valorizzazione sociale della persona. *Rivista di Diritto Tributario Internazionale*. Jan./dez. – 2011, (349/366) p 359.

45. GYSIN, Charlotte. *Der Schutz des Existenzminimums in der Schweiz*. Zurique: Helbin&Lichtnhahn, 1999, p. 167.

46. KIRCHHOF, Paul. Staatliche Einnahmen. In: ISENSEE, Josef e KIRCHHOF, Paul (Org.). *Handbuch des Staatsrechts, der Bundesrepublik Deutschland*. v. IV, (87/233) p.143.

47. VOGEL, Klaus. Der Finanz – und Steuerstaat. In: ISENSEE, Josef e KIRCHHOF, Paul (Org.). *Handbuch des Staatsrechts*. Heidelberg: C.F. Müller, 1995, (1151/1185) v. I, p. 1178.

48. BIRK, Dieter. *Steuerrecht*. Heidelberg: C. F. Müller, 2002, § 158.

49. PÖLLATH, Reinhard. Einkommensteuer – einfach am Endereço, am Ende einfach. In Festschrift für Arndt Raupach – Steuer und Gesellschaftsrecht zwischen Unternehmerfreiheit und Gemeinwohl.

3. MÍNIMO EXISTENCIAL NA INTERPRETAÇÃO CONSTITUCIONAL

Neste sentido, o sistema tributário brasileiro se aproximou mais do espanhol, aqui mencionando o posicionamento da Corte Constitucional daquela jurisdição. O mínimo existencial, a seguir o que entendeu a Corte espanhola, não é uma despesa passível de correção monetária, como aqui no Brasil se pleiteia. É um valor determinado em lei, sobre o qual o legislador do imposto de renda não tem competência para arrecadar. Assim, a Constituição limita o legislador de unidades autônomas espanholas a tributar a renda indisponível, em atenção ao princípio do mínimo existencial.[50] Na Espanha, quando se trata do imposto de renda, o mínimo existencial surge relacionado ao princípio da capacidade contributiva. Considera-se inidôneo tributar aquela parte da riqueza considerada necessária para fazer frente às necessidades elementares da existência humana.[51]

Desde a decisão da Corte Constitucional alemã de 1990, o legislador foi obrigado a isentar de imposto o nível de subsistência das crianças. Esta interpretação da Corte alemã leva em conta aquilo que o contribuinte precisa para sustentar uma criança, levando em conta suas necessidades elementares, equalizando os encargos familiares. Foi necessário interpretar a Constituição e o sistema tributário infraconstitucional para determinar o nível dos filhos de uma família.[52] A tipificação e a generalização devem ser adequadas à simplificação e não devem ser desproporcionais. Tipificações e generalizações devem ser mensuradas de forma que a grande maioria dos casos seja registrada corretamente. Os casos previstos pelo legislador, portanto, não devem se desviar muito do tipo. É preciso cuidar para que as divergências decorrentes da simplificação tributária não se tornem exageradas, de modo a afastar o princípio da capacidade contributiva. Este tem sido também, num estudo de direito comparado, o posicionamento da Corte Constitucional alemã.[53]

Organizado por Paul Kirchhof, Kirsten Schimidt, Wolfgang Schön e Klaus Vogel. Colônia: Dr. Otto Schmidt, 2006, (153/175) p. 156.

50. ESPANHA – Corte Constitucional – Pleno. Sentença 186/2021, 28.10.2021. Acesso em: 20 mar. 2022. Disponível em: https://www.boe.es/diario_boe/txt.php?id=BOE-A-2021-19515.

51. BONELL, Ramón Colmenero. Principio de Igualdad y Deber de Contribuir. *Anuario Jurídico y Económico Escurialense*. XXXVIII (2005) 177-208/ISSN: 1133-3677. Acesso em: 20 mar. 2022. Disponível em: https://dialnet.unirioja.es/descarga/articulo/1143011.pdf.

52. ALEMANHA – Corte Constitucional – BVerfG, decisão de 29 de maio de 1990 – 1 BvL 20/84 –, BVerfGE 82,60 (Rn 105ff.). Acesso em: 20 jul. 2022. Disponível em: https://www.bundesverfassungsgericht.de/SharedDocs/Entscheidungen/DE/2019/11/ls20191105_1bvl000716.html.

53. SCHAUMBURG, Harald. Besteuerung von Kapitalerträgen. Besteuerung von Einkommen / hrsg. im Auftrag der Deutschen Steuerjuristischen Gesellschaft e. V. von Iris Ebling. Köln: O. Schmidt, 2001, (225/300) p. 262. O renomado jurista cita alguma jurisprudência, aqui confirmada: BVerfG v. 25. 9. 1992, BVerfGE 87, 153 ff. (169 ff.) (Existenzminimum); v. 10. 4. 1997, BVerfGE 96, 1 ff. (6 f.) (Arbeitnehmer – und Weihnachtsfreibetrag); P. Kirchhof, Grundlinien des Steuerverfassungsrechts in der Rechtsprechung des Bundesverfassungsgerichts, StbJb. 1994/95, 5 ff. (20 f.); ders., Der verfassungsrechtliche Auftrag zur Steuervereinfachung, in: FS Meyding, Heidelberg 1994, 3 ff. (9 ff.)

Nesse sentido, o requisito mínimo de direito social representa a base do nível de subsistência em direito tributário. Se o requisito mínimo social aumentar, isso também deve se refletir no nível de subsistência na lei tributária do imposto de renda. É preciso entender que isso não é correção monetária inflacionária, apenas a obrigação do Estado de compor o direito social fundamental do contribuinte e de sua família. É papel da Corte Constitucional garantir direito fundamental, mesmo que, para isso, substitua o parlamento no dever de quantificação do mínimo existencial.

O princípio da isenção fiscal do nível de subsistência não protege apenas o chamado nível de subsistência material. As contribuições para o seguro privado de doença e cuidados também podem fazer parte do nível de subsistência que deve ser poupado pela lei do imposto sobre o rendimento. Para a avaliação das despesas necessárias à existência, o nível de benefícios garantidos pela lei previdenciária deve ser usado como um nível de comparação que quantifica o mínimo existencial. Assim decidiu a Corte Constitucional suíça, concretizando o princípio do mínimo existencial para o imposto de renda das pessoas físicas.[54] De igual sorte, a mesma corte considerou livre da tributação do imposto de renda, o mínimo existencial do casal com filhos.[55]

Dentro da teoria da formação de precedentes, ressalta-se o papel da corte constitucional, ao ratificar ou retificar leis provenientes do parlamento, que não estejam de acordo com a Constituição. Ao defender e, com isso, concretizar direitos fundamentais, a Corte Constitucional exerce função para a qual foi designada pelo constituinte.

O procedimento de concretização deve ser delimitado pelo objeto de interpretação.[56] Assim, ao se deparar com a lei do imposto de renda, o juiz da corte constitucional analisa o mínimo existencial constitucional. Se o mínimo viral não se encontra brindando pelo legislador do imposto de renda, o intérprete afasta a norma do sistema. O mínimo existencial, como direito básico jurídico-constitucional do homem e do cidadão, está protegido contra intervenções antijurídicas.[57] Esse avanço "tópico", guiado normativamente, se observa nas Cortes constitucionais pesquisadas.

---

54. SUÍÇA – Corte Constitucional – 2 BvL 1/06. Decisão da Segunda Sessão, de 13 de fevereiro de 2008. Acesso em: 20 ago. 2022. Disponível em: https://www.servat.unibe.ch/dfr/bv120125.html#Opinion.
55. SUÍÇA – Corte Constitucional – 1 BvR 527/80, 528/81 und 441/82. Decisão da Primeira Turma, 17 de outubro de 1984 . Acesso em: 20 ago. 22. Disponível em: https://www.servat.unibe.ch/dfr/bv068143.html.
56. HESSE, Konrad. *Elementos de Direito Constitucional da República Federal da Alemanha*. Trad. Luís Afonso Heck. Porto Alegre: Fabris, 1998, p. 63.
57. ALEMANHA – Corte Constitucional. Decisão BVerfGE 78, 179 (196f).

Um estado fiscal é um estado que cobre essencialmente suas necessidades financeiras por meio de tributos. O Estado moderno, como mostrado, é necessariamente um estado financeiro, mas não é necessariamente um Estado tributário. No entanto, a condição de Estado fiscal não é nada irrelevante para o Estado.[58]

Em recente decisão, o Plenário do Supremo Tribunal Federal (STF) afastou a incidência do Imposto de Renda (IR) sobre valores decorrentes do direito de família recebidos a título de alimentos ou de pensão alimentícia. Entendeu o STF, que a materialidade do tributo está necessariamente vinculada à existência de acréscimo patrimonial. Ocorre que alimentos ou pensão alimentícia oriunda do direito de família não são renda nem provento de qualquer natureza do credor dos alimentos.[59] Note-se que a natureza do valor pago ao alimentando somente pode ser renda, receita, indenização ou doação. A qualificação sob a ótica do direito civil importa para a consideração por parte do direito tributário. Várias questões são tratadas na legislação tributária com base em conceitos de direito privado. Interpretando a decisão do STF em relação ao valor pago a título de alimentos, esta representa uma receita destinada ao mínimo existencial. Desta forma, não cabe falar em tributação da parcela indisponível do contribuinte, ainda que polêmica a competência do STF para requalificar renda definida por lei. Fato é que tais valores não podem integrar a renda tributável do alimentando, sob pena de violar-se a garantia ao mínimo existencial.

CONCLUSÃO

Para melhor compreensão do tema escolhido neste ensaio, procuramos responder às perguntas formuladas pela organização, a título de conclusão. Dessa forma passamos, uma a uma, com nossos comentários.

1.1 Existem critérios a partir dos quais as desigualdades podem ser avaliadas, de sorte a serem consideradas moralmente legítimas, ou ilegítimas?

Conforme acima pesquisamos em algumas jurisdições e no Brasil, a desigualdade interessa o debate sobre direitos fundamentais, especialmente os direitos sociais. Estes são de difícil mensuração, mas pressupõem a existência de desigualdades a serem mitigadas. Quando as cortes constitucionais se debruçam sobre o tema da pobreza e, em alguns casos, da miséria absoluta, procuram estabelecer critérios quantificadores da desigualdade.

1.2 Mesmo abstraída a questão moral, a redução de algumas desigualdades seria defensável sob o ponto de vista econômico?

---

58. VOGEL, Klaus. Der Finanz – und Steuerstaat. In: ISENSEE, Josef e KIRCHHOF, Paul. *Handbuch des Staatsrechts.* Heidelberg: C.F. Müller, 1995, (1151/1185) v. I, p. 1173.

59. BRASIL – STF – ADI 5422. Relator Min. Dias Tóffoli. Julgamento em 03.06.2022.

O que moralmente seria legítimo ou não, como tratamos de responder na primeira pergunta, resulta bastante vago, fugidio. Tampouco nos aventuramos no campo econômico, visto não sermos versados em tão complexo ofício. De qualquer modo, para não fugir à resposta, apontamos as decisões das cortes constitucionais em matéria do mínimo existencial, para entender a determinação ao Poder Executivo que concretiza direitos sociais e, somente a partir de um "selo de inclusão social" se possa exigir do então contribuinte, que arque com as despesas do Estado, estariam reduzidas, em alguma medida, as desigualdades.

1.3 O tributo é uma ferramenta adequada para se promover a redução de desigualdades? Mesmo que seja considerado adequado, ele é suficiente?

O tributo não é a melhor ferramenta para a promoção de redução de desigualdades. De qualquer modo, o imposto de renda é o melhor tributo em termos de atenção ao princípio da igualdade na tributação e a capacidade contributiva. Por conseguinte, ao entender que o mínimo existencial é um pressuposto para a capacidade contributiva, o imposto de renda se apresenta como uma ferramenta útil. A jurisprudência das cortes constitucionais pesquisadas neste ensaio atestam isso. Naturalmente, a doutrina nacional insiste em refutar o imposto de renda como ferramenta, mas deve se curvar ao que as cortes constitucionais apresentam.

1.4 Como equacionar a questão relacionada ao fato de que os detentores de maior capacidade contributiva, se confrontadas com uma tributação mais onerosa – como pode ser o caso de uma destinada a reduzir desigualdades – tendem a migrar para países de tributação mais branda, ou mesmo recorrer ao planejamento tributário internacional e ao uso de paraísos fiscais?

Neste ensaio nos concentramos no imposto de renda e as deduções de despesas necessárias para cumprir o mínimo existencial. Aqui não visitamos a progressividade do imposto de renda ou o imposto de renda suplementar sobre grandes fortunas, de sorte que não entendemos aplicável à questão formulada.

2. Tributação sobre o Consumo

Estas questões estão prejudicadas, visto tratarmos exclusivamente da tributação da renda.

3. Tributação da Renda

3.1 Há relação entre a progressividade das alíquotas do imposto sobre a renda e o enfrentamento das desigualdades econômicas e sociais?

Não entendemos existir relação direta entre progressividade e desigualdade. A progressividade é apenas um mecanismo fiscal de graduação do imposto de renda que, de acordo com a proporção, gravará mais os ricos. Isso não garante, em si, a melhor distribuição do valor arrecadado aos mais pobres. A eficiência na arrecadação e aplicação, mesmo sem progressividade, é que vai determinar o sucesso de programas sociais.

3.2 Quais as desvantagens, defeitos ou problemas da tributação progressiva da renda? Elas são superadas por eventuais vantagens dessa técnica de tributação?

A tributação progressiva da renda não reduz, necessariamente, a distância entre os mais ricos e os mais pobres. A aplicação de recursos fiscais na mitigação dessa diferença entre ricos e pobres é matéria de finanças públicas e não de tributação. Ao longo do tempo, a técnica progressiva de tributação de renda se mostrou ineficiente na redução das desigualdades.

3.3 Tendo em vista a determinação constitucional para que o imposto sobre a renda seja regido pelo princípio da progressividade, seria válida a instituição de uma alíquota única (flat tax) para esse imposto no país?

A alíquota única (*flat tax*) atende a progressividade constitucional, uma vez que alcança a renda de quem ganha pouco e de quem ganha muito, proporcionalmente. A alíquota única sofre críticas, não pela técnica, mas em função da justiça social, que demanda um gravame mais pesado sobre os ricos.

3.4 É possível atingirem-se os objetivos buscados com alíquotas progressivas, se se considerarem adequadamente as bases sobre as quais elas incidem? Bases muito baixas, ou próximas umas das outras, são capazes de aproximar a tributação progressiva de um flat tax?

As bases de cálculo podem fazer o imposto mais justo, mesmo correndo o risco de se aproximar de um *flat tax*. Quanto mais bases existirem, melhor é a capacidade de captação de riqueza, sem que se necessite, alíquotas muito altas.

3.5 A tributação da renda no Brasil, possui aspectos ou particularidades, no que tange às pessoas físicas, que implica discriminação ou quebra da igualdade no que tange as questões de gênero? Quais seriam elas, e como poderiam ser remediadas?

A dedução das despesas do imposto sobre a renda não leva em consideração as questões de gênero. Isto já representa, em si, uma discriminação de gênero. Seria necessário incluir na legislação do imposto de renda das pessoas físicas a possibilidade, por exemplo, de dependentes pluriparentais, sem vínculo familiar necessário.

3.6 Os fatos relativos às indagações acima foram de algum modo atingidos pelos efeitos da pandemia causada pelo SARS Covid-19?

De alguma forma os efeitos econômicos de uma pandemia estão relacionados com a renda e, consequentemente, com o imposto sobre a renda. Entendemos que a melhor dedutibilidade de despesas tem maior eficiência na diminuição da distância entre ricos e pobres, do que a progressividade aplicada.

TRIBUTAÇÃO E DESIGUALDADES PÓS-PANDEMIA

Hugo de Brito Machado Segundo

Sumário: Introdução – 1. Premissas fundamentais; 1.1 Existem critérios a partir dos quais as desigualdades podem ser avaliadas, de sorte a serem consideradas moralmente legítimas, ou ilegítimas?; 1.2 Mesmo abstraída a questão moral, a redução de algumas desigualdades seria defensável sob um ponto de vista econômico?; 1.3 O tributo é uma ferramenta adequada para se promover a redução de desigualdades? Mesmo que seja considerado adequado, é ele suficiente?; 1.4 Como equacionar a questão relacionada ao fato de que os detentores de maior capacidade contributiva, se confrontados com uma tributação mais onerosa – como pode ser o caso de uma destinada a reduzir desigualdades –, tendem a migrar para países de tributação mais branda, ou mesmo recorrer ao planejamento tributário internacional e ao uso de paraísos fiscais? – 2. Tributação do consumo; 2.1 É correto dizer-se que a tributação do consumo é regressiva? Como conciliar essa possível e suposta regressividade, com a necessidade de respeito à capacidade contributiva e às ideias de justiça fiscal?; 2.2 Há como ajustar a tributação do consumo à luz de considerações ligadas à capacidade contributiva, ao gênero, ou a quaisquer outras características pessoais do consumidor, levando-se em conta que o contribuinte legalmente registrado e identificado junto às repartições fiscais é o comerciante vendedor?; 2.3 É correto dizer-se que sociedades economicamente mais desiguais oneram mais pesadamente o consumo, e sociedades economicamente menos desiguais o oneram menos? A desigualdade é causa ou consequência de se atribuir maior peso à tributação do consumo?; 2.4 Possíveis defeitos da tributação sobre o consumo, no Brasil, no que tange à redução das desigualdades, serão mitigados ou incrementados pelas propostas de reforma tributária ora em tramitação e discussão no Congresso Nacional?; 2.5 Os fatos relativos às indagações acima foram de algum modo atingidos pelos efeitos da pandemia causada pelo SARS Covid-19? – 3. Tributação da renda; 3.1 Há relação entre a progressividade das alíquotas do imposto sobre a renda e o enfrentamento das desigualdades econômicas ou sociais?; 3.2 Quais as desvantagens, defeitos ou problemas da tributação progressiva da renda? Elas são superadas por eventuais vantagens dessa técnica de tributação?; 3.3 Tendo em vista a determinação constitucional para que o imposto sobre a renda seja regido pelo princípio da progressividade, seria válida a instituição de uma alíquota única (flat tax) para esse imposto no país?; 3.4 É possível atingirem-se os objetivos buscados com alíquotas progressivas, sem se considerarem adequadamente as bases sobre as quais elas incidem? Bases muito baixas, ou próximas umas das outras, são capazes de aproximar a tributação progressiva de um flat tax?; 3.5 A tributação da renda, no Brasil, possui aspectos ou particularidades, no que tange às pessoas físicas, que implica discriminação ou quebra da igualdade no que tange a questões de gênero? Quais seriam elas, e como poderia ser remediadas?; 3.6 Os fatos relativos às indagações acima foram de algum modo atingidos pelos efeitos da pandemia causada pelo SARS Covid -19? – 4. Tributação das heranças; 4.1 A tributação das heranças guarda relação com a mitigação das desigualdades no plano intergeracional? Seriam essas desigualdades mais, ou menos legítimas, que aquelas surgidas durante a vida de pessoas de uma mesma geração?; 4.2 A tributação das heranças amesquinha o direito à herança, previsto constitucionalmente? Considerando-se que ambas – a tributação de heranças e o direito à herança – são previstos no texto constitucional, como conciliá-los?; 4.3 À luz do Direito Comparado, a carga tributária incidente sobre heranças, no Brasil, pode ser considerada alta, ou baixa?; 4.4 A tributação das heranças pode se submeter ao princípio da progressividade?; 4.5 Caso afirmativa a resposta à questão anterior, seria possível atingirem-se os objetivos buscados com alíquotas progressivas, sem se considerarem adequadamente as bases sobre as quais elas incidem? Bases muito baixas, ou próximas umas das outras, são capazes de aproximar a tributação progressiva de um flat tax?; 4.6 Os fatos relativos às indagações acima foram de algum modo atingidos pelos efeitos da pandemia causada pelo SARS Covid-19? – 5. Justiça fiscal e gasto público; 5.1 A justiça de um sistema tributário pode ser aferida, ou medida, sem se considerarem os fins nos quais os recursos arrecadados são aplicados?; 5.2 Quais gastos públicos seriam mais adequados, no Brasil, para minimizar o problema das desigualdades econômicas e sociais?; 5.3 Os fatos relativos às indagações acima foram de algum modo atingidos pelos efeitos da pandemia causada pelo SARS Covid-19? – 6. Corrupção e desigualdade; 6.1 Quais os efeitos da corrupção sobre a tributação e sua utilização para o enfrentamento das desigualdades sociais e econômicas?; 6.2 Os fatos relativos às indagações acima foram de algum modo atingidos pelos efeitos da pandemia causada pelo SARS Covid-19? – Considerações conclusivas.

INTRODUÇÃO

É com muita satisfação que escrevo para mais um livro da coleção de estudos tributários que, desde 1998, o Instituto Cearense de Estudos Tributários – ICET, sob a condução do Professor Hugo de Brito Machado, produz em torno de relevantes questões jurídicas, com a participação de destacados pesquisadores. O primeiro volume da coleção, publicado pela editora IOB e dedicado, ainda nos anos 1990, à imunidade dos livros eletrônicos,[1] é mostra da atualidade e da relevância dos temas escolhidos para análise em cada uma delas.

Registro meus agradecimentos a todos os que fazem o Instituto Cearense de Estudos Tributários, em especial ao Professor Hugo de Brito Machado, pela iniciativa desta coleção e dos diversos volumes que dela fazem parte, com os quais se contribui para a construção de soluções em torno de temas como repetição do indébito e compensação, tributação de indenizações, decadência e prescrição, lançamento, interpretação da lei tributária, prova, coisa julgada, planejamento tributário, tributação das novas tecnologias, exigência de certidões negativas como instrumento de restrição a direitos fundamentais, dentre tantos outros.

Contemplando a coleção à distância, seja física, a permitir visualizar todos os livros que a integram em uma estante, seja cronológica, a facultar a análise dos reflexos que cada tema, e mesmo cada livro, teve no enfrentamento dos assuntos pela literatura especializada e pelos Tribunais, tem-se uma dimensão mais clara do valor da iniciativa, não só de organizar os volumes e convidar os autores, mas, principalmente, de escolher os temas e formular as perguntas. Até porque, em filosofia, como em ciência, as perguntas são mais importantes do que as respostas

---

1. MACHADO, Hugo de Brito (Org.). *Imunidade tributária do livro eletrônico*. São Paulo: IOB, 1998,

que se lhes dão.[2] E, de certo modo, já delimitam o assunto de modo a indicar o que deve ser estudado para que sejam respondidas.[3]

Quanto a este volume, desta vez, com atenção aos reflexos da pandemia que assolou o mundo a partir de 2020, examina-se assunto central e basilar ao Direito Tributário e ao seu uso pelo Estado, no direcionamento de questão em torno da qual a humanidade debate há dezenas de séculos: a igualdade. Em seu enfrentamento, neste artigo, optou-se, como em edições anteriores, por se responderem as questões diretamente, na ordem em que formuladas[4] pelos organizadores do livro. Isso facilita a consulta do leitor que deseja conhecer a maneira como se enfrentaram questões específicas, e notadamente do que espera comparar as posições dos diversos autores. Vamos a elas.

1. PREMISSAS FUNDAMENTAIS

1.1 Existem critérios a partir dos quais as desigualdades podem ser avaliadas, de sorte a serem consideradas moralmente legítimas, ou ilegítimas?

Todo ser humano, ou mesmo qualquer situação, objeto, coisa, enfim, parcela da realidade, pode ser considerado igual, ou diferente, de outro, ou de outra. Tudo depende do critério utilizado para comparar.[5]

Duas cidades podem consideradas iguais, porque têm o mesmo número de habitantes, ou diferentes, porque em uma faz sempre muito frio, e, na outra, calor.

Dois carros podem ser tidos como iguais, porque são movidos a gasolina, ou diferentes, porque um tem tração traseira, e, o outro, dianteira.

Duas festas podem ser reputadas iguais, porque nelas se ouve música alta e se bebe cerveja, ou diferentes, porque em uma se celebra o aniversário de alguém e, na outra, uma formatura.

Duas pessoas podem ser vistas como iguais, porque têm a mesma cor de pele, ou diferentes, porque uma é ateia, e, a outra, católica.

Considerando que o tempo flui, não para, e que no seu transcorrer as coisas irremediavelmente se alteram, até uma mesma pessoa pode ser considerada di-

---

2. RUSSEL, Bertrand. *História do pensamento ocidental*. 4. ed. Trad. Laura Alves e Aurélio Rebello. Rio de Janeiro: Ediouro, 2001, p. 24.
3. DESCOLA, Philippe. *Outras naturezas, outras culturas*. Trad. Cecília Ciscato. São Paulo: Editora 34, 2016, p. 42.
4. Reflexões prévias em torno das relações entre tributação e desigualdades podem ser encontradas em MACHADO SEGUNDO, Hugo de Brito. Tributação e redução de desigualdades. *RJLB – Revista Jurídica Luso-Brasileira*, ano 4, p. 105-146, 2018.
5. ÁVILA, Humberto. *Teoria da Igualdade Tributária*. São Paulo: Malheiros, 2008, p. 41.

ferente, de si mesma, se há um ano era mais gorda, e perdeu peso, dizendo-se que hoje está diferente e mais esbelta.

Os exemplos seriam incontáveis, e ilustram que, a depender do critério, ou do fator tomado em conta para comparar duas parcelas da realidade, separadas no tempo ou no espaço, elas podem ser consideradas iguais, ou diferentes. Além disso, se pode indagar: para que aferir a igualdade ou a desigualdade? Para manter, respeitar ou corrigir o *status quo*?

Neste texto, a questão, por certo, se reporta a desigualdades no que tange à condição sócio-econômica de pessoas. Igualdade, ou desigualdade, na disponibilidade de meios para o exercício da liberdade, para o atendimento das necessidades essenciais.

Nesse quesito, existem, por certo, diversos critérios, ou fatores, que têm sido levados em conta, no campo da Filosofia, ora para justificar, ora para censurar a existência de desigualdades de cunho socioeconômico, vale dizer, desigualdade na disposição de recursos e meios necessários ao exercício das liberdades.

Amartya Sen ilustra essa variedade de critérios a partir de um exemplo singelo, no qual algumas crianças disputam uma flauta com a qual desejam brincar. A qual delas o instrumento musical deve ser dado? Uma delas fez a flauta. Outra, porém, é a única que sabe tocá-lo. Outra, diversamente das demais, não tem nenhum outro brinquedo, sendo a flauta o único com o qual poderia se divertir.[6] Locke, Aristóteles e Marx talvez dessem respostas diferentes à pergunta, cada qual justificando à sua maneira a entrega da flauta a uma criança diversa.

Não há espaço, aqui, para aprofundar essa questão. Partindo-se do pressuposto de que as pessoas têm dignidade, por serem capazes de eleger os próprios fins a serem perseguidos em suas vidas, adota-se uma visão segundo a qual daí decorre a necessidade de se respeitar a liberdade individual, e que todos têm direito a isso. O respeito à liberdade envolve, em si, por igual o respeito à igualdade, seja porque todos têm direito a iguais liberdades, seja porque a liberdade não reside apenas na ausência de obstáculos artificialmente colocados por terceiros, mas na presença dos meios ou recursos necessários a que as faculdades que lhe são inerentes sejam exercidas.

Respondendo de maneira mais direta a pergunta, as desigualdades se justificam quando decorrem das escolhas que pessoas livres fazem, na forma como conduzem suas vidas. Se dois sujeitos que tiveram acesso à mesma educação, à mesma alimentação e à mesma estrutura familiar, tendo as mesmas faculdades físicas, ocupam profissões diferentes, com remunerações díspares, porque isso

---

6. SEN, Amartya. *The idea of justice*. Cambridge, Massachusetts: Harvard University Press, 2009, p. 24.

foi fruto das decisões e das escolhas que fizeram[7] (estudar mais, ingressar nesta ou naquela área, assumir determinado risco etc.), não se pode censurar a posição desigual que ocupam, produto de suas liberdades. E pode ser mesmo saudável à sociedade, como um todo, possibilitar tais diferenças.[8]

No contexto brasileiro, porém, dois aspectos fazem com que essa questão não seja tão relevante. O primeiro é o de que o texto constitucional determina, em diversos pontos,[9] como objetivo a ser atingido pela ordem jurídica, a redução das desigualdades sociais e regionais. O segundo é o de que as desigualdades, no Brasil, assumem dimensão que faz com que praticamente qualquer corrente filosófica que se adote para examinar o assunto conduza à conclusão de que devem ser não eliminadas por completo, o que seria impossível e levaria à supressão da liberdade (e, com isso, à criação de outras desigualdades, menos corrigíveis, como as que se verificam entre governantes e governados em ditaduras comunistas), com a violação de diversos outros princípios constitucionais, mas pelo menos diminuídas, tal como o texto constitucional preconiza.

1.2 Mesmo abstraída a questão moral, a redução de algumas desigualdades seria defensável sob um ponto de vista econômico?

Não há separação entre moral e economia, o que, de algum modo, problematiza a própria premissa da qual parte a pergunta. Se se deseja organizar a maneira como as pessoas alocam recursos escassos diante de necessidades ilimitadas, a fim de que certos fins ou objetivos sejam atingidos, subjaz evidente juízo de valor, calcado em elementos morais.[10]

De qualquer modo, admitindo, para viabilizar uma resposta, que os fins visados pela Economia são apenas o crescimento da riqueza[11] – e não um mais geral

---

7. DWORKIN, Ronald. *Is Democracy Possible Here?* Principles for a new political debate. Princeton: Princeton University Press, 2006, p. 10.
8. RAWLS, John. *Uma teoria da justiça*. Trad. Jussara Simões. São Paulo: Martins Fontes, 2008, p. 73.
9. Ao lado de outras remissões, constantes em dispositivos diversos, os artigos 3º e 170 da CF/88 estabelecem: "Art. 3º Constituem objetivos fundamentais da República Federativa do Brasil: (...) III – erradicar a pobreza e a marginalização e reduzir as desigualdades sociais e regionais; (...)"; "Art. 170. A ordem econômica, fundada na valorização do trabalho humano e na livre iniciativa, tem por fim assegurar a todos existência digna, conforme os ditames da justiça social, observados os seguintes princípios: (...) VII – redução das desigualdades regionais e sociais (...)".
10. Cf. SEN, Amartya. *Sobre ética e economia*. Trad. Laura Teixeira Mota. São Paulo: Cia das Letras, 1999, p. 25.
11. A própria visão do ser humano como alguém que busca apenas a realização do próprio interesse é equivocada, como têm demonstrado a neurociência e a biologia evolutiva, sendo certo que aqueles que veem em Adam Smith essa compreensão "não passaram da primeira linha", como critica Amartya Sen. Cf. SEN, Amartya. *The idea of justice*. Cambridge, Massachusetts: Harvard University Press, 2009, p. 186. No mesmo sentido: TIROLE, Jean. *Economia do bem comum*. Trad. Rita Carvalho e Guerra e Pedro Carvalho e Guerra. Lisboa: Guerra e Paz, 2018, p. 22.

desenvolvimento humano, visto como uma expansão das liberdades – mesmo assim a redução de desigualdades é defensável, pois sociedades muito desiguais têm maiores dificuldades para crescer, sobretudo por conta de problemas sociais (violência, insegurança pública etc.) que ensejam custos que, de outro modo, poderiam ser evitados. Em termos mais diretos, sociedades menos desiguais são capazes de melhor desempenho econômico.[12]

1.3 O tributo é uma ferramenta adequada para se promover a redução de desigualdades? Mesmo que seja considerado adequado, é ele suficiente?

Sim, o tributo é ferramenta adequada. Ele retira recursos do setor privado, transferindo-os ao Poder Público, que os pode utilizar em atividades e ações destinadas a propiciar uma igualdade de oportunidades.

Não é, contudo, suficiente. Dependendo de como os recursos arrecadados sejam utilizados, o tributo pode em nada contribuir para a redução das desigualdades, ou mesmo incrementá-las, se onerar mais pesadamente as pessoas em situação mais difícil, gerando recursos usados em benefício daquelas que já estão em condições favoráveis. Funciona como amplificador, e não como redutor, das desigualdades. Seria o caso de um ordenamento jurídico cujos tributos onerassem excessivamente os mais pobres, gerando recursos financeiros depois aplicados pelo Estado na manutenção e na promoção de privilégios aos mais ricos, algo que não é de rara verificação se se fizer uma revisão na História – ou mesmo em alguns sistemas da atualidade. Como observa Piketty, "o imposto não é nem bom nem ruim em si: tudo depende da maneira como ele é arrecadado e do que se faz com ele".[13]

1.4 Como equacionar a questão relacionada ao fato de que os detentores de maior capacidade contributiva, se confrontados com uma tributação mais onerosa – como pode ser o caso de uma destinada a reduzir desigualdades –, tendem a migrar para países de tributação mais branda, ou mesmo recorrer ao planejamento tributário internacional e ao uso de paraísos fiscais?

A competição tributária internacional, sem dúvida, funcionada como um importante mecanismo supraconstitucional, metajurídico, limitador do poder

---

12. KEELEY, B. *Income Inequality*: The Gap between Rich and Poor, Paris: OECD, 2015, http://dx.doi.org/10.1787/9789264246010-en.

13. PIKETTY, Thomas. *O capital no século XXI*. Trad. Monica Baumgarten de Bolle. Rio de Janeiro: Intrínseca, 2014, p. 469.

de tributar. Se exercido em excesso, o poder de tributar conduz à fuga dos agentes econômicos para outras jurisdições fiscais. E é saudável que seja assim.

Essa não deve ser, contudo, uma motivação para que o tributo não seja usado como instrumento de redução das desigualdades econômicas.

Primeiro porque ele não precisa ser excessivo ao ponto de fazer com que os agentes econômicos procurem, só para escapar dele, instalar-se em outras jurisdições. Por outro lado, o fato de que os mais pobres têm menos condições de mudar de país ou de fazer um planejamento tributário internacional não justifica que se lhes aplique uma maior carga.

Segundo, porque o principal mecanismo redutor de desigualdades não reside na obtenção dos recursos, mas em sua aplicação, que se deve destinar, sobretudo, à educação, campo no qual uma atuação consistente e abrangente por parte do Estado pode efetivamente garantir alguma igualdade de oportunidades.

Terceiro, porque o que se assiste, no mundo, no que tange aos fluxos migratórios, é uma série de pessoas e empresas mudarem suas sedes ou endereços em razão de incontáveis fatores ou circunstâncias. Países de tributação mais elevada recebem imigrantes oriundos de países cuja tributação até pode ser mais reduzida, mas a imigração ainda assim ocorre, pois as pessoas procuram segurança, infraestrutura, melhores condições para exercer atividades econômicas, estabilidade etc.

Caso um país tenha uma carta tributária ligeiramente elevada sobre os mais ricos, e mais leve sobre os mais pobres, com despesas públicas destinadas a promover a igualdade de oportunidades, mas, paralelamente a isso, exigir o cumprimento de poucas obrigações acessórias, mantendo sistema simples, racional e compreensível, em um contexto social de segurança, estabilidade e previsibilidade, com reduzidos índices de corrupção, por exemplo, não haverá migração significativa de agentes econômicos para outras jurisdições apenas à cata de alíquotas mais baixas para alguns impostos.

2. TRIBUTAÇÃO DO CONSUMO

2.1 É correto dizer-se que a tributação do consumo é regressiva? Como conciliar essa possível e suposta regressividade, com a necessidade de respeito à capacidade contributiva e às ideias de justiça fiscal?

De um ponto de vista econômico, sim, pois as pessoas com rendimentos menos expressivos tendem a empregá-los todo no consumo – não havendo excedente a ser aplicado na formação de patrimônio, ou em outras atividades. Assim, toda a renda de quem ganha pouco é, de modo econômico e indireto,[14] alcançada pela tributação incidente sobre o consumo.

Nessa ordem de ideias, se se tributa pesadamente o consumo, pessoas cuja renda é apenas em parte aplicada no consumo – por ser muito elevada e permitir um excedente destinado à formação de patrimônio – apenas nesta parte – que será tanto menor quanto maior for a renda – será alcançada pela pesada tributação. Já aquelas que empreguem toda a renda no consumo terão toda ela atingida.

Uma maneira de corrigir ou compensar essa regressividade é instituindo alíquotas mais baixas para os tributos incidentes sobre o consumo, acompanhadas de alíquotas mais elevadas para os tributos incidentes sobre o patrimônio e a renda.[15] Outra é por intermédio do gasto público, vale dizer, da aplicação dos recursos assim obtidos, que se pode voltar a despesas ligadas à promoção de uma maior igualdade de oportunidades. Finalmente, a seletividade, que permite a fixação de alíquotas mais baixas para certos produtos tidos como essenciais, pode também minimizar seu peso sobre o orçamento de famílias mais pobres, ainda que terminem por beneficiar também os dotados de maior capacidade contributiva e que por igual consomem tais produtos essenciais.

2.2 Há como ajustar a tributação do consumo à luz de considerações ligadas à capacidade contributiva, ao gênero, ou a quaisquer outras características pessoais do consumidor, levando-se em conta que o contribuinte legalmente registrado e identificado junto às repartições fiscais é o comerciante vendedor?

A seletividade, como respondido à questão anterior, permite que se faça isso, mas de maneira tênue, indireta e aproximada.

Deve-se considerar, contudo, que toda desoneração implica alguma regressividade, pois termina por beneficiar quem de outro modo mais tributo pagaria. Uma isenção de imposto de renda, por exemplo, atrelada à atividade desenvolvida (e não ao montante da renda), tem enorme valor para quem aufere grandes quantidades

---

14. Não que o consumidor seja contribuinte, para o direito, ou que o aumento do preço dos produtos que consome seja motivo para suprimir direitos do sujeito passivo da relação tributária, legalmente definido como tal, sem contudo transferir direito algum ao consumidor. Sobre o tema, confira-se: GONÇALVES, José Artur Lima; MARQUES, Márcio Severo. Repetição do indébito e compensação no direito tributário. In: MACHADO, Hugo de Brito (Coord.). *Repetição do indébito e compensação no direito tributário*. São Paulo/Fortaleza: Dialética/ICET, 1999, p. 207 e ss; NEVIANI, Tarcísio. *A restituição de tributos indevidos, seus problemas, suas incertezas*. São Paulo: Resenha Tributária, 1983, p. 191; MACHADO SEGUNDO, Hugo de Brito. *Repetição do tributo indireto*: incoerências e contradições. São Paulo: Malheiros, 2011, conclusão 11.4.

15. AVI-YONAH, Reuven S. Os três objetivos da tributação. Direito tributário atual. *Revista do IBDT/Dialética*. n. 22, p. 7 a 29. São Paulo, 2008.

de renda que, de outro modo, seriam tributadas, mas não possui consequência alguma para quem experimenta prejuízos. Daí por que tais questões relacionadas à capacidade contributiva e ao gênero, as quais perpassam o tema das desigualdades, podem ser melhor endereçadas por intermédio do gasto das quantias arrecadadas. O excesso de pormenorizações, destinadas a garantir uma redução dos tributos incidentes sobre o consumo a depender das características do próprio consumidor, geraria mais ônus – relativamente a obrigações acessórias e deveres formais – do que bônus, abrindo espaço para fraudes, mecanismos de controle mais rígidos e nem sempre racionais, em uma espiral de complexidade e onerosidade da qual a não cumulatividade de alguns desses tributos é capaz de fornecer exemplos.

2.3 É correto dizer-se que sociedades economicamente mais desiguais oneram mais pesadamente o consumo, e sociedades economicamente menos desiguais o oneram menos? A desigualdade é causa ou consequência de se atribuir maior peso à tributação do consumo?

Não se pode afirmar que deve ser assim, até porque de um juízo de "ser" não se pode extrair um juízo de "dever ser", como Hume há séculos alerta.[16] Mas, historicamente, a observação dos diversos sistemas tributários, no tempo e no espaço, permite, sim, fazer a associação constante da pergunta.[17] Sociedades desiguais produzem sistemas tributários desiguais, que promovem, ou pelo menos preservam, essa desigualdade. E vice-versa. Quanto melhor a situação econômica dos cidadãos, mais condições eles terão de participar da vida democrática de sua sociedade, contribuindo, assim, para a melhoria de suas condições, em um círculo que pode ser vicioso, ou virtuoso, fazendo com que o sistema tributário seja o reflexo de, e ao mesmo tempo o molde para, uma sociedade mais ou menos igualitária. São as liberdades que se retroalimentam e se viabilizam mutuamente, no dizer de Amartya sem.[18] Daí Acemoglu observar que rendimentos mais elevados e maior participação democrática não estão conectados em uma relação direta de causa e efeito, mas seus caminhos estão claramente entrelaçados.[19]

---

16. Hume, David. *Treatise of human nature*. London: Oxford, 1978.
17. ZOLT, Eric. Inequality, Collective Action, and Taxing and Spending Patterns of State and Local Governments. *New york university tax review*. 62 Tax L. Rev. 445 2008-2009, p. 461.
18. SEN, Amartya. *Desenvolvimento como liberdade*. Trad. Laura Teixeira Mota. São Paulo: Companhia das Letras, 2000, p. 52.
19. ACEMOGLU, Daron. JOHNSON, Simon, ROBINSON, James A.; YARED, Pierre. Income and Democracy. *NBER Working Paper Series*. Working Paper 11205. Cambridge: National Bureau of Economic Research, March 2005, http://www.nber.org/papers/w11205. Afinal de contas, maior rendimento implica maior liberdade para quem o aufere, ou maiores "capacidades", as quais são essenciais à participação política, mas não se pode negar que os obstáculos ao exercício da liberdade política não têm relação direta com a renda, decorrendo de fatores de gênero, etnia etc.

2.4 Possíveis defeitos da tributação sobre o consumo, no Brasil, no que tange à redução das desigualdades, serão mitigados ou incrementados pelas propostas de reforma tributária ora em tramitação e discussão no Congresso Nacional?

Não. As propostas de reforma visam basicamente a unificar os diversos tributos incidentes sobre o consumo (ISS, ICMS, IPI, PIS, COFINS...), sob uma única rubrica (Impostos sobre Bens e Serviços – IBS). A reforma, que se opera no plano constitucional, não trata de alíquotas, as quais serão fixadas pela legislação infraconstitucional, mas as projeções apontam para uma alíquota bastante elevada, não inferior a 25%, o que, se não incrementar o problema, em nada contribuirá para mitigá-lo.

Caso se viabilize a tributação da propriedade de embarcações e aeronaves, se suprima a isenção dos dividendos – assunto ao qual se retornará na resposta à última pergunta – e se corrija a tabela do imposto de renda das pessoas físicas, o problema da desigualdade social frente à tributação pode começar a ser minimizado, dependendo de como tais medidas sejam tomadas, mas tais temas não parecem estar no centro dos debates atualmente.

2.5 Os fatos relativos às indagações acima foram de algum modo atingidos pelos efeitos da pandemia causada pelo SARS Covid – 19?

A pandemia da Covid-19 atingiu a humanidade de múltiplas formas e com variadas consequências.

No que tange à tributação do consumo, o primeiro e mais evidente reflexo foi na arrecadação. Sistemas tributários que dependem maciçamente da tributação do consumo – e não tanto do patrimônio ou da renda – foram impactados de maneira mais imediata e direta. O confinamento e o distanciamento social levaram a uma diminuição e, em alguns setores, à quase que completa supressão do consumo, com repercussões na arrecadação obtida de sua tributação.

Mas não só. A pandemia fez com que pequenos comerciantes tivessem de fechar as suas portas, mas grandes cadeias de distribuição e varejo, responsáveis por vendas *online,* tiveram aumento em suas vendas, e não redução. Artistas que se apresentavam em festas, bares e restaurantes ou em teatros, bem como pequenos produtores culturais, pararam suas atividades por completo, mas grandes empresas de *streaming* viram ampliar-se seu faturamento. Embora não relacionado diretamente à tributação do consumo, trata-se de algo relativo aos efeitos da Covid sobre a economia e às consequências disso para a desigualdade socioeconômica.

3. TRIBUTAÇÃO DA RENDA

3.1 Há relação entre a progressividade das alíquotas do imposto sobre a renda e o enfrentamento das desigualdades econômicas ou sociais?

Sim. Alíquotas progressivas, que se fazem mais elevadas conforme cresce a base sobre a qual incidem, partem da ideia de utilidade marginal da riqueza. Ou seja, o rendimento é tanto menos essencial quanto mais elevado o seu montante, enquanto meio para o atendimento das necessidades de quem o aufere.

Nessa condição, não só os contribuintes que auferem maiores rendimentos têm mais capacidade para contribuir, como a subtração de um percentual um pouco mais elevado terá, para eles, peso equivalente ao do percentual menor para os que experimentam rendimentos também menores. Em termos mais simples e diretos, quanto mais se junta, a retirada do mesmo percentual faz cada vez menos falta.

Além disso, acima de determinados patamares, alíquotas efetivamente mais pesadas funcionam como desestímulo a que se estabeleçam supersalários,[20] o que também, de algum modo, se relaciona ao uso da tributação como instrumento redutor, ou pelo menos não majorante, das desigualdades sociais.

3.2 Quais as desvantagens, defeitos ou problemas da tributação progressiva da renda? Elas são superadas por eventuais vantagens dessa técnica de tributação?

A progressividade torna a tributação mais complexa, e a maior onerosidade aplicada às faixas mais elevadas de renda pode ser vista como um desestímulo,[21] ou mesmo como uma punição,[22] à maior produtividade. Um imposto com alíquota única (*flat tax*) poderia ser aparentemente menos justo, por alcançar no mesmo percentual rendimentos que possuem essencialidade diferente para seus beneficiários, mas isso, pode-se imaginar, seria passível de correção com a aplicação[23] dos recursos assim arrecadados voltada à redução das desigualdades.[24]

---

20. PIKETTY, Thomas. *O capital no século XXI*. Trad. Monica Baumgarten de Bolle. Rio de Janeiro: Intrínseca, 2014, p. 326, p. 495.
21. MARTINS, Ives Gandra da Silva. Princípios constitucionais tributários. In: MARTINS, Ives Gandra da Silva (Coord.). *Caderno de Pesquisas Tributárias*. n. 18: princípios constitucionais tributários. São Paulo: Resenha Tributária, 1993. p. 6 e ss.
22. Usa-se a palavra "punição", nesse contexto, em seu sentido coloquial, ou vulgar, a significar "desestímulo", pois evidentemente não se trata de uma sanção pela prática de um ilícito, porquanto a aquisição de rendimentos expressivos não é contrária à lei, e, se fosse, não seria o tributo o instrumento para sancioná-la, a teor do que estabelece o art. 3º do CTN.
23. SANTOS, Ramon Tomazela. A progressividade do imposto de renda e os desafios de política fiscal. *Direito Tributário Atual*, n. 33, p. 338. São Paulo: Dialética/IBDT, 2015.
24. KEEN, Michael; KIM, Yatae; VARSANO, Ricardo. The "flat tax(es)": principles and experience. *Policy watch*. The Int Tax Public Finance (2008) 15: 712-751, DOI 10.1007/s10797-007-9050-z.

HUGO DE BRITO MACHADO SEGUNDO

A História fornece exemplos de que tais ônus ou defeitos, imputados à progressividade, talvez não superem as vantagens da técnica, não sendo tão prejudiciais ao crescimento econômico quanto se propaga. Ao longo do Século XX, notadamente entre os anos 1940 e 1970, os Estados Unidos e a Europa adotaram a tributação progressiva da renda por percentuais máximos bastante altos, superiores mesmo a 70% (para faixas muito elevadas de renda), e isso não impediu a economia de ambos de crescer bastante.

Como os dados podem ser lidos de diferentes formas, diz-se ora que a Economia cresceu por causa da progressividade, ora que ela cresceu apesar da progressividade, sem a qual teria crescido ainda mais. Fato é que a progressividade não impediu o crescimento, nem levou a fuga de capitais em montante que pusesse em risco, à época, as finanças dos países que a adotaram. Suas desvantagens, portanto, talvez não autorizem a adoção de uma sistemática *flat* que até poderia trazer uma maior arrecadação, mas o faria com o sacrifício da igualdade e da capacidade contributiva,[25] e sem a garantia de que os recursos seriam aplicados em políticas públicas destinadas a gerar igualdade de oportunidades.

3.3 Tendo em vista a determinação constitucional para que o imposto sobre a renda seja regido pelo princípio da progressividade, seria válida a instituição de uma alíquota única (flat tax) para esse imposto no país?

É curioso notar que o Imposto de Renda, no Brasil, no período que antecedeu a promulgação da Constituição Federal de 1988, chegou a ser bastante progressivo, com alíquotas que oscilavam de 5% a 55%. Com o advento do texto constitucional que pela primeira vez determinou a adoção da progressividade – em torno da qual as Constituições anteriores foram silentes – os mesmos parlamentares[26] que o editaram foram responsáveis pela drástica diminuição na escala de alíquotas progressivas, a partir de então dotada apenas de duas: 15% e 25% (no que tange às pessoas físicas), sendo a máxima, de 25%, posteriormente majorada (algo que seria provisório e se tornou definitivo) para 27,5%. Um nítido exemplo de constitucionalização simbólica.[27] Apenas muito tempo depois, no Governo Dilma Rousseff, se estabeleceram as quatro alíquotas ainda hoje vigentes, de 7,5%, 15%, 22,5% e 27,5%.

---

25. FOUGÈRE, Maxime; RUGGERI, Giuseppe C. Flat Taxes and Distributional Justice. *Review of Social Economy*, v. 56, No. 3 (FALL 1998), p. 277-294, published by: Taylor & Francis, Ltd. Stable URL: http://www.jstor.org/stable/29769956 Accessed: 07 Jan. 2016.

26. Trata-se da Lei 7.713/88, que minimizou consideravelmente a progressividade que até então existia. Cf. MACHADO, Hugo de Brito. *Os princípios jurídicos da tributação na Constituição de 1988.* 5.ed. São Paulo: Dialética, 2004, passim.

27. NEVES, Marcelo. *A constitucionalização simbólica.* São Paulo: Martins Fontes, 2007, passim.

TRIBUTAÇÃO E DESIGUALDADES PÓS-PANDEMIA **183**

Mas o fato é que, se houver apenas uma alíquota, mas se respeitar um limite de isenção, relativo ao mínimo existencial, ainda assim haverá progressividade, se se considerar a alíquota efetiva, ou real.

Exemplificando, se a alíquota do imposto for de 10% para todos os rendimentos, em qualquer faixa ou patamar, mas se estabelecer uma isenção para rendimentos inferiores a R$ 5.000,00, um contribuinte que aufira rendimentos de R$ 5.100,00 pagará imposto apenas sobre os R$ 100,00 excedentes do limite isenção. Recolherá R$ 10,00, vale dizer, 10% dos R$ 100,00 tributáveis, que correspondem a 0,2% do rendimento total de R$ 5.100,00.

Se o rendimento for de R$ 6.000,00, os 10% incidirão sobre os R$ 1.000,00 que ultrapassam da faixa de isenção. O contribuinte recolherá R$ 100,00, que correspondem a pouco menos de 2% do rendimento total de R$ 6.000,00. Quanto mais elevado o rendimento, maior a parcela submetida à alíquota de 10%, e, portanto, maior o percentual incidente sobre o total (alíquota efetiva), que crescerá progressivamente conforme aumente o rendimento tributável, mas que nunca será superior a 10%.

Com isso, poder-se-ia alegar que um imposto de renda com alíquota única, conhecido como *flat tax*, não deixaria, de alguma maneira, de ser progressivo.[28] Mas a intensidade com que assim se aplicaria a progressividade seria muito baixa, contrariando a norma constitucional que determina seja o imposto sobre a renda regido pelo princípio da progressividade.

3.4 É possível atingirem-se os objetivos buscados com alíquotas progressivas, sem se considerarem adequadamente as bases sobre as quais elas incidem? Bases muito baixas, ou próximas umas das outras, são capazes de aproximar a tributação progressiva de um flat tax?

Não. Simplesmente adotarem-se alíquotas progressivas, sem atenção às bases sobre as quais elas incidem, pode fazer com que a justificativa fundada na redução de desigualdades se transforme em mero pretexto.[29] Faixas muito próximas, com incidências iniciando a partir de valores ainda baixos, tornam a progressividade, na prática, muito semelhante ao que seria um *flat tax*.

Tome-se, por exemplo, a progressividade do imposto sobre a renda em muitos países da Europa. A Áustria, por exemplo, tem alíquota máxima de imposto de renda das pessoas físicas em 55%, mas apenas para rendimentos superiores a um

---

28. SANTOS, Ramon Tomazela. A progressividade do imposto de renda e os desafios de política fiscal. *Direito tributário atual*. n. 33. p. 331. São Paulo: Dialética/IBDT, 2015.

29. SEIDL, Christian; POGORELSKIY, Kirill; TRAUB, Stefan. *Tax Progression in OECD Countries*: An Integrative Analysis of Tax Schedules and Income Distributions. Berlin: Springer, 2013. DOI 10.1007/978-3-642-28317-8.

milhão de euros por ano. Contribuintes com rendimentos inferiores a onze mil euros anuais são isentos.

No Brasil, a alíquota máxima é de 27,5%. Quase a metade da alíquota máxima austríaca, de 55%. Isso faz com que a carga tributária, aqui, pareça menor. Resta saber para quem, pois no Brasil o imposto já incide sobre rendimentos superiores a R$ 1.903.98, e mesmo a alíquota máxima de 27,5%, incide sobre rendimentos que ultrapassem R$ 4.664,68/mês (R$ 55.976,16 ao ano, equivalente a €10.177,48/ano), os quais, na Áustria, estariam ainda situados no limite de isenção de €11.000,00/ano.

A não correção das tabelas do imposto sobre a renda, aliada à proximidade entre as faixas, tem feito com que ele alcance, na prática, ingressos que sequer poderiam ser considerados *renda*, na medida em que apenas permitem a subsistência da fonte que os gera. Com a correção do salário mínimo, ao longo de alguns anos, por percentuais ligeiramente superiores à inflação, desacompanhada de igual atualização nas tabelas do imposto, chegou-se a um ponto em que importância inferior a dois salários mínimos já é alcançada pelo imposto sobre a renda.

3.5 **A tributação da renda, no Brasil, possui aspectos ou particularidades, no que tange às pessoas físicas, que implica discriminação ou quebra da igualdade no que tange a questões de gênero? Quais seriam elas, e como poderia ser remedidas?**

Sim, possui.

Na verdade, a legislação não realiza, de maneira direta, nenhuma discriminação. Mas as restrições nela contidas, quanto à dedutibilidade de gastos com educação e com a manutenção ou o cuidado de terceiros, notadamente filhos menores, aliada à forma como culturalmente tais tarefas são divididas na sociedade, gera situação que pode ser discriminatória entre homens e mulheres.

É que, quando há um divórcio, e um dos cônjuges permanece com a guarda dos filhos, cabendo ao outro pagar uma pensão destinada a contribuir para o sustento destes, o valor da pensão é integralmente abatido dos rendimentos tributáveis de quem o paga. Quem recebe, contudo, pode deduzir apenas as despesas que a lei permite, e nos limites legalmente indicados, que são reduzidos e muitas vezes incompatíveis com a realidade.

Essa situação, em princípio, não parece causar desequilíbrios. Afinal, aquele que paga os alimentos tem um pedaço de sua renda transferido a quem recebe os alimentos, cabendo a este último, portanto, o pagamento do imposto sobre ele incidente, com as deduções autorizadas.

O problema é que, por serem insuficientes as deduções legalmente permitidas, se comparadas ao que ordinariamente se gasta no sustento de um filho, a sistemática termina fazendo com que o ônus tributário recaia, predominantemente, sobre quem permanece com a guarda e recebe a pensão, que suporta ônus maior que o incidente sobre quem paga os alimentos.

Mais uma vez, não haveria, abstratamente, discriminação nisso, pois tanto faz se é um homem, ou uma mulher, quem paga ou quem recebe os alimentos, ou que tem a guarda do filho. A questão é que, na prática, diante da realidade social brasileira, geralmente são homens que pagam, e mulheres que permanecem com a guarda dos filhos e nessa condição administram a pensão a eles destinada. Isso faz com que o ônus tributário recaia, predominantemente, sobre elas.

Imagine-se que um homem e uma mulher estão casados, e cada um recebe um salário de R\$ 10.000,00 (dez mil reais), totalizando um rendimento familiar de R\$ 20.000,00. O casal tem dois filhos, e dividem meio a meio as despesas correspondentes, com plano de saúde, escola, alimentação e lazer. Ambos pagam imposto sobre os R\$ 10.000,00 que recebem, e deduzem, quanto às despesas que têm com os filhos, apenas o que a legislação permite. Sobrevindo um divórcio, e a permanência dos filhos com a mãe, o pai passa a contribuir para o sustento destes pagando uma pensão de R\$ 3.500,00.

Nesse cenário, o pai submete à tributação apenas a quantia de R\$ 6.500,00, abatendo integralmente da base de cálculo do imposto a pensão paga aos filhos. Mas a mãe terá de considerar o valor de R\$ 3.500,00 como rendimento tributável dos filhos que estão sob sua guarda, dele podendo deduzir apenas as quantias que a lei permitir, e nos limites autorizados. O excedente será tributado. Os problemas advindos dos limites legais à dedução passam a pesar apenas sobre a mãe.

Para questionar a situação, foi ajuizada uma Ação Direta de Inconstitucionalidade (ADI 5.422), tendo o STF decidido pela invalidade da incidência do imposto de renda sobre pensões recebidas com amparo no direito de família, que não poderiam ser consideradas "renda". Assim, nenhum imposto será devido sobre as importâncias recebidas.

A decisão corrigiu o problema, mas é possível que tenha criado outro, por não ter adotado a solução mais adequada. O correto seria corrigir as tabelas de incidências e de deduções. Da forma como entendeu o STF, embora na imensa maioria dos casos se tenha feito justiça, e realmente se tenha excluído da tributação valores que não poderiam ser considerados renda, por permitirem apenas a subsistência dos alimentandos, abre espaço a que pensões milionárias fiquem à margem da tributação, mesmo representando acréscimo patrimonial para quem as recebe, além de viabilizar "planejamentos" fraudulentos, nos quais casais se podem divorciar apenas no papel e estabelecer pensões desproporcionalmente

HUGO DE BRITO MACHADO SEGUNDO

altas, para se beneficiarem da dupla dedução, não incidindo o imposto nem sobre o valor extraído do salário do ex-marido, nem sobre esse mesmo valor quando recebido pelos filhos ou pela ex-mulher.

3.6 Os fatos relativos às indagações acima foram de algum modo atingidos pelos efeitos da pandemia causada pelo SARS Covid -19?

Sim. A crise, sem dúvida, atingiu a todos, mas as pessoas mais vulneráveis sofreram impacto maior, incrementando a desigualdade. Sujeitos em boa situação econômica, embora tenham experimentado perdas, possuíam reservas, ou tiveram melhores condições para pensar em alternativas, de forma menos difícil que aquelas que dependiam unicamente de um trabalho assalariado, que perderam, ou, pior, de um trabalho autônomo, que ficaram impedidas de exercer, sem qualquer economia com a qual pudessem subsistir durante o confinamento.

4. TRIBUTAÇÃO DAS HERANÇAS

4.1 A tributação das heranças guarda relação com a mitigação das desigualdades no plano intergeracional? Seriam essas desigualdades mais, ou menos legítimas, que aquelas surgidas durante a vida de pessoas de uma mesma geração?

Não há dúvida de que a herança é um dos fatores que mais contribui para a perpetuação de desigualdades, as quais, no plano intergeracional, não possuem a justificativa moral de terem decorrido das escolhas livremente feitas pelas pessoas.

Dois vizinhos, que estudam na mesma escola, e têm acesso às mesmas oportunidades, caso no final da vida estejam em situação muito diferente, talvez possam dizer que isso se deve aos méritos do que se saiu melhor. Mas os filhos e os netos deles, que começarão a vida em situação distinta, têm suas posições discrepando umas das outras unicamente pelo fato de terem nascido em uma e não na outra família.

Não que, por isso, se pretenda a supressão do direito à herança, como forma de evitar a perpetuação das desigualdades. Além de direito fundamental, consagrado como cláusula pétrea no texto constitucional, a herança tem raízes econômicas, culturais e mesmo biológicas, fazendo com que sua supressão traga mais malefícios que benefícios.[30] Mas, mantendo-a, tributar uma parcela dela não apenas confere maior legitimidade ao instituto e ao que por seu intermédio se recebe, como contribui à mitigação das desigualdades, não só por reduzir a

---

30. ERREYGERS, Guido; VANDEVELDE, Antoon. *Is Inheritance Legitimate?* Ethical and Economic Aspects of Wealth Transfers. Berlin: Springer, 1997, passim.

parcela herdada, como, sobretudo, pela aplicação – e tudo depende de como ela ocorra – dos recursos assim obtidos na geração de oportunidades para quem não teve a mesma sorte dos herdeiros.

4.2 A tributação das heranças amesquinha o direito à herança, previsto constitucionalmente? Considerando-se que ambas – a tributação de heranças e o direito à herança – são previstos no texto constitucional, como conciliá-los?

A resposta em parte consta do que se escreveu em face da pergunta anterior. A tributação reduz a parcela a ser recebida pelos herdeiros, mas, se não for excessiva, não suprime o direito à herança e pode sim ser conciliada com ele. De resto, é o que ocorre com os impostos incidentes sobre a renda, no que tange ao direito ao trabalho e à propriedade, e com os impostos incidentes sobre o patrimônio, no que diz respeito ao direito de propriedade, e aos tributos em geral, se se considerar o direito fundamental à livre iniciativa.

4.3 À luz do Direito Comparado, a carga tributária incidente sobre heranças, no Brasil, pode ser considerada alta, ou baixa?

A resposta aqui é muito semelhante à que se pode dar em relação ao imposto de renda. É baixa para heranças muito elevadas, sendo no máximo de 8%, quando em outros países pode orbitar os 20%.[31] Mas é muito alta para heranças de valor reduzido, as quais no Brasil são tributadas por alíquotas progressivas que seguem faixas muito próximas, a alcançar bases ainda reduzidas, logo atingindo o percentual de 8%. Isso faz com que heranças que em outros países, conhecidos por uma elevada tributação, seriam isentas, no Brasil sejam tributadas.

4.4 A tributação das heranças pode se submeter ao princípio da progressividade?

Sim. A Constituição não autoriza, de modo expresso, a adoção da progressividade, mas isso não é necessário. Quando se determina, no que tange ao imposto de renda, isso é feito para que o legislador não tenha opção e não deixe de adotar a progressividade, mas não quer dizer que, relativamente aos impostos nos quais o texto constitucional é silente, a opção pela progressividade não possa ser exercida.

---

31. Strawczynski, Michel. *The optimal inheritance tax in the presence of investment in education*. Int Tax Public Finance (2014) 21:768-795. DOI 10.1007/s10797-014-9324-1. No Reino Unido, a alíquota pode chegar a 40%, mas somente sobre transmissões hereditárias superiores a 242.000,00 Libras (por herdeiro), valor sensivelmente maior que usualmente submetidos à alíquota máxima no Brasil.

HUGO DE BRITO MACHADO SEGUNDO

4.5 Caso afirmativa a resposta à questão anterior, seria possível atingirem-se os objetivos buscados com alíquotas progressivas, sem se considerarem adequadamente as bases sobre as quais elas incidem? Bases muito baixas, ou próximas umas das outras, são capazes de aproximar a tributação progressiva de um flat tax?

A resposta, aqui, é praticamente a mesma que se deu, no que tange ao imposto sobre a renda. No Brasil, na generalidade dos Estados, o ITCMD alcança já heranças muito pequenas, de diminuta expressão. Assim, as suas alíquotas, embora baixas, são excessivas para quem herda pouco, e módicas para os beneficiários de grandes heranças, invertendo a própria lógica que, em tese, deveria subjazer à progressividade.

4.6 Os fatos relativos às indagações acima foram de algum modo atingidos pelos efeitos da pandemia causada pelo SARS Covid-19?

Sim. Durante a pandemia, muitas famílias perderam integrantes, não raro aqueles que lhes propiciavam o sustento. Muitos órfãos surgiram como consequência da COVID. Nesse cenário, a injustiça da tributação da herança ganha nova dimensão, ou se potencializa, pois a alíquota do imposto, na generalidade dos Estados-membros, é alta para heranças de valor reduzido, que a rigor sequer deveriam ser tributadas, mas é baixa para heranças expressivas, se comparada à de outros países do mundo. Com isso, especialmente em relação às famílias de classe média baixa, muitas perderam a fonte de sustento, tiveram de partilhar o pouco patrimônio deixado por pais levados pela doença, e ainda viram parcela deste pequeno patrimônio ser subtraída pelo ITCMD.

5. JUSTIÇA FISCAL E GASTO PÚBLICO

5.1 A justiça de um sistema tributário pode ser aferida, ou medida, sem se considerarem os fins nos quais os recursos arrecadados são aplicados?

Não. Diferentemente das multas, que podem ter sua justiça aferida, de algum modo, ainda que se incinere o dinheiro com elas arrecadado em seguida,[32] os tributos só podem ser considerados "justos" a depender de como sejam aplicados os recursos obtidos. O sistema aparentemente mais justo, que onere mais as pessoas dotadas de maior capacidade contributiva, e menos as desprovidas dessa capacidade, de maneira descomplicada e simples, terá todas essas virtudes deitadas por terra se os recursos assim obtidos forem aplicados de forma obscura,

---

32. MURPHY, Liam; NAGEL, Thomas. *The myth of ownership* – taxes and justice. New York: Oxford University Press, 2002, p. 25.

burocratizada e desigual, privilegiando uns poucos já muito ricos em detrimento da maioria mais necessitada.

5.2 Quais gastos públicos seriam mais adequados, no Brasil, para minimizar o problema das desigualdades econômicas e sociais?

Embora existam muitas necessidades urgentes, como pessoas sem moradia, ou mesmo sem ter o que comer, a reclamar soluções (e gastos) imediatos, no médio e no longo prazo o gasto mais adequado, para o Brasil ou para qualquer outra sociedade que pretenda garantir a igualdade sem ferir a liberdade, conferindo, dentro do possível, iguais oportunidades aos seus membros, é por intermédio de maciço investimento em educação. Investimento que terá tanto mais retorno, por cada real investido, quanto mais jovem for aquele em cuja educação se investe.[33]

5.3 Os fatos relativos às indagações acima foram de algum modo atingidos pelos efeitos da pandemia causada pelo SARS Covid-19?

Sim. Embora a pandemia tenha atingido a todos, ricos e pobres, os primeiros dispunham de melhores condições para obter um tratamento, quando deficiente aquele oferecido pelo Poder Público. Embora mesmo os hospitais privados tenham colapsado, nos momentos mais agudos, não há dúvida de que recursos adicionais disponíveis para a compra de remédios, oxímetros, contratação de médicos particulares etc. fez a diferença para muitas famílias, contrastando sua situação com a daqueles que dependiam apenas do Poder Público para tanto. O mesmo pode ser dito da educação, chave para o desenvolvimento e para a concessão e oportunidades que melhoram as condições não só de quem a recebe, mas de toda a sociedade em que essa pessoa vive: pessoas mais ricas, com acesso à internet e a computadores, puderam continuar em casa, em segurança, com acesso remoto à educação, algo bem mais difícil para pessoas sem recursos. Neste ponto também a pandemia acentuou a distância entre ricos e pobres.

6. CORRUPÇÃO E DESIGUALDADES

6.1 Quais os efeitos da corrupção sobre a tributação e sua utilização para o enfrentamento das desigualdades sociais e econômicas?

Os efeitos da corrupção sobre as condutas dos agentes públicos, e dos agentes econômicos, são diversos.

---

33. NIELSEN, Eric R. Human Capital and Wealth before and after capital in the twenty first century. In. BOUSHEY, Heather. DELONG, J. Bradford. STEINBAUM, Marshall. (Ed.). *After Piketty*. The agenda for economics and inequality. Cambridge, Massachusetts: Harvard University Press. 2017, p. 152.

Um primeiro e mais evidente efeito é o de tornar os gastos públicos menos eficientes. Paga-se mais, e recebe-se menos, pois parte é desviada pela corrupção. Isso faz necessária uma arrecadação maior, para se chegarem a resultados que seriam obtidos com uma arrecadação menor, não fosse o desvio propiciado pela corrupção.

Mas há o desvio no foco do próprio gestou público, que passa a se interessar pelo gasto que lhe propicie os maiores ganhos por meios inconfessáveis, e não por aquele que melhor atenda aos interesses da coletividade. Exemplificando, se a construção de uma ponte pode render "X" de propina, enquanto o aumento do salário dos professores não é capaz de gerar propina alguma, o gestor inescrupuloso tende a optar pela ponte, em detrimento da majoração na remuneração dos profissionais da educação.[34]

E, mais especificamente no que tange às desigualdades, elas são incrementadas com os desvios nos recursos públicos propiciados pela corrupção, também, porque as importâncias arrecadadas, em vez de utilizadas em proveito da coletividade, em especial dos que mais dependem das políticas públicas, são canalizadas para o benefício de pouquíssimas pessoas, que assim se utilizam da máquina pública para tributar a coletividade e se tornarem ainda mais ricas, contaminando eleições, políticos, e toda a máquina pública, apropriada para manter e acentuar privilégios.

6.2 Os fatos relativos às indagações acima foram de algum modo atingidos pelos efeitos da pandemia causada pelo SARS Covid-19?

Sim. A urgência em se combater a doença, e o desconhecimento decorrente de se tratar de algo novo, inclusive para a comunidade científica, abriu espaço para o gasto público excessivo com tratamentos de eficiência duvidosa, à flexibilização dos mecanismos licitatórios e de controle, com a consequente facilitação de superfaturamentos, desvios e outras irregularidades no gasto público.

No caso da pandemia, o duplo efeito da corrupção, apontado na resposta anterior, mostrou-se também. Além de tornar a compra pública mais cara, a corrupção direciona essa compra para fins, objetivos, metas ou destinos que não seriam escolhidos se apenas os interesses da coletividade estivessem sendo considerados. Em vez de apenas comprar o melhor remédio, ainda que encarecido pela corrupção, o que ocorre é de se comprar o remédio errado, que não funciona, apenas porque nele pode existir uma oportunidade inconfessável de ganho que não se verifica, pelo menos não na mesma intensidade, caso se compre o medicamento correto, por exemplo.

---

34. ROSE-ACKERMAN, Susan. *Corruption and Government*. Causes, consequences and reform. New York: Cambridge University Press, 1999, p. 30.

CONSIDERAÇÕES CONCLUSIVAS

Há aspecto(s) pertinente(s) ao assunto escolhido que não tenha(m) sido contemplado(s) pelos questionamentos anteriores? Qual(is)?

Por certo que existem vários.

Os efeitos da tributação da renda sobre o cuidado, e as restrições às deduções que daí podem advir, por exemplo, pode terminar por discriminar, ainda mais, pessoas do sexo feminino, que muitas vezes se incumbem de tais tarefas, seja no que tange a crianças, doentes ou idosos. Com efeito, se há restrições a dedutibilidade de gastos com o cuidado de pessoas – *v.g*, crianças ou idosos – aqueles que geralmente se incumbem de tais tarefas nas famílias tendem a ser mais particularmente atingidos. Como tais tarefas (cuidar de pais idosos, de filhos pequenos...) no geral são de responsabilidade das mulheres,[35] isso faz com que as restrições, ainda que reprováveis em qualquer circunstância se forem excessivas, se tornem discriminatórias por pesarem mais sobre o gênero feminino.

Outro ponto que merece análise é o dos reflexos do uso da inteligência artificial (IA), em empresas e por parte do Poder Público, e as suas consequências em questões ligadas à igualdade, seja no trato aos contribuintes por parte do Fisco, quando este utiliza a IA como ferramenta (havendo o risco de vieses e discriminações), seja no trato dos empregados e consumidores pelas empresas, quando esta utiliza a IA como substituta da mão de obra humana, com desdobramentos sobre a tributação da mão de obra e os gastos públicos com seguridade social.

Há, ainda, todo um conjunto de reflexões em torno da igualdade tributária, vale dizer, ao significado, aos desdobramentos e ao alcance do princípio da igualdade no Direito Tributário, no que tange ao tratamento a ser conferido aos contribuintes (CF/88, art. 150, II), assunto que, conquanto semelhante, não parece ter sido o objetivo desta coletânea, voltada à tributação como instrumento para se enfrentarem as desigualdades econômicas.

Finalmente, pode-se questionar a isenção que se concede à distribuição de lucros e dividendos. Esse é um aspecto, apontado na ordem jurídica brasileira, que seria gerador de grande injustiça, pois os rendimentos do capital seriam tributados de forma muito menos onerosa que aqueles provenientes do trabalho, e, no caso dos dividendos, sequer haveria tributação. Como o Brasil é um dos poucos países do mundo que concede essa isenção, ter-se-ia, neste ponto, mais um aspecto a ser

---

35. Não se está dizendo que tais tarefas *devem* ser desempenhadas por mulheres, como se houvesse uma prescrição, jurídica ou moral, de que assim seja, por ser "o certo". De rigor, o cuidado deve ser prestado por quem puder fazê-lo, independentemente do gênero. O papel da mulher, como o do homem, na sociedade, pode ser qualquer um. No texto apenas se faz a alusão a que, culturalmente, de fato, no momento atual, sob um prisma estatístico, na maior parte das vezes quem se encarrega do cuidado de crianças ou idosos, em uma família, são as pessoas do sexo feminino.

corrigido em nosso sistema. A premissa até pode ser correta, mas alguns pontos precisam ser refletidos, antes de simplesmente se revogar a isenção.

Primeiro, é preciso lembrar que a alíquota do imposto de renda da pessoa jurídica, no Brasil, não é baixa, se comparada à média mundial, e ainda se lhe acrescenta a contribuição social sobre o lucro (CSLL). Essa foi uma opção que se fez, quando da concessão da isenção: tributar mais pesadamente a pessoa jurídica, e desonerar a distribuição, como forma de incentivar investimentos no mercado de capitais e simplificar a fiscalização das pessoas jurídicas, fazendo praticamente[36] desaparecer o problema da distribuição disfarçada de lucros (DDL).

Quando os dividendos eram tributados, empresas adotavam o expediente de realizar distribuições disfarçadas, assumindo despesas que, na verdade, beneficiavam pessoalmente seus sócios. Um carro comprado pela empresa para seu sócio diretor utilizar, por exemplo, seria uma ferramenta de trabalho, ou uma forma disfarçada de distribuir lucros para ele? E despesas relacionadas à moradia? Viagens? O controle era muito difícil, e a prática, além de burlar a incidência do imposto de renda na fonte incidente sobre a distribuição, ainda reduzia artificialmente o próprio imposto de renda devido pela pessoa jurídica, pois a despesa reduzia seu lucro tributável. Daí a opção por alíquotas mais elevadas de IRPJ e CSLL, acompanhadas da isenção do dividendo.

Por outro lado, a revogação da isenção deve levar em conta a existência de situações incomparáveis. Veja-se o proprietário de ações de diversas companhias, que nem sabe onde elas têm endereço ou exatamente o que fazem, e atua como mero investidor, nelas aplicando seu capital. Os dividendos que recebe são puro rendimento produto do capital, e, no contexto atual, não sofrem a incidência do imposto. Sua situação é diversa daquele que constitui microempresa, que explora diretamente com a família, com poucos empregados, ou mesmo nenhum. O dividendo, neste caso, é fruto do trabalho do sócio à frente da empresa, mais próximo de um salário, ou de um pró-labore, do que do dividendo da situação anterior. Tais contextos devem ser levados em conta caso se opte por suprimir a isenção, para não se criar uma injustiça com o pretexto de corrigir outra.

Há, seguramente, ainda outros aspectos, mas, como no paradoxo do prefácio,[37] eles não ocorrem agora a quem escreve estas linhas, que até já se estão mostrando mais longas do que inicialmente se pretendeu que fossem.

---

36. Diz-se praticamente porque, mesmo com a isenção dos dividendos, a DDL continua pertinente no contexto das instituições sem fins lucrativos beneficiárias de imunidade, pois por intermédio da DDL eventualmente se burlam os requisitos do art. 14 do CTN, necessários ao gozo da imunidade.

37. O paradoxo no qual incorrem os autores de livros que, no prefácio, pedem desculpas pelos erros constantes do livro. Ora, se o autor sabe que há erros, por que não os corrige logo, em vez de se desculpar por eles? Porque sabe que estão em algum lugar, mas não é capaz de vê-los ainda. Cf. RESCHER, Nicholas. *Epistemology* – An Introduction To The Theory Of Knowledge. Albany: State University of New York Press, 2003, p. 20.

TRIBUTAÇÃO E DESIGUALDADE PÓS-PANDEMIA

Ítalo Farias Pontes

Sumário: Breves considerações – 1. Premissas fundamentais; 1.1 Existem critérios a partir dos quais as desigualdades podem ser avaliadas, de sorte a serem consideradas moralmente legítimas, ou ilegítimas?; 1.2 Mesmo abstraída a questão moral, a redução de algumas desigualdades seria defensável sob um ponto de vista econômico?; 1.3 O tributo é uma ferramenta adequada para se promover a redução de desigualdades? Mesmo que seja considerado adequado, é ele suficiente?; 1.4 Como equacionar a questão relacionada ao fato de que os detentores de maior capacidade contributiva, se confrontados com uma tributação mais onerosa – como pode ser o caso de uma destinada a reduzir desigualdades –, tendem a migrar para países de tributação mais branda, ou mesmo recorrer ao planejamento tributário internacional e ao uso de paraísos fiscais? – 2. Tributação do consumo; 2.1 É correto dizer-se que a tributação do consumo é regressiva? Como conciliar essa possível e suposta regressividade, com a necessidade de respeito à capacidade contributiva e às ideias de justiça fiscal?; 2.2 Há como ajustar a tributação do consumo à luz de considerações ligadas à capacidade contributiva, ao gênero, ou a quaisquer outras características pessoais do consumidor, levando-se em conta que o contribuinte legalmente registrado e identificado junto às repartições fiscais é o comerciante vendedor?; 2.3 É correto dizer-se que sociedades economicamente mais desiguais oneram mais pesadamente o consumo, e sociedades economicamente menos desiguais o oneram menos? A desigualdade é causa ou consequência de se atribuir maior peso à tributação do consumo?; 2.4 Possíveis defeitos da tributação sobre o consumo, no Brasil, no que tange à redução das desigualdades, serão mitigados ou incrementados pelas propostas de reforma tributária ora em tramitação e discussão no Congresso Nacional?; 2.5 Os fatos relativos às indagações acima foram de algum modo atingidos pelos efeitos da pandemia causada pelo SARS Covid-19? – 3. Tributação da renda; 3.1 Há relação entre a progressividade das alíquotas do imposto sobre a renda e o enfrentamento das desigualdades econômicas ou sociais?; 3.2 Quais as desvantagens, defeitos ou problemas da tributação progressiva da renda? Elas são superadas por eventuais vantagens dessa técnica de tributação?; 3.3 Tendo em vista a determinação constitucional para que o imposto sobre a renda seja regido pelo princípio da progressividade, seria válida a instituição de uma alíquota única (*flat tax*) para esse imposto no país?; 3.4 É possível atingirem-se os objetivos buscados com alíquotas progressivas, sem se considerarem adequadamente as bases sobre as quais elas incidem? Bases muito baixas, ou próximas umas das outras, são capazes de aproximar a tributação progressiva de um *flat tax*?; 3.5 A tributação da renda, no Brasil, possui aspectos ou particularidades, no que tange às pessoas físicas, que implica discriminação ou quebra da igualdade no que tange a questões de gênero? Quais seriam elas, e como poderia ser remediadas?; 3.6 Os fatos relativos às indagações acima foram de algum modo atingidos pelos efeitos da pandemia causada pelo SARS Covid-19? – 4. Tributação das heranças; 4.1 A tributação das heranças guarda relação com a mitigação das desigualdades no plano intergeracional? Seriam essas desigualdades mais, ou menos legítimas, que aquelas surgidas durante a vida de pessoas de uma mesma geração?; 4.2 A tributação das heranças amesquinha o direito à herança, previsto constitucionalmente? Considerando-se que ambas – a tributação de heranças e o direito à herança – são previstos no texto constitucional, como conciliá-los?; 4.3 À luz do Direito Comparado, a carga tributária incidente sobre heranças, no Brasil, pode ser considerada alta, ou baixa?; 4.4 A tributação das heranças pode se submeter ao princípio da progressividade?; 4.5 Caso afirmativa a resposta à questão anterior, seria possível atingirem-se os objetivos buscados com alíquotas progressivas, sem se considerarem adequadamente as bases sobre as quais elas incidem? Bases muito baixas, ou próximas umas das outras, são capazes de aproximar a tributação progressiva de um *flat tax?*; 4.6 Os fatos relativos às indagações acima foram de algum modo atingidos pelos efeitos da pandemia causada pelo SARS Covid-19? – 5. Justiça fiscal e gasto público; 5.1 A justiça de um sistema tributário pode ser aferida, ou medida, sem se considerarem os fins nos quais os recursos arrecadados são aplicados?; 5.2 Quais gastos públicos seriam mais adequados, no Brasil, para minimizar o problema das desigualdades econômicas e sociais?; 5.3 Os fatos relativos às indagações acima foram de algum modo atingidos pelos efeitos da pandemia causada pelo SARS Covid-19? – 6. Corrupção e desigualdades; 6.1 Quais os efeitos da corrupção sobre a tributação e sua utilização para o enfrentamento das desigualdades sociais e econômicas?; 6.2 Os fatos relativos às indagações acima foram de algum modo atingidos pelos efeitos da pandemia causada pelo SARS Covid-19? – Considerações conclusivas.

BREVES CONSIDERAÇÕES

Antes da pandemia de Covid-19, já era forte o movimento no Brasil para que fosse aprovada a tão sonhada reforma tributária. É muito difícil, todavia, pensar em uma reforma tributária no Brasil que seja uniforme e justa em todo o território brasileiro. Realmente, diante do tamanho do território nacional e das necessidades de cada região, é praticamente impossível aprovar uma reforma tributária que atenda a todos de forma eficaz, justa e sem causar nenhum tipo de descompasso.

Hoje, isso é fato, temos uma quantidade enorme de tributos, que incidem praticamente, na grande maioria das vezes, sobre os mesmos fatos econômicos (a exemplo do IPI, do ICMS, do ISS, do PIS e da COFINS), com pequenas diferenças conceituais. Cada tributo com uma legislação confusa, complexa e por vezes contraditória. O sistema tributário nacional é tão caótico[1] ao ponto de fiscais, do mesmo órgão tributante, ter entendimento conflitante sobre a aplicação da mesma legislação tributária. Para piorar esse cenário, a oscilação do entendimento jurisprudencial é uma constante na vida dos contribuintes, que um dia dormem com a jurisprudência em um sentido e no outro acordam com ela diametralmente oposta. Essa complexidade da legislação tributária, aliada à oscilação da jurisprudência em matéria tributária, geram uma enorme insegurança jurídica ao cidadão e as empresas, com efeitos drásticos na economia e na própria arrecadação tributária.

De todo modo, da experiência vivenciada desde 1988 até hoje com os tributos até então existentes, podemos concluir que a complexidade da legislação tributária não é interessante nem para o fisco e nem para o contribuinte. Inúmeros conflitos poderiam ser evitados se as regras do jogo fossem mais claras. Norma tributária confusa e complexa gera litígio, sobretudo diante da transferência, para o contribuinte, de inúmeras obrigações acessórias, que, em tese, deveriam ser praticadas

---

1. "...No Brasil, como em qualquer outro país, ocorre o mesmo fenômeno patológico-tributário. E mais testemunhas são desnecessárias, porque todos os juristas que vivem a época atual – se refletirem se orgulho e preconceito – dar-se-ão conta que circulam nos corredores dum manicômio jurídico tributário...". BECKER, Alfredo Augusto. *Teoria geral do direito tributário*. 3. ed. São Paulo: Lejus, 2002, p. 6.

TRIBUTAÇÃO E DESIGUALDADE PÓS-PANDEMIA **195**

pelo fisco na atividade de lançamento do tributo. É preciso, seja qual for a reforma tributária que se pretenda aprovar no Brasil, simplificar o sistema de tributação, reduzindo os tributos e as obrigações acessórias respectivas.

A simplificação do sistema de tributação, conquanto de extrema relevância, não deve ser vista de forma isolada. É necessário, para tornar o sistema tributário mais justo, dividir a carga tributária de forma mais proporcional entre os cidadãos. É preciso abolir o modelo atual que concentra a tributação nos bens de consumo, pois nessa sistemática quem arca com o ônus tributário maior é a população brasileira de baixa renda. É ela quem custeia, com o pagamento de tributos, mesmo sem saber (porque desconhece o valor dos tributos que paga embutido no preço dos produtos que adquire para o consumo), a maior parte da máquina estatal brasileira. É incrível a resistência no Brasil, por parte de quem faz as leis, de transferir a tributação do consumo para o patrimônio e a renda. A prova maior disso pode ser vista a partir da omissão do legislador ordinário em aprovar o imposto sobre grandes fortunas, o qual, apesar de expressamente previsto no Texto Constitucional,[2] nunca foi instituído desde 1988.

A reforma tributária, portanto, deve ser vista de forma positiva se ela vier a corrigir as distorções do modelo de tributação adotado hoje no Brasil, no qual é concentrado nos bens de consumo. E essa reforma, depois do desequilíbrio das contas públicas provocado pelos efeitos da pandemia de Covid-19 na economia, precisa ser realizada, tanto para equilibrar os recursos financeiros do Estado, como para corrigir as distorções que o modelo atual de tributação apresenta.

Feita essa breve explanação inicial, passamos a responder abaixo os questionamos que nos foram apresentados, todos de extrema relevância.

1. PREMISSAS FUNDAMENTAIS

1.1 Existem critérios a partir dos quais as desigualdades podem ser avaliadas, de sorte a serem consideradas moralmente legítimas, ou ilegítimas?

Sim. Ao estabelecer, no *caput* do art. 5º,[3] que todos são iguais perante a lei (princípio da igualdade), sem distinção de qualquer natureza, a Constituição Federal de 1988 não pretendeu tratar de forma igual pessoas que estão em situações diferentes. Na realidade, existem situações em que o tratamento desigual é moralmente legítimo

---

2. "CF/88, art. 153. Compete a União instituir impostos sobre: (...) VII – grandes fortunas, nos termos de lei complementar".

3. "CF/88, Art. 5º Todos são iguais perante a lei, sem distinção de qualquer natureza, garantindo-se aos brasileiros e aos estrangeiros residentes no País a inviolabilidade do direito à vida, à liberdade, à igualdade, à segurança e à propriedade, nos termos seguintes: (...)".

ÍTALO FARIAS PONTES

para atender a finalidade constitucional que o justifica.[4] Por exemplo, a instituição de um imposto sobre grandes fortunas, levando em consideração a capacidade contributiva do contribuinte, levará algumas pessoas a pagarem tal tributo, ao passo que outras não, mesmo sendo dever de todos os cidadãos contribuírem com o pagamento de tributos para o Estado realizar os seus objetivos sociais. Neste caso, o tratamento desigual se justifica e é moralmente legítimo, na medida em que não é razoável exigir da parcela dos cidadãos, que não tem qualquer capacidade contributiva, o pagamento de um tributo que somente deve incidir sobre o patrimônio daqueles que têm uma situação econômica privilegiada.

Por outro lado, existem situações em que o tratamento desigual pode, sim, ser considerado ilegítimo. São os casos nos quais o critério que justifica o tratamento desigual não atende a finalidade para o qual foi instituído. Isso ocorre quando não há razoabilidade ou proporcionalidade entre meio empregado e a finalidade a ser atingida.[5] Imagine, por exemplo, em matéria tributária, que determinada desoneração tributária de IPI, aplicada às indústrias situadas na Zona Franca de Manaus, seja estendida às indústrias localizadas no Município de São Paulo. Não há, nesta situação hipotética, qualquer justificativa razoável que justifique conceder a esses dois contribuintes, que estão em situação geográfica e econômica diferente, o mesmo tratamento tributário.[6]

Na verdade, devemos tratar igualmente os iguais e desigualmente os desiguais, na medida das suas desigualdades.

1.2 Mesmo abstraída a questão moral, a redução de algumas desigualdades seria defensável sob um ponto de vista econômico?

A redução de toda e qualquer desigualdade deve sempre ser vista com bons olhos, sobretudo se vier a trazer algum benefício à população ou à coletividade. Esse, inclusive, é um dos objetivos da República Federativa do Brasil.[7] Por isso, o

---

4. "...a aplicação do princípio da igualdade mantém estreita vinculação com as finalidades estatais, já que elas podem funcionar como fundamentos justificadores de um tratamento diferenciado entre os contribuintes...". ÁVILA, Humberto. *Sistema constitucional tributário*. São Paulo: Saraiva, 2004, p. 334.
5. "...O princípio jurídico da igualdade reclama a adequação entre o critério de diferenciação e a finalidade por ela perseguida, consistindo no fundo numa proibição da arbitrariedade...". FERREIRA FILHO, Manoel Gonçalves. *Comentários à Constituição Federal de 1988*. 3. ed. São Paulo: Saraiva, 2000, p. 28.
6. "...O significado e o alcance das regras da Constituição que tratam da isonomia tributária não podem se determinar senão mediante uma interpretação sistêmica. E esta, com certeza, nos autoriza a dizer que as desigualdades sociais e econômicas regionais constituem um critério de discrímen que não apenas pode mas, com certeza, deve ser adotado. MACHADO, Hugo de Brito. *Curso de direito constitucional tributário*. São Paulo: Malheiros, 2012, p. 219.
7. "CF/88. Art. 3º Constituem objetivos fundamentais da República Federativa do Brasil: (...) III – erradicar a pobreza e a marginalização e reduzir as desigualdades sociais e regionais".

TRIBUTAÇÃO E DESIGUALDADE PÓS-PANDEMIA **197**

fator econômico, a depender da situação fática concreta, pode ser um instrumento valioso para combater a desigualdade.

1.3 O tributo é uma ferramenta adequada para se promover a redução de desigualdades? Mesmo que seja considerado adequado, é ele suficiente?

Sim. É através dos tributos que os Governantes têm condições de realizar as políticas públicas e garantir o bem-estar social, assegurando à população (isso seria o ideal, mas não ocorre no Brasil) serviços públicos de qualidade. O tributo, por si só, não é suficiente para resolver todas as desigualdades. Não adianta apenas arrecadar milhões e milhões de reais. É necessário saber onde empregar, com eficiência, o dinheiro público arrecadado, controlando o gasto público. A máquina estatal brasileira gasta muito mal o dinheiro público arrecadado.[8]

1.4 Como equacionar a questão relacionada ao fato de que os detentores de maior capacidade contributiva, se confrontados com uma tributação mais onerosa – como pode ser o caso de uma destinada a reduzir desigualdades –, tendem a migrar para países de tributação mais branda, ou mesmo recorrer ao planejamento tributário internacional e ao uso de paraísos fiscais?

É muito difícil equacionar esse assunto. O ideal seria buscar um equilíbrio no sistema de tributação. Um equilíbrio que não torne o sistema injusto, como ocorre hoje no Brasil, no qual a tributação é concentrada nos bens de consumo.

2. TRIBUTAÇÃO DO CONSUMO

2.1 É correto dizer-se que a tributação do consumo é regressiva? Como conciliar essa possível e suposta regressividade, com a necessidade de respeito à capacidade contributiva e às ideias de justiça fiscal?

Sim. Antes é necessário entender o que é tributar o consumo. Diz-se que a tributação incide sobre o consumo de bens quando o valor dos tributos está embutido no preço dos bens adquiridos para o consumo pelos cidadãos. No Brasil, existem vários tributos que incidem sobre o consumo de bens, a exemplo do ICMS, do IPI, do ISS, do PIS e da COFINS.

---

8. "...Infelizmente, na prática, o gasto público geralmente é objeto de péssima gestão, quase sempre desatenta à solidariedade social, verificando-se com enorme frequência o desperdício e a corrupção, de tal sorte que, por maior que seja arrecadação, os recurso públicos são sempre insuficientes...". MACHADO, Hugo de Brito. *Curso de direito tributário*. 36. ed. São Paulo: Malheiros, 2015, p. 48.

A tributação sobre o consumo é regressiva, pois compromete com maior peso a renda das pessoas que tem menor capacidade contributiva. Exemplificando: vamos supor que a carga tributária incidente sobre os produtos da cesta básica seja de 10%. Ao consumir R$ 500,00 (quinhentos reais) de produtos da cesta básica, o contribuinte que ganha um salário-mínimo, ou seja, aquele que ganha R$ 1.212,00 (hum mil e duzentos reais – salário-mínimo vigente em 2022), terá que pagar de tributos o valor de R$ 50,00 (R$ 500,00 x 10%), comprometendo a sua renda em 4,12%. Já o contribuinte que ganha quarenta salários-mínimos (R$ 1.212 x 40 = R$ 48.480,00), no exemplo citado, irá pagar de tributos os mesmos R$ 50,00, todavia, irá comprometer a sua renda em apenas 0,10% para adquirir os mesmos produtos. Como se vê, é evidente a injustiça desse tipo de tributação, visto que quem tem menor capacidade contributiva acaba pagando mais.

A opção brasileira por tributar fortemente o consumo, em detrimento da renda e do patrimônio,[9] gera essa distorção regressiva, que é inerente a essa política fiscal de tributação. A única forma de minimizar os efeitos dessa regressividade seria pensar em algum mecanismo que pudesse devolver ao cidadão, com baixa capacidade contributiva, o valor dos tributos que ele paga quando adquire bens para o consumo.

2.2 Há como ajustar a tributação do consumo à luz de considerações ligadas à capacidade contributiva, ao gênero, ou a quaisquer outras características pessoais do consumidor, levando-se em conta que o contribuinte legalmente registrado e identificado junto às repartições fiscais é o comerciante vendedor?

Ajustar a tributação do consumo à capacidade contribuitiva do cidadão é uma tarefa difícil. Isso porque a tributação do consumo é, por natureza, regressiva, sendo essa a sua principal característica, na qual o ônus é maior quanto menor for a renda do contribuinte.

Pois bem. Conforme respondido na questão anterior, para ajustar a tributação do consumo à capacidade contributiva do cidadão, é necessário criar algum mecanismo que permita ao cidadão, com baixa capacidade contribuitiva, receber de volta o valor dos tributos que oneram os bens adquiridos para consumo. Isso poderia ser feito através da criação de um cadastro nacional, tal como ocorre nos programas assistenciais, onde os cidadãos cadastrados teriam direito de obter a

---

9. "...Além da simplificação do sistema tributário, preconizamos também alterações destinadas a torná-lo mais justo, vale dizer, mais compatível com o princípio da capacidade contributiva. Para esse fim impõe-se o incremento dos impostos sobre o patrimônio e a renda, vale dizer, impostos diretos, e a redução dos impostos indiretos, na medida do possível..." MACHADO, Hugo de Brito. *Curso de direito constitucional tributário*. São Paulo: Malheiros, 2012, p. 390.

restituição dos tributos incidentes sobre os bens adquiridos para consumo. Essa solução, no entanto, para ser eficaz, precisaria de uma maior transparência no valor dos tributos que oneram os bens adquiridos para consumo. Tal tarefa, porém, não é fácil, mas não é impossível, e todos ganhariam. O Governo ganharia porque o cidadão iria dar prioridade a adquirir seus produtos em estabelecimentos formalmente constituídos, o que ajudaria a diminuir a informalidade e a sonegação, com o incremento de receita. E o cidadão, sabendo que será restituído, ganharia porque poderia aplicar o valor do tributo restituído na aquisição de outros bens.

2.3 É correto dizer-se que sociedades economicamente mais desiguais oneram mais pesadamente o consumo, e sociedades economicamente menos desiguais o oneram menos? A desigualdade é causa ou consequência de se atribuir maior peso à tributação do consumo?

Sim. Nas pesquisas que realizamos na rede mundial de computadores (internet), vimos que boa parte das sociedades economicamente mais desiguais tributam fortemente o consumo, em detrimento do patrimônio e da renda (exclui-se dessa afirmação a China, que tributa fortemente o consumo em um regime comunista). Isso se justifica pelo fato desse sistema de tributação mascarar a real carga tributária que é paga pela maior parte da população, a qual não sabe o peso dos tributos que paga.[10]

A opção por tributar, de forma maciça, o consumo de bens, tem como consequência o aumento das desigualdades sociais e econômicas, pois as pessoas, com baixo poder aquisitivo, comprometem fortemente a sua renda com o pagamento de tributos, o que não lhes permite acumular renda e nem patrimônio.

2.4 Possíveis defeitos da tributação sobre o consumo, no Brasil, no que tange à redução das desigualdades, serão mitigados ou incrementados pelas propostas de reforma tributária ora em tramitação e discussão no Congresso Nacional?

As reformas em tramitação no Congresso Nacional, em especial as propostas de Emenda Constitucional 110/2019 e 45/2019, têm como característica principal a unificação dos tributos existentes hoje. Essa unificação deve ser vista de forma positiva,

---

10. " Nas últimas décadas, observa-se o incremento dos impostos indiretos. Essa tendência talvez decorra da inexistência de reação a esses aumentos, posto que o contribuinte de fato não tem consciência do ônus tributário que fica embutido nos preços dos bens e serviços. Daí por que preconizamos a instituição em lei da obrigatoriedade de indicação desse ônus na publicação de todos e qualquer preço de bem ou serviço. Lei que estabelecerá os critérios para a determinação do ônus tributário, o que se faz necessário tendo-se em vista que alguns tributos não são calculados diretamente sobre esses preços". MACHADO, Hugo de Brito. *Curso de direito constitucional tributário*. São Paulo: Malheiros, 2012, p. 219.

caso seja simplificado o sistema de tributação, com a eliminação da sua complexidade. Todavia, a mera unificação dos tributos, por si só, não eliminará um dos principais defeitos do sistema tributário brasileiro, que é o de tributar, fortemente, o consumo de bens, o que tem como consequência o aumento das desigualdades sociais e econômicas, uma vez que gera a concentração da riqueza nas mãos de poucas pessoas.

2.5 Os fatos relativos às indagações acima foram de algum modo atingidos pelos efeitos da pandemia causada pelo SARS Covid-19?

A pandemia trouxe graves consequências negativas para a economia mundial, aumentando ainda mais as desigualdades sociais e econômicas. As indústrias pararam de produzir, diante da falta de matéria prima. Essa escassez favoreceu o aumento de preço das mercadorias, desencadeando um processo inflacionário ao redor do mundo. Ainda hoje a economia mundial não se restabeleceu dos efeitos nocivos da pandemia, que tiveram como consequência drástica o aumento de pessoas em situação de miséria no mundo.

3. TRIBUTAÇÃO DA RENDA

3.1 Há relação entre a progressividade das alíquotas do imposto sobre a renda e o enfrentamento das desigualdades econômicas ou sociais?

A progressividade na aplicação das alíquotas do imposto de renda em um sistema tributário é um valioso instrumento para diminuir as desigualdades sociais e econômicas.[11] Com a progressividade, a alíquota do imposto aumenta à proporção que a sua base de cálculo cresce. Quanto maior for a base de cálculo do imposto, maior será a alíquota a ser aplicada. Através da progressividade, em tese, quem ganha mais recolhe mais imposto do que aquele que ganha menos.[12] Trata-se, como se vê, de um mecanismo que distribui melhor o peso da carga tributária entre os cidadãos.

Ocorre que, no Brasil, a progressividade é aplicada às avessas com relação ao imposto de renda, o que não favorece à diminuição das desigualdades sociais

---

11. "... A progressividade é corolário e modo de realização dos princípios da capacidade contributiva e da igualdade. Tem o seu fundamento na busca da justiça fiscal e social, na medida em que procura equilibrar as desigualdades sociais. O substrato do princípio reside em fazer com que os que tenham mais, o que podem arcar com um maior ônus na distribuição da carga tributária, paguem mais imposto...". MAIA, Mary Elbe G. Queiroz. *Imposto sobre a renda e proventos de qualquer natureza*. São Paulo: Manole, 2004, p. 39.

12. "Nesse sentido, o critério da progressividade é consectário natural dos princípios da igualdade e da capacidade contributiva, pois exige que os contribuintes com maiores rendimentos recebam tratamento fiscal mais gravoso que os de pequeno porte econômico. Mas não apenas isso: melhorando a distribuição da renda, auxilia a concretização da igualdade material (concreta, substancial), consagrada em nosso Estado Democrático de Direito, plasmado pela Constituição de 1988. (...)". CARRAZZA, Roque Antônio. Imposto *Sobre a renda*. São Paulo: Malheiros, 2005, p. 65-66.

e econômicas. Isso porque são poucas alíquotas, que incidem sobre bases muitas próximas.[13] Poucas faixas de valores sobre as quais as alíquotas incidem. Há também várias limitações as deduções de gastos. E, o que é mais grave, os valores constantes na tabela do imposto de renda não são devidamente atualizados, o que faz com o que o imposto de renda não incida sobre o acréscimo patrimonial, que é a sua base imponível, mas sobre o próprio patrimônio do contribuinte, em clara e nítida violação ao art. 43, do Código Tributário Nacional,[14] e ao art. 153, III, da Constituição Federal de 1988.[15]

3.2 Quais as desvantagens, defeitos ou problemas da tributação progressiva da renda? Elas são superadas por eventuais vantagens dessa técnica de tributação?

A tributação progressiva da renda, caso sejam eliminadas as distorções apresentadas na resposta anterior no tocante ao imposto de renda no Brasil, realiza melhor a justiça fiscal, pois distribui melhor o ônus tributário entre a população.

3.3 Tendo em vista a determinação constitucional para que o imposto sobre a renda seja regido pelo princípio da progressividade, seria válida a instituição de uma alíquota única (*flat tax*) para esse imposto no país?

Não. A aplicação de uma única alíquota de imposto de renda para todos os contribuintes, independentemente do valor dos seus rendimentos, não atende a progressividade do imposto de renda estabelecida no art. 153, III, § 2.º, da Constituição Federal de 1988, que assim dispõe:

---

13. A Lei 11.482, de 2007, em seu artigo 1º, inciso IX, com a redação dada pela Lei 13.149/2015, fixou as alíquotas e as faixas sobre os quais o imposto de renda deve incidir nos seguintes termos: "Art. 1º O imposto de renda incidente sobre os rendimentos de pessoas físicas será calculado de acordo com as seguintes tabelas progressivas mensais, em reais: (...)IX – a partir do mês de abril do ano-calendário de 2015:

Base de Cálculo (R$)	Alíquota (%)	Parcela a Deduzir do IR (R$)
Até 1.903,98	–	–
De 1.903,99 até 2.826,65	7,5	142,80
De 2.826,66 até 3.751,05	15	354,80
De 3.751,06 até 4.664,68	22,5	636,13
Acima de 4.664,68	27,5	869,36

14. "CTN – Art. 43. O imposto, de competência da União, sobre a renda e proventos de qualquer natureza tem como fato gerador a aquisição da disponibilidade econômica ou jurídica: I – de renda, assim entendido o produto do capital, do trabalho ou da combinação de ambos; II – de proventos de qualquer natureza, assim entendidos os acréscimos patrimoniais não compreendidos no inciso anterior. (...)".
15. "CF/88 – Art. 153. Compete à União instituir impostos sobre: (...) III – renda e proventos de qualquer natureza; (...)".

> Art. 153. Compete à União instituir impostos sobre: (...)
>
> III – renda e proventos de qualquer natureza; (...)
>
> § 2º O imposto previsto no inciso III:
>
> I – será informado pelos critérios da generalidade, da universalidade e da progressividade, na forma da lei.

Como se vê, o imposto de renda no Brasil, por determinação constitucional, deve ser necessariamente progressivo.

3.4 É possível atingirem-se os objetivos buscados com alíquotas progressivas, sem se considerarem adequadamente as bases sobre as quais elas incidem? Bases muito baixas, ou próximas umas das outras, são capazes de aproximar a tributação progressiva de um *flat tax*?

Não. Para a progressividade ser efetiva e eficaz, é necessário, como antes dito no item "3.1", equilibrar mais a tributação do imposto de renda, aumentando a quantidade de alíquotas e das faixas sobre as quais elas são aplicadas. Também é necessário corrigir o valor das faixas tributadas, sob pena de não se alcançar a almejada justa fiscal que a progressividade visa assegurar.

3.5 A tributação da renda, no Brasil, possui aspectos ou particularidades, no que tange às pessoas físicas, que implica discriminação ou quebra da igualdade no que tange a questões de gênero? Quais seriam elas, e como poderia ser remedidas?

Sim. A questão, antes de tudo, é cultural, apesar do avanço das mulheres no mercado de trabalho. De fato, até um passado recente, as mulheres não tinham espaço no mercado de trabalho, limitando-se a realizar tarefas domésticas em prol da família. Isso, inclusive, era até uma imposição do patriarca da família. Com o passar dos anos, porém, as sociedades evoluíram e as mulheres foram ganhando espaço no mercado de trabalho. Esse espaço, contudo, ainda é um pouco tímido, mas em algumas atividades remuneradas as mulheres têm ganhado papel de destaque, sobretudo em ofícios que envolvem liderança corporativa.

A inserção das mulheres no mercado de trabalho trouxe à baila o problema relativo à desigualdade salarial. É gritante, na grande maioria das vezes, a diferença salarial entre o homem e a mulher no mercado de trabalho para realizar o mesmo ofício. Com um salário menor e ainda tendo que cuidar das tarefas domésticas, as mulheres acabam comprometendo mais a sua renda, seja no pagamento de tributos diretos como o imposto de renda, seja no pagamento de tributos indiretos embutidos nos preços dos produtos adquiridos para o consumo familiar, situação esta que lhes impede de acumular patrimônio.

E se a mulher fosse divorciada e recebesse pensão alimentícia, a sua situação ainda era, até o Colendo Supremo Tribunal Federal julgar o tema nos autos do ADI 5422, pior, uma vez que a legislação do imposto de renda a obrigava a incluir nos seus rendimentos o valor das pensões recebidas, oferecendo-o à tributação, ao passo que os homens podem deduzir do imposto de renda o valor que pagam a título de pensão. O C. STF, acertadamente, corrigiu essa distorção nos autos da ADI 5422, conforme se verifica pelo exame da ementa do referido julgado:

> Ação direta de inconstitucionalidade. Legitimidade ativa. Presença. Afastamento de questões preliminares. Conhecimento parcial da ação. Direito tributário e direito de família. Imposto de renda. Incidência sobre valores percebidos a título de alimentos ou de pensão alimentícia. Inconstitucionalidade. Ausência de acréscimo patrimonial. Igualdade de gênero. Mínimo existencial. 1. Consiste o IBDFAM em associação homogênea, só podendo a ele se associarem pessoas físicas ou jurídicas, profissionais, estudantes, órgãos ou entidades que tenham conexão com o direito de família. Está presente, portanto, a pertinência temática, em razão da correlação entre seus objetivos institucionais e o objeto da ação direta de inconstitucionalidade. 2. Afastamento de outras questões preliminares, em razão da presença de procuração com poderes específicos; da desnecessidade de se impugnar dispositivo que não integre o complexo normativo questionado e da possibilidade de se declarar, por arrastamento, a inconstitucionalidade de disposições regulamentares e de outras disposições legais que possuam os mesmos vícios das normas citadas na petição inicial, tendo com elas inequívoca ligação. 3. A inconstitucionalidade suscitada está limitada à incidência do imposto de renda sobre os valores percebidos a título de alimentos ou de pensões alimentícias oriundos do direito de família. Ação da qual se conhece parcialmente, de modo a se entender que os pedidos formulados alcançam os dispositivos questionados apenas nas partes que tratam da aludida tributação. 4. A materialidade do imposto de renda está conectada com a existência de acréscimo patrimonial, aspecto presente nas ideias de renda e de proventos de qualquer natureza. *5. Alimentos ou pensão alimentícia oriundos do direito de família não se configuram como renda nem proventos de qualquer natureza do credor dos alimentos, mas montante retirado dos acréscimos patrimoniais recebidos pelo alimentante para ser dado ao alimentado.* A percepção desses valores pelo alimentado não representa riqueza nova, estando fora, portanto, da hipótese de incidência do imposto. 6. Na esteira do voto-vista do Ministro Roberto Barroso, "[n]a maioria dos casos, após a dissolução do vínculo conjugal, a guarda dos filhos menores é concedida à mãe. *A incidência do imposto de renda sobre pensão alimentícia acaba por afrontar a igualdade de gênero, visto que penaliza ainda mais as mulheres. Além de criar, assistir e educar os filhos, elas ainda devem arcar com ônus tributários dos valores recebidos a título de alimentos, os quais foram fixados justamente para atender às necessidades básicas da criança ou do adolescente*". 7. Consoante o voto-vista do Ministro Alexandre de Moraes, a tributação não pode obstar o exercício de direitos fundamentais, de modo que "os valores recebidos a título de pensão alimentícia decorrente das obrigações familiares de seu provedor não podem integrar a renda tributável do alimentando, sob pena de violar-se a garantia ao mínimo existencial". 8. Vencidos parcialmente os Ministro Gilmar Mendes, Edson Fachin e Nunes Marques, que sustentavam que as pensões alimentícias decorrentes do direito de família deveriam ser somadas aos valores de seu responsável legal aplicando-se a tabela progressiva do imposto de renda para cada dependente, ressalvando a possibilidade de o alimentando realizar isoladamente a declaração de imposto de renda. 9. Ação direta da qual se conhece em parte, relativamente à qual ela é julgada procedente, de modo a dar ao art. 3º, § 1º, da Lei 7.713/88, ao arts. 4º e 46 do Anexo do Decreto 9.580/18 e aos arts. 3º, *caput* e § 1º; e 4º do Decreto-Lei 1.301/73

interpretação conforme à Constituição Federal para se afastar a incidência do imposto de renda sobre valores decorrentes do direito de família percebidos pelos alimentados a título de alimentos ou de pensões alimentícias.

(ADI 5422, Relator(a): Dias Toffoli, Tribunal Pleno, julgado em 06.06.2022, Processo Eletrônico DJe-166 Divulg 22.08.2022 Public 23.08.2022)

Por fim, para remediar essa situação de desigualdade das mulheres frente à tributação da renda, o ideal é que não tivesse qualquer discriminação salarial em razão do gênero, devendo o trabalho laboral feminino ser valorizado da mesma forma que o masculino. As mulheres têm que ter as mesmas oportunidades laborais, não devendo existir qualquer tipo de discriminação em razão do gênero.

3.6 Os fatos relativos às indagações acima foram de algum modo atingidos pelos efeitos da pandemia causada pelo SARS Covid-19?

Sim. A pandemia gerou demissões em massa de empregados. Essas demissões repercutem na vida cotidiana das pessoas, inclusive das mulheres, que tem que se reinventar para melhorar de vida e contribuir com as despesas do lar.

4. TRIBUTAÇÃO DAS HERANÇAS

4.1 A tributação das heranças guarda relação com a mitigação das desigualdades no plano intergeracional? Seriam essas desigualdades mais, ou menos legítimas, que aquelas surgidas durante a vida de pessoas de uma mesma geração?

Sim. Através da tributação da herança, busca-se diminuir as desigualdades sociais e econômicas que se perpetuam de geração em geração. A concentração da riqueza nas mãos de poucas pessoas contribui para o aumento dos níveis de pobreza, assim como é fator que desestimula o trabalho e, por consequência, o desenvolvimento econômico.

4.2 A tributação das heranças amesquinha o direito à herança, previsto constitucionalmente? Considerando-se que ambas – a tributação de heranças e o direito à herança – são previstos no texto constitucional, como conciliá-los?

Não. O direito à herança e a tributação da herança são duas realidades distintas. O fato de a Constituição Federal, em seu artigo 5º, inciso XXX,[16] assegurar o

---

16. "CF/88. Art. 5º. Todos são iguais perante a lei, sem distinção de qualquer natureza, garantindo-se aos brasileiros e aos estrangeiros residentes no País a inviolabilidade do direito à vida, à liberdade, à igualdade, à segurança e à propriedade, nos termos seguintes: (...) XXX – é garantido o direito de herança (...)."

direto à herança, não significa que o Estado não possa tributar os valores recebidos pelos herdeiros a título de herança, tal como consta no art. 155, I, da Constituição Federal de 1988.[17] O que o Estado não pode, na verdade, é estabelecer uma relação jurídica tributária que esvazie o próprio direito à herança, impondo uma tributação excessiva a ponto de se apropriar indevidamente da própria herança.

4.3 À luz do Direito Comparado, a carga tributária incidente sobre heranças, no Brasil, pode ser considerada alta, ou baixa?

No Brasil, por expressa determinação constitucional (art. 155. § 1°, inciso IV), compete ao Senado Federal fixar a alíquota máxima do ITCMD. Cumprindo a sua missão constitucional, o Senado Federal estabeleceu que a alíquota máxima do ITCMD é de 8% (Resolução 09/1992).[18]

Comparando a alíquota máxima do ITCMD de 8%, adotada no Brasil *(alíquota máxima e não a carga tributária efetiva do ITCMD sobre o valor da herança)*, verifica-se que ela é bem menor do que aquela aplicada em outros Países, a exemplo do Estados Unidos (alíquota varia entre 18% e 40%), do Reino Unido (alíquota é de 40%) e da França (alíquota varia entre 5% e 45%).

Todavia, uma alíquota menor não significa que a carga tributária efetiva sobre a herança seja menor no Brasil do que em outros Países. Nesse sentido, é o que defende, com propriedade, o advogado Victor Ribeiro Teixeira em artigo publicado na revista eletrônica consultor jurídico, a saber: "Dessa forma, ao contrário da premissa existente, o Brasil tributa muito a transmissão causa mortis, principalmente quando se compara a tributação sobre o patrimônio de baixo valor – que normalmente pertence à camada mais pobre da população".[19] A observação do advogado Victor Ribeiro Teixeira é importante, pois não há como comparar, para efeito de se medir a efetiva carga tributária sobre a herança, apenas as alíquotas do imposto, sem levar em consideração toda a normatização existente nos outros Países, que preveem alguns mecanismos que tornam a tributação sobre a herança mais justa e progressiva.

---

17. "CF/88. Art. 155. Compete aos Estados e ao Distrito Federal instituir impostos sobre: I – transmissão causa mortis e doação, de quaisquer bens ou direitos (...)".
18. "Resolução 09/1992: O Senado Federal resolve:
    Art. 1° A alíquota máxima do imposto de que trata a alínea a, inciso I, do art. 155 da Constituição Federal será de oito por cento, a partir de 1° de janeiro de 1992.
    Art. 2° As alíquotas dos impostos, fixadas em lei estadual, poderão ser progressivas em função do quinhão que cada herdeiro efetivamente receber, nos termos da Constituição Federal.
    Art. 3° Esta resolução entra em vigor na data de sua publicação.
    Art. 4° Revogam-se as disposições em contrário.
    Senado Federal, 5 de maio de 1991".
19. FERREIRA, Victor Ribeiro. *Revista Consultor Jurídico*, dia 26 de outubro de 2017. Disponível em: www. conjur.com.br.

206 ÍTALO FARIAS PONTES

4.4 A tributação das heranças pode se submeter ao princípio da progressividade?

Sim. Na verdade, entendemos que todos os impostos devem se submeter ao princípio da progressividade, na forma do art. 145, § 1.º, da Constituição Federal de 1988,[20] pois ele visa a assegurar a necessária justiça fiscal, impondo um ônus tributário maior para as pessoas que possuem capacidade contributiva mais elevada.[21-22-23] E foi nestes precisos termos que o Colendo Supremo Tribunal Federal apreciou e decidiu que o ITCMD pode, sim, ter as suas alíquotas progressivas, conforme se verifica a seguir:

> Recurso extraordinário. Constitucional. Tributário. Lei estadual: progressividade de alíquota de imposto sobre transmissão causa mortis e doação de bens e direitos. Constitucionalidade. Art. 145, § 1º, da constituição da república. Princípio da igualdade material tributária. Observância da capacidade contributiva. Recurso extraordinário provido.
>
> (RE 562045, Relator(a): Ricardo Lewandowski, Relator(a) p/ Acórdão: Cármen Lúcia, Tribunal Pleno, julgado em 06.02.2013, Repercussão Geral – Mérito DJe-233 Divulg 26.11.2013 Public 27.11.2013 EMENT VOL-02712-01 PP-00001 RTJ VOL-00228-01 PP-00484)

4.5 Caso afirmativa a resposta à questão anterior, seria possível atingirem-se os objetivos buscados com alíquotas progressivas, sem se considerarem adequadamente as bases sobre as quais elas incidem? Bases muito baixas, ou próximas umas das outras, são capazes de aproximar a tributação progressiva de um *flat tax*?

O ideal, na realidade, para tornar a tributação do ITCMD mais justa possível, é que se criem mais alíquotas e mais faixas sobre as quais elas serão aplicadas, a

---

20. "CF/88 – Art. 145 A União, os Estados, o Distrito Federal e os Municípios poderão instituir os seguintes tributos: I – impostos; (...) § 1º Sempre que possível, os impostos terão caráter pessoal e serão graduados segundo a capacidade econômica do contribuinte, facultado à administração tributária, especialmente para conferir efetividade a esses objetivos, identificar, respeitados os direitos individuais e nos termos da lei, o patrimônio, os rendimentos e as atividades econômicas do contribuinte".

21. "... As alíquotas são progressivas para realizar o princípio da capacidade contributiva e para graduar a carga com igualdade, pelo merecimento...". COÊLHO, Sacha Calmon Navarro. *Comentários à Constituição de 1988*: sistema tributário. 9. ed. Rio de Janeiro: Forense, 2005, p. 584.

22. "...O imposto causa mortis, incidindo sobre o incremento do patrimônio de herdeiros e legatários sem qualquer trabalho ou esforço deles, denota excelente índice de capacidade contributiva e extraordinária aptidão para promover a justiça social, pelo que deve se afinar simultaneamente com os subprincípios da progressividade, que recomenda a elevação das alíquotas na medida em que aumentar o bolo tributável, e da personalização, que se expressa pelo agravamento da tributação de acordo com o afastamento entre herdeiro e de cujus na linha de sucessão...". TORRES, Ricardo Lobo. *Curso de direito financeiro e tributário*. 11. ed. Rio de Janeiro: Renovar, 2004, p. 380.

23. "...No imposto causa mortis, que é um imposto de natureza fiscal, é possível a graduação segundo a capacidade contributiva de seus contribuintes, levando-se em consideração a pessoa do contribuinte, fazendo, por exemplo, distinção de alíquotas na medida que se aumenta a distância hereditária entre o de cujus e seus sucessores, razão pela qual deve-se aplicar o Princípio da Capacidade contributiva, através da utilização de seus subprincípios, entre eles o da progressividade...". SOARES, Milton Delgado. *O Imposto sobre a Transmissão Causa Mortis e Doação* (ITCMD). Rio de Janeiro: Lumen Juris, 2006, p. 143.

fim de evitar que a progressividade seja neutralizada ou que não atinja o seu fim, que é o de realizar a justiça fiscal, distribuindo melhor ônus tributário.

4.6 Os fatos relativos às indagações acima foram de algum modo atingidos pelos efeitos da pandemia causada pelo SARS Covid-19?

A retratação da econômica, oriunda da paralisação das atividades comerciais por conta da pandemia, prejudicou as contas públicas de quase todos os Países, inclusive do Brasil. Nesse cenário, o tema da tributação das heranças ganhou relevância, visto que se trata de uma forma de o Estado conseguir mais recursos para minimizar as desigualdades sociais e econômicas provocadas pela pandemia.

5. JUSTIÇA FISCAL E GASTO PÚBLICO

5.1 A justiça de um sistema tributário pode ser aferida, ou medida, sem se considerarem os fins nos quais os recursos arrecadados são aplicados?

Não. Os recursos arrecadados de tributos devem ser empregados nas finalidades que justificaram a sua instituição. Não é possível o Estado agir com desvio de finalidade, exigindo, por exemplo, o pagamento de uma contribuição para o custeio da seguridade social, com a aplicação da sua arrecadação para o pagamento de obras públicas.

5.2 Quais gastos públicos seriam mais adequados, no Brasil, para minimizar o problema das desigualdades econômicas e sociais?

É muito difícil indicar qual o gasto público mais adequado, haja vista a grande desigualdade social e econômica existente no Brasil. No entanto, uma coisa é certa. Gastar com educação, esporte, saúde e segurança tende a melhorar muito a qualidade de vida dos brasileiros, o que certamente contribuirá para diminuir as desigualdades sociais e econômicas existentes.

5.3 Os fatos relativos às indagações acima foram de algum modo atingidos pelos efeitos da pandemia causada pelo SARS Covid-19?

Sim. As contas públicas brasileiras sofreram forte retração durante o período pandêmico. O Estado Brasileiro, que já dispõe de parcos recursos, teve que centralizar boa parte das suas receitas para a área da saúde, o que prejudicou as demais políticas públicas.

6. CORRUPÇÃO E DESIGUALDADES

6.1 Quais os efeitos da corrupção sobre a tributação e sua utilização para o enfrentamento das desigualdades sociais e econômicas?

A corrupção, através do desvio dos valores que são arrecadados a título de tributo, prejudica as políticas públicas que o Estado deveria executar na área da educação, da saúde, da segurança e da cultura, contribuindo decisivamente para o aumento das desigualdades sociais e econômicas.

Na verdade, a corrupção priva os cidadãos de receberem serviços públicos de qualidade, pois o Estado não tem como oferecê-los com escassos recursos. Se a corrupção fosse considerada uma doença, esta seria a pior mazela que o poder público poderia contrair.

6.2 Os fatos relativos às indagações acima foram de algum modo atingidos pelos efeitos da pandemia causada pelo SARS Covid-19?

Sim. A falta de recursos públicos, oriundos de desvios provocados por atos de corrupção, gerou grave crise financeira no País, a qual se agravou na pandemia com a paralisação das atividades econômicas, uma vez que o Estado sofreu queda brusca de arrecadação nesse período.

CONSIDERAÇÕES CONCLUSIVAS

Há aspecto(s) pertinente(s) ao assunto escolhido que não tenha(m) sido contemplado(s) pelos questionamentos anteriores? Qual(is)?

Não. Tema exaustivamente debatido.

TRIBUTAÇÃO E DESIGUALDADES PÓS-PANDEMIA

Ivo César Barreto de Carvalho

Sumário: Introdução – 1. Premissas fundamentais – 2. Tributação do consumo – 3. Tributação da renda – Conclusões – Referências.

INTRODUÇÃO

O tema proposto na presente obra é um desafio posto não somente ao Brasil, mas ao mundo todo: repensar as premissas, as funções e as estruturas de um Estado após a pandemia de saúde pública que atingiu a todos, por meio da disseminação do vírus SARS-CoV-2, mais conhecida popularmente como Covid-19 ou Coronavírus. Afora as questões e discussões político-partidárias que não devem permear o presente trabalho, necessário perquirir os efeitos econômicos e financeiros dessa pandemia no Estado Brasileiro, em especial no aspecto das relações jurídico-tributárias entre os contribuintes e a Administração Pública Fazendária dos entes federados.

Diante das possibilidades de abrangência dessa temática, resolveu-se trabalhar o tema da tributação e das desigualdades pós-pandemia sobre dois diferentes ângulos: tributação do consumo e da renda. Embora se pudesse tratar ainda de outras questões, quiçá até mais interessantes – tais como tributação das heranças, gasto público, corrupção e justiça fiscal no pós-pandemia – entendeu-se absolutamente necessário realizar um corte na pesquisa, adequando-a aos objetivos desta obra.

A proposta metodológica deste artigo parte de um roteiro de indagações propostas pelo Instituto Cearense de Estudos Tributários – ICET, na presidência do Professor Schubert de Farias Machado, mas não se cingindo apenas a este rol, procuraremos fixar outros conceitos e premissas, bem como suscitar outras dúvidas (sem a pretensão de exauri-las todas) acerca da tributação e desigualdades no pós-pandemia.

1. PREMISSAS FUNDAMENTAIS

Partindo da premissa do Direito como Sistema, é preciso identificar no ordenamento jurídico brasileiro quais são os princípios norteadores da tributação e sua correlação com as desigualdades. Sob a óptica do Direito Positivo, o ponto de partida dessa análise é a Constituição Federal de 1988, pois além de estruturada em capítulo específico sobre o Sistema Tributário Nacional, também está ancorada em diversos dispositivos constitucionais atinentes às desigualdades sociais e regionais.

Sendo a redução das desigualdades sociais e regionais um dos objetivos fundamentais da República Federativa do Brasil (art. 3º, inciso III), não há dúvidas da intenção do legislador constituinte originário em fincar a premissa de que o ordenamento jurídico brasileiro deveria ser estruturado, a partir de 1988, com normas jurídicas criadas para colaborar no desenvolvimento social e econômico da nação, reduzindo as desigualdades do nosso povo já constatadas (e, infelizmente, ainda existentes) desde àquela época.

Contudo, as questões que se colocam são: a) passados 24 anos da CF/88, as normas postas conseguiram ou contribuíram para alcançar o desiderato de reduzir as desigualdades sociais e regionais? b) o Sistema Tributário Nacional, em especial as normas jurídico-tributárias sobre tributação do consumo, renda e heranças, é compatível com viés desenvolvimentista do constituinte originário? c) o tributo é uma ferramenta adequada e/ou suficiente para se promover a redução de desigualdades? d) o arcabouço normativo tributário brasileiro passou no "teste da pandemia de Covid-19"?

Historicamente, o princípio da legalidade sempre norteou o aspecto legitimador do direito e do discurso da dogmática jurídica. Dessa forma, a avaliação do desenvolvimento esteve sempre calcada na conexão entre as normas jurídicas e os objetivos estabelecidos nas políticas públicas voltadas para a redução das desigualdades sociais e regionais. Noutros termos, a legalidade estrita – embora voltada à segurança jurídica – está atrelada a um contexto histórico, a determinados valores fixados no tempo e a conceitos predeterminados no passado.

Quando a humanidade passa por eventos únicos de proporções globais – a exemplo da pandemia da Covid-19 –, torna-se absolutamente imprescindível questionar estes valores fixados no passado e os conceitos previamente determinados que foram baseados numa outra sociedade em outro contexto histórico. Destarte, pergunta-se: aquela "moldura da legalidade" é adequada e suficiente para a solução dos problemas estruturais de uma dada sociedade, em particular, no caso do Brasil, para a redução das desigualdades sociais e regionais?

Neste mesmo sentido de estabelecer novos paradigmas para uma nova era da tributação e do desenvolvimento, Eurico Marco Diniz de Santi elenca alguns desafios para a superação dessa legalidade do passado: (i) em razão da desconexão das normas à prática e aos objetivos nacionais, deve-se utilizar o direito e a dogmática como efetivos instrumentos promotores de mudanças sociais, de modo a construir uma sociedade pautada em valores e princípios alinhados a esses objetivos; b) com o intuito de combater o risco à democracia pela "judicialização da política", necessário corrigir as disfunções sistêmicas do direito (tanto pela delegação de questões políticas para serem resolvidas pelo sistema jurídico, como pela politização do direito).[1]

Tendo em vista que a redução das desigualdades sociais e regionais é objetivo da república brasileira, não se pode alcançar tal desiderato preso em normas jurídicas estanques – que foram elaboradas num contexto histórico e fixada em premissas e valores fixados no passado. É preciso avaliar e interpretar, de modo dinâmico e constante, quais os critérios para alcançar o objetivo fundamental da redução das desigualdades sociais e regionais no Brasil, em especial neste período pós-pandemia.

Sob a óptica epistemológica, Cristiano Carvalho critica o positivismo da doutrina tributária brasileira, pois aquele deveria ser visto apenas como um axioma, ou seja, "um ponto de partida para o desenvolvimento da real epistemologia jurídica".[2] Para o jurista, esta cisão positivista entre a dogmática jurídica e outras ciências humanas, como a Economia – em especial quando o tema é tributação – não contribui para o desenvolvimento da ciência tributária.

Analisando, então, o tema tributação e desenvolvimento, faz-se necessário indagar se existem critérios a partir dos quais as desigualdades podem ser avaliadas e se estas podem ser consideradas moralmente legítimas ou ilegítimas. Tal raciocínio envolve o plano da filosofia moral e seus reflexos para o Estado de Direito, na busca de ideais como justiça, ética, solidariedade e igualdade.

Do ponto de vista da Deontologia, cuja filosofia moral tem entre seus maiores expoentes Immanuel Kant, a realização da justiça é calcada na razão que, por sua vez, é coordenada por princípios morais aprioristicos. Noutros termos, o critério para julgar uma ação como boa ou má está previamente fixado num código de regras morais, traduzido no imperativo categórico kantiano, independentemente das consequências desses atos.

Num extremo oposto dessa corrente filosófica, situa-se o Consequencialismo, no qual se destaca a vertente do Utilitarismo. Segundo Jeremy Bentham, o critério para avaliar e julgar a moralidade ou imoralidade dos atos é sua consequência,

---

1. SANTI, Eurico Marcos Diniz de. Direito tributário em rede e desenvolvimento: prefácio em homenagem ao Prof. Aires Barreto. In: SANTI, Eurico Marcos Diniz de (Coord.). *Tributação e Desenvolvimento – Homenagem ao Prof. Aires Barreto*. São Paulo: Quartier Latin, 2011, p. 25-26.
2. CARVALHO, Cristiano. Tributação, ciência e desenvolvimento: como poderia ser a doutrina do direito tributário no Brasil? In: SANTI, Eurico Marcos Diniz de (Coord.). *Tributação e desenvolvimento – Homenagem ao Prof. Aires Barreto*. São Paulo: Quartier Latin, 2011, p. 130.

ou seja, os efeitos produzidos e a abrangência destes efeitos a um determinado número de pessoas.

Para Cristiano Carvalho, o critério mais adequado para a solução dos dilemas morais é a conciliação entre as distintas correntes filosóficas (Deontologia e Consequencialismo), devendo-se evitar posturas deontológicas radicais na ciência do direito:

> A forma mais equilibrada, nos parece, é buscar conciliar ambas as visões, preservando a importância da moralidade baseada em princípios e regras de conduta, mas também ter em conta que muitas vezes a sua adoção irrestrita, portanto, inconsequente, pode, justamente, colocar aqueles mesmos valores em perigo. Em suma, valores morais deontológicos são fundamentais para erigir qualquer sociedade civilizada, entendida esta como somatório de indivíduos responsáveis. Mas a responsabilidade, por seu turno, só existirá em sua plenitude se os cidadãos sopesarem as consequências de seus atos.[3]

Neste sentido, a interdisciplinaridade é importante para a epistemologia jurídica, mormente para a abertura da dogmática jurídica à realidade. A tradicional doutrina jurídico tributária brasileira contribuiu nos esforços para apresentar soluções práticas à tributação e ao desenvolvimento do País? Passadas duas décadas da inauguração desta ordem jurídica vigente brasileira, a sociedade brasileira efetivamente alcançou um de seus objetivos, qual seja, reduzir as desigualdades sociais e regionais?

No âmbito da Escola Direito e Economia, também chamada de "Análise Econômica do Direito", é possível o exame do conhecimento pautado na interdisciplinaridade. Ou seja, ambos os enfoques (direito e economia) são objeto de investigação do cientista, de modo a alcançar uma análise equilibrada entre o normativo e o propositivo. Desta forma, entende-se que examinar o tema da redução das desigualdades sociais e regionais também pode ser efetuado sob o ponto de vista econômico, sem que isto conflite com questões filosóficas morais.

Do mesmo modo, manifesta-se Ives Gandra da Silva Martins, segundo o qual não "se estuda a economia sem o estudo do tributo, em face do impacto que provoca nas relações entre os homens e entre estes e o poder."[4] Para o laureado jurista, a grande luta das sociedades no plano da economia é buscar um equilíbrio na carga tributária, pois, enquanto de um lado os governos tentam multiplicar a quantidade ou o peso dos tributos na obtenção de mais recursos financeiros para dispêndio nas necessidades públicas; por outro lado, o cidadão/contribuinte está sempre a buscar uma redução dessa carga tributária, através das mais variadas formas (algumas lícitas, outras ilícitas).

---

3. CARVALHO, Cristiano. Op. cit., p. 134-135.
4. MARTINS, Ives Gandra da Silva. O tributo e a economia. In: SANTI, Eurico Marcos Diniz de (Coord.). *Tributação e desenvolvimento* – Homenagem ao Prof. Aires Barreto. São Paulo: Quartier Latin, 2011, p. 285.

Por esta razão, o estudo dos fundamentos da economia moderna aliado ao estudo do sistema tributário de um país, de modo conjunto, certamente ensejarão conceitos e premissas mais sólidas do sistema de direito positivo de uma nação, levando a resultados mais eficientes em termos de tributação, política e desenvolvimento. Estabelecidas estas premissas epistemológicas, necessário revisitar o conceito de tributo de modo a analisar a interligação entre a tributação, o desenvolvimento e a redução das desigualdades sociais e regionais.

É sabido que o conceito de tributo está definido, no ordenamento jurídico brasileiro, no artigo 3º do Código Tributário Nacional. O enunciado linguístico contido no citado dispositivo normativo apresenta uma forma (declarativa) e uma função (prescritiva). No entanto, outras funções para o termo "tributo" podem ser identificadas no plano normativo, dependendo da linguagem utilizada pelo emissor da mensagem.

Dito de outro modo, embora a linguagem prescritiva seja inerente ao direito positivo (expedição de ordens, comandos dirigidos ao comportamento humano), outras perspectivas funcionais do direito – e do tributo – podem ser encontradas, considerando o ordenamento jurídico em seu aspecto estrutural. Neste sentido, Fabiana Del Padre Tomé estabelece uma ligação entre a estrutura e a função das normas jurídicas:

> Estrutura e função se complementam e só podem ser compreendidas se consideradas em seu conjunto. Afinal, a função do direito, consistente genericamente em disciplinar as condutas intersubjetivas para realizar os valores desejados pela sociedade, só pode ser implementada mediante a expedição de enunciados prescritivos que, tomados em sua estrutura lógica, desencadeiem um juízo hipotético-condicional, enlaçando, no consequente, dois sujeitos de direito.[5]

Assim, sendo desnecessário no presente ensaio se aprofundar na estrutura lógica das normas jurídicas, é possível depreender do ordenamento jurídico brasileiro que o tributo, embora calcado numa estrutura jurídico-normativo padrão formalizada em linguagem lógica precisa, pode ser revestido de diversas funções. Destarte, um dos vetores principiológicos para indicar uma dessas funções dos tributos é, justamente, o objetivo republicano voltado para a redução das desigualdades sociais e regionais.

Neste ponto, a questão que se coloca é: o tributo é uma ferramenta adequada para se promover a redução de desigualdades? Mesmo que seja considerado adequado, é ele suficiente? Embora entenda que o DNA do tributo esteja sempre conectado ao poder estatal, ou seja, o tributo é um instrumento de poder do

---

5. TOMÉ, Fabiana Del Padre. A extrafiscalidade tributária como instrumento para concretizar políticas públicas. In: SANTI, Eurico Marcos Diniz de (Coord.). *Tributação e desenvolvimento* – Homenagem ao Prof. Aires Barreto. São Paulo: Quartier Latin, 2011, p. 195.

IVO CÉSAR BARRETO DE CARVALHO

Estado, mas juridicamente delimitado pela Constituição Federal, também pode se revestir da característica de um instrumento ou ferramenta adequada (mas, não suficiente) para a promoção da redução de desigualdades sociais e regionais.

Não se pode descurar da ideia de que a atividade financeira estatal consiste na obtenção de recursos, na sua gestão e na sua aplicação, sendo a tributação uma das formas de se obter recursos destinados à consecução das finalidades estatais, dentre elas a implantação de políticas públicas voltadas a redução das desigualdades. Neste sentido, a instrumentalidade do direito revela que a atividade financeira não é um fim em si mesmo do Estado, mas um meio para atingir os seus objetivos, os quais estão previstos na Constituição Federal.

No âmbito tributário, identificam-se duas funções normativas clássicas para o tributo: fiscal e extrafiscal. É assente na doutrina nacional que tais funções não são excludentes, sendo importante aferir aquela que se sobressai em cada tributo: terá função fiscal, aquele cujas disposições normativas se caracterizem com a preponderância da finalidade arrecadatória; terá função extrafiscal, aquele tributo cujo fundamento para instituição esteja previamente vinculado a outros objetivos sociais, políticos e econômicos específicos.

Neste sentido, verifica-se que o tributo pode ser utilizado como instrumento para promover um dos objetivos sociais da República Federativa do Brasil, qual seja, a redução das desigualdades sociais e regionais. Esse é o mesmo raciocínio de Fabiana Del Padre Tomé:

> Uma das formas de se empregar o direito tributário como instrumento para a concretização de políticas públicas dá-se mediante a obtenção de recursos, destinados a finalidades juridicizadas constitucionalmente. É o que ocorre com as contribuições, cuja instituição é justificada por necessidades sociais ou econômicas, e devendo o produto de sua arrecadação ser aplicado naquelas áreas.
>
> Mas não é somente pelo abastecimento de cofres públicos e pela aplicação dos recursos nas finalidades previstas que atua o instrumental tributário em relação às políticas públicas. A concretização de programas e das ações estatais pode contar com a participação direta dos contribuintes que, para fazerem jus a determinados benefícios fiscais, ou, ainda, para não se verem onerados por cargas tributárias mais elevadas, mudam seu modo de agir. Por certas práticas, servindo, assim, como importante instrumento voltado à promoção de políticas públicas.[6]

Feito esse introito absolutamente necessário a tão complexo tema, restam fixadas as seguintes premissas: (i) no Sistema do Direito Positivo Brasileiro, um dos objetivos republicanos é a busca para a redução das desigualdades sociais e regionais (art. 3º, inc. III, CF/88); (ii) do ponto de vista filosófico, buscando um equilíbrio e conciliação entre duas correntes (Deontologia Kantiana e Consequencialismo/

---

6. TOMÉ, Fabiana Del Padre. Op. cit., p. 211.

Utilitarismo Benthaniano), tem-se que partir dos valores morais fundamentais de uma sociedade civilizada, mas que devem ser sopesados com as consequências das ações estatais (tributação, capacidade contributiva, benefícios fiscais etc.) e dos atos dos cidadãos cotidianamente (liberdade negocial, planejamento empresarial, elisão, elusão e evasão fiscais etc.); (iii) com esteio em novos paradigmas de uma sociedade em rede, bem como ante a necessária análise interdisciplinar (Direito e Economia) para a solução de problemas complexos (Tributação e Desenvolvimento), é possível trilhar o tema da redução das desigualdades sociais e regionais tanto sob o ponto de vista econômico, sem que haja um necessário conflito com questões morais ou filosóficas; (iv) numa análise linguística das diversas funções dos tributos, pautadas estas em princípios constitucionais expressos, é possível depreender que o tributo pode ser um instrumento adequado para o objetivo republicano da redução das desigualdades sociais e regionais.

Dito isto, passa-se a uma análise pormenorizada da tributação sob três diferentes ângulos (consumo, renda e heranças), de modo a verificar se, de fato, os tributos pertinentes a cada uma dessas categorias pode ser ou vem sendo utilizado como instrumento para a redução das desigualdades sociais e regionais, notadamente nesse período pós-pandemia da Covid-19.

2. TRIBUTAÇÃO DO CONSUMO

A caracterização da tributação do consumo, no Brasil, é revelada pela identificação no Sistema Tributário Nacional de uma série de impostos – Imposto sobre Produtos Industrializados (IPI), Imposto sobre operações relativas à circulação de mercadorias e a prestação de serviços de transporte interestadual e intermunicipal e de comunicação (ICMS) e Imposto Sobre Serviços de qualquer natureza (ISS) –, bem como de algumas contribuições – Contribuição ao Programa de Integração Social (PIS) e a Contribuição para o Financiamento da Seguridade Social (COFINS).

Identifica-se a tributação sobre o consumo quando a hipótese de incidência do tributo atinge um fato econômico, independentemente das pessoas que nele participam. Do ponto de vista econômico, quando as pessoas se utilizam de bens e serviços oferecidos pelos agentes econômicos, tal fato é caracterizado como consumo.

Essa característica dos tributos sobre o consumo é explicada, de forma bastante didática, por Marcos Vinícius Neder e Luciane Pimentel:

> A característica desses impostos é que eles incidem sobre atividades ou objetos, independentemente das características do indivíduo que executa a transação ou do proprietário, de modo que eles não estão associados à capacidade de pagamento de cada contribuinte (capacidade contributiva). Tais impostos, embora pagos pelo contribuinte determinado

por lei, quais sejam, os industriais, comerciantes, importadores, são repassados por estes ao consumidor final de bens ou serviços, embutidos diretamente no preço dos mesmos, o que ocorre por meio do fenômeno da translação, repercussão ou transferência da carga tributária.

Os tributos indiretos são normalmente cobrados em toda a cadeia produtiva, tendo seus efeitos na formação dos preços pagos pelos consumidores finais e não percebidos por eles, uma vez que são partes indissociáveis dos preços. Nas fases anteriores ao consumo final, os participantes da cadeia produtiva podem ter direito ao abatimento de tributos pagos, dependendo da sua forma de tributação – cumulativa ou não cumulativa.[7]

Portanto, fácil perceber que, na tributação do consumo, a carga tributária incide indistintamente sobre os consumidores, ou seja, afeta a todos de modo isonômico, no sentido formal do termo. Ocorre que, tal forma de tributação pesa mais sobre consumidores pertencentes a classes menos favorecidas do que sobre pessoas mais abastadas financeiramente, pois estas últimas não tenderão a sentir tão fortemente o peso dessa carga tributária.

Tal preocupação não passou despercebida pelo legislador constituinte brasileiro, haja vista o disposto no artigo 145, parágrafo único, da Constituição Federal. Neste dispositivo constitucional reside o princípio da capacidade contributiva, o qual determina que os impostos, sempre que possível, terão caráter pessoal e serão graduados segundo a capacidade econômica do contribuinte. Mas essa capacidade contributiva é aplicada, na prática, nos impostos brasileiros? Os impostos brasileiros sobre o consumo que adotam tal princípio alcançam a chamada "justiça fiscal"?

Em interpretação magistral sobre o princípio da capacidade contributiva, Roque Antonio Carrazza ensina:

> O princípio da capacidade contributiva hospeda-se nas dobras do princípio da igualdade e ajuda a realizar, no campo tributário, os ideais republicanos. Realmente, é justo e jurídico que quem, em termos econômicos, tem muito pague, proporcionalmente, mais imposto do que que tem pouco. Quem tem maior riqueza deve, em termos proporcionais, pagar mais imposto do que quem tem menor riqueza. Noutras palavras, deve contribuir mais para a manutenção da coisa pública. As pessoas, pois, devem pagar impostos na proporção dos seus haveres, ou seja, de seus índices de riqueza.
>
> O princípio da capacidade contributiva informa a tributação por meio de impostos. Intimamente ligado ao princípio da igualdade, é um dos mecanismos mais eficazes para que se alcance a tão almejada *Justiça Fiscal*.[8]

---

7. NEDER, Marcos Vinicius; PIMENTEL, Luciane. Os impostos indiretos são necessariamente regressivos? In: SANTI, Eurico Marcos Diniz de (Coord.). *Tributação e desenvolvimento* – Homenagem ao Prof. Aires Barreto. São Paulo: Quartier Latin, 2011, p. 502-503.
8. CARRAZZA, Roque Antonio. *Curso de direito constitucional tributário*. 21. ed. rev., ampl. e atual. São Paulo: Malheiros, 2005, p. 85.

Em face do princípio da capacidade contributiva dos impostos, conforme estabelecido no texto constitucional, necessário indagar se, de fato, no Brasil a tributação do consumo é regressiva. Como consequência dessa resposta, outra pergunta surge: como conciliar essa possível e suposta regressividade com a necessidade de respeito à capacidade contributiva e às ideias de justiça fiscal?

Voltemos à doutrina para analisar uma das formas de classificação dos impostos: progressivos, regressivos ou proporcionais. Os impostos são *progressivos* quando suas alíquotas aumentam na medida em que acrescem suas bases de cálculo. Assim, por exemplo, o Imposto sobre Propriedade Predial e Territorial Urbano (IPTU) é um tributo progressivo, pois estruturado no Brasil com uma progressividade, dentre outras, em razão do valor do imóvel (art. 156, § 1º, inciso I, CF/88).

Nos impostos *regressivos* acontece o exato oposto. A regressividade é identificada quando a alíquota diminui à proporção que os valores sobre os quais incide são maiores, ou seja, quanto maior a base de cálculo menor a alíquota, de modo que os rendimentos dos contribuintes mais pobres são proporcionalmente mais tributados que os dos mais ricos. De um modo geral, os impostos sobre o consumo são considerados impostos regressivos.

Já os impostos proporcionais são aqueles em que o imposto cobrado corresponde sempre à mesma fração ou percentagem do valor a que se refere a sua base de cálculo. Em razão de sua alíquota ser constante, o elemento variável a influenciar (para mais ou para menos) o preço dos bens, serviços ou rendimentos é a base de cálculo. No Brasil, não há impostos que se adequem perfeitamente à característica da proporcionalidade, a não ser que alguns aspectos desses tributos sejam decotados (*v.g.*, alíquota de 15% do IRPJ incidente sobre as pessoas jurídicas que estejam na tributação do lucro real).

Para o ilustre professor Hugo de Brito Machado, há várias formas de progressividade, algumas válidas outras inválidas, mas a forma de graduação desse imposto progressivo deve guardar compatibilidade com o princípio da capacidade contributiva.[9]

Marcos Vinicius Neder e Luciane Pimentel defendem a possibilidade de modelos de tributação do consumo progressivos baseados na seletividade dos bens e serviços consumidos, levando em consideração a capacidade contributiva deste consumidor:

> Os argumentos a favor da uniformidade das alíquotas sobre o consumo estão na simplificação do tributo, na redução de custos administrativos e de cumprimento da obrigação tributária,

---

9. MACHADO, Hugo de Brito. *Os princípios jurídicos da tributação na constituição de 1988*. 5. ed. São Paulo: Dialética, 2004, p. 142-143.

além de trazer maior transparência ao contribuinte, que é capaz de identificar mais facilmente quanto de tributo está embutido no preço dos bens.

Porém, podemos, utilizando o princípio da seletividade, fazer com que as alíquotas desse imposto leve em consideração, de um lado, a essencialidade, e de outro, a superfluidade/nocividade dos produtos industrializados que chegarão às mãos dos consumidores, tornando-o assim menos regressivo.

De fato, o consumo de determinados produtos revela capacidade contributiva, enquanto o de outros – como bens relacionados às necessidades fundamentais como a cesta básica, higiene, saúde e vestuário – compõe o chamado "mínimo vital". Assim, parece adequado que o mesmo imposto incida com maior gravidade sobre artigos supérfluos e com pequena ou nenhuma intensidade sobre os artigos de primeira necessidade.

Assim, a seletividade pretende fazer com que os produtos mais importantes no uso diário das pessoas mais pobres ou não sejam tributados ou o sejam de forma branda; e, ao mesmo tempo, visa aumentar a tributação de produtos de luxo ou supérfluo adquiridos pelas classes mais altas.[10]

Portanto, de acordo com os doutrinadores acima citados, é possível ajustar a tributação do consumo à luz de considerações ligadas à capacidade contributiva, podendo se levar em consideração características pessoais do consumidor (categoria de classe social ou renda) ou tipos de produtos consumidos. Entretanto, outros atributos do contribuinte não devem ser levados em consideração para fins de capacidade contributiva, tais como gênero, raça ou religião, pois tais características pessoais em nada dizem respeito ou devem possuir ligação com a relação jurídico tributária.

Igualmente importante destacar a seletividade existente noutro imposto sobre o consumo: o Imposto sobre Produtos Industrializados (IPI). De competência federal (art. 153, inc. IV, CF), este tributo também está atrelado à seletividade que lhe impõe um forte caráter extrafiscal. Esta seletividade do IPI, cujo critério também está em harmonia com o ICMS, deve se pautar pela essencialidade dos produtos (art. 153, § 3º, inc. I, CF).

Nesse sentido, valem destacar as lições magistrais de Hugo de Brito Machado sobre a seletividade:

A seletividade está ligada à função extrafiscal do tributo. Tem-se que o tratamento discriminatório é usado quando se pretende, com o tributo, mais do que arrecadar recursos financeiros, induzir comportamentos, influir nas decisões do contribuinte.

Como a tributação geralmente reflete o pensamento econômico predominante em cada época, a seletividade ganhou maior importância com o Estado intervencionista, que lançou mão largamente das finanças funcionais. [...] Dizer-se que um imposto é seletivo apenas significa que ele tem alíquotas diferenciadas, alíquotas que implicam cargas tributárias diferenciadas,

---

10. NEDER, Marcos Vinicius; PIMENTEL, Luciane. Op. cit., p. 507.

mas nada diz respeito do critério de diferenciação. Esse critério pode ser, em tese, o destino do produto, se para consumo interno ou para exportação.[11]

No caso da ordem jurídica vigente, tanto para o ICMS como para o IPI, o critério a ser observado para aplicar a técnica da seletividade deve ser, necessariamente, a essencialidade das mercadorias e serviços (no caso do imposto estadual) e dos produtos (no caso do imposto federal). Desta forma, quanto mais essenciais forem as mercadorias, serviços e produtos para o consumo humano, as alíquotas desses impostos devem ser menores; quanto mais supérfluos forem para o consumo, a legislação deverá estabelecer alíquotas maiores para os mencionados impostos.

O critério da essencialidade a direcionar a técnica da seletividade desses dois impostos para o consumo atende ao princípio da isonomia e da capacidade contributiva, na medida em que mercadorias, serviços e produtos mais básicos e fundamentais para o consumo da parcela da população menos favorecida é onerado com carga tributária menor. A desoneração dessas bases econômicas ligadas ao consumo dos mais pobres pode servir como instrumento para a redução das desigualdades sociais.

Destarte, é correto dizer que sociedades economicamente mais desiguais oneram mais pesadamente o consumo (v.g., o Brasil), e sociedades economicamente menos desiguais o oneram menos. A desigualdade é, portanto, uma das consequências de se atribuir maior peso à tributação do consumo.

No Brasil, a tributação do consumo tem crescido assustadoramente nos últimos anos, o que onera e torna injusta a carga tributária incidente sobre o brasileiro, em especial sobre a população mais pobre. O peso do Sistema Tributário Nacional sobre os tributos indiretos cria vantagens somente para o Fisco, pois estabelece um sistema mais vantajoso somente à Fazenda Pública, aparentemente mais eficiente e de menor custo na arrecadação.

Por outro lado, do ponto de vista dos contribuintes, é um sistema mais injusto ao tornar a burocracia estatal um ônus ao sujeito passivo da obrigação tributária, livrando ou amenizando as atribuições legais que seriam naturalmente inerentes às autoridades fazendárias. Destarte, a aparente eficiência estatal é travestida de um repasse do ônus fiscal ao outro elo da relação jurídico-tributária: o contribuinte.

Abordando as inúmeras desigualdades existentes no Sistema Tributário Nacional, Paulo Ayres Barreto alude a três tipos de sistemas arrecadatórios, com base nos ensinamentos de Alcides Jorge Costa: a) sistema de estágio múltiplo (incidente sobre todas as vendas ocorridas no ciclo da produção e comercialização); b) sistema de estágio singular (incidente apenas uma vez na produção e

---

11. MACHADO, Hugo de Brito. Op. cit., p. 130.

comercialização dos produtos); e c) sistema de valor acrescido (são tributadas todas as vendas, sendo admitido, contudo, o desconto do valor do tributo pago nas operações anteriores).[12]

Em verdade, não há um sistema ideal que atenda ao ponto ótimo econômico e a mais fácil e eficiente administração tributária. Simplicidade deveria ser a palavra de ordem, mediante a utilização padrões de incidência tributária que levassem em consideração a isonomia e a justiça tributária.

Entretanto, o que se verifica no Brasil ao longo destes anos pós Constituição Federal de 1988: uma verdadeira deturpação do sistema, com a utilização de diversos parâmetros inconciliáveis de tributação, mediante aumento quantitativo de espécies tributárias e da carga tributária, com a mescla dos três sistemas arrecadatórios. Por este motivo, Paulo Ayres Barreto tece severas críticas aos diversos sistemas de arrecadação dos tributos brasileiros:

> Temos, em síntese, todas as espécies de sistemas arrecadatórios, espraiadas entre os diversos entes tributantes e os vários tributos incidentes. Sistema complexo, inseguro, que fomenta a guerra fiscal, gerador de alto custo para o contribuinte que pretende se manter em conformidade com as suas obrigações tributárias e respectivos deveres instrumentais. Nesse cenário, a empresa que opera no Brasil tem maiores dificuldades para competir no plano internacional.

Tal estrutura do sistema tributário brasileiro, ao passo que torna mais robusta a máquina estatal – especialmente por meio de inovações tecnológicas voltadas a maior arrecadação tributária, deixa de levar em consideração o absurdo ônus econômico imposto aos contribuintes que, em algumas situações da cadeia produtiva e de consumo, se veem obrigados a repassar aos preços dos produtos e serviços tais encargos que são suportados, em verdade, pelo consumidor final. É um ciclo sem fim de transferência do ônus tributário e financeiro ao consumidor final que leva a uma alta e injusta carga tributária do consumo no Brasil.

Constatados os defeitos da tributação sobre o consumo no Brasil, com base na legislação atual, necessário indagar se tais problemas serão mitigados ou incrementados pelas propostas de reforma tributária ora em tramitação e discussão no Congresso Nacional, em especial no que tange à redução das desigualdades.

Talvez um dos poucos temas onde haja consenso no Brasil (se é que isso é possível) é a questão da necessidade de uma reforma tributária. De fato, desconhece-se alguém que defenda o atual Sistema Nacional Tributário com sua quantidade absurda de tributos, bem como a alta carga tributária. A insanidade do sistema tributário desafia a qualquer cidadão corajoso o suficiente para defendê-lo.

---

12. BARRETO, Paulo Ayres. Tributação sobre o consumo: simplicidade e justiça tributária. In: SANTI, Eurico Marcos Diniz de (Coord.). *Tributação e Desenvolvimento* – Homenagem ao Prof. Aires Barreto. São Paulo: Quartier Latin, 2011, p. 530.

Entretanto, por que as mais diversas propostas de reforma tributária no Brasil, desde a década de 1990, não obtiveram êxito de aprovação no Congresso Nacional? Passados inúmeros Governos Federais e mais diversas legislaturas no Poder Legislativo Federal, ainda assim não foi possível alcançar maioria para aprovação de uma reforma tributária sólida e capaz de simplificar o sistema nacional. As alterações legislativas que se sucederam no País, chamadas de "minirreformas", apenas aumentaram a carga tributária brasileira, agravando o ônus fiscal para o contribuinte e tornando mais "eficiente" a arrecadação do fisco.

Passadas quase 3 décadas, alguns pontos parecem convergir para a necessidade de reforma tributária. Robson Maia Lins sintetiza estes problemas principais: a) excesso de tributos (alguns deles poderiam ser aglutinados num tributo apenas – tais como, IPI, ICMS, ISS, PIS e COFINS, de modo a criar um IVA ou outro equivalente); b) tributação cumulativa (sendo necessário extirpar tributos com bases cumulativas); c) alto nível de evasão fiscal; d) complexidade das normas tributárias (grande quantidade de leis, decretos e outros atos normativos infralegais, elevado custo fiscal para o contribuinte cumprir com obrigações acessórias ou deveres instrumentais e grande quantidade de fiscais de tributação nos três níveis da Administração Tributária); e) guerra fiscal (existente entre alguns tributos com bases de incidência aproximadas).[13]

Diante da clara necessidade de reforma tributária no país, a questão que se coloca é: possíveis defeitos da tributação sobre o consumo, no Brasil, no que tange à redução das desigualdades, serão mitigados ou incrementados pelas propostas de reforma tributária ora em tramitação e discussão no Congresso Nacional? Para tanto, é premente a análise, pelo menos, das principais propostas de reforma tributária apresentadas no Congresso Nacional.

A Proposta de Emenda Constitucional 233/2008 possuía, como principal objetivo, reduzir a quantidade de tributos que oneram a produção, a desoneração da folha de pagamentos e a simplificação do sistema tributário brasileiro. Como ponto de partida, propunha-se a criação do IVA-F (Imposto sobre Valor Agregado – Federal), de forma unificada, com extinção das contribuições ao PIS, COFINS e CIDE-Combustíveis. No mesmo projeto, também se previa a incorporação da Contribuição Social sobre o Lucro Líquido (CSLL) pelo Imposto de Renda da Pessoa Jurídica (IRPJ).

Ainda no âmbito da PEC 233/2008, previa-se a criação de um novo ICMS com legislação única para todos os Estados da federação, cujo objetivo era acabar

---

13. LINS, Robson Maia. Reforma fiscal: como equacionar o sistema político... In: SANTI, Eurico Marcos Diniz de (Coord.). *Tributação e desenvolvimento* – Homenagem ao Prof. Aires Barreto. São Paulo: Quartier Latin, 2011, p. 623-624.

com a "guerra fiscal".[14] Para amenizar a perda de arrecadação que alguns Estados sofreriam com a nova proposta, seria criado um Fundo de Equalização de Receitas formado por 1,8% da arrecadação de impostos federais.

Uma das principais críticas à PEC 233/2008 é o provável impacto dessa reforma no campo da Seguridade Social, com a perda de arrecadação de recursos financeiros cujas fontes estão diretamente vinculadas às contribuições sociais anteriormente mencionadas. Tendo em vista a atual vinculação constitucional de suas receitas tributárias, garantidas na Constituição Federal de 1988, a unificação dos tributos, consoante preconizado na proposta, levaria a uma dependência da Seguridade Social a repasses do Orçamento Fiscal que, por conta da Desvinculação das Receitas da União (DRU), poderiam ser utilizadas pelo Governo Federal para áreas de outros ministérios não ligados à garantia dos direitos sociais.

De fato, pelo projeto, embora não houvesse perda de arrecadação de tributos por parte do Governo Federal, não mais haveria garantias de investimento daqueles recursos (outrora vinculados aos seus respectivos fundos) nas áreas sociais. Outro problema dessa PEC consiste na ausência de medidas concretas para combater a regressividade do sistema tributário atual.

Outra Proposta de Emenda à Constituição com o objetivo de promover uma reforma tributária no País é a PEC 45/2019,[15] da relatoria do Deputado Federal Baleia Rossi, com origem na Câmara dos Deputados. Em linhas gerais, o cerne da proposta é a criação do Imposto sobre Bens e Serviços (IBS), que tem como características principais: a) regime unificado de recolhimento; b) vedação à apropriação e transferência de créditos; c) instituição mediante lei complementar; d) competência comum dos entes federados; e) não cumulatividade; f) vedação à concessão de isenções, incentivos ou benefícios tributários e financeiros.

Segundo essa proposta, com a criação do IBS seriam extintos o IPI, ICMS, ISS, PIS e COFINS. Além desse imposto, também seria criado o Imposto Seletivo (IS) com finalidade extrafiscal, cujo objetivo seria desestimular o consumo de determinados bens, serviços ou direitos. Também há previsão de regras de transição do atual sistema para o proposto pelo prazo de 10 (dez) anos.

---

14. Para Ives Gandra da Silva Martins: "Na atual guerra fiscal, são os investidores que negociam e impõem às Secretarias dos Estados sua política, obtida, por se instalarem naqueles que lhes outorgarem maiores vantagens. Tal fato representa, de rigor, que a verdadeira política financeira não é definida pelos governos, mas exclusivamente pelos investidores. E, muitas vezes, gera descompetitividade no próprio Estado para estabelecimentos, já há logo tempo lá estabelecidos, que não poderão dos estímulos se beneficiar." *Guerra fiscal*: reflexões sobre a concessão de benefícios no âmbito do ICMS. São Paulo: Noeses, 2012, p. 20.

15. Disponível no sítio eletrônico da Câmara dos Deputados: https://www.camara.leg.br/proposicoesWeb/fichadetramitacao?idProposicao=2196833. Acesso em: 20 set.2022.

Os pontos positivos a serem destacados nesta PEC 45/2019 são: a) simplificação do Sistema Tributário Nacional; b) caráter nacional; c) ampla base de incidência; d) não cumulatividade com a previsão de recolhimento no Estado ou Município de destino. Por outro lado, são pontos negativos ainda existentes no atual sistema e não solucionados nesta PEC: a) a uniformidade das alíquotas aplica-se ao que for consumido (bens, serviços e direitos), e não aos locais de consumo (Estados, Distrito Federal e Municípios), ou seja, não elimina a "guerra fiscal"; b) a alíquota do IBS é formada pela soma singular das alíquotas do imposto devido à União, aos Estados ou ao Distrito Federal e aos Municípios, ou seja, a carga tributária será elevada, fatalmente; c) não elimina regras atuais de complexidade do sistema, notadamente no campo do ICMS (regras específicas para operações interestaduais e intermunicipais, escrituração de créditos e débitos por estabelecimento, criação do comitê gestor nacional para regulamentar, gerir a arrecadação e a distribuição do IBS – similar ao CONFAZ).

Há também a proposta de reforma tributária, oriunda do Senado Federal da relatoria do Senador Roberto Rocha, consistente na PEC 110/2019.[16] As principais características dessa proposta são: a) criação do Imposto sobre Bens e Serviços (IBS) estadual e municipal e do Imposto Seletivo (IS) federal, mediante a fusão do IPI, IOF, PIS/PASEP, COFINS, contribuição ao salário-educação e a CIDE--Combustíveis; b) extinção do ICMS e do ISS; c) não cumulatividade, seletividade e autonomia dos entes federados; d) incorporação da CSLL ao IR; e) criação de 2 fundos – um estadual e outro municipal – para compensar eventuais perdas de receitas tributárias, chamados de "Fundos de Solidariedade Fiscal"; f) o ITCMD passa a ser de competência federal, com divisão de receitas para os municípios; g) o IPVA passa a incidir sobre aeronaves e embarcações, com destinação integral dessas receitas aos municípios.

Além dos pontos positivos de simplificação do Sistema Tributário Nacional, mediante a fusão, incorporação e a extinção de certos tributos, vislumbra-se pouca mudança efetiva na estrutura fiscal brasileira. Em verdade, por meio dessa PEC 110/2019, constatam-se algumas mudanças "cosméticas" em tributos federais (CSLL) e estaduais (ITCMD e IPVA). As características principais dessa PEC se aproximam bastante da PEC 45/2019, quais sejam, a criação do IBS e do Imposto Seletivo.

Outra proposta de reforma tributária consiste na PEC 07/2020,[17] oriunda da Câmara dos Deputados e da relatoria do Deputado Federal Luiz Philippe de

---

16. Disponível no sítio eletrônico do Senado Federal: https://www25.senado.leg.br/web/atividade/materias/-/materia/137699. Acesso em: 20 set. 2022.

17. Disponível no sítio eletrônico da Câmara dos Deputados: https://www.camara.leg.br/proposicoesWeb/fichadetramitacao?idProposicao=2238473. Acesso em: 20 set. 2022.

Orleans e Bragança. A ideia central da proposta tem como premissa a limitação dos tributos a apenas 3, a exemplo do modelo tributário norte-americano: sobre renda, consumo e propriedade. Em comparação com as demais propostas de reforma tributária, é, sem sombra de dúvidas, a que altera mais radicalmente a estrutura do Sistema Tributário Nacional.

As principais mudanças previstas na PEC 07/2020 são: a) extinção de 15 impostos e contribuições (ICMS, IPI, PIS, PASEP, COFINS, ISS, IPVA, ITCMD, ITR, IPTU, CSLL, IE, contribuições previdenciárias sobre folha de pagamento, CIDE-Combustíveis e contribuição ao salário-educação); b) divisão de competências tributárias (Imposto de Renda – União; Imposto sobre Bens e Serviços – Estados e Distrito Federal; Imposto sobre Patrimônio – Municípios); c) destinação de parcela da arrecadação dos impostos para a seguridade social; d) destinação de percentual mínimo das receitas (18% – União; 25% – Estados e Municípios) para educação; e) programas suplementares de alimentação e assistência à saúde financiados com recursos provenientes de impostos sobre a renda e sobre consumo dos respectivos entes federativos.

Dentre as propostas de reforma tributária apresentadas nos últimos anos, a PEC 07/2020 possui características que podem modificar, de forma mais substancial, a estrutura do Sistema Tributário Nacional. Como pontos positivos, pode-se elencar: a) maior transparência do modelo tributário, mediante a clara divisão das competências tributárias e a equalização do financiamento dos serviços públicos atribuídos a cada ente federado; b) vedação de imposto sobre consumo nas operações entre empresas, o que acabaria com a substituição tributária; c) eliminação do modelo de compensação de tributos, sem a necessidade de identificação de créditos e débitos tributários; d) simplificação das atividades de fiscalização e arrecadação dos novos tributos a serem criados.

Por outro lado, identificamos como pontos negativos: a) ausência de regras de transição entre os sistemas, o que pode gerar problemas práticos de arrecadação tributária dos entes federados, bem como de regulamentação dos novos tributos a serem criados; b) ausência de regras claras para desonerar ou mitigar a tributação sobre renda e consumo pela camada mais pobre da população, havendo apenas a previsão de adicionais de imposto de renda e de propriedade, sem maiores detalhes de sua operacionalização.

Embora haja pontos positivos nas propostas de emenda constitucional apresentadas, em geral, baseadas na tentativa de simplificação do Sistema Tributário Nacional e na redução da quantidade de tributos incidentes sobre as mais diversas bases econômicas na vida do cidadão brasileiro e nas atividades rotineiras das pessoas jurídicas, não se pode olvidar que nenhuma delas enfrenta o problema principal da carga tributária brasileira – e sua consequente diminuição, nem levam em consideração (ou pouco o fazem) a questão de utilizar a tributação como instrumento para a redução das desigualdades sociais e regionais, conforme objetivo republicano previsto no art. 3º, inciso III, da Constituição Federal de 1988.

Em verdade, esse é o ponto principal. No que tange à tributação sobre o consumo, a mudança estrutural do Sistema Nacional Tributário requer a inversão da lógica da regressividade para a progressividade, desonerando bens e serviços consumidos pelos mais pobres, com esteio no princípio da capacidade contributiva e no objetivo republicano da redução das desigualdades sociais e regionais.

Com a pandemia da Covid-19, o andamento das mencionadas PECs foi paralisado no Congresso Nacional, embora tenham sido realizadas algumas audiências públicas e apresentadas algumas emendas substitutivas. Ocorre que o momento político agora é outro: período eleitoral de 2022. As atenções dos políticos (candidatos à novo mandato ou a reeleição, em sua maioria) estão voltadas ao pleito deste ano, o que inviabiliza, totalmente, a aprovação de medidas relativas à reforma tributária.

Na falta de reformas estruturantes, é possível constatar algumas mudanças na legislação tributária federal que, de algum modo, foram causadas pelos efeitos da pandemia do SARS Covid-19. Houve alterações na legislação tributária das contribuições ao PIS e COFINS,[18] IPI[19] e dos tributos incidentes sobre os serviços de distribuição de energia elétrica,[20] em geral, pouco impactantes no aspecto geral do Sistema Tributário Nacional.

Contudo, duas alterações na legislação tributária causaram um impacto maior no cotidiano do contribuinte brasileiro, com repercussões políticas, sociais e até midiáticas. A primeira mudança de impacto da tributação do consumo foi a do ICMS incidente sobre combustíveis e energia elétrica.[21] Com modificação no CTN e na Lei Kandir, o Governo Federal pretendeu impor aos Estados e ao

---

18. A Lei 14.374, de 21 de junho de 2022, altera as Leis 11.196, de 21 de novembro de 2005, e 10.865, de 30 de abril de 2004, para definir condições para a apuração do valor a recolher da Contribuição para os Programas de Integração Social e de Formação do Patrimônio do Servidor Público (Contribuição para o PIS/Pasep) e da Contribuição para o Financiamento da Seguridade Social (Cofins) pelas centrais petroquímicas e indústrias químicas, e a Lei 14.183, de 14 de julho de 2021.

19. A Lei 14.366, de 8 de junho de 2022, dispõe sobre a prorrogação excepcional de prazos de isenção, de redução a zero de alíquotas ou de suspensão de tributos em regimes especiais de drawback; altera as Leis 9.365, de 16 de dezembro de 1996, 13.483, de 21 de setembro de 2017, 10.893, de 13 de julho de 2004, e 14.060, de 23 de setembro de 2020; e revoga dispositivo da Lei 12.546, de 14 de dezembro de 2011.

20. A Lei 14.385, de 27 de junho de 2022, disciplina a devolução de valores de tributos recolhidos a maior pelas prestadoras do serviço público de distribuição de energia elétrica.

21. A Lei Complementar 194, de 23 de junho de 2002, alterou a Lei 5.172/1966 – CTN e a Lei Complementar 87/96, para considerar bens e serviços essenciais os relativos aos combustíveis, à energia elétrica, às comunicações e ao transporte coletivo.

Distrito Federal um limite interpretativo para a definição da essencialidade de alguns bens e serviços alcançados pela incidência daquele imposto estadual.

De fato, a essencialidade é característica do ICMS, inclusive prevista constitucionalmente (art. 155, inciso III), atrelada ao princípio da seletividade. Desta feita, foi intenção do legislador constituinte prover os Estados e o Distrito Federal da competência para instituir um imposto que se caracterizasse por uma função extrafiscal, levando em consideração a isonomia, capacidade contributiva e as desigualdades sociais. Isto porque, cumprido comando constitucional da seletividade do ICMS, os bens e serviços essenciais consumidos por uma parcela da população mais pobre poderiam ser tributados com alíquotas menores.

Infelizmente, não é o que se constatou no Brasil nas últimas décadas. Inúmeras legislações estaduais, no pressuposto da autonomia dos entes federativos e calcadas em justificativas arrecadatórias, estabeleciam alíquotas de ICMS sobre combustíveis e energia elétrica em patamares altíssimos (em alguns casos, acima de 30%). Ou seja, tais legislações estavam em franco descumprimento ao comando constitucional da seletividade do imposto estadual.

Além deste limite percentual à alíquota de ICMS sobre combustíveis e energia elétrica, a mesma alteração legislativa também procedeu a redução a zero, até 31 de dezembro de 2002, das alíquotas do PIS, COFINS e da CIDE-Combustíveis. Na prática, foi possível constatar que a redução dos tributos mencionados impactou a política de preços dos combustíveis, causando uma redução de preços ao consumidor final.

Outra alteração legislativa significativa que também causou uma repercussão na mídia nacional, mas que talvez tenha tido pouco impacto perceptível no cotidiano do brasileiro, foi a redução das alíquotas do Imposto sobre Produtos Industrializados de vários produtos constantes da legislação aplicável.[22] Embora tenha havido reduções a zero da alíquota desse imposto federal sobre vários produtos, o cerne do problema foi esta desoneração impactou os bens produzidos na Zona Franca de Manaus.

Vale salientar que os incentivos fiscais inerentes à Zona Franca de Manaus decorrem de vários comandos constitucionais,[23] mas, principalmente, obedecem ao objetivo republicano outrora mencionado: redução das desigualdades sociais e regionais. Os críticos dessas zonas originadas com benefícios fiscais entendem que tais desonerações não podem se estender por longo prazo, sob pena de causar

---

22. O Decreto Federal 11.182, de 24 de agosto de 2022 (altera a Tabela de Incidência do Imposto sobre Produtos Industrializados – TIPI, aprovada pelo Decreto Federal 11.158, de 29 de julho de 2022).
23. Arts. 40, 92 e 92-A, ADCT.

uma dependência da indústria nacional, causando o efeito inverso ao pretendido: concorrência desleal.

Como é sabido, o conflito foi bater as portas do Supremo Tribunal Federal que, por decisão monocrática em sede cautelar do Ministro Alexandre de Moraes, suspendeu todos os efeitos dos artigos dos decretos federais inquinados que estabeleciam as reduções de alíquotas de IPI em relação aos produtos produzidos pelas indústrias da Zona Franca de Manaus que possuem o Processo Produtivo Básico.[24] No mérito, a questão ainda não fora resolvida e que, certamente, demandará um tempo maior de análise pelo Plenário da Corte.

Por fim, diante dos casos analisados, indubitável a urgência em alterar a legislação tributária brasileira incidente sobre o consumo, nos níveis federal, estadual e municipal. Além da busca pela simplificação estrutural do sistema, necessário ponderar o legislador (na próxima legislatura) pela redução da quantidade de tributos sobre o consumo, mas também pela diminuição da carga tributária e a transformação do sistema tributário caracterizado pela progressividade e pela redução das desigualdades.

3. TRIBUTAÇÃO DA RENDA

O segundo enfoque que se pretende dar ao presente ensaio é a análise da tributação da renda, do desenvolvimento e das desigualdades sociais e regionais no período pós-pandemia da Covid-19. É necessário examinar, portanto, de que forma a tributação sobre a renda no Brasil contribui para o enfrentamento ou para o agravamento das desigualdades econômicas e sociais.

Novamente, do ponto de vista da Análise Econômica do Direito, procede a assertiva que a tributação incide, de certo modo, sempre sobre as rendas das pessoas físicas e jurídicas. Isto porque os rendimentos são tributados diretamente (no momento do auferimento da renda) ou, indiretamente, através do consumo de bens e serviços ou da aquisição de patrimônio que é propiciado por esta renda do contribuinte.

Por esta razão, baseado nas lições de Klaus Tipke, Sacha Calmon Navarro Coêlho afirma que a renda é tributada em suas diversas manifestações:

> *A uma,* sobre a renda quando a ganhamos (juros, lucros, *royalties*, dividendos, salários, remunerações diversas, alugueres, ganhos diversos de capital, seja lá o que for, a traduzir riqueza nova).

> *A duas,* sobre a renda quando é gasta seja no consumo de bens e serviços (renda consumida), seja na formação de capital fixo (renda investida em bens de produção), seja nas inversões financeiras (renda empregada no mercado financeiro).

---

24. Decisão monocrático do Ministro Relator na ADI 7.153/DF.

A três, sobre a renda já estratificada em formas diversas de riqueza segundo o direito de propriedade. Chame-se a isso de patrimônio (imóveis, obras de artes, terras, bens móveis, ações etc., daí impostos no Brasil como o Imposto sobre a Propriedade Territorial Urbana (IPTU), o Imposto sobre Propriedade de Veículos Automotores (IPVA), o Imposto Territorial Rural (ITR), *et caetera.*

A quatro, sobre a renda em processo de transferência por atos entre vivos e *causa mortis*, heranças e doações, o Imposto sobre a Transmissão de Bens Imóveis (ITBI) e ganhos de capital (*capital gains*).[25]

Neste sentido, o ilustre jurista mineiro identificou que, em última análise, a tributação significa uma transferência compulsória das rendas dos contribuintes (pessoas físicas e jurídicas) para os cofres estatais. Independentemente das nomenclaturas adotadas para as espécies de tributos, a divisão das competências tributárias entre os entes federados e todo o normativismo ínsito à cobrança, arrecadação, fiscalização e gestão dos tributos, é a riqueza privada que fornece a substância econômica aos fatos jurídicos delimitados pelo legislador na instituição dos tributos.

Colocando de lado a análise da tributação sobre essas categorias econômicas (renda, patrimônio e consumo), necessário examinar a tributação clássica da renda no Brasil. Como se sabe, vigora no País o imposto federal sobre rendas e proventos de qualquer natureza,[26] incidente tanto sobre as pessoas físicas (IRPF) como sobre as pessoas jurídicas (IRPJ).

No caso do IRPF, a legislação tributária federal estabelece alíquotas progressivas para o mencionado imposto federal, divididas em faixas de isenção, 7,5%, 15%, 22,5% e 27,5%, de acordo com as rendas tributáveis, permitida uma parcela de dedução do imposto.[27] Há dois problemas identificados nessa sistemática de tributação do IRPF: a) necessidade de permanente atualização da tabela de alíquotas progressivas mensais, haja vista que as bases de cálculo são definidas em valores de ganho mensais previamente determinados e que não são atualizados desde 2015 (ou seja, a não correção da tabela é corroída pela inflação e prejudica o poder de ganho, principalmente, do contribuinte que aufere rendimentos menores; b) as faixas de estratificação da tabela de alíquotas são muito estreitas, de modo que não colhe, isonomicamente, fatos tributários distintos, ou seja, a alíquota de tributação para quem ganha R$ 5.000,00 mensais é exatamente a mesma de quem aufere rendimentos mensais de R$ 50.000,00.

---

25. COÊLHO, Sacha Calmon Navarro. Os fundamentos econômicos do direito tributário em face da reforma tributária. In: SANTI, Eurico Marcos Diniz de (Coord.). *Tributação e desenvolvimento* – Homenagem ao Prof. Aires Barreto. São Paulo: Quartier Latin, 2011, p. 693.
26. Conforme previsto no artigo 153, inciso III, da Constituição Federal de 1988.
27. De acordo com o previsto na Lei Federal 13.149, de 21 de julho de 2015.

Por esta razão, a sugestão de Sacha Calmon é bastante interessante e capaz de corrigir o problema da progressividade da tabela do IRPF. Para o ilustre jurista mineiro, caberia aumentar o piso tributável mensal, introduzir mais uma alíquota-teto de 35% sobre grandes contribuintes (pessoas físicas), o que eliminaria a possibilidade (e a desnecessidade) de criação de um imposto sobre grandes fortunas.[28]

Dessa forma, entende-se que a progressividade das alíquotas do IRPF poderia atender, de modo mais eficiente, aos princípios da isonomia e da capacidade contributiva, eliminando algumas distorções da legislação tributária federal e, por fim, se tornando como efetivo instrumento para enfrentamento das desigualdades econômicas e sociais. De outro turno, com essas medidas (atualização da tabela do imposto, inserção de nova alíquota-teto e a correção das bases tributáveis), o "mínimo vital" seria melhor atendido, tornando-o financeiramente mais adequado à realidade da população brasileira.

Não se pode olvidar que há vantagens e desvantagens na tributação progressiva da renda. As vantagens desse método são: a) instrumentalização da justiça fiscal, mediante aplicação prática dos princípios da capacidade contributiva e da isonomia; b) instrumento de redistribuição de rendas; c) estímulo à produção e ao desenvolvimento. Por outro lado, as desvantagens ou problemas da tributação progressiva da renda são: a) tributação mais complexa e de difícil apuração; b) aumento das desigualdades socioeconômicas; c) necessidade de adoção de outros instrumentos ou programas de políticas sociais redistributivas.

Como alternativa à progressividade do imposto de renda – consoante o modelo adotado no Brasil – há o modelo de tributação de renda baseado na alíquota única (*flat tax*). Hugo de Brito Machado Segundo explica bem as diferenças entre os dois modelos, apontando os pontos positivos e negativos de cada um, com base nas experiências de alguns países:

> Vale registrar, contudo, que há na literatura diversos questionamentos e oposições à progressividade, que desestimularia a produção e um maior esforço, tornaria a tributação mais complexa e de difícil apuração, e seria inócua, na justiça social que procura promover, a depender de como os recursos assim obtidos sejam aplicados. A crítica é incrementada pelo resultado obtido em países (*v.g.* Eslováquia, Rússia, Estônia etc.) que adotaram o chamado *flat tax*, assim entendido o imposto de renda com alíquota uniforme, independentemente do valor da renda auferida. A adoção de apenas uma alíquota (*v.g.*, 13%), baixa se comparada à alíquota máxima de sistemas progressivos (mas alta se comparada à mínima), levou tais países a um considerável aumento de arrecadação desse imposto. Diante dessa constatação, poder-se-ia defender a adoção de um imposto assim, mais simples e mais eficiente, procedendo-se à redução das desigualdades, se fosse o caso, quando da aplicação dos recursos obtidos.

---

28. COÊLHO, Sacha Calmon Navarro. Op. cit., p. 694.

Pode-se, porém, objetar o *flat tax* sob a consideração de que ele estimula um aumento na desigualdade de renda entre as pessoas, abrindo espaço, por exemplo, para que altos executivos definam para si remunerações exageradas. O aumento na arrecadação com ele obtido em alguns países, por sua vez, pode decorrer de outras causas, diversas do fato de ser ele um *flat tax*. É o caso redução da informalidade e crescimento da economia desses países, até poucas décadas atrás situados dentro da chamada "cortina de ferro", fatores que teriam levado a um aumento de arrecadação do imposto de renda de qualquer forma, fosse as alíquotas progressivas ou não. Pode ser, também, que a maior arrecadação decorra do fato de haver um maior número de pessoas pobres pagando, as quais em outro cenário seriam isentas, ou tributadas por alíquotas mais baixas, o que conduz à conclusão de que a eficiência está sendo obtida, no caso, com sacrifício desproporcional da ideia de equidade (e, no caso dos princípios jurídicos, da capacidade contributiva e da isonomia). Seria preciso adotar uma política bastante redistributiva, no gasto, para se neutralizar a injustiça assim gerada.[29]

Identificadas as vantagens e desvantagens dos dois modelos de tributação sobre a renda, há de se apontar que a tradição brasileira pautada no modelo da progressividade está intimamente ligada aos princípios da capacidade contributiva e da isonomia, na busca por uma justiça social e tributária.

Contudo, para os doutrinadores que defendem este modelo de tributação da renda, seria necessária uma mudança essencial na característica do imposto de renda pessoa física, trocando a progressividade pelo estabelecimento de uma alíquota única (*flat tax*). Para tanto, se tal mudança ocorresse, seria necessária uma emenda constitucional não tão somente ao disposto no inciso I do parágrafo § 2º do artigo 153, mas também uma mudança de interpretação axiológica dos princípios constitucionais mencionados.

Superada essa questão do debate acadêmico dos possíveis modelos de tributação sobre a renda, questão importante a ser discutida é das alíquotas do IRPF e do princípio da capacidade contributiva. Dito de outro modo, como equacionar a questão relacionada ao fato de que os detentores de maior capacidade contributiva, se confrontados com uma tributação mais onerosa – como pode ser o caso de uma destinada a reduzir desigualdades –, tendem a migrar para países de tributação mais branda, ou mesmo recorrer ao planejamento tributário internacional e ao uso de paraísos fiscais?

De um modo geral, a tendência das pessoas multimilionárias detentoras de grandes riquezas, principalmente em um mundo globalizado e altamente tecnológico, é buscar países que onerem o quanto menos, de forma rápida e segura, seus recursos financeiros. A utilização de planejamento tributário internacional e a fuga de capitais para os chamados paraísos fiscais não é nenhuma novidade no cenário mundial.

---

29. MACHADO SEGUNDO, Hugo de Brito. *Manual de direito tributário*. 9. ed. reform., atual. e ampl. São Paulo: Atlas, 2017, p. 272-273.

Contudo, não se pode olvidar que os governos de vários países vêm tentando combater o chamado "planejamento tributários abusivo", praticados em caráter transnacional principalmente por grandes empresas e corporações globais, bem como os países conhecidos como "paraísos fiscais". Os países membros da Organização para Cooperação e Desenvolvimento Econômico (OCDE), em especial com apoio dos países integrantes do G20, produziram um documento, no ano de 2013, chamado de "Plano de Ação sobre Erosão da Base e Transferência de Resultados (*Action Plan on Base Erosion and Profit Shifting – BEPS).*

De acordo com Paulo Ayres Barreto, o Projeto BEPS chamou grande atenção para a questão da elisão tributária internacional e a necessidade de coalização entre os países para combater os abusos praticados. Assim, o jurista identificou três pilares do projeto da OCDE:

> Declaradamente, o Projeto BEPS visou a endereçar de maneira clara, abrangente, holística e coordenada o problema da erosão da base tributária e do deslocamento de lucros, identificado como deletério à economia mundial. O projeto baseou-se em três pilares, quais sejam: (i) coerência nas leis domésticas que afetam atividades internacionais; (ii) reforço da exigência de substância nos padrões internacionais; (iii) melhor transparência e segurança jurídica.[30]

De fato, é preciso encontrar um equilíbrio nos limites dessa tributação sobre a renda. Comparando-se o Brasil com outros países, as alíquotas do imposto de renda pessoa física ainda são relativamente baixas se comparadas aos países europeus (média de 40%) e até aos Estados Unidos da América (em torno de 35%),[31] contudo, outras questões devem ser examinadas também entre os sistemas para fins comparativos, tais como limites de isenção, custo de vida relacionado com o "mínimo existencial", despesas adicionais do contribuinte brasileiro com saúde, educação, segurança e transporte, dentre outras.

No Sistema Tributário Nacional, baseado nos princípios da isonomia e da capacidade contributiva, a realização de alguns ajustes na tributação sobre a renda – em especial do IRPF – seriam suficientes para a melhor instrumentalização do tributo com vistas a diminuição das desigualdades sociais. A atualização da tabela do imposto de renda, a inserção de nova alíquota-teto no IRPF e a correção das bases tributáveis desse imposto são medidas relativamente simples e factíveis, que poderiam contribuir, de modo efetivo, a uma justiça fiscal e a redução das desigualdades.

Quanto ao Imposto sobre Grandes Fortunas (IGF), cuja instituição carece de lei complementar (art. 153, inciso VII, CF/88), entendo completamente desnecessária sua criação, por ser um tributo de cunho demagógico com justificativas

---

30. BARRETO, Paulo Ayres. *Planejamento tributário: limites normativos.* São Paulo: Noeses, 2016, p. 130.
31. MACHADO SEGUNDO, Hugo de Brito. Op. cit., p. 274-275.

puramente ideológicas. Nessa mesma linha de entendimento, preconiza Sacha Calmon Navarro, elencando vários motivos para sua não implantação no Brasil:

> *A uma*, porque no Brasil poucas são as fortunas. Seus detentores é que detém a poupança nacional, antessala do investimento. *A duas*, porque a renda e o capital são dotados de imensa habilidade para escapar das tributações iníquas. Têm-se vários modos de evasão, operações triangulares, *trustes*, empresas *offshore*, paraísos fiscais, *et caetera*. Na espécie, o só aceno de implantar um imposto sobre grandes fortunas, cuja definição é conflituosa, provoca, de imediato, fuga de capitais. O melhor é dosar com justiça a progressividade dos impostos sobre o patrimônio e a renda, do que "demonizar" a riqueza, vício que une o catolicismo retrógrado inimigo da atividade mercantil e do lucro com o esquerdismo infantil praticado na América do Sul, a depositar no Estado poderes sem conta, ranço ibérico.[32]

Portanto, com as medidas apontadas anteriormente, entende-se plausível uma proposta de reforma tributária que altere essas características do modelo de tributação sobre a renda no Brasil, notadamente em face do IRPF, sem a necessidade de instituir o IGF, embora sua previsão constitucional ainda careça de regulamentação. Outrossim, também se faz necessário uma adequação da legislação brasileira ao Projeto BEPS da OCDE, de modo que o Brasil possa aderir, efetivamente, aos 15 planos de ações nele previstos.

Por fim, outro questionamento que se faz é se os pontos elencados anteriormente característicos da tributação sobre a renda foram, de algum modo, atingidos pelos efeitos da pandemia causada pelo SARS Covid-19. Infelizmente, poucas alterações legislativas se sucederam no que tange à tributação sobre a renda, embora os efeitos práticos e os impactos econômicos da pandemia do coronavírus sobre a população brasileira foram devastadores (aumento de inflação e desemprego) e ainda neste ano de 2022 não foram superados.

Quanto à legislação tributária federal concernente à tributação da renda, pode-se identificar uma pequena modificação nas alíquotas da Contribuição Social sobre o Lucro Líquido (CSLL) de algumas pessoas jurídicas.[33] Contudo, uma modificação legislativa de real impacto num dos setores mais afetados pela pandemia foi a criação de um Programa Emergencial de Retomada do Setor de Eventos (Perse).[34] De acordo com os benefícios instituídos pelo Perse, os diversos segmentos do setor podem parcelar suas dívidas, obter crédito e ter acesso a várias desonerações de PIS, COFINS, CSLL e IRPJ, pelo prazo de cinco anos.

Enfim, também é possível constatar a urgência em alterar a legislação tributária brasileira incidente sobre a renda. Além da busca por ajustes imprescindíveis no IRPF, para fins de atendimento aos princípios da capacidade contributiva e da

---

32. COÊLHO, Sacha Calmon Navarro. Op. cit., p. 695-696.
33. Alteração promovida pela Lei 14.446, de 02 de setembro de 2022.
34. Programa instituído pela Lei 14.148, de 3 de maio de 2021.

isonomia, necessário ponderar o legislador (na próxima legislatura) pela redução da quantidade de tributos sobre a renda (exclusão da CSLL, como preveem algumas PECs de reforma tributária), mas também pela simplificação do sistema e atualização periódica da tabela do IRPF, de modo a contribuir para a redução das desigualdades.

CONCLUSÕES

Urge uma reforma tributária no Brasil. O Sistema Tributário Nacional, estruturado em 1988 pela promulgação da Constituição Federal vigente, preconizou um modelo de repartição rígida de competências tributárias, com divisão de tributos entre todos os entes federados. Passados mais de 30 anos, com a instituição de várias contribuições sociais e após o aumento significativo da carga tributária brasileira, inúmeros são os argumentos para uma mudança radical na estrutura do sistema tributário brasileiro, tanto do ponto de vista jurídico, político, social e econômico.

De acordo com os aspectos analisados no presente artigo, mostra-se crucial a necessidade de alteração da legislação tributária incidente sobre o consumo nos três níveis da federação. Esse ponto, inclusive, parece ser um consenso nas três últimas PECs sobre reforma tributária analisadas neste ensaio, que convergem para o mesmo objetivo: a necessidade de simplificação do sistema tributário pela redução da carga tributária sobre o consumo. Neste ponto específico, a crise econômica causada pela pandemia da Covid-19 escancarou o problema da tributação sobre o consumo no Brasil, tornando evidente os inúmeros defeitos do nosso sistema.

Também se demonstra fundamental uma alteração substancial na tributação sobre a renda no Brasil. No que diz respeito ao IRPF, faz-se necessário alterações legislativas em, pelo menos, três principais pontos: atualização da tabela do imposto de renda, a inserção de nova alíquota-teto no IRPF e a correção das bases tributáveis desse imposto. Tais ajustes na legislação desse imposto federal poderiam contribuir muito para o aprimoramento da progressividade, bem como para que se tornasse um tributo com vistas a redução das desigualdades sociais, sem a necessidade de instituição do IGF. Quanto ao IRPJ, com base nas várias PECs examinadas, a incorporação da CSLL também contribuiria para a simplificação desse imposto no âmbito das empresas em geral.

REFERÊNCIAS

BARRETO, Paulo Ayres. *Planejamento tributário*: limites normativos. São Paulo: Noeses, 2016.

BARRETO, Paulo Ayres. Tributação sobre o consumo: simplicidade e justiça tributária. In: SANTI, Eurico Marcos Diniz de (Coord.). *Tributação e Desenvolvimento* – Homenagem ao Prof. Aires Barreto. São Paulo: Quartier Latin, 2011.

CARVALHO, Cristiano. Tributação, ciência e desenvolvimento: como poderia ser a doutrina do direito tributário no Brasil? In: SANTI, Eurico Marcos Diniz de (Coord.). *Tributação e Desenvolvimento* – Homenagem ao Prof. Aires Barreto. São Paulo: Quartier Latin, 2011.

CARRAZZA, Roque Antonio. *Curso de Direito Constitucional Tributário*. 21. ed. rev., ampl. e atual. São Paulo: Malheiros, 2005.

COÊLHO, Sacha Calmon Navarro. Os fundamentos econômicos do direito tributário em face da reforma tributária. In: SANTI, Eurico Marcos Diniz de (Coord.). *Tributação e Desenvolvimento* – Homenagem ao Prof. Aires Barreto. São Paulo: Quartier Latin, 2011.

MACHADO, Hugo de Brito. *Os princípios jurídicos da tributação na constituição de 1988*. 5. ed. São Paulo: Dialética, 2004.

MACHADO SEGUNDO, Hugo de Brito. *Manual de direito tributário*. 9. ed. reform., atual. e ampl. São Paulo: Atlas, 2017.

MARTINS, Ives Gandra da Silva. O tributo e a economia. In: SANTI, Eurico Marcos Diniz de (Coord.). *Tributação e Desenvolvimento* – Homenagem ao Prof. Aires Barreto. São Paulo: Quartier Latin, 2011.

MARTINS, Ives Gandra da Silva; CARVALHO, Paulo de Barros. *Guerra fiscal*: reflexões sobre a concessão de benefícios no âmbito do ICMS. São Paulo: Noeses, 2012.

NEDER, Marcos Vinicius; PIMENTEL, Luciane. Os impostos indiretos são necessariamente regressivos? In: SANTI, Eurico Marcos Diniz de (Coord.). *Tributação e Desenvolvimento* – Homenagem ao Prof. Aires Barreto. São Paulo: Quartier Latin, 2011.

LINS, Robson Maia. Reforma fiscal: como equacionar o sistema político... In: SANTI, Eurico Marcos Diniz de (Coord.). *Tributação e Desenvolvimento* – Homenagem ao Prof. Aires Barreto. São Paulo: Quartier Latin, 2011.

SANTI, Eurico Marcos Diniz de. Direito tributário em rede e desenvolvimento: prefácio em homenagem ao Prof. Aires Barreto. In: SANTI, Eurico Marcos Diniz de (Coord.). *Tributação e Desenvolvimento* – Homenagem ao Prof. Aires Barreto. São Paulo: Quartier Latin, 2011.

TOMÉ, Fabiana Del Padre. A extrafiscalidade tributária como instrumento para concretizar políticas públicas. In: SANTI, Eurico Marcos Diniz de (Coord.). *Tributação e Desenvolvimento* – Homenagem ao Prof. Aires Barreto. São Paulo: Quartier Latin, 2011.

TRIBUTAÇÃO E DESIGUALDADES NO CONTEXTO DA PÓS-PANDEMIA

José Eduardo Soares de Melo

Sumário: 1. Premissas fundamentais; 1.1 Existem critérios a partir dos quais as desigualdades podem ser avaliadas, de sorte a serem consideradas moralmente legítimas, ou ilegítimas?; 1.2 Mesmo abstraída a questão moral, a redução de algumas desigualdades seria defensável sob um ponto de vista econômico?; 1.3 O tributo é uma ferramenta adequada para se promover a redução de desigualdades? Mesmo que seja considerado adequado, é ele suficiente? – 1.4 Como equacionar a questão relacionada ao fato de que os detentores de maior capacidade contributiva, se confrontados com uma tributação mais onerosa – como pode ser o caso de uma destinada a reduzir desigualdades –, tendem a migrar para países de tributação mais branda, ou mesmo recorrer ao planejamento tributário internacional e ao uso de paraísos fiscais? – 2. Tributação das heranças; 2.1 A tributação das heranças guarda relação com a mitigação das desigualdades no plano intergeracional?; 2.2 A tributação das heranças amesquinha o direito à herança, previsto constitucionalmente? Considerando-se que ambas – a tributação de heranças e o direito à herança – são previstos no texto constitucional, como conciliá-los?; 2.3 À luz do Direito Comparado, a carga tributária incidente sobre heranças, no Brasil, pode ser considerada alta, ou baixa?; 2.4 A tributação das heranças pode se submeter ao princípio da progressividade?; 2.5 Caso afirmativa a resposta à questão anterior, seria possível atingirem-se os objetivos buscados com alíquotas progressivas, sem se considerarem adequadamente as bases sobre as quais elas incidem? Bases muito baixas, ou próximas umas das outras, são capazes de aproximar a tributação progressiva de um *flat tax*?; 2.6 Os fatos relativos às indagações acima foram de algum modo atingidos pelos efeitos da pandemia causada pelo SARS Covid-19?

1. PREMISSAS FUNDAMENTAIS

1.1 Existem critérios a partir dos quais as desigualdades podem ser avaliadas, de sorte a serem consideradas moralmente legítimas, ou ilegítimas?

O princípio da *isonomia* representa um dos pilares do Estado de Direito, estabelecendo a Constituição Federal a "igualdade" de todos perante a lei, sem distinção de qualquer natureza entre brasileiros e estrangeiros residentes no País (art. 5º, *caput*), inclusive entre homens e mulheres no que concerne a direitos e obrigações (art. 5º, I), vedando aos poderes públicos criar distinções entre brasileiros e preferências entre si (art. 19, II).

Também constituem objetivos fundamentais do Estado a redução das desigualdades sociais e regionais, bem como evitar a discriminação de nacionalidade, raça, sexo, cor e idade (art. 3º).

Essas diretrizes significam que o legislador não deve considerar pessoas diferentes, salvo se ocorrerem manifestas desigualdades. O aforismo de que "a regra da igualdade não consiste senão em aquinhoar desigualmente os desiguais, na medida em que se desigualam",[1] não representa mero jogo de palavras, ou simples recomendação ao legislador como norma programática, mas um postulado obrigatório, imprescindível para o exercício da atividade jurídica.

Deveras problemático, tormentoso, intrincado, e difícil precisar um conceito e os limites da igualdade, o tratamento isonômico a ser observado pelo legislador que não pode discriminar arbitrariamente, devendo observar o requisito constitucional da correlação lógica entre o fator do *discrímen* e a diferenciação consequente.[2]

O postulado da igualdade significa um dos fundamentos da tributação, dispondo a CF ser proibido aos poderes públicos "instituir tratamento desigual entre contribuintes que se encontrem em situação equivalente, proibida qualquer distinção em razão de ocupação profissional ou função por eles exercida, independentemente da denominação jurídica dos rendimentos, títulos ou direito" (art. 150, II). Entrelaça-se com os princípios da capacidade contributiva e da vedação de confisco (arts. 145, § 1º, e 150, IV).

A lei deve reger com iguais disposições os mesmos ônus e as mesmas vantagens – situações idênticas – e, reciprocamente distinguir, na repartição de encargos e benefícios as situações que sejam entre si distintas, de sorte a aquinhoá-las ou gravá-las em proporção às suas diversidades. Os conceitos de igualdade e desigualdade são relativos, impõem a confrontação e o contraste entre duas ou várias situações, pelo que, onde uma só existe indagar de tratamento igual ou discriminatório.[3]

A discriminação tributária poderá ser praticada se a própria Constituição assim o determinar, como é o caso das operações realizadas com contribuintes domiciliados na Zona Franca de Manaus (art. 40 das Disposições Transitórias).

Entende-se que, "devem, portanto, ser considerados, na análise, se a lei tributária obedece ao requisito da igualdade os seguintes fatores: a) razoabilidade da discriminação, baseada em diferenças reais entre pessoas ou objetos taxados; b) existência de objetivo que justifique a discriminação; c) nexo lógico entre o objetivo perseguido que permitirá alcançá-lo."[4]

---

1. BARBOSA, Ruy. *Oração aos moços, escritos e discursos seletos*. Rio de Janeiro: José Aguilar, 1960, p. 685.
2. BANDEIRA DE MELLO, Celso Antônio. *Conteúdo jurídico do princípio da igualdade*. São Paulo: Ed. RT, 1978, p. 14 e 59.
3. FAGUNDES, Seabra. *O princípio constitucional da igualdade perante a lei o poder judiciário*. São Paulo: Ed. RT, p. 235.
4. ÁVILA, Humberto. *Teoria da igualdade tributária*. São Paulo: Malheiros, 2008, p. 193.

No que tange à "moralidade" compreende um conceito indeterminado, vago, impreciso, flutuante ao sabor do tempo e dos costumes, sendo dosado por certa flexibilidade, competindo ao hermeneuta precisar um critério – ainda que pautado por margem de tolerância – para que esse postulado não seja espezinhado, ignorado, ou até mesmo vilipendiado.

O princípio da *moralidade* fora alçado à estatura constitucional (art. 37), como um dos elementos basilares dos representantes das pessoas jurídicas de direito público, evidenciando-se que não basta o ato administrativo conter seus aspectos normais (competência, motivo, objeto, finalidade e forma), para projetar seus efeitos jurídicos, tornando-se imprescindível o comportamento moral, ético, honesto e justo.

Considerando-se que o administrador público gera bens e direitos dos quais não é titular, deve perseguir os interesses coletivos até suas últimas consequências, mantendo um procedimento reto e legítimo no que for pertinente às finalidades que o ato objetiva.

A imoralidade é mais facilmente configurada nos atos discricionários, em que se comete a faculdade ao administrador para agir segundo critérios de conveniência e oportunidade; enquanto na bitola dos atos vinculados praticamente inexiste margem de liberdade no exercício dos direitos e deveres administrativos.

Tendo em vista que a atividade tributária é plenamente vinculada, defluindo a obrigatoriedade do servidor público de cobrar tributos, é compreensível a dificuldade de tipificar a moralidade em um ato da Administração que esteja consubstanciado por seus legítimos elementos.

Creio que nas matérias em que o Judiciário já tem decretado a inconstitucionalidade de normas, ou mesmo quando assenta sólidas posições a respeito de questões tributárias, o Fisco deve modificar seus procedimentos usuais para observar as diretrizes judiciais, uma vez que se revelam ineficazes.

Resposta:

Os critérios que devem nortear a avaliação das desigualdades devem consistir em profundas diferenças existentes entre as pessoas (ex: jovens e idosos; saudáveis e doentes crônicos etc.), sendo sobremodo difícil vislumbrar específicos fundamentos no âmbito moral para conferir legitimidade à igualdade, ou desigualdade.

1.2 Mesmo abstraída a questão moral, a redução de algumas desigualdades seria defensável sob um ponto de vista econômico?

A *economia* mantém ingerência nos aspectos patrimoniais, financeiros etc., das pessoas privadas, havendo a CF dedicado um capítulo específico (arts. 170 a 181) para os princípios gerais da atividade econômica pertinentes à propriedade privada, função social da propriedade, livre-concorrência, defesa do consumidor, redução das desigualdades regionais e sociais, busca do pleno emprego, tratamento favorecido para as empresas de pequeno porte constituídas sob as leis brasileiras.

Categoricamente, dispôs (§ 4º, do art. 173), que "a lei reprimirá o abuso do poder econômico que vise à dominação dos mercados, à eliminação da concorrência e ao aumento arbitrário dos lucros".

Preciso o ensinamento de que é na Ordem Econômica, que claro fica que os princípios éticos a nortear o direito são inerentes à própria Economia, valorizando os princípios elencados na CF (art.170); e que impossível se faz o estudo da imposição tributária, em sua plenitude, sem dominar os princípios fundamentais que regem a Economia (fato) as Finanças Públicas (valor) e o Direito (norma).[5]

O STF, decidindo a respeito da incidência do ISS sobre as atividades das operadoras de planos privados à saúde, assentou as diretrizes seguintes:

(...) 10 A. Constituição Tributária deve ser interpretada de acordo com o pluralismo metodológico, abrindo-se para a interpretação segundo variados métodos, que vão desde o literal até o sistemático e teleológico, sendo certo que os conceitos constitucionais tributários não são fechados e unívocos, *devendo-se se recorrer também aos aportes de ciências afins para a sua interpretação como a Ciência das Finanças, Economia e Contabilidade*".

(...);

13. Os tributos sobre o consumo, ou tributos sobre o valor agregado, de que são exemplos o ISSQN e o ICMS, assimilam *considerações econômicas* (...);

14. O critério econômico não se confunde com a vetusta teoria da interpretação econômica do fato gerador consagrada no Código Tributário Alemão de 1919, rechaçada pela doutrina e jurisprudência, mas antes em reconhecimento da *interação entre o Direito e a Economia, em substituição ao formalismo jurídico*, a fim de permitir a incidência do Princípio da Capacidade Contributiva.[6]

Pertinente a assertiva a respeito da relação da tributação com o domínio econômico, por meio de normas tributárias indutoras, influenciando o comportamento dos contribuintes.[7]

Interessante a ponderação no sentido de que "no direito tributário brasileiro são visíveis tensões entre o que pode ser considerado "jurídico" e o que é entendido como "econômico", perquirindo-se sobre os critérios mais valiosos da análise e decisão, os econômicos ou os jurídicos.[8]

---

5. MARTINS, Ives Gandra da Silva. In: TAKANO, Caio Augusto e BARRETO, Simone Rodrigues Costa. *Direito tributário e interdisciplinaridade*. Homenagem a Paulo Ayres Barreto. Editora Noeses, 2021, p. 2523-253.

6. RE 651.703-PR – Plenário – rel. Min. Luiz Fux – j. 29.09.2016 – Tema 581 da Repercussão Geral. Grifei.

7. SCHOUERI, Luis Eduardo. *Direito tributário*. 9. ed. Saraivajur, 2019, p. 43.

8. Marcus Faro de Castro. *Tributação e economia no Brasil*: aportes da análise jurídica da política econômica. *Law, Taxation and the Economy in Brazil: na Appraisal From the Perspective of the Legal Analysis of Economics Policy*, pp. 23 e 26. https://gov. br-pt.br ano I número – ii 2011, pesquisado em: 28 jul. 2021.

TRIBUTAÇÃO E DESIGUALDADES NO CONTEXTO DA PÓS-PANDEMIA | **239**

Resposta:

Plenamente aceitável a redução das desigualdades sob o ponto de vista econômico, na medida em que se promova a oferta de trabalho, evite a concentração de terras, combata a corrupção, invista em saúde e educação, aprimorando a distribuição de riqueza e o gasto público, incrementando a produção de bens.

1.3 O tributo é uma ferramenta adequada para se promover a redução de desigualdades? Mesmo que seja considerado adequado, é ele suficiente?

O país necessita de recursos para poder atingir seus objetivos fundamentais, consistentes na construção de uma sociedade livre, justa e solidária, no desenvolvimento nacional, na erradicação da pobreza e marginalização, na redução das desigualdades sociais e regionais, bem como na promoção do bem-estar da coletividade (art. 1º, § 3º, da CF).

A atividade financeira do Estado compreende a arrecadação de valores pecuniários considerando-se os *tributos* como receitas derivadas do patrimônio das pessoas privadas (naturais e jurídicas), consoante sistemática constitucional, sendo regrados por peculiar regime jurídico.

A extrafiscalidade consiste na adoção de estímulos relativos às desonerações tributárias (isenção, redução da base de cálculo, crédito presumido etc.), concernentes à realização de investimentos em setores produtivos, exportações de bens, filantropia etc.; ou elevação de carga tributária (majoração de alíquotas).

Orienta-se para a fins outros que não a captação de dinheiro para o Erário, tais como redistribuição da renda e da terra, a promoção de desenvolvimento regional ou setorial.

Como instrumento de atuação estatal, o ordenamento jurídico pode e deve influir no comportamento dos entes econômicos de sorte a incentivar iniciativas positivas, e desestimular aquelas menos afinadas com as políticas públicas do bem comum, evidentemente legitimadas pela Constituição.[9]

Todavia, a ponderação de valores deve ser considerada como um dos fundamentos tributários, em razão do que ao dispor sobre o Imposto de Renda (IR) a carga fiscal poderá ser mais significativa para o empregado que aufere salários mais elevados do que seu companheiro de trabalho recebendo remuneração inferior, dado o motivo da discriminação decorrer da renda.

---

9. OLIVEIRA, José Marcos Domingues de. O conteúdo da extrafiscalidade e o papel das CIDEs. Efeito decorrente da não utilização dos recursos arrecadados ou da aplicação em finalidade diversa. *Revista Dialética de Direito Tributário* 131/145.

Para uma mesma espécie de produto industrializado (automóvel), o legislador federal não pode impor o IPI mais elevado para um determinado fabricante em benefício de outra empresa industrializadora. Entretanto, tal diferenciação é viável juridicamente no caso de isenção que objetiva a valorização de fins, como é o caso da desoneração do IPI para os carros de utilização profissional (táxi), mantendo a incidência do tributo para os veículos destinados a particulares.

A mesma situação se positiva na isenção de IPVA para as pessoas com deficiência física, sendo aceitável juridicamente a imposição de um determinado limite para a desoneração tributária.

O tratamento diferenciado da microempresa e empresa de pequeno porte (Simples Nacional) não fere o dogma da igualdade, consoante diretriz do STF:

> (...) 2. Ausência de afronta ao princípio da isonomia tributária. O regime foi criado para diferenciar, em iguais condições, os empreendedores com menor capacidade contributiva e menor poder econômico, sendo desarrazoado que, nesse universo de contribuintes, se favoreçam aqueles em débito com os fiscos pertinentes, os quais participariam do mercado com uma vantagem competitiva em relação àqueles que cumprem pontualmente com suas obrigações (...).[10]

Resposta:

O tributo constitui instrumento adequado para se promover a redução de desigualdades na medida em que estabeleça limites, ou mesmo desoneração de carga tributária (isenção), para as pessoas necessitadas.

Entretanto, nem sempre atingirá seu objetivo devido às peculiaridades dos seres humanos, grupos regionais etc.

1.4 Como equacionar a questão relacionada ao fato de que os detentores de maior capacidade contributiva, se confrontados com uma tributação mais onerosa – como pode ser o caso de uma destinada a reduzir desigualdades –, tendem a migrar para países de tributação mais branda, ou mesmo recorrer ao planejamento tributário internacional e ao uso de paraísos fiscais?

O princípio constitucional da *capacidade contributiva* (art. 145, § 1º), que se vincula com o princípio da vedação de confisco (art. 150, § 4º), significa um dos fundamentos importantes da tributação, como autêntico corolário do princípio da isonomia (art. 5º, *caput*, e I), verdadeiro sinônimo da justiça fiscal.

Constitui o elemento básico de onde defluem as garantias materiais diretas, de âmbito constitucional, como a generalidade, igualdade e proporcionalidade.

---

10. RE 627.543-RS – Plenário – rel. Min. Dias Toffoli – j. 20.12.2013 – *Dje* 29.10.2014, p. 36.

É cediço que somente deve ocorrer imposição tributária quando se está diante de fatos, operações, situações e estados que denotem embasamento econômico (riqueza), jamais tendo cabimento incidir tributo sobre qualidades pessoais e intelectuais.

Considerando-se que a tributação interfere no patrimônio das pessoas, de forma a subtrair parcelas de seus bens, não há dúvida de que será ilegítima (e inconstitucional) a imposição de ônus superiores às forças desse patrimônio, uma vez que os direitos individuais compreendem o absoluto respeito à garantia de sobrevivência de quaisquer categorias de contribuintes.

A CF estatuiu que "sempre que possível, os impostos terão caráter pessoal e serão graduados segundo a capacidade econômica do contribuinte, facultado à Administração tributária, especialmente para conferir efetividade a esses objetivos, identificar, respeitados os direitos e garantias individuais e nos termos da lei, o patrimônio, os rendimentos e as atividades econômicas do contribuinte" (art. 145, § 1º).

A capacidade econômica deveria ser o limite de tributação, um verdadeiro imperativo para os destinatários das normas, como se enquadram o legislador, o administrador fazendário e o judiciário. Todavia, a expressa diretriz constitucional revela imprecisão e vaguidade, e um certo antagonismo, pois, se de um lado é determinante; de outro revela condição (ou situação) que já traduz impossibilidade de difícil precisão haja vista conter a expressão "sempre que possível".

A capacidade econômica é a aptidão que a pessoa tem para arcar com a parcela do custo das atividades públicas, ou o fenômeno revelador da riqueza. Pode ser compreendida conceitualmente como a existência de um patrimônio abrangendo bens e direitos de qualquer natureza, sendo, todavia, estranha à justa participação na carga tributária uma vez que a sua distribuição equitativa, como medida de necessidade (para o Estado) e justiça (para os contribuintes), não pode tomar em conta a riqueza ou pobreza das pessoas.

A capacidade contributiva deveria estar subjacente em qualquer espécie tributária, revelada pelo valor do objeto (materialidade). Tendo em vista que a tributação se quantifica por uma base de cálculo (a qual se aplica uma alíquota) – salvo os casos excepcionais de tributo fixo – e como esta nada mais é do que o próprio valor (econômico) da materialidade, sempre será possível medir a intensidade (econômica) de participação do contribuinte no montante do tributo.

No Imposto sobre a Renda é mais fácil aferir a capacidade de contribuir, pela circunstância de tomar como fato imponível o acréscimo do patrimônio da pessoa, dentro de um quadro comparativo no início e no fim de um determinado período de tempo. A condição pessoal do contribuinte é elemento significativo da regra de tributação.

É difícil conceber que, nos tributos denominados indiretos ou objetivos – como é o caso do IPI – a verificação da riqueza não considere a pessoa (sujeito passivo), mas os negócios envolvendo as operações com produtos industrializados; muito embora se tenha entendido que a Constituição determina que o IPI seja seletivo em função da essencialidade dos produtos (art. 153, § 3º, item I), realizando, de certo modo, o princípio da capacidade contributiva.[11]

Na verdade, existem certos produtos, mercadorias, e serviços, cujo consumo constitui verdadeira demonstração de capacidade contributiva. Automóveis de luxo, sofisticados aparelhos eletrônicos, iates, joias, evidenciam por seu uso, ou consumo, elevada capacidade contributiva.

A capacidade contributiva não deve se referir exclusivamente a impostos (art. 145, § 1º), pois é possível inferir sua aplicação às taxas (art. 5º, LXXIV e LXXVIII); e às contribuições sociais, que tenham materialidade concernentes aos impostos, tais como a Cofins (art. 195, I, *b*) e ao PIS (art. 239), relativamente ao faturamento e à receita.

O ITCMD também pode considerar a capacidade contributiva dos contribuintes, atrelada ao princípio da isonomia.[12]

Com relação ao *planejamento tributário* constitui procedimento do contribuinte operando análise do ordenamento jurídico, de modo a acarretar comportamento nas atividades pessoais e profissionais, com efeitos no âmbito tributário, considerando a juridicidade e evitando a ocorrência de ilícitos fiscais e criminais (elisão fiscal).

A economia obtida (embasada na legislação) ocasiona vantagem tributária, e pode implicar benefício à própria coletividade, permitindo a continuidade da gestão empresarial, a manutenção de empregos e a circulação de riqueza (fornecedores, clientes, entidades financeiras), possibilitando a realização de negócios pessoais e operacionais.

O *planejamento tributário internacional* significa o uso lícito de diferentes normas tributárias, societárias e contratuais de jurisdições nacionais distintas ou de tratados distintos com redução da carga tributária mundial de uma ou mais pessoas ou entidades atuando, de fato e de direito, nessas jurisdições de tributação.[13]

---

11. MACHADO, Hugo de Brito. *Os princípios jurídicos da tributação na Constituição de 1988*. São Paulo: Dialética, 2004, p. 75.

12. RE 562.045-RS – Plenário – red. p/acórdão Min. Cármen Lucia – j. 06.12.2013 – *Dje* 26.11.2003.

13. YAMASHITA, Douglas. Planejamento tributário internacional: limites nacionais e internacionais. In: PEREIRA, Marco Antônio Chazaine (Coord.). *Direito tributário internacional* – Aspectos práticos. LTr, 1º v., março de 2012, p. 141.

O *paraíso fiscal* – denominado *refúgio fiscal privilegiado* ("tax haven") – têm como característica comum a não incidência do imposto sobre o rendimento de pessoas jurídicas; não incidência na fonte sobre os dividendos distribuídos aos seus sócios (*sociedades off-shore*); ou tributação mais favorecida.

Mantém relações diretas com tratados para evitar dupla tributação (*treaty shopping*), controle de preços de transferência (*transfer pricing*), subcapitalização (*Tin capitalization*), e tributação de coligadas e controladas no exterior (*CFC Rules*).

O Regulamento do Imposto de Renda (Decreto federal 9.580, de 22.11.2018, art. 255, parágrafo único) trata dos países com tributação favorecida, considerando como regime fiscal privilegiado aquele que apresentar específicas características.

A Instrução Normativa RFB 1037, de 04.06.2010 (com alterações), relaciona países ou dependências com tributação favorecida, e regimes fiscais privilegiados, e que não tributam a renda, ou que tributam a alíquota inferior a 20% (vinte por cento); ou, ainda, cuja legislação interna não permita acesso a informações relativas à composição societária de pessoas jurídicas ou à sua titularidade.

Resposta:

A utilização de planejamento tributário internacional – implicando a migração de pessoas detentoras de maior capacidade contributiva, para os denominados paraísos fiscais, observando regime fiscal privilegiado –, por si só, não pode caracterizar de modo absoluto a prática de ilícito fiscal, tendo em vista o princípio da autonomia da vontade que permeia os negócios particulares e profissionais.

As pessoas enquadradas nesta situação sujeitam-se às normas brasileiras de tributação, em razão do que somente se poderia solucionar a questão relativa à redução de desigualdades, mediante previsão normativa contendo novas e específicas regras de tributação, que possibilitariam delimitar a utilização de valores no exterior.

2. TRIBUTAÇÃO DAS HERANÇAS

2.1 A tributação das heranças guarda relação com a mitigação das desigualdades no plano intergeracional?

O *plano intergeracional* objetiva o relacionamento, o convívio permanente, e o entrosamento entre as pessoas de diferentes faixas etárias (jovens/adultos/idosos), considerando que "o país precisa adotar medidas principalmente na área econômica, na educação, saúde e de serviços sociais, para que o envelhecimento se torne um ganho real, evitando-se os preconceitos.[14]

---

14. "Programas intergeracionais: quão relevantes eles podem ser para a sociedade brasileira?". Lucia Helena de Freitas Pinho França, Alcina Maria Testa Braz da Silva e Márcia Simão Linhares Barreto. Universidade Salgado de Oliveira, Niterói, Rio d Janeiro, e-mail luciafranca@luciafranca.com.

Entende-se que "o relacionamento familiar vai mal, e com ela os relacionamentos, os diálogos e o repasse de valores, ocorrendo o afastamento afetivo e um eminente conflito intergeracional. Assim, o convívio dos idosos com os seus filhos e netos pode beneficiar mutuamente as gerações; em razão do que programas nas comunidades, escolas e organizações podem beneficiar mutuamente os jovens e os idosos".

Assinala-se que "um dos mais importantes requisitos para o desenvolvimento individual humano é o relacionamento entre os pais e filhos, que traz consequências por toda a vida. A qualidade deste relacionamento pode ser medida por três indicadores: intimidade, admiração e proximidade emocional entre pais e filhos. O relacionamento familiar é primordial para a transmissão de valores na família e na comunidade".

O trabalho voluntário é uma das formas de exercitar a moral e a cidadania, favorecendo as relações entre as gerações, unindo crianças, professores e idosos da comunidade; além do processo educativo, por meio de troca de informações, percepções e conhecimentos, nas situações práticas.

A solidariedade estrutural (relações intergeracionais e proximidade geográfica dos membros da família) compreende as solidariedades associativa (interação em vários tipos de atividades), afetiva (sentimentos positivos entre os membros da família), normativa (compromisso relativo às obrigações familiares), consensual (acordo sobre valores, atitudes e crenças entre os membros), e funcional (apoio e troca de recursos), como amplo exame da matéria.[15]

Destacam-se as medidas governamentais na área do envelhecimento, como a criação das delegacias especiais para os idosos; a melhoria e expansão dos serviços e dos programas de saúde do idoso; a gratuidade nos transportes e a redução de preços em atividades de lazer e cultura, complementando-se com o Estatuto do Idoso (Lei federal 10.741, de 2003).

No âmbito da "proteção familiar" a CF estabelece o seguinte:

Art. 226. A família, base da sociedade, tem especial proteção do Estado.

(...)

§ 4º Entende-se, também, como entidade familiar a comunidade formada por qualquer dos pais e seus descendentes.

(...)

---

15. CABRAL, Maria da Luz Leite e MACUCH, Regina da Silva. Solidariedade intergeracional: perspectivas e representações. *Cinergis* – Revista do Departamento de Educação Física e Saúde e do Mestrado em Promoção da Saúde da Universidade de Santa Cruz do Sul/UNISC, ano 18, v. 18, n. 1. jan./mar. 2017.

§ 7º Fundado nos princípios da pessoa humana e da paternidade responsável, o planejamento familiar é livre decisão do casal, competindo ao Estado propiciar recursos educacionais e científicos para o exercício desse direito, vedada qualquer forma coercitiva por parte de instituições oficiais ou privadas.

Enfocando o "aspecto tributário" deve ser plenamente observada a vedação de confisco com vista a respeitar a capacidade contributiva dos membros da família; a proteção ao mínimo existencial, em razão do que se entende que "a tributação que inviabilize ou desestimule a formação e sem manutenção da família é inconstitucional".[16]

A legislação já estabelecera a proteção familiar atinente à dedução da base de cálculo do imposto de renda de um valor fixo por dependente; período menor de trabalho para a mulher para fins de aposentadoria; a licença-gestante com base na previdência social; a licença do pai após o parto da esposa; e a isenção do IR relativa ao valor dos bens adquiridos por herança (art. 35, VII, *c*, do Regulamento aprovado pelo Decreto federal 9.580/2018).

Resposta:

A mitigação das desigualdades no plano intergeracional poderia constituir fundamento para a diminuição tributária nas heranças. Entretanto, preceito constitucional (art. 155, I) impõe taxativamente a incidência do imposto *causa mortis*, de competência dos Estados e do Distrito Federal.

2.2 A tributação das heranças amesquinha o direito à herança, previsto constitucionalmente? Considerando-se que ambas – a tributação de heranças e o direito à herança – são previstos no texto constitucional, como conciliá-los?

O direito à herança é garantido pela CF (art. 5º, XXX), sendo disciplinado pelo Código Civil (arts. 1.784 a 2027) dispondo sobre a herança e sua administração, vocação hereditária, aceitação e renúncia da herança, excluídos da sucessão, herança jacente, bem como sobre a sucessão legítima, testamentária, o inventário e a partilha.

A tributação das heranças é prevista na CF (art. 155, I), mediante outorga de competência aos Estados e ao Distrito Federal para instituir imposto sobre a transmissão *causa mortis* de quaisquer bens ou direitos; e ao Senado Federal (art. 155, § 1º, IV) para fixar a alíquota máxima.

---

16. PAULSEN, Amalia da Silveira Gewer. *Tributação da família no Imposto de Renda*. Editora Noeses, 2022, p. 65-71.

Nas legislações estaduais e distrital são estabelecidas as regras pertinentes à estrutura do imposto, de conformidade com os preceitos constitucionais e civis. Considera-se que a abertura da sucessão é o ponto de partida de todo o fenômeno hereditário, em razão do que o fato gerador do imposto dá-se com a transmissão da propriedade de quaisquer bens ou direitos, e ocorre no momento do óbito.

O CTN (art. 192) estabelece que nenhuma sentença de julgamento de partilha, ou adjudicação, será proferida sem prova de quitação de todos os tributos relativos aos bens do espólio ou as suas rendas. Assim, somente após o trânsito em julgado da homologação do cálculo do imposto é que poderá ser exigido o pagamento do imposto.

Os postulados constitucionais constituem normas de categoria diferenciada, de índole superior, que constituem o alicerce, a base, o fundamento do edifício normativo, tendo por finalidade formar os demais preceitos ditados pelos órgãos competentes.

É cediço que a CF estabelece um sistema escalonado de normas, representado por uma autêntica pirâmide jurídica que, visualizada de baixo para cima, compreende num patamar inicial o seu próprio alicerce, denominado "princípios", que representam conceitos dogmáticos e verdades normativas.

Embora determinados princípios revelem fundamental importância – como é o caso do princípio federativo que estabelece as competências dos poderes públicos para instituírem tributos – não se pode desprezar o princípio que consagra o direito à herança.

Representam valores contemplados pela Constituição, que devem ser harmonizados, sem que possa haver legitimidade na desconsideração de qualquer um deles. Nesse sentido, o direito de propriedade (art. 5º, XII) deve conviver juridicamente com a tributação sobre a propriedade (art. 153, VI – ITR; e art. 156, I – IPTU).

Resposta:

A tributação das heranças não amesquinha o direito à herança porque ambos constituem valores prestigiados pelo texto constitucional (art. 153, I, e art. 5º, XXX), sendo inadmissível cogitar-se de qualquer espécie de predominância.

A conciliação das mencionadas figuras jurídicas torna-se possível na medida em que a tributação observe a capacidade contributiva e a vedação de confisco (alíquotas e bases de cálculo excessivas que poderão representar subtração do patrimônio transmitido).

2.3 À luz do Direito Comparado, a carga tributária incidente sobre heranças, no Brasil, pode ser considerada alta, ou baixa?

Constata-se que em determinados países a carga tributária pode ser considerada mais elevada do que a do Brasil (ITCMD – máximo de 8% sobre os bens transmitidos), como é o caso dos Estados Unidos (40%), Suíça (50%), Alemanha (50%), Japão (50%).

Entretanto, torna-se imprescindível verificar o montante de bens/situações que são abrangidas ou excluídas do inventário, e a espécie de benefícios que são concedidos e usufruídos, pelos contribuintes, nos âmbitos da saúde, educação, moradia, aposentadoria etc.

Peculiarmente, fora vedado aos Estados e ao Distrito Federal instituir o imposto na hipótese do *de cujus* possuir bens, ou ser residente no exterior (art. 155, § 1º, III), sem a edição de lei complementar exigida pelo referido dispositivo constitucional.[17] Também se questiona a tributação pertinente a PGBL e VGBL, por se entender tratar de seguro, sem necessidade de proceder-se a inventário.

Estudo relativo à tributação da renda familiar na comunidade europeia, considera a modalidade de *splitting* (acumulando-se as rendas dos cônjuges e dos filhos); bem como as características de determinados países, como é o caso da Alemanha, Portugal, Reino Unido, França.[18]

Resposta:

Objetivamente pode-se entender que a tributação incidente sobre a herança no Brasil contempla uma carga mais baixa, comparativamente à carga fiscal prevista em demais países, em razão das alíquotas aplicáveis sobre os bens transmitidos.

A classificação da carga tributária (alta ou baixa) somente se torna precisa mediante o exame específico de cada legislação, no que concerne aos abatimentos, deduções, benefícios etc.

2.4 A tributação das heranças pode se submeter ao princípio da progressividade?

O ITCMD teve fixada sua alíquota máxima (8%) pelo Senado Federal, a partir de 1.1.92 (Resolução SF n. 9, de 05.05.1992).

A *progressividade* fora considerada legítima consoante diretriz firmada pelo STF:

---

17. RE 851.108/SP, Tema 825 de Repercussão Geral; e ADIN 6821, rel. Min. Alexandre de Moraes, sessão de 21.02.2022.
18. PAULSEN, Amalia da Silveira Gewer. Op. cit., p. 130-184.

JOSÉ EDUARDO SOARES DE MELO

> Recurso Extraordinário. Constitucional. Tributário. Lei Estadual. Progressividade de alíquota de Imposto sobre Transmissão *Causa Mortis* e Doação de Bens e Direitos. Constitucionalidade. Art. 145, § 1º, da Constituição da República. Princípio da Igualdade Material. Observância da Capacidade Contributiva. Recurso Extraordinário Provido.[19]

Examinou-se a distinção entre impostos de natureza real (que não consideram as condições particulares dos contribuintes), e os impostos de natureza pessoal (em que são sopesadas as qualidades individuais dos sujeitos passivos para a graduação do tributo). A dosagem da exação, nos reais, dá-se com base em critérios objetivos, ao passo que, nos pessoais, é determinada subjetivamente.

Ponderou-se que, nada se pode afirmar quanto à capacidade econômica daquele que recebe uma herança, um legado ou uma doação, ainda que de grande valor, apenas em razão de tal circunstância. É possível que haja, em certos casos, um incremento em seu patrimônio, mas não se mostra razoável chegar-se a qualquer conclusão quanto à respectiva condição financeira apenas por presunção.

Por vezes, uma pessoa abastada herda algo de pequeno valor, ao passo que alguém de posses modestas é aquinhoado com bens de considerável expressão econômica. Há casos em que as dívidas do herdeiro superam, em muito, o próprio valor dos bens herdados.

Não são raras as situações em que os processos de inventário ficam paralisados durante longo tempo, porque os herdeiros não têm condições de saldar os impostos que incidem sobre a herança, vendo-se obrigados a desfazer-se de algum bem ou direito para cumprir suas obrigações relativamente ao Fisco.

Assim, se fosse possível aferir a capacidade econômica simplesmente pelo valor dos bens ou direitos transmitidos no caso do ITCMD, não haveria qualquer razão para obstar a progressividade de outros impostos de natureza real.

Observou-se que, tratando-se de ITCMD, a Magna Lei não contém condição semelhante à que havia em relação à progressividade do IPTU, antes da EC 29/2000. Daí que a norma geral do § 1º, do art. 145, passa a incidir pelo modo mais desembaraçado para, naturalmente, admitir a progressividade das alíquotas "*segundo a capacidade econômica do contribuinte*". No âmbito do ITCMD não há e nunca houve necessidade de emenda constitucional para que o imposto fosse progressivo (voto do Min. Ayres Britto).

Em razão da análise do imposto em comento, assinalou-se que permite mais do que uma simples presunção indireta de capacidade contributiva. Não se trata de um tributo que incida sobre a propriedade de um bem, de característica

---

19. RE 562.045 – RS – Plenário – red. p/acórdão Min. Cármen Lúcia, j. 06.02.2013, *DJe* 26.11.2003. Tema 21 de Repercussão Geral, em 06.02.2013.

estática e dissociada da situação do contribuinte ou que considere qualquer outra realidade econômica de modo isolado.

Neste sentido, o imposto *"causa mortis"* é devido pelo beneficiário ou recebedor do bem ou direito transmitido, por ocasião do direto e necessário acréscimo patrimonial que a transmissão implica. Não se trata de um típico imposto de caráter real, mas, um imposto que revela efetiva capacidade contributiva de quem percebe, a transferência patrimonial (voto da Min. Ellen Gracie).

Com relação ao Imposto de Renda – no caso de vir a ser instituído para as heranças – poderá ser prevista a progressividade (art. 153, § 2º, I, da CF), mesmo porque, tradicionalmente, a quantificação do tributo considera alíquotas diferenciadas (7,5% a 27,5%), em razão do aumento das bases de cálculo.

Resposta:

A tributação das heranças pode se submeter ao princípio da progressividade: (i) no caso do ITCMD fora consagrada pelo STF (RE 562.045); e (ii) no âmbito do IR face à expressa determinação constitucional (art. 153, § 2º, I).

2.5 Caso afirmativa a resposta à questão anterior, seria possível atingirem-se os objetivos buscados com alíquotas progressivas, sem se considerarem adequadamente as bases sobre as quais elas incidem? Bases muito baixas, ou próximas umas das outras, são capazes de aproximar a tributação progressiva de um *flat tax*?

Entende-se que "a tributação pode ser progressiva (atinge mais fortemente as rendas mais altas); proporcional (neutra em relação aos estratos de renda); ou regressiva (penaliza os pobres)".[20]

Em princípio, a tributação progressiva considera alíquotas crescentes à medida em que as bases de cálculo se tornam mais elevadas. Não se vislumbra óbice legal (sequer constitucional) para que as bases patrimoniais deixem de ser significativas.

A *flat tax* ("imposto chato" ou "taxa fixa") corresponde a uma tributação do rendimento pessoal com uma taxa (alíquota) menos favorável, apontando-se como "vantagem" a simplicidade administrativa, redução de custos, diminuição de evasão fiscal, e a subdeclaração de rendimentos, e , como desvantagem, o decréscimo das receitas do Estado, impacto negativo referente à distribuição da riqueza, pelo fato da carga fiscal ser suportada de modo expressivo pelas pessoas com baixos rendimentos, e o agravamento das desigualdades.

---

20. *Boletim Conjuntura*, 206, v. 4, p. 20.

Estudo simulado realizado por empresa de Auditoria (2019) mostra que uma *flat tax* baixaria carga fiscal de até 23%, mas o Estado perderia mais de 3,5 milhões de euros.[21]

Resposta:

Considerando que a tributação das heranças pode se submeter ao princípio da progressividade, entendo que as alíquotas progressivas podem ser aplicadas sobre bases muito baixas, ou próximas umas das outras, uma vez que não vislumbro óbice normativo (inclusive constitucional), na medida em que guardem consonância com a materialidade tributária (patrimônio objeto de herança).

2.6 Os fatos relativos às indagações acima foram de algum modo atingidos pelos efeitos da pandemia causada pelo SARS Covid-19?

Medidas tributárias foram promovidas em decorrência das dificuldades econômicas advindas com a pandemia, destacando-se o seguinte:

a) Imposto de Renda – Declarações do IRPF. Prorrogação do prazo de entrega para 30.6.2020, e de cotas do imposto (Instrução Normativa RFB 1.930, de 1º.04.2020);

b) Contribuições Sociais – Redução temporária das alíquotas das contribuições devidas ao Sescoop, Sesi, Sesc, Sest, Senar, Senat (Medida Provisória 932, de 31.03.2020);

c) Contribuição Previdenciária sobre a Folha de Pagamento – Prorrogação dos prazos de vencimentos (Portaria 139, de 03.04.2020);

d) Imposto de Importação – Redução a zero de alíquotas do imposto sobre produtos de higiene, desinfetantes, equipamentos de proteção individuais e produtos médico-hospitalares como ventiladores pulmonares (Resolução 17, de 17.03.2020 da Cacex);

e) Imposto sobre Produtos Industrializados – Redução a zero da alíquota de IPI sobre artigos de laboratórios ou de farmácia, luvas, termômetros clínicos, até 30.09.2020 (Decreto federal 10.302, de 1º.04.2020);

f) Simples Nacional – Postergação do prazo de vencimento para pagamento do Simples relativamente a tributos federais, ICMS ou ISS (Resolução CGSN 154, de 03.04.2020).

Resposta:

Embora tenham sido expedidas diversas normas dispondo sobre benefícios tributários em razão da pandemia causada pela Covid-19, não se vislumbra a edição de norma específica relativa à eliminação, ou minoração, de carga tributária aplicável às heranças.

---

21. Disponível em: https://observador.pt/2020/09/30/taxa-fixa-de-irs.

TRIBUTAÇÃO E DESIGUALDADES NO CONTEXTO PÓS-PANDEMIA

Marcia Soares de Melo

Sumário: 1. Premissas fundamentais; 1.1 Existem critérios a partir dos quais as desigualdades podem ser avaliadas, de sorte a serem consideradas moralmente legítimas, ou ilegítimas?; 1.2 Mesmo abstraída a questão da moral, a redução de algumas desigualdades seria defensável sob um ponto de vista econômico?; 1.3 O tributo é uma ferramenta adequada para se promover a redução de desigualdades? Mesmo que seja considerado adequado, é ele suficiente?; 1.4 Como equacionar a questão relacionada ao fato de que os detentores de maior capacidade contributiva, se confrontados com uma tributação mais onerosa – como pode ser o caso de uma destinada a reduzir desigualdades – tendem a migrar para países de tributação mais branda, ou mesmo recorrer ao planejamento tributário internacional e ao uso de paraísos fiscais? – 2. Tributação das heranças; 2.1 A tributação das heranças guarda relação com a mitigação das desigualdades no plano intergeracional? Seriam essas desigualdades mais, ou menos legítimas, que aquelas surgidas durante a vida de pessoas de uma mesma geração?; 2.2 A tributação das heranças amesquinha o direito à herança, previsto constitucionalmente? Considerando-se que ambas – a tributação de heranças e o direito à herança – são previstos no texto constitucional, como conciliá-los?; 2.3 A tributação das heranças pode se submeter ao princípio da progressividade?; 2.4 Caso afirmativa a resposta à questão anterior, seria possível atingirem-se os objetivos buscados com alíquotas progressivas, sem se considerarem adequadamente as bases sobre as quais elas incidem? Bases muito baixas, ou próximas umas das outras, são capazes de aproximar a tributação progressiva de um *flat tax*?; 2.5 Os fatos relativos às indagações acima foram de algum modo atingidos pelos efeitos da pandemia causada pelo SARS Covid-19?

1. PREMISSAS FUNDAMENTAIS

1.1 Existem critérios a partir dos quais as desigualdades podem ser avaliadas, de sorte a serem consideradas moralmente legítimas, ou ilegítimas?

Os princípios constitucionais veiculam normas protetivas de valores prestigiados pelo Estado Democrático de Direito (art. 1º, CF).

A eventual colisão entre princípios constitucionais exigirá dos operadores do direito a flexibilização, ou mesmo a priorização, de uns em detrimento de outros.

Como não foram atribuídos aos princípios qualquer hierarquia ou peso – independentemente de constarem de forma implícita ou explícita no texto constitucional – constitui decorrência lógica a opção pela prevalência de certos valores, pautada por certa dose de subjetividade.

O princípio constitucional da *isonomia* realiza o "princípio da justiça", ao estabelecer, no art. 5º, *caput* da CF, de forma genérica, que:

> Art. 5º Todos são iguais perante a lei, sem distinção de qualquer natureza, garantindo-se aos brasileiros e aos estrangeiros residentes no País a inviolabilidade do direito à vida, à liberdade, à igualdade, à segurança e à propriedade,
>
> (...)

A igualdade preconizada pela norma constitucional é analisada pela doutrina sob dois aspectos: *igualdade perante a lei* e *igualdade na lei*. Assim, se observa que a *igualdade perante a lei* se limitaria à verificação do cumprimento da lei, no plano formal, de maneira uniforme, por todos os cidadãos. Por outro lado, a *igualdade na lei*, se voltaria ao legislador, a fim de que este instituísse norma com respeito ao imperativo de que *os iguais deverão ser igualmente tratados, enquanto os desiguais, na medida de suas dessemelhanças, deverão diferentemente sê-lo.*[1]

Sendo assim, pondera-se que "quando o tratamento diferenciado, dispensado pelas normas jurídicas, guarda relação de pertinência lógica com a razão diferencial (motivo da atitude discriminatória), não há que se falar em afronta ao princípio de isonomia. Por outro lado, a adoção de um dado fator de discriminação, sem qualquer correspondência com a lógica racional de diferenciação, colocará em xeque a almejada ideia de igualdade."[2]

O respeito à isonomia constitucional, portanto, poderá ser aferido a partir da verificação das questões seguintes: "a) a primeira diz com o elemento tomado como fator de desigulação; b) a segunda reporta-se à correlação lógica abstrata existente entre o fator erigido em critério de *discrímen* e a disparidade estabelecida no tratamento jurídico diversificado; c) a terceira atina à consonância desta correlação lógica com os interesses absorvidos no sistema constitucional e destarte juridicizados."[3]

Os direitos fundamentais que gravitam em torno do valor "igualdade" são denominados de segunda dimensão ou geração,[4] possuindo caráter positivo, pois exigem prestações do Estado (a atuação estatal constitui o cerne do *neoconstitucionalismo*, atual perspectiva do constitucionalismo que busca a efetiva concretização dos direitos fundamentais).

Na Constituição Federal, exemplificativamente, refletem a busca pela isonomia material, as normas que, sem descurar da estabelecida igualdade entre homens

---

1. SABBAG, Eduardo, *Manual de Direito Tributário*. 14. ed. Ed. Saraiva, 2022, p. 151.
2. SABBAG, op. cit., p. 149.
3. MELLO, Celso Antonio Bandeira de. *Conteúdo Jurídico do princípio da igualdade*, p. 21, apud SABBAG, Eduardo, op. cit., p. 1166.
4. Em contraposição aos direitos fundamentais de primeira geração, que valorizam a "liberdade", e os de terceira geração, que prestigiam a "fraternidade".

e mulheres no tocante a direitos e obrigações (art. 5º, I), promovem distinções nas seguintes situações: direito às presidiárias lactantes de permanecer com seus filhos durante o período de amamentação (art. 5º, L); duração do período da licença-maternidade e da licença-paternidade (art. 7º, XVIII e XIX); serviço militar obrigatório para os homens (art. 143, §§ 1º e 2º) etc.

Num cenário constitucional fortemente influenciado pela necessidade de efetiva proteção aos direitos humanos, começaram a se desenvolver as chamadas "ações afirmativas", ou "discriminações positivas", através das quais passaram a ser implementadas, por meio de lei, medidas compensatórias que visavam corrigir distorções e injustiças históricas.

As "políticas de cotas raciais" para ingresso em universidades públicas estão compreendidas no âmbito das ações afirmativas, já tendo o Supremo Tribunal Federal, inclusive, declarado a constitucionalidade de lei gaúcha que estabeleceu políticas de cotas étnico-raciais para seleção de estudantes da Universidade de Brasília, com fundamento na *igualdade material*, a saber:

> (...) o Estado poderia lançar mão de políticas de cunho universalista – a abranger número indeterminado de indivíduos – mediante ações de natureza estrutural; ou de ações afirmativas – a atingir grupos sociais determinados – por meio da atribuição de certas vantagens, por tempo limitado, para permitir a suplantação de desigualdades ocasionadas por situações históricas particulares.
>
> (ADPF 186, julgada em 26.04.12, Informativo 663/STF).

Da mesma forma, o STF confirmou a constitucionalidade das seguintes normas:

a) *Lei Federal 12.990/14*, que prescreveu a reserva aos negros de 20% das vagas oferecidas em concursos públicos, para provimento de cargos efetivos e empregos públicos no âmbito da administração pública federal, das autarquias, das fundações públicas, das empresas públicas e das sociedades de economia missa controladas pela União Federal, pelo prazo de 10 anos (art. 6º);

b) *Lei Federal 11.096/05*, que instituiu o PROUNI – Programa Universidade Para Todos, destinando bolsas de estudo para i) estudante que tenha cursado o ensino médio completo em escola da rede pública ou em instituições privadas na condição de bolsista integral; ii) estudante portador de deficiência, nos termos da lei; iii) professor da rede pública de ensino, para os cursos de licenciatura, normal superior e pedagogia, destinados à formação do magistério da educação básica, independentemente da renda (art. 2º).

A igualdade substancial também irradia efeitos no processo civil, conforme se depreende da regra do art. 53, I, do CPC/15, que prevê, para as ações de família, a competência do "foro do domicílio do guardião do filho incapaz", ou,

MARCIA SOARES DE MELO

mesmo, a competência do "foro da vítima de violência doméstica e familiar" (Lei 13.894/19).

A igualdade ou isonomia, no âmbito do direito tributário, por sua vez, é contemplada no inciso II, do art. 150, da CF, *verbis*:

> Art. 150. Sem prejuízo de outras garantias asseguradas ao contribuinte, é vedado à União, aos Estados, ao Distrito Federal e aos Municípios:
>
> II – instituir tratamento desigual entre contribuintes que se encontrem em situação equivalente, proibida qualquer distinção em razão de ocupação profissional ou função por eles exercida, independentemente da denominação jurídica dos rendimentos, títulos ou direitos.

A contrário senso, portanto, serão permitidas diferenciações tributárias quando, em razão de distintas situações, o elemento discriminador estiver em consonância com um valor constitucional – tendo sempre como premissa a regra apregoada por Ruy Barbosa, na *Oração aos Moços* (que preconiza o tratamento igual, aos iguais, e desigual, aos desiguais, na medida de suas desigualdades).

Em conclusão, as desigualdades serão moralmente legítimas sempre que o elemento discriminador estiver em consonância com um valor constitucionalmente prestigiado.

1.2 Mesmo abstraída a questão da moral, a redução de algumas desigualdades seria defensável sob um ponto de vista econômico?

A busca pela redução das desigualdades constitui tópico da "Agenda 2030 da ONU" – fruto da Assembleia Geral, realizada em setembro de 2015, na Cidade de Nova Iorque – em cujo documento foram estabelecidos os objetivos do desenvolvimento sustentável ("ODS"), bem como as metas a serem cumpridas por todas as nações do mundo, até o ano de 2030.

No referido plano global constam 17 (dezessete) objetivos e 169 (cento e sessenta e nove) metas, chamando a atenção o objetivo de desenvolvimento sustentável elencado sob "número 10", que estabelece: "Redução das desigualdades: reduzir as desigualdades dentro dos países e entre eles."

Para atingir este objetivo, foi estabelecida pela ONU, a "meta 10.1", determinando que às nações deverão "até 2030, progressivamente alcançar e sustentar o crescimento da renda dos 40% da população mais pobre a uma taxa maior que a média nacional."

A referida "meta 10.1" foi reescrita no Brasil, com o seguinte conteúdo:

> Até 2030, progressivamente alcançar e sustentar o crescimento da renda dos 40% da população mais pobre a uma taxa maior que a renda média dos 10% mais ricos.[5]

---

5. Segundo site do IPEA – Instituto de Pesquisa Econômica Aplicada (www.ipea.gov.br).

TRIBUTAÇÃO E DESIGUALDADES NO CONTEXTO PÓS-PANDEMIA **255**

Para o cumprimento da meta de redução das desigualdades, o Brasil vem considerando a adoção de políticas específicas nas mais diversas áreas; na área fiscal, por exemplo, cogita-se o seguinte: (i) diminuição da tributação sobre o consumo e aumento na tributação sobre lucro; (ii) instituição da tributação sobre dividendos; e (iii) progressividade na tributação sobre heranças.

Sob um aspecto estritamente econômico, é possível que não apenas a redução das desigualdades, mas a própria manutenção das mesmas, seja algo defensável.

Na obra *"Justiça – O que é fazer a Coisa Certa"*,[6] o autor norte-americano Michael J. Sandel, professor do concorrido curso *"Justice"*, da Universidade de Harvard, examina em que medida as desigualdades sociais seriam, ou não, permitidas sob um ponto de vista econômico.

O referido autor inicia sua análise, a partir do pensamento desenvolvido pelo filósofo político norte-americano John Rawls (1921-2002), autor da obra *"Teoria da Justiça"* (1971), acerca do princípio supostamente escolhido pelos cidadãos para governar as desigualdades sociais e econômicas, e sugerindo, ao final, a adoção do *princípio da diferença*, segundo o qual apenas são aceitas as desigualdades sociais e econômicas que objetivem o benefício dos membros menos favorecidos da sociedade.

Neste sentido, Rawls argumenta, por exemplo, que médicos mais bem remunerados, com salários mais altos do que a média da população em geral, proporcionariam melhores condições de atendimento e prestação de serviços de saúde, nas regiões rurais de baixa renda. Todavia, se a alta remuneração dos médicos não contribuir para os serviços de saúde dos Apalaches, mas apenas aumentar o número de cirurgiões plásticos em Beverly Hills, haverá dificuldade na aceitação da diferença salarial, sob o ponto de vista do *princípio da diferença*.[7]

Assevera, portanto, que se a fortuna está sujeita a um sistema progressivo de impostos sobre a renda do rico com o objetivo de favorecer a saúde, a educação e o bem-estar do pobre, e esse sistema efetivamente melhorar as condições do pobre em relação ao que elas poderiam ter sido em um regime mais rigoroso de distribuição de renda, então essas desigualdades estariam coerentes com o princípio da diferença.[8]

A adoção da teoria de Rawls, neste sentido, justificaria a manutenção, e até o incentivo de desigualdades de renda, desde que estas promovessem a melhora na qualidade de vida dos menos favorecidos, concluindo o autor que "pagar mais

---

6. SANDEL, Michael J., *Justiça* – O que é fazer a coisa certa. 21. ed. Ed. Civilização Brasileira, 2016, p. 189-196.
7. SANDEL, Michael J., op. cit., p. 189.
8. SANDEL, Michael J., op. cit., p. 190.

aos executivos ou cortar impostos cobrados aos mais ricos apenas para aumentar o Produto Interno Bruto não seria suficiente. Mas, se os incentivos gerarem um crescimento econômico que permita àqueles que se encontrem na base da pirâmide uma vida melhor do que a que teriam com uma distribuição mais equilibrada, então elas são permitidas pelo princípio da diferença".[9]

Destarte, abstraindo-se as questões de ordem moral, com foco apenas no crescimento econômico, e fundamentado no *princípio da diferença* idealizado por Rawls, a promoção da redução das desigualdades (ou, mesmo, sua eventual manutenção), é algo absolutamente sustentável.

1.3 O tributo é uma ferramenta adequada para se promover a redução de desigualdades? Mesmo que seja considerado adequado, é ele suficiente?

O Direito Tributário não é insensível à realidade social, possuindo aptidão para promover a diminuição das desigualdades nela existentes, mediante a observância do princípio da capacidade contributiva e a implementação de políticas extrafiscais com amparo constitucional.

Neste sentido, o manejo da extrafiscalidade na consecução de políticas econômicas e sociais se mostra interessante, na medida em que não almejará apenas a arrecadação, mas poderá visar a redistribuição da renda e da terra, a defesa da economia nacional, a proteção da microempresa e empresa de pequeno porte, o desenvolvimento regional ou setorial, a estimulação ao cooperativismo etc.

Exemplificativamente, poderão configurar eficientes instrumentos para o alcance da isonomia substancial preconizada pelos artigos 5º, *caput*, e 150, II, da Constituição Federal, a concessão de incentivos, isenções e regimes especiais; a progressividade de alíquotas; as reduções de base de cálculo; o estabelecimento de tratamento diferenciado para microempresas e empresas de pequeno porte; o estímulo ao cooperativismo; desde que, obviamente, todos se pautem por valores constitucionalmente previstos.

A questão colocada já fora, inclusive, objeto de específica análise, conforme depreende:

> Veja-se que a diferença de tratamento entre pessoas ou situações é absolutamente presente em qualquer ramo do Direito, inclusive no Tributário. As normas de isenção, por exemplo, identificam pessoas ou situações que de outro modo estariam normalmente sujeitas à imposição tributária e excluem, apenas quanto a elas, o respectivo crédito, desonerando-as. O problema não está na instituição de tratamento diferenciado que, em si, nada revela quanto à validade da norma. Importam, isso sim, as *razões* e os *critérios* que orientam a discriminação.

---

9. SANDEL, Michael J., op. cit., p.196.

Efetivamente, o princípio da isonomia não apenas proíbe tratamentos diferenciados sem uma justificação constitucional como exige tratamentos diferenciados onde haja distinta capacidade contributiva ou essencialidade do produto. Justifica-se a diferenciação tributária quando, presente uma finalidade constitucionalmente amparada, o tratamento diferenciado seja estabelecido em função de critério que com ela guarde relação e que efetivamente seja apto a levar ao fim colimado.[10]

Dentre as espécies tributárias, os impostos qualificados como pessoais, como é o caso do imposto de renda pessoa física e pessoa jurídica, caracterizam-se como mais eficientes para promoção da redução das desigualdades, já que tendem a considerar situações específicas dos contribuintes para imposição de cargas tributárias mais elevadas – ao contrário das taxas, por exemplo, que não ostentariam tal condição.

É iniludível, que um sistema tributário equilibrado, cuja tributação impacte menos o consumo e os serviços – e mais o patrimônio e a renda – poderá beneficiar as classes média e baixa; todavia, apenas essa sistemática tributária poderá não ser suficiente para redução das desigualdades, sendo necessário, também, que se implementem políticas públicas de geração de empregos; investimentos em serviços públicos; programas de repasses de rendas, entre outras medidas.

1.4 Como equacionar a questão relacionada ao fato de que os detentores de maior capacidade contributiva, se confrontados com uma tributação mais onerosa – como pode ser o caso de uma destinada a reduzir desigualdades – tendem a migrar para países de tributação mais branda, ou mesmo recorrer ao planejamento tributário internacional e ao uso de paraísos fiscais?

O princípio constitucional da *capacidade contributiva* (art. 145, §1º, CF) está intimamente ligado à isonomia, sobretudo no que diz respeito ao tratamento distinto de situações diversas, todavia nele não se esgota, já que, para além de um confronto entre situações distintas, permite a efetiva realização da justiça fiscal.

Nos termos do art. 145, parágrafo 1º, da CF, "sempre que possível, os impostos terão caráter pessoal e serão graduados segundo a capacidade econômica do contribuinte, facultado à Administração Tributária, especialmente para conferir efetividade a esses objetivos, identificar, respeitados os direitos e garantias individuais e nos termos da lei, o patrimônio, os rendimentos e as atividades econômicas do contribuinte".

---

10. PAULSEN, Leandro. *Constituição e Código Tributário comentados à luz da doutrina e da jurisprudência*. 18. ed. Ed. Saraiva, , 2018, p. 165.

O mínimo existencial, ou vital (que compreende o necessário para satisfação das necessidades básicas do indivíduo e de sua família, conforme o art. 7º, IV, CF), deverá ser observado como limite a partir do qual poderá ser analisada a capacidade contributiva, conforme já fora objeto de arguto estudo:

> Se o 'mínimo vital' se traduz na quantidade de riqueza mínima, suficiente para a manutenção do indivíduo e de sua família, sendo intangível pela tributação por via de impostos, é de todo natural que a capacidade contributiva só possa se reputar existente quando se aferir alguma riqueza acima do mínimo vital. Abaixo dessa situação minimamente vital haverá uma espécie de isenção, para fins de capacidade contributiva aferível. Nesse passo, a 'isenção do mínimo vital é inseparável do princípio da capacidade contributiva.[11]

É cediço que a capacidade contributiva não se limita aos impostos, tendo aplicação também às taxas (art. 5º, LXXIV e LXXVIII), às contribuições para a seguridade social (STF, RE 599.309/SP, RE 656.089/MG, RE 599.309/SP), e às contribuições profissionais (STF, ADIs 4.762 e 4.697).

A técnica da progressividade de alíquotas tributárias estaria em consonância com a capacidade contributiva, uma vez que a aplicação de alíquotas variadas – com aumento à medida que se aumentasse a base de cálculo – configuraria tributação mais onerosa para os portadores de patrimônio mais exuberante, o que poderia contribuir para a redução das desigualdades sociais.

Referida situação poderia acarretar a uma comparação entre ordenamentos jurídicos distintos, de forma a que o contribuinte pudesse identificar o que seria aplicável a cada situação pretendida, bem como os efeitos e a carga tributária final decorrentes da atuação com ambos ordenamentos. E quanto maiores forem as diferenças entre os ordenamentos, mais cresce de importância o planejamento tributário internacional.[12]

Tendo por escopo a otimização da carga tributária, "a legitimidade do planejamento tributário internacional se expressa fundamentalmente na compatibilização da tutela dos interesses dos Estados com a dos interesses dos investidores, desde que estes, no uso dos instrumentos mais vantajosos oferecidos pelos ordenamentos, respeitem às normas de controle à elusão e à fraude fiscal."[13]

No âmbito do planejamento tributário internacional estão compreendidos os países denominados "paraísos fiscais" ("*tax haven*"), que constituem refúgios fiscais privilegiados caracterizados por uma tributação mais favorecida (não incidência do imposto sobre os rendimentos de pessoas jurídicas; não incidência na fonte sobre os dividendos distribuídos aos sócios etc.).

---

11. SABBAG, Eduardo, op. cit., p. 174.
12. TÔRRES, Heleno. *Direito tributário internacional*. 2. ed. Ed. RT, 2001, p. 52.
13. TÔRRES, Heleno, op. cit., p. 56.

Conceitualmente, a equação proposta (tributação mais onerosa objetivando à redução das desigualdades sociais x utilização de planejamento tributário internacional) se apresenta como de difícil resolução, pois haverá que se ponderar entre os princípios da autonomia da vontade, da liberdade de organização e do exercício da atividade empresarial, de um lado, e os princípios da capacidade contributiva, da isonomia e da supremacia do interesse público sobre o privado, de outro.

2. TRIBUTAÇÃO DAS HERANÇAS

2.1 A tributação das heranças guarda relação com a mitigação das desigualdades no plano intergeracional? Seriam essas desigualdades mais, ou menos legítimas, que aquelas surgidas durante a vida de pessoas de uma mesma geração?

É possível fazer uma análise entre políticas públicas de tributação mais gravosa do imposto sobre heranças, com a redução dos níveis de desigualdade observados em diversos países, ao longo das gerações.

Neste sentido, países com elevada alíquota do imposto sobre a herança, como é o caso do Japão (55%), Alemanha (50%), França (45%), ou Estados Unidos (40%), ostentam menor desigualdade social, comprovada pelo fato de a relação entre a renda dos 1% mais ricos e o PIB nacional, é respectivamente, de 10,44%, 13,13%, 10,84% e 19,85%.

Em direção oposta, países em desenvolvimento, ou subdesenvolvidos, que apresentam reduzidas alíquotas de impostos sobre a herança, fomentam a manutenção ou aumento da desigualdade social, demonstrando, ainda, significativo impacto dos concentradores de renda, no PIB nacional.

Nesta última categoria se encontram países como a Índia (onde não há tributação sobre heranças), ou o Brasil, cuja alíquota máxima do imposto sobre heranças é de 8%, e a relação entre a renda dos 1% mais ricos e o PIB nacional, é de, respectivamente, 21,22%, e 28,19%.[14]

Importante considerar, que no ordenamento jurídico brasileiro, os Estados detêm competência para a tributação sobre as heranças (através do imposto sobre transmissão *causa mortis* – ITCMD), sendo certo que os acréscimos patrimoniais decorrentes de doação ou herança, embora de declaração obrigatória, não serão objeto de tributação pelo imposto de renda, nos termos do respectivo regulamento (art. 35, inciso VII, alínea "c", do Decreto 9.580, de 22.11.2018).

---

14. Segundo informações do FMI e do *World Inequality Database* (ano de 2010).

Considerando que a transmissão de bens e direitos constitui mecanismo de manutenção das desigualdades de renda e riqueza, pode-se concluir, portanto, que o incremento da tributação sobre as heranças contribuiria para a mitigação destas desigualdades entre gerações.

2.2 A tributação das heranças amesquinha o direito à herança, previsto constitucionalmente? Considerando-se que ambas – a tributação de heranças e o direito à herança – são previstos no texto constitucional, como conciliá-los?

O direito à herança está constitucionalmente previsto no art. 5º, XXX, da CF:

Art. 5º Todos são iguais perante a lei, sem distinção de qualquer natureza, garantindo-se aos brasileiros e aos estrangeiros residentes no País a inviolabilidade do direito à vida, à liberdade, à igualdade, à segurança e à propriedade, nos termos seguintes:

(....)

XXX – é garantido o direito de herança;"

A tributação da herança, por sua vez, está disciplinada no art. 155, I, § 1º, I a IV, da CF:

Art. 155. Compete aos Estados e ao Distrito Federal instituir impostos sobre:

I – transmissão causa mortis e doação, de quaisquer bens ou direitos;

(...)

§ 1º O imposto previsto no inciso I:

I – relativamente a bens imóveis e respectivos direitos, compete ao Estado da situação do bem, ou ao Distrito Federal;

II – relativamente a bens móveis, títulos e créditos, compete ao Estado onde se processar o inventário ou arrolamento, ou tiver domicílio o doador, ou ao Distrito Federal;

III – terá competência para sua instituição regulada por lei complementar:

a) se o doador tiver domicílio ou residência no exterior;

b) se o de cujus possuía bens, era residente ou domiciliado ou teve o seu inventário processado no exterior;

IV – terá suas alíquotas máximas fixadas pelo Senado Federal.

No plano infraconstitucional, a Resolução 9, de 09.05.92, do Senado Federal, e a legislação dos Estados e do Distrito Federal, regulam a matéria.

A materialidade do imposto sobre transmissão *causa mortis* compreende "qualquer bem ou direito havido por sucessão legítima ou testamentária, inclusive a provisória"; compreendendo-se "a transmissão de bem ou direito por qualquer título sucessório, inclusive o fideicomisso."[15]

---

15. MELO, José Eduardo Soares de; PAULSEN, Leandro. *Impostos federais, estaduais e municipais*. 12. ed. Ed. Saraiva, 2022, p. 236.

O fato gerador do imposto ocorre com a transmissão da propriedade, ou de quaisquer bens ou direitos, o que se dá no momento da morte do autor da herança, já que o patrimônio não pode ficar sem titular (princípio de *saisine*).

O imposto, todavia, deverá ser pago após a homologação do respectivo cálculo (nos autos do arrolamento ou inventário), nos termos da Súmula 114 do STF, configurando pressuposto para prolação da sentença de partilha (art. 192, CTN).

O imposto sobre transmissão *causa mortis* não amesquinha o direito constitucional à herança, da mesma forma que o imposto sobre propriedade de veículos automotores (IPVA), ou o imposto sobre a propriedade territorial urbana (IPTU), também não amesquinham o direito de propriedade (art. 5º, XX, CF).

Os direitos fundamentais à herança e à propriedade admitem limitações – como quaisquer outros direitos fundamentais – mas não poderão, em absoluto, ser aniquilados pela tributação, de sorte que o legislador ao instituir o tributo incidente em cada uma destas situações, deverá observar às limitações constitucionais ao poder de tributar, como por exemplo, a vedação ao confisco (art. 150, IV, CF).

À luz do Direito Comparado, a carga tributária incidente sobre heranças, no Brasil, pode ser considerada alta, ou baixa?

Nos termos da resposta contida no item 2.1. acima, a carga tributária incidente sobre heranças, no Brasil, é baixa, já que compreende a alíquota máxima de 8%, ao passo que, segundo dados oficiais, as grandes potências mundiais apresentam imposto sobre herança com alíquotas mais elevadas, a saber: Japão (55%), Alemanha (50%), França (45%), Estados Unidos (40%), e Inglaterra (40%).

Referidos dados sugerem que a instituição do imposto sobre a herança com carga tributária mais elevada poderá contribuir para a redução das desigualdades sociais existentes.

2.3 A tributação das heranças pode se submeter ao princípio da progressividade?

2.4 Caso afirmativa a resposta à questão anterior, seria possível atingirem-se os objetivos buscados com alíquotas progressivas, sem se considerarem adequadamente as bases sobre as quais elas incidem? Bases muito baixas, ou próximas umas das outras, são capazes de aproximar a tributação progressiva de um *flat tax*?

O inciso IV, do art. 155, da CF, estabelece que o ITCMD "terá suas alíquotas máximas fixadas pelo Senado Federal", sendo certo que a Resolução 9/92, do Senado Federal, disciplinou que "a alíquota máxima será de oito por cento" (art. 1º), e que, "as alíquotas dos impostos, fixadas em lei estadual, poderão ser progressivas em função do quinhão que cada herdeiro efetivamente receber, nos termos da Constituição Federal" (art. 2º).

Ao analisar o recurso extraordinário (RE 562.045) interposto pelo Estado do Rio Grande do Sul, contra acórdão que discutia a constitucionalidade de lei gaúcha que previa a progressividade para o ITCMD, o Plenário do Supremo Tribunal Federal, em 06.02.13, por maioria de votos, e com repercussão geral, deu provimento ao referido recurso extraordinário, decidindo pela constitucionalidade da progressividade do ITCMD, conforme a seguinte ementa:

> Extraordinário. ITCMD. Progressividade. Constitucional. No entendimento majoritário do STF, surge compatível com a Carta da República a progressividade das alíquotas do ITCMD. Precedente: RE 562.045/RS, mérito julgado com repercussão geral admitida.
>
> (Ag. R-RE 542.485, rel. Min. Marco Aurélio, 1ª T, j. 19.02.2013).

No julgamento realizado pelo STF prevaleceu o raciocínio no sentido de que "o ITCMD, por ser um tributo que incide sobre as transferências de bens e direitos a título gratuito, pressupõe um signo presuntivo de acréscimo patrimonial – motivo bastante para se defender a progressividade. Aliás, com essa faceta, o ITCMD progressivo se aproxima mais do IR e menos do ITBI, evitando que se faça qualquer relação entre ele próprio e este imposto municipal (não progressivo, como se sabe, por força da Súmula 656, STF)."[16]

Com a declaração da constitucionalidade da progressividade das alíquotas do ITCMD, restou assentado que: (i) a progressividade pode estar expressa na CF, ou não; (ii) todos os impostos, mesmo os denominados "reais", têm relação com a capacidade contributiva do sujeito passivo, uma vez que o art. 145, $1º, da CF, se refere ao caráter pessoal dos impostos, não fazendo distinção entre impostos "pessoais" e impostos "reais".

Conclui-se, inclusive a partir da análise do direito comparado e decorrentes experiências havidas em outros países, que a progressividade de alíquotas no imposto sobre heranças contribui para a redução das desigualdades sociais, sendo possível que, bases de cálculo muito baixas, ou próximas umas das outras poderão resultar inócuas, ou pouco efetivas para a finalidade em questão.

2.5 Os fatos relativos às indagações acima foram de algum modo atingidos pelos efeitos da pandemia causada pelo SARS Covid-19?

A preocupação com os reflexos da severa crise econômica mundial decorrente da pandemia do coronavírus se manifestou através de inúmeras medidas

---

16. SABBAG, ob. cit., "Capítulo Extra – Impostos Estaduais" – p. 95.

governamentais que objetivaram auxiliar sobretudo pessoas jurídicas no duro enfrentamento do cenário que se apresentava.

Neste sentido, exemplificativamente, foram editados os seguintes atos normativos:

– Decreto 10.305, de 01.04.20, do Governo Federal, fixando a alíquota-zero para operações de crédito durante a crise do coronavírus;

– Portaria 150, de 07.04.20, do Ministério da Economia, alterando o prazo de vencimento da contribuição sobre a receita bruta (CPRB), da Lei 12.546/11;

– Portaria 201, de 12.05.20, do Ministério da Economia, prorrogando o prazo de pagamento de parcelamentos tributários;

– Portaria 245, de 17.06.20, do Ministério da Economia, prorrogando o vencimento das contribuições previdenciárias pagas pelas empresas e pelos empregadores domésticos e do PIS e da COFINS;

– Lei Federal 14.025, de 14.07.20, alterando as alíquotas de contribuições ao sistema "S".

Referidos atos normativos, assim como os demais que vieram a ser editados posteriormente, visavam evitar que as pessoas jurídicas se tornassem insolventes, acarretando o aumento do desemprego e da miséria nacional.

No tocante às questões abordadas nos tópicos anteriores (redução das desigualdades sociais e tributação das heranças), não se tem conhecimento de normas especificamente editadas durante o período da pandemia.

BENEFÍCIO *PERSE*:
QUESTÕES E CONTROVÉRSIAS

Mary Elbe Queiroz

Antonio Elmo Queiroz

Sumário: Introdução – 1. Os benefícios do programa emergencial de retomada do setor de eventos (*perse*) – 2. Do alcance do programa emergencial de retomada do setor de eventos (*perse*) – 3. Dos prestadores de serviços turísticos incluídos no setor de eventos, pela Lei do *Perse*, em conformidade com o art. 21 da Lei 11.771/2008, de inscrição obrigatória e de inscrição facultativa no Cadastur – 4. Da ilegalidade da Portaria ME 7.163/2021, regulamentadora da Lei 14.148/2021; 4.1 Da ampliação de exigências não previstas na Lei 14.148/2021 e da consequente exigência de obrigação jurídica oposta à determinação da Lei 11.771/2008; 4.2 Da ampliação de exigências não previstas em lei e condicionadas a requisito anterior à publicação da Lei do *Perse* – Considerações finais – Referências.

INTRODUÇÃO

Em dezembro de 2019 a Organização Mundial da Saúde foi alertada para casos de pneumonia na cidade Wuhan, na China. E já em janeiro de 2020 a OMS informou ao mundo que esse surto gerava uma emergência de saúde pública de importância internacional. Surgia assim a Covid-19, que gerou graves consequências em vidas humanas e causou impactos econômicos nefastos.

No Brasil, desde o início o principal meio empregado pelo Estado para combater o alastramento do vírus foi o afastamento social, com a paralização das atividades da maioria das empresas por vários meses, como os demais países.

E não há dúvidas de que o setor de eventos foi um dos setores da economia mais impactado durante a vigência das medidas restritivas impostas pela Pandemia da Covid-19. Realmente, se para outros setores da economia a criatividade ainda permitiu algum tipo de operação comercial, para eventos não houve alternativa para a paralisação total do setor, tornando mais difícil a recuperação financeira no pós-Covid.

Nesse sentido, tendo em vista que os prejuízos causados foram consideráveis, surgiu a necessidade de socorrer o setor de eventos para possibilitar, o quanto antes, o retorno dessas atividades, haja vista o grande número de empregos que gera. Assim, foi promulgada a Lei 14.148/2021, instituindo, entre outras medidas, o Programa Emergencial de Retomada do Setor de Eventos (Perse), cujo objetivo principal é o de compensar os efeitos decorrentes das medidas de combate à pandemia da Covid-19 suportados pelo setor.

Para fins de regulamentação da Lei 14.148/2021, foi editada a Portaria 7.163/2021 do Ministério da Economia (ME), incumbida, por aquela norma, de publicar a relação das atividades econômicas que se enquadrariam no *setor de eventos* a que a lei se refere.

Neste artigo, veremos que o Perse, como passou a ser conhecido, incluiu algumas atividades econômicas dentro do conceito do *setor de eventos*, apesar de originariamente não pertencerem a esse setor, mas que, igualmente, foram atingidos pela mesma crise.

E é exatamente esse o objeto de estudo do presente trabalho: analisar o conjunto de normas em derredor do Perse, pois há pontos questionáveis na regulamentação do benefício fiscal.

Para tanto, o presente artigo exporá, no segundo capítulo, quais os benefícios do Perse; o terceiro capítulo discorrerá sobre o alcance da Lei do Perse; já o quarto capítulo apontará o conceito legal de prestadores de serviços turísticos que, por expressa disposição legal, faz parte do setor de eventos; e por fim, abordará as ilegalidades cometidas pela Portaria Ministerial regulamentadora do Perse, dividindo cada uma delas em três subcapítulos.

1. OS BENEFÍCIOS DO PROGRAMA EMERGENCIAL DE RETOMADA DO SETOR DE EVENTOS (PERSE)

Conforme dito no introito, a Lei 14.148/2021 instituiu o Programa Emergencial de Retomada do Setor de Eventos (Perse), sendo que o presente estudo focará com destaque a regulamentação da Lei do Perse pela Portaria 7.163/2021.

Mas antes de aprofundarmos as questões, é necessário que seja feita uma breve exposição dos aspectos gerais do Perse.

Em linhas gerais, o Perse é um programa de concessão de benefícios tributários e não tributários para pessoas jurídicas do setor de eventos, de caráter excepcional e emergencial, cujo objetivo é compensá-las pelos efeitos decorrentes das medidas de isolamento social adotadas durante a Pandemia da Covid-19; fomentando assim a retomada dos serviços do setor por meio da instituição de quatro benefícios, discriminados pela Lei 14.148/2021 nos arts. 3º, 4º, 6º e 7º, que serão brevemente apontados na sequência.

É necessário registrar, também, que os benefícios concedidos pela Lei do Perse referentes aos arts. 4º, 6º e 7º haviam sido inicialmente vetados; entretanto, a redação original foi restabelecida pelo Poder Legislativo, tendo tais vetos sido derrubados.

Assim, passa-se à análise dos benefícios tributários concedidos pela Lei do Perse que interessem para este artigo.

Em primeiro lugar, a Lei do Perse autorizou a renegociação de dívidas tributárias e não tributárias, incluídas as do Fundo de Garantia do Tempo de Serviço (FGTS), possibilitando o desconto de até 70% (setenta por cento) sobre o valor total da dívida, com prazo de até 145 (cento e quarenta e cinco) meses para sua quitação:

> Lei 14.148, de 3 de maio de 2021
>
> Art. 3º O Perse autoriza o Poder Executivo a disponibilizar modalidades de renegociação de dívidas tributárias e não tributárias, incluídas aquelas para com o Fundo de Garantia do Tempo de Serviço (FGTS), nos termos e nas condições previstos na Lei 13.988, de 14 de abril de 2020.
>
> § 1º Aplicam-se às transações celebradas no âmbito do Perse o desconto de até 70% (setenta por cento) sobre o valor total da dívida e o prazo máximo para sua quitação de até 145 (cento e quarenta e cinco) meses, na forma prevista no art. 11 da Lei 13.988, de 14 de abril de 2020, respeitado o disposto no § 11 do art. 195 da Constituição Federal.

Em segundo lugar, os benefícios apontados a seguir foram aqueles inicialmente vetados, mas já restabelecidos pelo Poder Legislativo. Portanto, além de a Lei do Perse permitir a renegociação de dívidas tributárias e não tributárias, também concedeu redução de alíquotas a 0% (zero por cento) referentes a tributos incidentes sobre os resultados auferidos pelas pessoas jurídicas do setor de eventos:

> Lei 14.148, de 3 de maio de 2021
>
> Art. 4º Ficam reduzidas a 0% (zero por cento) pelo prazo de 60 (sessenta) meses, contado do início da produção de efeitos desta Lei, as alíquotas dos seguintes tributos incidentes sobre o resultado auferido pelas pessoas jurídicas de que trata o art. 2º desta Lei: (Promulgação partes vetadas)
>
> I – Contribuição para os Programas de Integração Social e de Formação do Patrimônio do Servidor Público (Contribuição PIS/Pasep);
>
> II – Contribuição para o Financiamento da Seguridade Social (Cofins);
>
> III – Contribuição Social sobre o Lucro Líquido (CSLL); e
>
> IV – Imposto sobre a Renda das Pessoas Jurídicas (IRPJ).

Indiscutivelmente reduzir a zero o IRPJ/CSLL e o PIS/COFINS por cinco anos torna o Perse um dos maiores programas de benefício fiscal já estabelecidos no Brasil, e os requisitos para seu enquadramento é o núcleo deste trabalho.

Indo adiante, o terceiro benefício concedido pela Lei do Perse foi o direito a indenização para as pessoas jurídicas do setor de eventos, cujo faturamento tiver sofrido redução superior a 50% entre 2019 e 2020, levando-se em consideração as despesas realizadas com pagamento de empregados durante o período da pandemia da Covid-19 e da Emergência em Saúde Pública de Importância Nacional (Espin):

> Lei 14.148, de 3 de maio de 2021
>
> Art. 6º É assegurado aos beneficiários do Perse que tiveram redução superior a 50% (cinquenta por cento) no faturamento entre 2019 e 2020 o direito a indenização baseada nas despesas com pagamento de empregados durante o período da pandemia da Covid-19 e da Espin. (Promulgação partes vetadas)
>
> § 1º O total de indenizações a ser pago não poderá ultrapassar o teto de R$ 2.500.000.000,00 (dois bilhões e quinhentos milhões de reais).
>
> § 2º O valor da indenização será estabelecido em regulamento, em montante proporcional aos recursos efetivamente desembolsados na folha de pagamento no período compreendido entre 20 de março de 2020 e o final da Espin.
>
> § 3º Poderá o Poder Executivo adiar o pagamento da indenização prevista no caput deste artigo para o exercício fiscal seguinte ao da entrada em vigor desta Lei.

Por fim, o quarto e último benefício do Perse foi destinado às Microempresas e Empresas de Pequeno Porte, que foram contempladas com um subprograma específico, nos termos da Lei 13.999/2020, instituidora do Programa Nacional de Apoio às Microempresas e Empresas de Pequeno Porte (Pronampe):

> Lei 14.148, de 3 de maio de 2021
>
> Art. 7º As pessoas jurídicas beneficiárias do Perse que se enquadrem nos critérios do Programa Nacional de Apoio às Microempresas e Empresas de Pequeno Porte (Pronampe) serão contempladas em subprograma específico, no âmbito das operações regidas pela Lei 13.999, de 18 de maio de 2020. (Promulgação partes vetadas)
>
> § 1º O Poder Executivo regulamentará:
>
> I – o percentual do Fundo Garantidor de Operações (FGO) destinado exclusivamente às ações previstas neste artigo, em montante total não inferior a 20% (vinte por cento) de suas disponibilidades para atendimento ao disposto na Lei 13.999, de 18 de maio de 2020;
>
> II – o prazo de vigência da destinação específica e eventuais taxas de juros mais atrativas ao concedente de crédito, limitadas a 6% a.a. (seis por cento ao ano) mais a taxa Selic, para as operações que utilizem a garantia concedida em observância ao inciso I deste parágrafo.
>
> § 2º Ressalvadas as disposições desta Lei, as operações previstas no caput deste artigo ficam regidas pela Lei 13.999, de 18 de maio de 2020.

Passados em revista os benefícios concedidos pela Lei do Perse, agora podemos analisar o seu campo de aplicação, ou seja, quais pessoas jurídicas podem se enquadrar no incentivo, notadamente o objeto deste trabalho: a redução para zero das alíquotas de tributos.

2. DO ALCANCE DO PROGRAMA EMERGENCIAL DE RETOMADA DO SETOR DE EVENTOS (PERSE)

Em seus arts. 1º e 2º, a Lei 14.148/2021 delimita o alcance do Perse, estabelecendo para quê (aspecto objetivo) e a quem (aspecto subjetivo) o Programa se destina:

> Lei 14.148, de 3 de maio de 2021
>
> Art. 1º Esta Lei estabelece ações emergenciais e temporárias destinadas ao setor de eventos para compensar os efeitos decorrentes das medidas de isolamento ou de quarentena realizadas para enfrentamento da pandemia da Covid-19.
>
> Art. 2º Fica instituído o Programa Emergencial de Retomada do Setor de Eventos (Perse), com o objetivo de criar condições para que o setor de eventos possa mitigar as perdas oriundas do estado de calamidade pública reconhecido pelo Decreto Legislativo 6, de 20 de março de 2020.

Assim, tem-se que a Lei 14.148/2021 criou o Perse com o intuito de estabelecer ações emergenciais e temporárias, a fim de compensar os efeitos e reduzir as perdas decorrentes do estado de calamidade pública e das medidas de distanciamento social impostas em razão da Pandemia da Covid-19, quer seja pelo isolamento social ou pela quarentena.

Contudo, tais medidas concessivas de benefícios tributários e não tributários são aplicáveis apenas ao *setor de eventos*. A fim de sanar eventuais dúvidas e identificar exatamente os beneficiários do Perse, o § 1º do art. 2º, da Lei 14.148/2021 elencou as atividades que considera pertencentes ao setor de eventos:

> Lei 14.148, de 3 de maio de 2021
>
> Art. 2º (...)
>
> § 1º Para os efeitos desta Lei, consideram-se pertencentes ao setor de eventos as pessoas jurídicas, inclusive entidades sem fins lucrativos, que exerçam as seguintes atividades econômicas, direta ou indiretamente:
>
> I – realização ou comercialização de congressos, feiras, eventos esportivos, sociais, promocionais ou culturais, feiras de negócios, shows, festas, festivais, simpósios ou espetáculos em geral, casas de eventos, buffets sociais e infantis, casas noturnas e casas de espetáculos;
>
> II – hotelaria em geral;
>
> III – administração de salas de exibição cinematográfica; e
>
> IV – prestação de serviços turísticos, conforme o art. 21 da Lei 11.771, de 17 de setembro de 2008.

Como se vê, a Lei 14.148/2021 elencou as atividades pertencentes ao setor de eventos em quatro categorias distintas, abrangendo não apenas as atividades econômicas que realizam, de maneira direta ou indireta, espetáculos em geral, mas também incluiu no *setor de eventos*, sem qualquer restrição, o setor de hotelaria em geral e a administração de salas de exibição cinematográfica.

Observa-se, no entanto, que o único caso em que houve certo grau de especificidade e exigência, se é que se pode assim afirmar, refere-se à inclusão de *prestação de serviços turísticos* no *setor de eventos*, pois exigiu que estivesse em conformidade com o art. 21 da Lei de Política Nacional de Turismo.

E aqui chegamos a pontos cruciais deste estudo: (a) quais prestações de serviços turísticos a Lei 14.148/2021 reconheceu como *atividade do setor de eventos*; e (b) que novos setores teriam sido incluídos quando da regulamentação da norma pela Portaria 7.163/2021 do Ministério da Economia (ME).

E, como se trata de uma ampliação do setor inicialmente eleito para receber o benefício, é necessário que os passos sejam seguros, sob pena de aproveitamento indevido do notável benefício.

Até porque, como se verá, realmente houve inclusão de setores que, em princípio, não gozariam da notável benesse fiscal de alíquota zero de IRPJ/CSLL/PIS/COFINS por cinco anos.

De qualquer forma, entende-se que a intenção do legislador, ao listar as atividades possíveis de serem incluídas no setor de eventos, foi afastar dúvidas, já antevendo a exclusão dessas atividades do campo de incidência do Perse, pelo intérprete e aplicador literal da norma.

Então, devemos iniciar pela ampliação da própria Lei, com as atividades que passaram a ser tratadas como se pertencentes ao *setor de eventos*, para poderem se beneficiar do Perse. A seguir, a ampliação efetuada pela Portaria 7.163/2021 do Ministério da Economia (ME).

3. DOS PRESTADORES DE SERVIÇOS TURÍSTICOS INCLUÍDOS NO SETOR DE EVENTOS, PELA LEI DO PERSE, EM CONFORMIDADE COM O ART. 21 DA LEI 11.771/2008, DE INSCRIÇÃO OBRIGATÓRIA E DE INSCRIÇÃO FACULTATIVA NO CADASTUR

Como adiantado, para os fins da Lei do Perse, a *prestação de serviços turísticos*, que esteja em conformidade com o art. 21 da Lei 11.771/2008 (Lei da Política Nacional de Turismo), é considerada como atividade do *setor de eventos* e, portanto, passível de inclusão no Perse.

Destaque-se, mais uma vez, o teor do inciso IV, § 1º do art. 2º da Lei do Perse:

Lei 14.148, de 3 de maio de 2021

Art. 2º (...)

§ 1º Para os efeitos desta Lei, consideram-se pertencentes ao setor de eventos as pessoas jurídicas, inclusive entidades sem fins lucrativos, que exercem as seguintes atividades econômicas, direta ou indiretamente:

(...)

IV – prestação de serviços turísticos, conforme o art. 21 da Lei 11.771, de 17 de setembro de 2008.

Consoante menção anterior, a prestação de serviços turísticos, incluída no rol do setor de eventos do Perse, foi a única atividade econômica que trouxe uma especificidade para adequação e enquadramento ao Perse, diante da exigência expressa de conformidade com o art. 21 da Lei 11.771/2008.

Para iniciarmos a análise do ponto, devemos transcrever a norma do setor de turismo, invocada pelo Perse:

> Lei 11.771, de 17 de setembro de 2008
>
> Art. 21. Consideram-se prestadores de serviços turísticos, para os fins desta Lei, as sociedades empresárias, sociedades simples, os empresários individuais e os serviços sociais autônomos que prestem serviços turísticos remunerados e que exerçam as seguintes atividades econômicas relacionadas à cadeia produtiva do turismo:
>
> I – meios de hospedagem;
>
> II – agências de turismo;
>
> III – transportadoras turísticas;
>
> IV – organizadoras de eventos;
>
> V – parques temáticos; e
>
> VI – acampamentos turísticos.
>
> Parágrafo único. Poderão ser cadastradas no Ministério do Turismo, atendidas as condições próprias, as sociedades empresárias que prestem os seguintes serviços:
>
> I – restaurantes, cafeterias, bares e similares;
>
> II – centros ou locais destinados a convenções e/ou a feiras e a exposições e similares;
>
> III – parques temáticos aquáticos e empreendimentos dotados de equipamentos de entretenimento e lazer;
>
> IV – marinas e empreendimentos de apoio ao turismo náutico ou à pesca desportiva;
>
> V – casas de espetáculos e equipamentos de animação turística;
>
> VI – organizadores, promotores e prestadores de serviços de infraestrutura, locação de equipamentos e montadoras de feiras de negócios, exposições e eventos;
>
> VII – locadoras de veículos para turistas; e
>
> VIII – prestadores de serviços especializados na realização e promoção das diversas modalidades dos segmentos turísticos, inclusive atrações turísticas e empresas de planejamento, bem como a prática de suas atividades.

Como se nota, há dois grupos: os necessariamente incluídos como *prestadores de serviços turísticos* (caput) e os que podem ser incluídos, caso seja conveniente (parágrafo único). E todos, de acordo com o Perse, poderiam ser tratados, para fins do benefício, como do *setor de eventos*.

É um exercício ampliativo do legislador, justificado pelo impacto sem precedentes da Covid.

Portanto, o art. 21 da Lei 11.771/2008 trouxe o conceito amplo de prestadores de serviços turísticos, abrangendo toda a atividade econômica turística.

Em consequência disso, está abrangida pelo Perse qualquer prestação de serviço turístico.

Agora, essa Lei 11.771/2008 é a norma que dispõe sobre a Política Nacional de Turismo e que "define atribuições do Governo Federal no planejamento, desenvolvimento e estímulo ao setor turístico", bem como "disciplina a prestação de serviços turísticos, o cadastro, a classificação e a fiscalização dos prestadores de serviços turísticos".

É nessa norma que consta a previsão do cadastro de pessoas jurídicas de direito privado no Ministério do Turismo (conhecido como Cadastur) e que está intrinsicamente ligado ao art. 21, da Lei 11.771/2008; razão pela qual se faz necessário adiantar uma discussão e discorrer sobre o Cadastur neste momento; afinal, como se verá, estar inscrito nesse cadastro foi erigido como condição para se beneficiar do Perse.

De fato, para esse setor de turismo, agregado ao setor de eventos para se beneficiar do Perse, passou a ser, como se verá adiante, ponto de questionamento estarem, as empresas do setor de turismo, inscritas no Cadastur.

Pois bem, o Cadastur é o cadastro perante o Ministério do Turismo para pessoas jurídicas de direito privado e cuja inscrição, em regra, é obrigatória para os prestadores de serviços turísticos, excetuados os serviços indicados pelo parágrafo único do art. 21 da Lei 11.771/2008 que serão esmiuçados adiante.

Muito embora a Lei 11.771/2008 tenha determinado a regulamentação do Cadastur já no ano de sua publicação e em que pese o Cadastur já ter sido implementado há anos sem regulamentação ministerial, esta ocorreu apenas em 2021, através da Portaria MTUR 38, de 11 de novembro de 2021.

Nesse sentido, a Lei 11.771/2008 elencou as atividades para as quais a inscrição no Cadastur é obrigatória (no art. 15, inciso I e no art. 21, incisos I a VI) e os serviços para os quais a inscrição no Cadastur é facultativa (no art. 21, parágrafo único).

Inicialmente, trataremos das atividades que exigem a obrigatoriedade de inscrição no Cadastur.

A primeira hipótese de obrigatoriedade de inscrição no Cadastur, e que não será objeto de estudo deste artigo, é a de que trata o art. 15 da Lei 11.771/2008, isto é, devem estar inscritas no Cadastur, as pessoas jurídicas de direito privado que pretendam receber apoio financeiro do poder público quando desenvolverem programas e projetos turísticos:

> Lei 11.771, de 17 de setembro de 2008
>
> Art. 15. As pessoas físicas ou jurídicas, de direito público ou privado, com ou sem fins lucrativos, que desenvolverem programas e projetos turísticos poderão receber apoio financeiro do poder público, mediante:
>
> I – cadastro efetuado no Ministério do Turismo, no caso de pessoas de direito privado; e

BENEFÍCIO *PERSE*: QUESTÕES E CONTROVÉRSIAS | **273**

Assim e, em tese, as pessoas jurídicas de direito privado que se encontrem nas condições acima previstas (desenvolvam projetos e programas turísticos e objetivem apoio financeiro do poder público), devem se inscrever no Cadastur.

Além dessa situação específica, a Lei 11.771/2008 elencou, de maneira mais abrangente, algumas atividades para as quais a inscrição no Cadastur é obrigatória (art. 21, incisos I a VI) e os serviços para os quais a inscrição no Cadastur é facultativa (art. 21, parágrafo único).

Desde já, para fins de melhor orientar o leitor, cabe-nos informar que a determinação de obrigatoriedade e a previsão de opção de inscrição no Cadastur se dão dentro do capítulo "Dos prestadores de serviços turísticos".

Antes de delimitar as atividades ou pessoas jurídicas inseridas na obrigatoriedade ou faculdade de inscrição no Cadastur, o *caput* do art. 21 da Lei 11.771/2008 definiu o conceito de prestadores de serviços turísticos e, em seus seis incisos, elencou as atividades econômicas que são exercidas por esses prestadores de serviços turísticos, assim:

Lei 11.771, de 17 de setembro de 2008

Capítulo V

Dos prestadores de serviços turísticos

Seção I

Da Prestação de Serviços Turísticos

Subseção I

Do Funcionamento e das Atividades

Art. 21. Consideram-se prestadores de serviços turísticos, para os fins desta Lei, as sociedades empresárias, sociedades simples, os empresários individuais e os serviços sociais autônomos que prestem serviços turísticos remunerados e que exerçam as seguintes atividades econômicas relacionadas à cadeia produtiva do turismo:

I – meios de hospedagem;

II – agências de turismo;

III – transportadoras turísticas;

IV – organizadoras de eventos;

V – parques temáticos; e

VI – acampamentos turísticos.

Parágrafo único. (...)

No artigo seguinte, a Lei 11.771/2008 determinou a obrigatoriedade de inscrição no Cadastur daqueles prestadores de serviços turísticos que exercerem as atividades econômicas acima mencionadas, dessa forma:

Art. 22. Os prestadores de serviços turísticos estão obrigados ao cadastro no Ministério do Turismo, na forma e nas condições fixadas nesta Lei e na sua regulamentação.

Da previsão normativa de obrigatoriedade de inscrição no Cadastur, depreende-se que a inscrição no Cadastur é obrigatória para todos os prestadores de serviços turísticos que exerçam as atividades acima elencadas, ainda que desenvolvam programas e projetos turísticos e não objetivem receber apoio financeiro do poder público, conforme inicialmente previsto pelo art. 15 da Lei 11.771/2008.

Em que pese a Lei 11.771/2008 ter sido aparentemente inflexível quanto à obrigatoriedade de inscrição no Cadastur a todos os prestadores de serviços turísticos, a própria norma flexibiliza essa obrigatoriedade em seu parágrafo único do art. 21, ao elencar oitos serviços em que a inscrição no Cadastur será facultativa, quais sejam:

Lei 11.771, de 17 de setembro de 2008

Art. 21. (...)

Parágrafo único. Poderão ser cadastradas no Ministério do Turismo, atendidas as condições próprias, as sociedades empresárias que prestem os seguintes serviços:

I – restaurantes, cafeterias, bares e similares;

II – centros ou locais destinados a convenções e/ou a feiras e a exposições e similares;

III – parques temáticos aquáticos e empreendimentos dotados de equipamentos de entretenimento e lazer;

IV – marinas e empreendimentos de apoio ao turismo náutico ou à pesca desportiva;

V – casas de espetáculos e equipamentos de animação turística;

VI – organizadores, promotores e prestadores de serviços de infraestrutura, locação de equipamentos e montadoras de feiras de negócios, exposições e eventos;

VII – locadoras de veículos para turistas; e

VIII – prestadores de serviços especializados na realização e promoção das diversas modalidades dos segmentos turísticos, inclusive atrações turísticas e empresas de planejamento, bem como a prática de suas atividades.

Como se vê, por disposição legal, há pessoas jurídicas obrigadas a efetuarem a inscrição no Cadastur e, em contraposição, há pessoas jurídicas que possuem a faculdade de optar pela inscrição, termos esses já reconhecidos e expressamente indicados pela Portaria MTUR 38/2021 que regulamenta o Cadastur:

Portaria MTUR 38, de 11 de novembro de 2021

Art. 2º Estão sujeitas ao cadastro as sociedades empresariais, as sociedades simples, os empresários individuais, os microempreendedores individuais, as empresas individuais de responsabilidade limitada, os serviços sociais autônomos, os profissionais liberais ou autônomos, bem como cada uma de suas filiais em qualquer parte do País, e será:

I – de caráter obrigatório para:

a) agências de turismo;

b) meios de hospedagem;

c) transportadoras turísticas;

d) organizadoras de eventos;

e) parques temáticos;

f) acampamentos turísticos; e

g) guias de turismo.

II – facultativo para:

a) restaurantes, cafeterias, bares e similares;

b) centros ou locais destinados a convenções, feiras, exposições e similares;

c) parques temáticos aquáticos e empreendimentos dotados de equipamentos de entretenimento e lazer;

d) marinas e empreendimentos de apoio ao turismo náutico ou à pesca desportiva;

e) casas de espetáculos e equipamentos de animação turística;

f) organizadores, promotores e prestadores de serviços de infraestrutura, locação de equipamentos e montadoras de feiras e negócios, exposições e eventos;

g) locadoras de veículos para turistas; e

h) prestadores de serviços especializados na realização e promoção das diversas modalidades dos segmentos turísticos, inclusive atrações turísticas e empresas de planejamento, bem como a prática de suas atividades.

Nota-se que a Portaria MTUR 38/2021 reproduziu o teor do *caput* e do parágrafo único do art. 21 c/c o art. 22, ambos da Lei 11.771/2008, só que agora com indicação expressa e literal de quais atividades, empresas ou serviços possuem inscrição obrigatória e quais possuem inscrição facultativa no Cadastur.

Além dos casos previstos nos incisos I e II do art. 2º da Portaria MTUR 38/2021 c/c os arts. 21 e 22 da Lei 11.771/2008, há outras duas situações em que haverá dispensa ou não da exigência de inscrição cadastral perante o Ministério do Turismo, uma delas contida no § 1º do art. 22, da Lei 11.771/2008, reproduzida pelo § 2º do art. 2º, da Portaria MTUR 38/2022 e outra com previsão no § 5º do art. 2º da própria Lei 11.771/2008, logo abaixo transcritos:

Portaria MTUR 38, de 11 de novembro de 2021

Art. 2º Estão sujeitas ao cadastro as sociedades empresariais, as sociedades simples, os empresários individuais, os microempreendedores individuais, as empresas individuais de responsabilidade limitada, os serviços sociais autônomos, os profissionais liberais ou autônomos, bem como cada uma de suas filiais em qualquer parte do País, e será:

§ 2º *Estão dispensados do cadastro os estandes de serviço de agências de turismo instalados em local destinado a abrigar evento de caráter temporário e cujo funcionamento se restrinja ao período de sua realização.*

Lei 11.771, de 17 de setembro de 2008

Art. 22. Os prestadores de serviços turísticos estão obrigados ao cadastro no Ministério do Turismo, na forma e nas condições fixadas nesta Lei e na sua regulamentação.

§ 1º As filiais são igualmente sujeitas ao cadastro no Ministério do Turismo, *exceto no caso de estande de serviço de agências de turismo instalado em local destinado a abrigar evento de caráter temporário e cujo funcionamento se restrinja ao período de sua realização.*

§ 2º O Ministério do Turismo expedirá certificado para cada cadastro deferido, inclusive de filiais, correspondente ao objeto das atividades turísticas a serem exercidas.

§ 3º Somente poderão prestar serviços de turismo a terceiros, ou intermediá-los, os prestadores de serviços turísticos referidos neste artigo quando devidamente cadastrados no Ministério do Turismo.

§ 4º O cadastro terá validade de 2 (dois) anos, contados da data de emissão do certificado.

§ 5º O disposto neste artigo não se aplica aos serviços de transporte aéreo.

Dessarte, ficou legalmente estabelecido que também não se aplica a exigência de inscrição no Cadastur aos serviços de transporte aéreo, bem como é dispensada a obrigatoriedade da inscrição aos "estandes de serviço de agências de turismo instalados em local destinado a abrigar evento de caráter temporário e cujo funcionamento se restrinja ao período de sua realização".

Essas determinações normativas sobre a obrigatoriedade ou não de inscrição no Cadastur são de suma importância para a compreensão do capítulo seguinte, em que será analisada a legalidade da Portaria ME 7.163/2021, que regulamentou o Perse.

4. DA ILEGALIDADE DA PORTARIA ME 7.163/2021, REGULAMENTADORA DA LEI 14.148/2021

O § 2º do art. 2º da Lei do Perse atribuiu ao Ministério da Economia a função de regulamentá-la, restringindo sua atuação normativa apenas à publicação dos códigos da Classificação Nacional de Atividades Econômicas (CNAE) que se enquadrassem na definição de *setor de eventos* já definida na própria Lei do Perse, assim:

Lei 14.148, de 3 de maio de 2021

Art. 2º Fica instituído o Programa Emergencial de Retomada do Setor de Eventos (Perse), com o objetivo de criar condições para que o setor de eventos possa mitigar as perdas oriundas do estado de calamidade pública reconhecido pelo Decreto Legislativo 6, de 20 de março de 2020.

(...)

§ 2º Ato do Ministério da Economia publicará os códigos da Classificação Nacional de Atividades Econômicas (CNAE) que se enquadram na definição de setor de eventos referida no § 1º deste artigo.

Atendendo ao comando legal, em 23 de junho de 2021 o Ministério da Economia publicou a Portaria 7.163, em que se propunha a definir os códigos CNAE das atividades consideradas como setor de eventos nos termos do § 1º do art. 2º, da Lei 14.148/2021.

E, de fato, a referida Portaria Ministerial formulou os Anexos I e II, com as seguintes descrições: "Anexo I – Lista de códigos CNAE que se enquadram nos incisos I, II e III do § 1º do art. 2º da Lei 14.148, de 3 de maio de 2021"; e "Anexo II – Lista de códigos CNAE que se enquadram no inciso IV do § 1º do art. 2º da Lei 14.148, de 3 de maio de 2021, quando considerados prestadores de serviços turísticos, conforme art. 21 da Lei 11.771, de 17 de setembro de 2008":

> Portaria ME 7.163, de 21 de junho de 2021
>
> O Ministro de Estado da Economia, no uso da atribuição que lhe confere o inciso II do parágrafo único do art. 87 da Constituição, e tendo em vista o disposto no § 2º do art. 2º da Lei 14.148, de 3 de maio de 2021, resolve:
>
> Art. 1º Definir os códigos da Classificação Nacional de Atividades Econômicas – CNAE que se consideram setor de eventos nos termos do disposto no § 1º do art. 2º da Lei 14.148, de 3 de maio de 2021, na forma dos Anexos I e II.
>
> § 1º As pessoas jurídicas, inclusive as entidades sem fins lucrativos, que já exerciam, na data de publicação da Lei 14.148, de 2021, as atividades econômicas relacionadas no Anexo I a esta Portaria se enquadram no Programa Emergencial de Retomada do Setor de Eventos – Perse.
>
> *§ 2º As pessoas jurídicas que exercem as atividades econômicas relacionadas no Anexo II a esta Portaria poderão se enquadrar no Perse desde que, na data de publicação da Lei 14.148, de 2021, sua inscrição já estivesse em situação regular no Cadastur, nos termos do art. 21 e do art. 22 da Lei 11.771, de 17 de setembro de 2008.*
>
> Art. 2º Esta Portaria entra em vigor na data de sua publicação.

Até aqui, em uma primeira análise, o Ministério da Economia cumpriu o seu papel nos devidos termos legais.

Contudo, ao analisar detidamente a Portaria, percebe-se que, além de publicar os códigos CNAE (previsto pela Lei do Perse), a Portaria Ministerial foi além ao editar o § 2º do art. 1º e estabelecer condições não previstas na Lei 14.148/2021 para que as pessoas jurídicas prestadoras de serviços turísticos pudessem ser contempladas pelo benefício do Perse.

A condição imposta pela Portaria Ministerial foi a imposição de que as pessoas jurídicas que exercessem as atividades econômicas elencadas no Anexo II da Portaria (referente aos serviços turísticos, do inciso IV, art. 21 da Lei 11.771/2008), já estivessem com inscrição regular no Cadastur, na data de publicação da Lei do Perse:

> Portaria ME 7.163, de 21 de junho de 2021
>
> Art. 1º Definir os códigos da Classificação Nacional de Atividades Econômicas – CNAE que se consideram setor de eventos nos termos do disposto no § 1º do art. 2º da Lei 14.148, de 3 de maio de 2021, na forma dos Anexos I e II.
>
> (...)

§ 2º *As pessoas jurídicas que exercem as atividades econômicas relacionadas no Anexo II a esta Portaria poderão se enquadrar no Perse desde que, na data de publicação da Lei 14.148, de 2021, sua inscrição já estivesse em situação regular no Cadastur, nos termos do art. 21 e do art. 22 da Lei 11.771, de 17 de setembro de 2008.*

No entanto, a fonte primária, a Lei, não previu dessa forma.

Realmente, ao incluir a "prestação de serviços turísticos, conforme o art. 21 da Lei 11.771/2008" ao setor de eventos para fins de concessão de benefício do Perse, a Lei 14.148/2021 não sujeitou as atividades ali contidas a qualquer tipo de condição; pelo contrário: ao indicar o art. 21 da Lei 11.771/2008, a Lei do Perse incluiu tanto os serviços turísticos cuja inscrição no Cadastur é obrigatória (art. 21, *caput* c/c art. 22 da Lei 11.771/2008), como as atividades cuja inscrição no Cadastur é facultativa (parágrafo único do art. 21, da Lei 11.771/2008):

Lei 14.148, de 3 de maio de 2021

Art. 2º Fica instituído o Programa Emergencial de Retomada do Setor de Eventos (Perse), com o objetivo de criar condições para que o setor de eventos possa mitigar as perdas oriundas do estado de calamidade pública reconhecido pelo Decreto Legislativo 6, de 20 de março de 2020.

§ 1º Para os efeitos desta Lei, consideram-se pertencentes ao setor de eventos as pessoas jurídicas, inclusive entidades sem fins lucrativos, que exercem as seguintes atividades econômicas, direta ou indiretamente:

I – realização ou comercialização de congressos, feiras, eventos esportivos, sociais, promocionais ou culturais, feiras de negócios, shows, festas, festivais, simpósios ou espetáculos em geral, casas de eventos, buffets sociais e infantis, casas noturnas e casas de espetáculos;

II – hotelaria em geral;

III – administração de salas de exibição cinematográfica; e

IV– *prestação de serviços turísticos, conforme o art. 21 da Lei 11.771, de 17 de setembro de 2008.*

Nesse ponto, cabe rememorar os termos do parágrafo único do art. 21 da Lei 11.771/2008 que determina os serviços cuja inscrição no Cadastur é facultativa:

Lei 11.771, de 17 de setembro de 2008

Art. 21. Consideram-se prestadores de serviços turísticos, para os fins desta Lei, as sociedades empresárias, sociedades simples, os empresários individuais e os serviços sociais autônomos que prestem serviços turísticos remunerados e que exerçam as seguintes atividades econômicas relacionadas à cadeia produtiva do turismo:

(...)

Parágrafo único. *Poderão ser cadastradas no Ministério do Turismo, atendidas as condições próprias, as sociedades empresárias que prestem os seguintes serviços:*

Assim, a Lei 14.148/2021 não condicionou a concessão dos benefícios do Perse à inscrição regular no Cadastur, até mesmo porque, ao listar as atividades econômicas exercidas direta ou indiretamente por pessoas jurídicas do setor de eventos, citou expressamente, em seu inciso IV, a "prestação de serviços turísticos, conforme o art. 21 da Lei 11.771, de 17 de setembro de 2008"; e no próprio parágrafo único do art. 21 da Lei 11.771/2008 são listadas as atividades cuja inscrição no Cadastur é facultativa.

Sendo assim, a Lei 14.148/2021 não deixou qualquer dúvida ou margem de discricionariedade para o Ministério da Economia se desvirtuar do escopo já delimitado por ela e, portanto, não poderia ter restringido o que a lei não restringiu; aliás, importa lembrar que poder normativo não inova, apenas regulamenta o já estabelecido pela lei.

Nesse caso, a Portaria 7.163/2021 mostra-se ilegal e passível de anulação por extrapolar os limites estabelecidos pela lei, conforme nos ensina a doutrina administrativa:

> *Atos administrativos normativos* são aqueles que contêm um comando geral do Executivo, visando à correta aplicação da lei. O objetivo imediato de tais atos é explicitar a norma legal a ser observada pela Administração e pelos administrados. Esses atos expressam em minúcia o mandamento abstrato da lei, e o fazem com a mesma normatividade da regra legislativa, embora sejam manifestações tipicamente administrativas. A essa categoria pertencem os *decretos regulamentares* e os *regimentos*, bem como as *resoluções*, *deliberações* e *portarias* de conteúdo geral.
>
> Tais atos, conquanto normalmente estabeleçam regras gerais e abstratas de conduta, não são leis em sentido formal, por isso estão necessariamente subordinados aos limites jurídicos definidos na lei formal. São leis apenas em sentido material, vale dizer, provimentos executivos com conteúdo de lei, com matéria de lei. Esses atos, por serem gerais e abstratos, têm a mesma normatividade da lei e a ela se equiparam para fins de controle judicial, mas quando, sob a aparência de norma, individualizam situações e impõem encargos específicos a administrados, são consideradas de *efeitos concretos* e podem ser atacados e invalidados direta e imediatamente por via judicial comum, ou por mandado de segurança, se lesivos de direito individual líquido e certo.[1]
>
> (Destaques originais)

Logo, se a própria Lei do Perse não fez qualquer tipo de restrição ou imposição para o enquadramento no programa fiscal, não caberia à legislação infralegal fazê-lo, não apenas por consistir em ilegalidade, mas também pelo fato de uma portaria inovar na ordem jurídica, o que é incabível no âmbito do poder normativo.

Ademais, por outro ângulo, em se tratando de concessão de benefícios fiscais, há exigência constitucional, pelo § 6º, do art. 150 da Constituição da República Federativa do Brasil de 1988 (CRFB/88), de que apenas sejam concedidos mediante lei específica, qualquer que seja o tipo de benefício:

Constituição da República Federativa do Brasil de 1988 (CRFB/88)

---

1. MEIRELLES, Hely Lopes. *Direito administrativo brasileiro*. 42. ed. São Paulo: Malheiros, 2016. p. 203-204.

Art. 150. Sem prejuízo de outras garantias asseguradas ao contribuinte, é vedado à União, aos Estados, ao Distrito Federal e aos Municípios:

(...)

§ 6º Qualquer subsídio ou isenção, redução de base de cálculo, concessão de crédito presumido, anistia ou remissão, relativos a impostos, taxas ou contribuições, só poderá ser concedido mediante lei específica, federal, estadual ou municipal, que regule exclusivamente as matérias acima enumeradas ou o correspondente tributo ou contribuição, sem prejuízo do disposto no art. 155, § 2.º, XII, g. (Redação dada pela Emenda Constitucional 3, de 1993)

Diante das ilegalidades apontadas, revela-se o abuso do poder cometido pelo Ministério da Economia nas atribuições do poder normativo, através da Portaria 7.163/2021; abuso esse cometido em duas de suas vertentes, seja por desvio de finalidade, seja por excesso de poder, ao atuar:

a) por condicionar a concessão do benefício do Perse à necessidade de inscrição regular no Cadastur para as atividades às quais a Lei 11.771/2008 facultou a inscrição;

b) e, indo mais além, por ter criado exigência condicional temporal para adesão ao Perse, não estabelecida pela Lei 14.148/2021, de que apenas podem aderir ao benefício as pessoas jurídicas que já estivessem com inscrição regular no Cadastur no momento da publicação da Lei 14.148/2021. Nesse ponto, houve ofensa, não apenas ao princípio da legalidade, mas também aos princípios da isonomia, da irretroatividade, do direito adquirido, da razoabilidade e da proporcionalidade.

Após essa visão geral sobre a ilegalidade da Portaria ME 7.163/2021, confrontaremos, nos três subcapítulos seguintes, os dispositivos infralegais com os dispositivos legais desrespeitados (da Lei 14.148/2021 e da Lei 11.771/2008), a fim de demonstrar, detalhadamente, a caracterização do abuso do poder normativo.

4.1 Da ampliação de exigências não previstas na Lei 14.148/2021 e da consequente exigência de obrigação jurídica oposta à determinação da Lei 11.771/2008

Apesar de o questionamento central deste artigo já ter sido ferido no capítulo anterior, é necessária agora a repetição, para permitir o aprofundamento do quadro normativo.

Pois bem, de forma ampla, o abuso de poder administrativo ocorre quando o administrador público se excede no exercício das atribuições conferidas, desvirtua da finalidade à qual estava adstrito ou, ainda, quando se omite em situações que estava obrigado legalmente a fazê-lo.

Para o objeto deste estudo, nos interessa apenas as duas primeiras vertentes do abuso de poder, já que se considera que há excesso de poder quando o administrador público exerce uma atribuição que não lhe foi conferida; nesta situação, há vício de competência; por outro lado, há desvio de finalidade quando, muito embora ao administrador tenha sido conferida competência para realização daquele ato administrativo, o administrador desvirtua de sua finalidade legalmente estabelecida.

Diante dessas considerações, ao regulamentar a Lei do Perse, percebe-se que o Ministério da Economia, através da Portaria 7.163/2021, agiu com excesso de poder e desvio de finalidade, caracterizando a desobediência ao princípio da legalidade, conforme restará demonstrado ao final deste subcapítulo.

Como já explicado nos capítulos iniciais, a Lei 14.148/2021 objetiva conceder benefícios tributários e não tributários às pessoas jurídicas do *setor de eventos*, prejudicadas pelos efeitos econômicos das restrições impostas durante a Pandemia da Covid-19. Para tanto, definiu, em seu § 1º do art. 2º, as atividades econômicas que de forma direta ou indireta pertencem ao referido setor.

A fim de que essas atividades econômicas fossem detalhadamente discriminadas, a Lei do Perse incumbiu ao Ministério da Economia a atribuição de tão somente publicar os códigos CNAE que se enquadrassem na definição do seu § 1º do art. 2º:

Lei 14.148, de 3 de maio de 2021

Art. 2º Fica instituído o Programa Emergencial de Retomada do Setor de Eventos (Perse), com o objetivo de criar condições para que o setor de eventos possa mitigar as perdas oriundas do estado de calamidade pública reconhecido pelo Decreto Legislativo 6, de 20 de março de 2020.

(...)

§ 2º *Ato do Ministério da Economia publicará os códigos da Classificação Nacional de Atividades Econômicas (CNAE) que se enquadram na definição de setor de eventos referida no § 1º deste artigo.*

Atendendo ao comando legal, o Ministério da Economia editou a Portaria 7.163/2021 e publicou, no Anexo I e II, os códigos CNAE das atividades econômicas do § 1º, art. 2º da Lei 14.148/2021. Contudo, em vez de apenas publicar os códigos CNAE, o referido órgão criou, no § 2º do art. 1º da Portaria, uma obrigação específica para as pessoas jurídicas do setor de eventos que prestam serviços turísticos (enquadradas no inciso IV, § 1º, art. 2º, do Lei do Perse): a de que poderiam se enquadrar no Perse, *desde que*, na data de publicação da Lei 14.148/2021 (Diário Oficial da União: 18.03.2022) estivessem com inscrição regular no Cadastur:

Portaria ME 7.163, de 21 de junho de 2021

Art. 1º Definir os códigos da Classificação Nacional de Atividades Econômicas – CNAE que se consideram setor de eventos nos termos do disposto no § 1º do art. 2º da Lei 14.148, de 3 de maio de 2021, na forma dos Anexos I e II.

(...)

§ 2º As pessoas jurídicas que exercem as atividades econômicas relacionadas no Anexo II a esta Portaria poderão se enquadrar no Perse desde que, na data de publicação da Lei 14.148, de 2021, sua inscrição já estivesse em situação regular no Cadastur, nos termos do art. 21 e do art. 22 da Lei 11.771, de 17 de setembro de 2008.

Como já expusemos, a Portaria ME 7.163/2021 extrapolou os limites das atribuições imputadas pela Lei do Perse e criou uma condição para que as pessoas jurídicas do setor de eventos, que prestem serviços turísticos, possam se enquadrar no Perse.

De fato, da análise da norma percebe-se que a Portaria ME 7.163/2021 não apenas se excedeu quanto às atribuições estabelecidas pela Lei do Perse, assim como criou obrigação jurídica que a lei não exige, ao estabelecer que os prestadores de serviços turísticos de inscrição facultativa no Cadastur já estivessem com inscrição regular desde a data de publicação da Lei 14.148/2021, o que se mostra quase impossível, dado que, desde a publicação da Lei 11.771/2008, as pessoas jurídicas que prestavam os serviços elencados no seu parágrafo único do art. 21 nunca foram obrigados a realizar a inscrição no Cadastur.

Assim, apenas se beneficiariam aqueles que tivessem optado pela inscrição no Cadastur de maneira facultativa antes da data de publicação da Lei do Perse.

Repise-se que para as atividades econômicas dos prestadores de serviços turísticos constantes do parágrafo único do art. 21 da Lei do Perse, a inscrição no Cadastur é facultativa e continua sendo facultativa, mesmo para fins de adesão ao Perse, já que a Lei 14.148/2021 não fez qualquer ressalva quanto às atividades de inscrição facultativa no Cadastur.

Dessa forma, incabível à Portaria impor condição que nunca foi exigida e referente a norma (Lei 11.771/2008) que não lhe compete regulamentar.

Logo, não é razoável que os benefícios do Perse sejam estendidos a todo o setor de eventos e que haja a exclusão dos serviços relacionados ao setor de turismo, que tinha a faculdade de se cadastrar no Cadastur, por imposição de um ato infralegal.

A tabela a seguir expõe os serviços listados na Portaria ME 7.163/2021 que afrontam o parágrafo único do art. 21 da Lei 11.771/2008, e não poderiam estar condicionados à exigência de inscrição obrigatória no Perse, sobretudo por meio de ato infralegal, já que são de inscrição facultativa.

Do lado esquerdo elencou-se o rol dos serviços cuja inscrição no Cadastur é facultativa e estabelecida pelo parágrafo único do art. 21 da Lei 11.771/2008; e do lado direito encontra-se o rol do Anexo II da Portaria ME 7.163/2021, para cujas atividades se exigiu inscrição obrigatória no Cadastur, nos termos do § 2º do art. 1º do ato infralegal:

BENEFÍCIO *PERSE*: QUESTÕES E CONTROVÉRSIAS

Serviços do parágrafo único do art. 21 da Lei 11.771/2008 que são de inscrição facultativa no Cadastur	
Inscrição facultativa no Cadastur (art. 21, parágrafo único, Lei 11.771/2008)	Anexo II, Portaria ME 7.163/2021 que exige inscrição regular no Cadastur, nos termos do § 2º, art. 1º
I – Restaurantes, cafeterias, bares e similares;	5611-2/01: restaurantes e similares; 5611-2/03: lanchonetes, casas de chá, de sucos e similares; 5611-2/04: bares e outros estabelecimentos especializados em servir bebidas, sem entretenimento; 5611-2/05: bares e outros estabelecimentos especializados em servir bebidas, com entretenimento
II – Centros ou locais destinados a convenções e/ou a feiras e a exposições e similares;	9102-3/01: atividades de museus e de exploração de lugares e prédios históricos e atrações similares; 9493-6/00: atividades de organizações associativas ligadas à cultura e à arte
III – parques temáticos aquáticos e empreendimentos dotados de equipamentos de entretenimento e lazer;	9321-2/00: parques de diversão e parques temáticos; 9329-8/04: exploração de jogos eletrônicos recreativos; 9329-8/99: outras atividades de recreação e lazer não especificadas anteriormente
IV – Marinas e empreendimentos de apoio ao turismo náutico ou à pesca desportiva;	0311-6/04: atividades de apoio a pesca em água salgada; 0312-4/04: atividades de apoio a pesca em água doce; 3317-1/01: manutenção e reparação de embarcações e estruturas flutuantes; 3317-1/02: manutenção e reparação de embarcações para esporte e lazer; 4763-6/05: comércio varejista de embarcações e outros veículos recreativos; peças e acessórios; 5099-8/01: transporte aquaviário para passeios turísticos; 5011-4/02: transporte marítimo de cabotagem – passageiros; 5012-2/02: transporte marítimo de longo curso – passageiros; 5030-1/01: navegação de apoio marítimo; 5030-1/02: navegação de apoio portuário; 5030-1/03: serviço de rebocadores e empurradores; 5231-1/01: administração da infraestrutura portuária; 5231-1/02: atividades do operador portuário; 7490-1/02: escafandria e mergulho
V – Casas de espetáculos e equipamentos de animação turística;	
VI – Organizadores, promotores e prestadores de serviços de infraestrutura, locação de equipamentos e montadoras de feiras de negócios, exposições e eventos;	4929-9/03: organização de excursões em veículos rodoviários próprios, municipal; 4929-9/04: organização de excursões em veículos rodoviários próprios, intermunicipal, interestadual e internacional;
VII – Locadoras de veículos para turistas; e	4923-0/02: serviço de transporte de passageiros – locação de automóveis com motorista; 7711-0/00: locação de automóveis sem condutor; 7719-5/99: locação de outros meios de transporte não especificados anteriormente, sem condutor
VIII – Prestadores de serviços especializados na realização e promoção das diversas modalidades dos segmentos turísticos, inclusive atrações turísticas e empresas de planejamento, bem como a prática de suas atividades.	7319-0/04: consultoria em publicidade; 7912-1/00: operadores turísticos; 7990-2/00: serviços de reservas e outros serviços de turismo não especificados anteriormente; 8591-1/00: ensino de esportes; 8592-9/99: ensino de arte e cultura não especificado anteriormente; 9103-1/00: atividades de jardins botânicos, zoológicos, parques nacionais, reservas ecológicas e áreas de proteção ambiental; 9319-1/99: outras atividades esportivas não especificadas anteriormente

No caso de serviços aéreos, há uma dispensa específica de inscrição no Cadastur prevista no § 5º do art. 22 da Lei 11.771/2008, razão pela qual não se trata de inscrição facultativa, muito menos de inscrição obrigatória:

> Lei 11.771, de 17 de setembro de 2008
>
> Art. 22. Os prestadores de serviços turísticos estão obrigados ao cadastro no Ministério do Turismo, na forma e nas condições fixadas nesta Lei e na sua regulamentação.
>
> § 1º As filiais são igualmente sujeitas ao cadastro no Ministério do Turismo, exceto no caso de estande de serviço de agências de turismo instalado em local destinado a abrigar evento de caráter temporário e cujo funcionamento se restrinja ao período de sua realização.
>
> § 2º O Ministério do Turismo expedirá certificado para cada cadastro deferido, inclusive de filiais, correspondente ao objeto das atividades turísticas a serem exercidas.
>
> § 3º Somente poderão prestar serviços de turismo a terceiros, ou intermediá-los, os prestadores de serviços turísticos referidos neste artigo quando devidamente cadastrados no Ministério do Turismo.
>
> § 4º O cadastro terá validade de 2 (dois) anos, contados da data de emissão do certificado.
>
> *§ 5º O disposto neste artigo não se aplica aos serviços de transporte aéreo.*

Não obstante a regra de inaplicabilidade da obrigatoriedade de inscrição no Cadastur, a Portaria ME 7.163/2021 incluiu o código CNAE do setor de serviços de transporte aéreo em seu Anexo II e, como todos os códigos lá listados, condicionou seu enquadramento no Perse à inscrição regular no Cadastur, o que se prova ilegal:

Dispensa de inscrição obrigatória no Cadastur para serviços de transporte aéreo (art. 22, § 5º da Lei 11.771/2008)	
Inscrição dispensada no Cadastur (art. 22, § 5º, Lei 11.771/2008)	Anexo II, Portaria ME 7.163/2021 que exige inscrição regular no Cadastur, nos termos do § 2º, art. 1º
Art. 22, § 5º. Serviços de transporte aéreo.	5112-9/99: outros serviços de transporte aéreo de passageiros não regular

Conclui-se, portanto, que ao regulamentar a Lei do Perse, o Ministério da Economia, através da Portaria 7.163/2021, extrapolou a autorização legal e agiu com desvio de finalidade, ao ter, não apenas publicado a relação de códigos CNAE, como é exigido pela Lei do Perse, mas criado obrigação que a lei não previu; e pior: estabeleceu o oposto do que a Lei 11.771/2008 determina, o que caracteriza o excesso de poder.

Sob esse ângulo, também pode-se afirmar que a Portaria fere o direito adquirido dos prestadores de serviços turísticos cuja inscrição no Cadastur sempre foi facultativa, uma vez que cria uma condição que eles não teriam condições de atender.

Enfim, nota-se que a Portaria ampliou seu poder regulamentador e criou, ou seja, inovou o ordenamento jurídico ao estabelecer exigências, limites e novos critérios que a Lei não permitiu e não quis.

Além de ir além do que a Lei previu (prejudicando a vinculação à que se sujeita e inovando com nova hipótese condicional), desviou do comando legal a que a lei se dirigia, qual seja: que o Ato do Ministério da Economia deveria publicar tão somente os CNAEs das atividades do setor de eventos.

Por ter afrontado não apenas uma, mas duas leis distintas e nas duas situações, e ter inovado no ordenamento jurídico, tem-se que tal conduta se mostra ilegal e configura abuso do poder normativo, uma vez que, neste poder, o administrador público deve apenas regulamentar a legislação nos estritos limites estabelecidos pelo legislador ordinário, o que não só não ocorreu, como também se criou obrigação para pessoas jurídicas que estavam legalmente desobrigadas a cumpri-las.

4.2 Da ampliação de exigências não previstas em lei e condicionadas a requisito anterior à publicação da Lei do Perse

Neste segundo subcapítulo, o enfoque é diverso do subcapítulo anterior, mas que leva à mesma conclusão de ilegalidade da Portaria ME 7.163/2021.

Para isso, se faz necessária, mais uma vez, repetir a transcrição do § 2º do art. 1º da Portaria Ministerial:

> Portaria ME 7.163, de 21 de junho de 2021
>
> Art. 1º Definir os códigos da Classificação Nacional de Atividades Econômicas – CNAE que se consideram setor de eventos nos termos do disposto no § 1º do art. 2º da Lei 14.148, de 3 de maio de 2021, na forma dos Anexos I e II.
>
> (...)
>
> § 2º As pessoas jurídicas que exercem as atividades econômicas relacionadas no Anexo II a esta Portaria poderão se enquadrar no Perse desde que, na data de publicação da Lei 14.148, de 2021, sua inscrição já estivesse em situação regular no Cadastur, nos termos do art. 21 e do art. 22 da Lei 11.771, de 17 de setembro de 2008.

A análise desse dispositivo será realizada sob dois enfoques: 1º) se a Portaria, como ato infralegal que é, poderia estabelecer condição para o enquadramento dos prestadores de serviços turísticos no Perse, ainda que essa obrigação já fosse legalmente exigida, mas para outros fins não relacionados a concessão de benefícios fiscais; 2º) e, ainda que a obrigatoriedade de inscrição no Cadastur já fosse prevista em lei em sentido estrito, se a Portaria poderia impor a restrição de que ao Perse só pudessem ser enquadrados os prestadores de serviços turísticos que estivessem com inscrição regular no Cadastur até a data de publicação da Lei do Perse.

Respondendo ao primeiro questionamento, entende-se que, ainda que a obrigatoriedade de inscrição no Cadastur já fosse exigida para os prestadores de serviços turísticos, pela Lei 11.771/2008, independentemente de existência do Perse, a Portaria ME 7.163/2021 não poderia condicionar o benefício a essa inscrição obrigatória, uma vez que a Lei do Perse, instituidora do benefício e lei em sentido estrito, não estabeleceu essa condição, como também não permitiu que a Portaria o fizesse.

Assim, entende-se que ainda que já existisse a obrigatoriedade de inscrição no Cadastur, não pode ser um requisito para enquadramento no Perse.

O questionamento do segundo enfoque corresponde a uma restrição temporal imposta pela Portaria ME 7.163/2021, uma vez que esse ato infralegal, além de exigir a inscrição no Cadastur para enquadramento dos prestadores de serviços turísticos no Perse, excluiu desse enquadramento todos os demais prestadores de serviços turísticos que à época da publicação da Lei do Perse não estivessem com inscrição regular no Cadastur.

Aqui, entende-se, igualmente, que a Portaria Ministerial ofendeu o princípio da legalidade, já que a Lei do Perse não lhe conferiu essa atribuição, como também não criou essa condição. Até porque, ainda que a própria lei, em sentido estrito, visse a fazê-lo, estaria incorrendo em ofensa ao princípio da isonomia entre os contribuintes.

Note-se que, ainda que a inscrição no Cadastur fosse obrigatória, estabelecer um critério que não interfere nos fins a que a Lei do Perse se destina, incorreria em grave ofensa ao princípio da isonomia, pois se está conferindo à Lei 14.148/2021 a característica da retroatividade, já que a norma teria requisito condicionado a fato pretérito relativo a situações já consolidadas antes mesmo da existência da lei no mundo jurídico; situação essa que inclusive não se mostra razoável, mas tão somente discriminatório, ao criar obrigação jurídica que os contribuintes potencialmente elegíveis não conseguiriam mais cumprir.

É importante ressaltar que o principal requisito para o enquadramento dos prestadores de serviços turísticos no Perse não é estar inscrito no Cadastur, nem se exige isso pela lei; aliás, a lei não impôs condições, apenas estabeleceu critérios mínimos, que basicamente é o de ser pessoa jurídica do setor de eventos com o objetivo de compensar os efeitos decorrentes das medidas de isolamento ou de quarentena realizadas para enfrentamento da pandemia da Covid-19. Ponto.

E ainda que o Perse exigisse a inscrição no Cadastur, não haveria problema que as empresas se cadastrassem posteriormente, no momento da adesão, por exemplo, porque os critérios essenciais exigidos pela Lei do Perse são os acima mencionados; o Cadastur é mero detalhe, não condição para adesão ao benefício.

Cabe lembrar que a CRFB/88 proíbe que os entes da Administração Direta instituam tratamento discriminatório entre contribuintes que se encontrem em situação equivalente:

Art. 150. Sem prejuízo de outras garantias asseguradas ao contribuinte, é vedado à União, aos Estados, ao Distrito Federal e aos Municípios:

(...)

II – instituir tratamento desigual entre contribuintes que se encontrem em situação equivalente, proibida qualquer distinção em razão de ocupação profissional ou função por eles exercida, independentemente da denominação jurídica dos rendimentos, títulos ou direitos;

Logo, se sequer os entes políticos da Administração Direta podem instituir tratamento diferenciado entre os contribuintes, menos ainda podem fazê-lo os órgãos que a eles estão subordinados e em razão do exercício de uma atividade vinculada, não discricionária.

Como visto, o art. 22 da Lei 11.771/2008 exige, em regra, a inscrição dos prestadores de serviços turísticos no Cadastur nas hipóteses dos incisos I a VI do seu art. 21; e nessas situações a inscrição é obrigatória.

Ocorre que, essa regra, por si só, não tem o condão de influenciar a concessão dos benefícios previstos na Lei do Perse, exatamente porque essa Lei não condicionou o enquadramento do Perse à exigência de inscrição regular no Cadastur. E sendo uma lei concessiva de benefícios fiscais, como visto alhures, segundo redação do § 6º do art. 150 da CRFB/88, impera a necessidade de existência de lei específica que aí, sim, pode estabelecer os requisitos, condições e restrições para concessão do benefício; sendo assim, não caberia a um ato infralegal fazê-lo, especialmente se não lhe foi atribuída tal competência.

A tabela a seguir expõe as únicas atividades econômicas listadas na Portaria ME 7.163/2021 que correspondem àquelas cuja inscrição no Cadastur é obrigatória:

Serviços previstos no art. 21, *caput*, da Lei 11.771/2008		
Serviços turísticos (art. 21, incisos I a VI, Lei 11.771/2008)	Cadastur (art. 22, Lei 11.771/2008)	Anexo II, Portaria ME 7.163/2021 que exige inscrição regular no Cadastur, nos termos do § 2º, art. 1º
I – Meios de hospedagem;	Obrigatório	
II – Agências de turismo;	Obrigatório	7911-2/00: agências de viagem
III – Transportadoras turísticas;	Obrigatório	4929-9/01: transporte rodoviário coletivo de passageiros, sob regime de fretamento, municipal; 4929-9/02: transporte rodoviário coletivo de passageiros, sob regime de fretamento, intermunicipal, interestadual e internacional.
IV – Organizadoras de eventos;	Obrigatório	
V – Parques temáticos; e	Obrigatório	
VI – Acampamentos turísticos.	Obrigatório	

Aqui, houve realmente ofensa, não apenas ao princípio da legalidade, mas também aos princípios da isonomia, do direito adquirido, da razoabilidade e da proporcionalidade.

CONSIDERAÇÕES FINAIS

Conclui-se, portanto, que ao regulamentar a Lei do Perse, o Ministério da Economia, através da Portaria 7.163/2021, agiu de forma ilegal e abusiva quanto à efetivação do seu poder normativo, tendo atuado:

a) *contra legem*, por condicionar a concessão do benefício do Perse à necessidade de inscrição regular no Cadastur para as atividades às quais a Lei 11.771/2008 facultou a inscrição;

b) e por ter criado exigência condicional temporal, para adesão ao Perse, não estabelecida pela Lei 14.148/2021, de que apenas podem aderir ao benefício as pessoas jurídicas que já estivessem com inscrição regular no Cadastur no momento da publicação da Lei 14.148/2021. Nesse ponto, houve ofensa, não apenas ao princípio da legalidade, mas também aos princípios da isonomia, da irretroatividade, do direito adquirido, da razoabilidade e da proporcionalidade; e

Por ter afrontado não apenas uma, mas duas leis distintas e nas duas situações, e ter inovado no ordenamento jurídico, tem-se que tal conduta se mostra ilegal e configura abuso do poder normativo, devendo o ato administrativo ser revisto para que se adeque às regras já existentes.

Enfim, em que pese elogiável o esforço do Estado em apoiar o setor de eventos, que sofreu uma paralisação das atividades por conta da Covid, tal esforço deve ser efetivado sempre em sintonia com a Constituição Federal e o arcabouço jurídico e não tentar restringir direitos por ato infralegal contrário ao objetivo do legislador colocado na própria Lei.

REFERÊNCIAS

ASSIS, Karoline Marchori de. *Segurança jurídica dos benefícios fiscais*. Tese (Doutorado) – Faculdade de Direito, Universidade de São Paulo e Rechtswissenschaftliche Fakultät der Westfälische Wilhelms-Universität Münster, São Paulo.

BASTOS, Ricardo Victor Ferreira, OLIVEIRA, Marlene Matos de. *A caracterização das isenções fiscais à luz do sistema tributário nacional*: perspectiva de sua implementação sob a ótica constitucional. Reforma Tributária IPEA-OAB/DF.

HAUER, Carolina Chaves. *A concessão de benefícios fiscais e a igualdade tributária*. Dissertação (Mestrado em Direito – Perfil Fiscal) – Faculdade de Direito, Universidade de Lisboa. Lisboa.

MEIRELLES, Hely Lopes. *Direito administrativo brasileiro*. 42. ed. São Paulo: Malheiros, 2016.

TRIBUTAÇÃO E DESIGUALDADE

Schubert de Farias Machado

Sumário: Introdução – 1. Desigualdade – 2. Economia – 3. Tributo – 4. Sistema tributário – 5. Intensa tributação do consumo – 6. Tabela "progressiva" do imposto de renda das pessoas físicas – 7. Contribuições de previdência – 8. Imposto Territorial Rural – ITR – 9. Tributação da herança – 10. Imposto sobre grandes fortunas – 11. Gasto público – 12. Igualdade e isenções – 13. Incentivo e favor fiscal – 14. Crítica às propostas de alteração do sistema tributário nacional – 15. Pandemia de Covid-19 – Conclusões.

INTRODUÇÃO

No decorrer deste artigo faremos considerações gerais sobre o tema proposto, iniciando com a indicação de uma possível origem da desigualdade social, para em seguida adentrar na questão mais específica da tributação brasileira. Ao final, daremos de forma muito sintética nossas respostas às indagações formuladas pelo ICET.

Optamos por uma abordagem prática e direta, que certamente resultou incompleta e superficial, mas decorreu da nossa tentativa de dar simplicidade e clareza ao texto diante da profundidade dos pressupostos teóricos e da complexidade do sistema tributário.

Pedimos ao leitor tolerância com as imperfeições que encontrará em nosso trabalho, com o qual esperamos de alguma forma despertar a reflexão sobre o papel dos tributos na desigual sociedade brasileira.

1. DESIGUALDADE

Para sobreviver no mundo selvagem o homem, fisicamente frágil, precisou viver em grupo para melhor enfrentar as dificuldades da natureza. A vida social, embora absolutamente necessária, mostrou-se conflituosa. As comunidades mantiveram a coesão estabelecendo normas de conduta individual e impondo sanções aos infratores. Conforme registro de Beccaria, ao submeter-se a um regime normativo o homem renunciou a uma parte (mínima possível) de sua liberdade para gozar da grande parcela restante. A liberdade perdida, por sua vez, deveria ser igualmente dividida entre cada um que faz o grupo.[1] Nas palavras de Jayme de

---

1. BECCARIA, Cesare. *Dos delitos e das penas*. Trad. Lucia Guidicini e Alessandro Berti Contessa. São Paulo: Martins Fontes, 1999, p. 43.

Altavila, desde "que o homem *sentiu* a existência do direito, começou a converter em leis as necessidades sociais. Para trás havia ficado a era da força física e da ardilosidade, com as quais se defendera na caverna e nas primeiras organizações gregárias."[2] A parcela de liberdade perdida, contudo, não foi igualmente dividida. Permaneceram iniquidades em relação à riqueza de alguns poucos diante da pobreza da maioria e de diferenças como raça, origem, credo, sexo ou particularidades individuais outras, que ao longo da história geraram discriminações, conflitos e insurreições sangrentas.

O combate à desigualdade não tem, nem poderia ter, o objetivo de dividir a riqueza no sentido de tornar todos ricos. Isso não é factível. A desigualdade é inerente à natureza humana. As experiências sociais que tentaram impor a igualdade em detrimento da liberdade levaram a que fossem perdidas as duas. Também não se restringe à redução da pobreza com políticas públicas assistencialistas. Em tempos recentes os Estados ocidentais têm procurado manter a paz e a coesão social através do respeito à dignidade humana como padrão ético orientador de um tratamento igualitário, sem prejuízo da garantia dada às liberdades individuais. Angel Latorre aponta que os valores a proteger para se alcançar essa dignidade estão anunciados na Declaração dos Direitos do Homem e do Cidadão, aprovada pela Assembleia Nacional Francesa em 26 de agosto de 1789, como legado deixado ao mundo pelos que fizeram a Revolução Francesa.[3]

Ainda assim a discriminação dos diferentes perdurou e perdura. No dizer de Napoleão Nunes Mais Filho: "o secular *problema da desigualdade* resiste ao tempo e às teorias como usina fornecedora de suprimentos para as múltiplas relações desigualitárias da vida social e desse problema provêm os insumos que potencializam as várias formas de submissão de uns homens aos outros, de umas iniciativas pessoais a interesses de terceiros, de uns grupos a outros e de uns sonhos individuais aos sonhos alheios."[4] A escravatura e a opressão à mulher são exemplos marcantes de como o Direito pode ser e foi usado para legitimar indignidades, que ainda exigem ferrenho combate na procura por tratamento digno.

É importante perceber que a luta contra a desigualdade não nasce apenas dos sentimentos de justiça e solidariedade. A desigualdade social diminui a criatividade, a inventividade e a produtividade que seria obtida com a participação dos excluídos. Dessa forma, devemos minimizá-la não só na busca da dignidade humana, mas também do crescimento econômico. No Brasil continua presente

---

2. ALTAVILA, Jayme de. *Origem dos direitos dos povos*. 4. ed. São Paulo: Melhoramentos, 1964, p. 10.
3. LATORRE, Angel. *Introdução ao direito*. Trad. Manoel de Alarcão. Coimbra: Livraria Almedina, 1974, p. 54.
4. NAPOLEÃO Nunes Maia Filho. *Direito ao processo judicial igualitário*. Fortaleza: Editora Curumim, 2015, p. 71.

o germe da profunda desigualdade, que tem suas origens, entre outros fatores, na maneira pela qual o país foi colonizado e no tratamento dado aos escravos *libertos*.

No intento de aprimorar nossas relações sociais, a Constituição Federal de 1988 garante que "todos são iguais perante a lei, sem distinção de qualquer natureza, garantindo-se aos brasileiros e aos estrangeiros residentes no País a inviolabilidade do direito à vida, à liberdade, à igualdade, à segurança e à propriedade" (art. 5º). Dar efetividade a esse preceito fundamental, todavia, tem sido bem mais difícil que foi colocá-lo na Carta, revelando que o caminho entre o *ser* e o *dever ser* exige perseverança e determinação. A incessante busca pelo respeito à dignidade humana nos faz lembrar a lição de Ihering: "na luta, hás de encontrar o teu direito."[5]

2. ECONOMIA

O invento da moeda é um dos maiores feitos da humanidade, com uso presente na vida de todos e o tempo todo, o que confere às relações interpessoais aspectos econômicos e faz com que as desigualdades se manifestem na medida do dinheiro acumulado por cada pessoa, corporação ou pais, através de níveis sociais distintos a partir da riqueza de cada um. Com o tempo, as pessoas e grupos beneficiados com tais diferenças econômicas incrustaram na sociedade elementos estruturais para que assim perdure.

As desigualdades geram diversas formas de discriminação, inclusive algumas de natureza econômica, como é o caso da desvalorização imposta às mulheres ao receberem menor remuneração que os homens na execução das mesmas tarefas, e da segregação de comunidades mais pobres, com a concentração da atividade econômica e do investimento público nas regiões mais desenvolvidas.

Diante dessa realidade podem ser adotadas medidas estatais interventivas de cunho econômico, buscando atenuar as desigualdades que geram conflitos e insegurança no interior dos grupos sociais.

3. TRIBUTO

Na concepção mais aceita de Estado, o tributo é a sua principal fonte de custeio. Como registra Klaus Tipke "El Estado, fundado em la propriedade privada de los medios de producción, está obligado a sostener principalmente mediante impuestos lãs cargas finaceiras exigidas para el cumplimiento de sus funciones.

---

5. IHERING, Rudolf Von. *A luta pelo direito*. 5. ed. Trad. J. Cretella Jr. e Agnes Cretella. São Paulo: Ed. RT, 2008, p. 123.

Sin impuestos y contribuyentes "no puede construirse ningún Estado", ni el Estado de Derecho ni, desde luego, el Estado Social."[6]

Uma vez arrecadado daqueles que têm capacidade econômica e com seus recursos destinados ao atendimento das necessidades básicas da coletividade, o tributo é importante instrumento de redistribuição de riqueza em uma sociedade livre. Thomas Piketty tem valioso estudo no qual demonstra que os dois fatores em conjunto – impostos patrimoniais progressivos e gastos com programas sociais – são eficientes para se obter a redução das desigualdades no estado de direito social e democrático.[7] Veremos adiante como o fenômeno da tributação ocorre no Brasil e interfere nas desigualdades.

4. SISTEMA TRIBUTÁRIO

O Sistema Tributário Nacional está desenhado na Constituição Federal de 1988, contendo vários impostos sobre renda e propriedade (IR, ITR, IPTU, IPVA, ITCDMD, ITBI e IGF), e indicando expressamente que, sempre que possível, os impostos terão caráter pessoal e serão graduados segundo a capacidade econômica do contribuinte. Para dar coerência e efetividade ao texto constitucional, os tributos devem ser moldados de forma a atender os objetivos fundamentais da República: *(i)* construir uma sociedade livre, justa e solidária; *(ii)* garantir o desenvolvimento nacional; *(iii)* erradicar a pobreza e a marginalização e reduzir as desigualdades sociais e regionais; e *(iv)* promover o bem de todos, sem preconceitos de origem, raça, sexo, cor, idade e quaisquer outras formas de discriminação.[8]

A aplicação do princípio da capacidade econômica, expressamente indicado na nossa Constituição,[9] é a forma mais adequada para se obter *justiça fiscal* e contribuir para a diminuição das desigualdades. Klaus Tipke anota que "hoy se reconoce amplia y universalmente que el principio de capacidad económica es el principio fundamental adecuado a la realidad aplicabel a todos os impuestos con fines fiscales, si bien no a los impuestos de ordenamiento, como el impuesto sobre el tabaco, el impuesto sobre el alcohol y el impuesto sobre los perros",[10] e adiante reafirma: "el principio de capacidad económica es el único principio fundamental que respeta todos los derechos fundamentales de las Constituciones

---

6. TIPKE, Klaus. *Moral Tributária del Estado y de los Contribuyentes*. Trad. para o espanhol de Pedro M. Herrera Molina. Madrid/Barcelona: Marcial Pons, 2002, p. 27.
7. PIKETTY, Thomas. *Uma breve história da igualdade*. Trad. Maria de Fátima Oliva do Coutto. Rio de Janeiro: Intrínseca, 2022.
8. CF/1988, art. 3º
9. CF/1988, art. 145, § 1º.
10. TIPKE, Klaus. *Moral Tributária del Estado y de los Contribuyentes*. Trad. para o espanhol de Pedro M. Herrera Molina. Madrid/Barcelona: Marcial Pons, 2002, p. 33.

del Estado Social de Derecho"[11] E a forma de conferir efetividade ao princípio da capacidade econômica (ou capacidade contributiva) ao sistema como um todo é fazendo o uso intensivo de impostos progressivos sobre a renda e o patrimônio em detrimento dos impostos sobre o consumo, que devem ocupar menor espaço na arrecadação estatal. Nos tópicos seguintes veremos como foi implantado o sistema tributário posto na Constituição.

5. INTENSA TRIBUTAÇÃO DO CONSUMO

Para a grande maioria das pessoas a aquisição dos produtos indispensáveis a uma vida digna consome toda ou quase toda a renda que auferem, tornando imenso o ônus tributário. Já para a parte da população que não precisa consumir toda a renda adquirindo produtos essenciais e pode escolher como e quando gastá-la, inclusive poupando boa parte, o custo tributário é proporcionalmente muito menor. Assim, quanto maior a tributação do consumo em relação à tributação da renda e do patrimônio, maior será a *regressividade* do sistema.

No Brasil o ato de consumir é fortemente tributado por todos os entes que fazem a federação (ICMS, ISS, IPI e PIS/COFINS). Estudo do Tesouro Nacional mostra que em 2020 a carga tributária brasileira correspondeu a 31,64% do PIB, dividida em 13,42% com impostos sobre o consumo; 1,58% com impostos sobre o patrimônio; 7,06% com impostos sobre a renda; 8,41% com contribuições sobre a folha de pagamentos, e 1,17% com os demais tributos.[12] Naquele ano 41% de todo o ônus recaiu sobre o ato de consumir. Não há dúvida de que o sistema é regressivo, mas as práticas de tributação permanecem alheias a essa realidade e aos ditames do texto constitucional. Daremos alguns exemplos.

A COFINS, sucessora do antigo FINSOCIAL, incide sobre o faturamento das empresas, recaindo sobre o consumo juntamente com IPI, ICMS e ISS. Funcionando como verdadeiro imposto, tem sido o meio mais utilizado para incrementar a arrecadação federal, com repetidos e vigorosos aumentos desde a Carta de 1988.

Criado com alíquota básica de 17%, o ICMS é o imposto que mais onera o consumo. A Constituição de 1988 permitiu que fosse seletivo em razão da essencialidade dos bens e serviços sobre o qual incide (art. 155, § 2º, III). Os estados federados, ainda em 1988, trataram provisoriamente de suas normas gerais através do Convênio 66/1988, efetivando a seletividade com diferentes alíquotas e a mais alta recaindo sobre bens e serviços relacionados como *não essenciais*. Contudo, para maximizar a arrecadação, o convênio incluiu nesse conjunto de *não essenciais* a energia elétrica, a gasolina e os serviços de telecomunicação, que passaram a

---

11. TIPKE, Klaus. *Moral Tributária del Estado y de los Contribuyentes*. Trad. para o espanhol de Pedro M. Herrera Molina, Marcial Pons : Madrid/Barcelona, 2002, p. 34

12. Disponível em: https://sisweb.tesouro.gov.br/apex/f?p=2501:9::::9:P9_ID_PUBLICACAO:38233.

ser tributados com a alíquota máxima, que em alguns estados chega a 30%. A Lei Complementar 87/1996 manteve esse tratamento. Não é necessário muito esforço para se perceber que energia elétrica, gasolina e serviços de comunicação são absolutamente essenciais à vida individual e coletiva. Em uma cidade nada funciona sem qualquer dessas três utilidades e o custo de tais insumos influi diretamente na formação do preço de quase todos os demais produtos e serviços. Assim, o ônus do ICMS é suportado pelo adquirente não só quando consome diretamente energia elétrica, gasolina e serviço de comunicação, mas também quando adquire qualquer outro produto ou serviço, fazendo com que a incidência exacerbada sobre esses insumos básicos potencialize sua regressividade.

Para agravar o problema, quando a Constituição foi alterada para permitir a criação de um Fundo de Combate à Pobreza, a ser financiado com o aumento de até dois pontos percentuais na alíquota do ICMS incidente sobre produtos e serviços supérfluos (ADCT, art. 82, § 1º), os estados consideraram supérfluos energia elétrica, gasolina e serviços de comunicação, e elevaram novamente a alíquota. Com isso, não só a Constituição foi vilipendiada como o combate à pobreza passou a ser financiado em sua maior parte pelos pobres. O STF demorou mais de 30 anos para declarar a inconstitucionalidade dessa cobrança e modulou os efeitos de sua decisão para 2024 (RE 714.139 – Repercussão Geral Tema 745). Para não haver a espera, o legislador precisou explicitar que os combustíveis, o gás natural, a energia elétrica, as comunicações e o transporte coletivo são considerados bens e serviços essenciais e indispensáveis e não podem ser tratados como supérfluos (Lei Complementar 194, de 23 de junho de 2022).

6. TABELA "PROGRESSIVA" DO IMPOSTO DE RENDA DAS PESSOAS FÍSICAS

Podemos entender por progressividade a sistemática que tornando a tributação mais onerosa conforme aumenta a riqueza alcançada, ou seja, as alíquotas passam a ser maiores na medida em que aumenta a base de cálculo. No caso do imposto de renda das pessoas físicas existe uma tabela prevendo a relação entre o aumento das alíquotas e as respectivas faixas de variação de valor da base de cálculo. Essa tabela está dividida em quatro faixas de incidência, iniciando com a alíquota de 7,5% sobre o valor que exceder a R$ 1.903,99. No outro extremo, a alíquota máxima de 27,5% incide sobre o rendimento que exceder a R$ 4.664,68.[13] O valor indicado como piso de *isenção*[14] é muito baixo (pouco mais do salário

---

13. Lei 13.149, de 21 de julho de 2015.
14. Aqui não se deveria cogitar de isenção no sentido técnico do termo (retirada de parte da hipótese de incidência), mas sim de não incidência, pois o conceito de renda deve necessariamente levar em conta o mínimo existencial, que dele deve ser excluído.

mínimo de R$ 1.212,00 – 2022) e as faixas de renda que marcam a variação das alíquotas são muito estreitas, com valores muito próximos entre si.

Conforme estudo do Departamento Intersindical de Estatísticas e Estudos Socioeconômicos – DIEESE, levando em conta o valor atualizado da cesta básica de alimentos, o salário mínimo em setembro de 2022 deveria ser de R$ 6.306,97.[15] Lembramos aqui o preceito constitucional que reconhece ao trabalhador o direito a um salário mínimo, fixado em lei, nacionalmente unificado, capaz de atender às suas necessidades vitais básicas e às de sua família com moradia, alimentação, educação, saúde, lazer, vestuário, higiene, transporte e previdência social, com reajustes periódicos que lhe preservem o poder aquisitivo.[16] Assim, o imposto de renda está a onerar com o seu grau máximo pessoas que ganham bem menos que o *mínimo existencial*. Hugo Machado explica que "os valores ganhos por alguém, que não sejam superiores ao mínimo do qual essa pessoa necessita para sobreviver, não podem ser considerados como renda, exatamente porque sendo de consumo obrigatório não podem implicar acréscimo patrimonial. Esse mínimo vital, aliás, deveria ficar a salvo de todo e qualquer tributo, e não apenas excluído do imposto de renda como seguramente há de estar."[17]

Levando em conta que recebimentos de valor inferior a R$ 4.664,68 não deveriam sofrer a incidência do imposto de renda, por não configurarem renda, a tabela hoje em vigor nega abertamente a progressividade. Foi transformada em instrumento de confisco na parte que avança sobre quem não tem capacidade contributiva e em *flat tax* ao tratar de maneira uniforme (alíquota de 27,5%), todos os que verdadeiramente auferem renda e podem ser considerados contribuintes do imposto. Soma-se a isso a isenção dos rendimentos recebidos a título de distribuição de lucros das empresas,[18] deixando fora da incidência do imposto de renda ganhos que são auferidos pela parcela mais abastada da população. Isso mostra que, também e inclusive em relação ao imposto de renda, a tributação é regressiva.

7. CONTRIBUIÇÕES DE PREVIDÊNCIA

A tabela de cálculo da contribuição de previdência não traz piso de isenção, fazendo com que os ganhos de apenas um salário mínimo (R$ 1.212,00) sofram a incidência e tenham a consequente diminuição de 7,5%.[19] O princípio da capacidade contributiva é ignorado e o Estado arranca parte do salário de quem não

---

15. Disponível em: https://www.dieese.org.br/analisecestabasica/salarioMinimo.html.
16. CF/1988, art. 7º, IV.
17. BRITO, Machado, Hugo de. *Os princípios jurídicos da Tributação na Constituição de 1988*. 6. ed. São Paulo: Malheiros, 2019, p. 155.
18. Lei 9.249, de 26 de dezembro de 1995, art. 10.
19. Portaria Interministerial MTP/ME 12, de 17 de janeiro de 2022, Anexo II.

tem recursos para seu próprio sustento. Uma futura aposentadoria não justifica tamanha iniquidade, pois o pagamento da contribuição é compulsório (descontado na fonte),[20] retirando a opção de o cidadão simplesmente preferir comer hoje a ter que esperar uma aposentadoria futura, incerta e que por ela não pode pagar. O intento de evitar que idosos sem condições de trabalho vagueiem pelas ruas também não justifica a cobrança dirigida aos mais pobres. Para isso podem ser usadas outras fontes de custeio, como ocorre com o benefício de prestação continuada de um salário mínimo (o mesmo da aposentadoria de quem ganha esse valor), pago a quem tenha mais de 65 anos e comprove não ter renda pessoal nem familiar.[21] O custeio da previdência social é um grave problema no Brasil e no mundo, mas nada justifica tributar quem não tem a mínima capacidade econômica. Dentre os impostos sobre o patrimônio, destacamos abaixo o imposto territorial rural.

8. IMPOSTO TERRITORIAL RURAL – ITR

O Brasil tem dimensões continentais e é um dos maiores produtores de alimentos do mundo. O nosso imenso território e a evidente capacidade contributiva do agronegócio, todavia, não têm motivado a cobrança do imposto territorial em valores proporcionalmente significativos. Em 2020 o Imposto Territorial Rural gerou arrecadação de apenas 0,02% do PIB.[22] É certo que o agronegócio não deve ser desestimulado com impostos, até porque não deve o Estado onerar em demasia qualquer setor econômico. Não podemos deixar de considerar, todavia, que os impostos devem ser cobrados com a maior equidade possível em face do princípio da capacidade contributiva, que não permite a suave cobrança dirigida aos prósperos proprietários de vastas glebas rurais, enquanto o pesado ônus tributário recai sobre quem ganha baixos salários. A sistemática de cobrança dada ao ITR é mais um indicativo da regressividade do sistema.

9. TRIBUTAÇÃO DA HERANÇA

Outro grupo com baixa tributação é constituído por herdeiros e legatários. O imposto sobre heranças em 2020 teve arrecadação de apenas 0,11% do PIB.[23] Contra a cobrança desse imposto é dito que o direito à herança é garantido pela Constituição. Tributar a herança, todavia, não significa amesquinhá-la. A incidên-

---

20. Destacamos que o empregador que deixar de fazer a retenção da contribuição de seguridade devida pelo empregado, mesmo a pedido desse mesmo empregado, ficará sujeito à sanção penal por apropriação indébita previdenciária.
21. Lei 8.742/1993, art. 20.
22. Disponível em: https://sisweb.tesouro.gov.br/apex/f?p=2501:9::::9:P9_ID_PUBLICACAO:38233.
23. Disponível em: https://sisweb.tesouro.gov.br/apex/f?p=2501:9::::9:P9_ID_PUBLICACAO:38233.

cia tributária sobre a propriedade de um imóvel ou o recebimento de um elevado salário não amesquinha a propriedade ou o salário. A Constituição garante a herança, da mesma forma que garante a propriedade e o salário, ao mesmo tempo em que prevê a incidência de impostos sobre todas essas manifestações de riqueza. O limite para a cobrança do imposto está na proibição do seu uso com efeito de confisco. Quem recebe quinhão de patrimônio que lhe é deixado por herança, acrescendo ao que possui, mostra notória capacidade contributiva, que permite, inclusive, o aumento progressivo do imposto.

A alíquota máxima do imposto sobre a herança foi fixada pelo Senado Federal em 8%.[24] Esse número poderia ser maior. As famílias menos favorecidas, onde o patrimônio a ser dividido muitas vezes é apenas a casa onde os pais residiam, podem ser poupadas com um piso de isenção e alíquotas iniciais mais baixas. O Supremo Tribunal Federal decidiu, por ampla maioria, que o 1º, do art. 145, da CF/1988 não proíbe a aplicação do princípio da capacidade contributiva ao IT-CDM, e julgou constitucional lei do Estado do Rio Grande do Sul que estabelece alíquotas progressivas para o cálculo do imposto sobre heranças naquele estado.[25]

10. IMPOSTO SOBRE GRANDES FORTUNAS

A possibilidade de criação do imposto sobre grandes fortunas – IGF consta do texto originário da Constituição de 1988, mas até hoje não foi efetivada. Hugo Machado tem criticado severamente essa omissão, afirmando que "o verdadeiro motivo da não instituição do imposto sobre grandes fortunas é de ordem política. Os titulares das grandes fortunas, se não estão investidos de *poder,* possuem inegável *influência* sobre os que o exercem."[26]

Alguns tentam justificar a não instituição do IGF com os seguintes argumentos: *(a)* dificuldade com a definição do que seria *grande fortuna; (b)* incidência em duplicidade com outros tributos sobre o patrimônio, como é o caso do imposto sobre propriedade predial e territorial urbana – IPTUs; *(c)* propiciaria baixa arrecadação; *(d)* provocaria a fuga de investidores; e *(e)* não seria o melhor caminho para se implementar a justiça fiscal.[27]

É importante notar que a medida do que seria uma grande fortuna realmente pode gerar dúvidas e questionamentos, e no Brasil, onde a imensa maioria da

---

24. CF/1988, art. 155, § 1º, IV (Resolução do Senado Federal 09, de 05.05.1992).
25. Recurso Extraordinário 562.045 – RS.
26. MACHADO, Hugo de Brito. *Curso de direito tributário.* 42. ed. São Paulo: JusPodivm/Malheiros, p. 355.
27. MARTINS, Ives Gandra da Silva. Disponível em: https://valor.globo.com/legislacao/noticia/2015/07/15/o-imposto-sobre-grandes-fortunas.ghtml; e CURTY, Leonardo de Menezes, A falácia do imposto sobre grandes fortunas como instrumento determinante para a promoção da Justiça Fiscal. *Revista Tributária e de Finanças Públicas,* ano 17, n. 88, p. 137-162, set./out. 2009.

população é extremamente pobre, a classe média poderia ser confundida com os grandes ricos e ser eleita a suportar o IGF.[28] Para evitar essa distorção basta a adoção de parâmetro mais largo para se identificar uma grande fortuna, como, por exemplo, o patrimônio que supere cem mil salários mínimos.

A incidência a par dos outros impostos já existentes sobre o patrimônio é autorizada na Constituição e o ônus adicional que acarreta deve ser compatível com a capacidade contributiva do sujeito passivo. O valor da arrecadação não pode ser considerado baixo antes que efetivamente ocorra, pode ser ajustado pelo redimensionamento da base de cálculo e alíquotas e, mesmo sendo de pouca monta, não basta para impedir a instituição do IGF, da mesma forma que ainda não bastou para a extinção do ITR, cuja arrecadação é pífia.

A fuga de investidores também não pode ser considerada como certa. O que tem motivado a fuga de pessoas do Brasil não é o peso dos impostos, nem a injustiça do sistema tributário, mas sim a violência urbana em grande parte causada pelas desigualdades sociais. O IGF sozinho não é o bastante para implementar a justiça fiscal, mas, sem dúvida alguma, a sua instituição aponta nesse sentido e deve ser acompanhada por providencias outras como a diminuição da tributação do ato de consumir e o aumento dos demais impostos sobre patrimônio e renda.

A alíquota do IGF poderia ser de 1 %, a periodicidade anual e a base de cálculo o valor constante da *declaração de bens* que é apresentada com a declaração de ajuste do imposto de renda. Seria um adicional ao imposto de renda das pessoas físicas. Não há tanta dificuldade para a instituição de um imposto assim. Com razão Hugo Machado ao dizer que o real motivo para a não instituição do IGF é falta de *vontade política*.[29]

11. GASTO PÚBLICO

O direcionamento do gasto público implica na distribuição ou na concentração de riqueza. Aplicar os recursos sem atender os interesses dos mais carentes, é atitude claramente concentradora de renda. A destinação dos recursos públicos é essencial no combate às desigualdades. Hugo Machado tem destacado ser imprescindível que o gasto público seja movido pela solidariedade social e realizado com seriedade tendo em vista, sobretudo, a necessidade dos mais pobres."[30] No Brasil ainda não existe prioridade para o investimento dos recursos público em

---

28. MACHADO, Hugo de Brito. *Curso de direito tributário*. 42. ed. São Paulo: JusPodium/Malheiros, p. 355.
29. MACHADO, Hugo de Brito. *Curso de direito tributário*. 42. ed. São Paulo: JusPodium/Malheiros, p. 355.
30. MACHADO, Hugo de Brito. *Curso de direito tributário*. 41. ed. São Paulo: Malheiros/Foco, 2020, p. 48.

programas sociais, fato que, juntamente com o desvio de recursos públicos pela corrupção, desestimula o pagamento de impostos.

Tomamos o Direito Tributário como instrumento essencialmente voltado a limitar o poder estatal de tributar, mas nele encontramos um ponto através do qual pode ser relacionado com o gasto público. São os incentivos fiscais, que levam o Estado a deixar de arrecadar impostos. E, como exceção à generalidade da tributação, os incentivos fiscais precisam ser analisados em face dos princípios da isonomia e da capacidade contributiva, que não permitem tratamento dispare entre contribuintes. É o que faremos adiante.

12. IGUALDADE E ISENÇÕES

A igualdade perante a lei leva o dever de pagar tributos a alcançar a todos da mesma maneira. Não há espaço para tratamentos favorecidos, afastando a possibilidade de dirigir apenas a alguns a dispensa ou redução de tributos. Resta saber qual o tratamento a ser dado às isenções e aos incentivos fiscais.

Estudamos essa questão em artigo ao qual aqui nos reportamos e dele extraímos trechos para mostrar que, ao contrário de violar o princípio da isonomia, os incentivos fiscais muitas vezes são indispensáveis para assegurar o tratamento isonômico.[31]

A concessão de isenções diante do princípio da isonomia tem recebido diferentes abordagens. Victor Uckmar manifesta sérias dúvidas sobre a legitimidade constitucional das isenções frente aos princípios da igualdade e da generalidade da tributação, não obstante registre que mais delicado é o tema das isenções concedidas com finalidades extrafiscais de regulação da economia e da vida social, de intervenção a favor de certas atividades ou situações que se pretende estimular.[32]

Diferente é o pensamento de Antonio Roberto Sampaio Dória, com preciosas lições de como o princípio da igualdade tributária admite tratamentos desiguais a contribuintes em diferentes situações, pois "se é certo que na tributação desigual se percebe sempre uma irredutível dose de injustiça, muito mais iníquo seria o sistema financeiro que inaugurasse o regime da tributação única e uniforme para todos seus cidadãos."[33] Sampaio Dória adverte de forma incisiva que a lei tributária quando vier a estabelecer alguma discriminação, em face dos princípios da isonomia e generalidade da tributação, deve, necessariamente, atender aos

---

31. MACHADO, Schubert de Farias. In: MACHADO, Hugo de Brito (Coord.). *Regime jurídico dos incentivos fiscais*. São Paulo: Malheiros/ICET, 2015, p. 507.

32. UCKMAR, Victor. *Princípios comuns de direito constitucional tributário*. Trad. e notas ao Direito Brasileiro de Marco Aurélio Greco. 2. ed. São Paulo: Malheiros, 1999, p. 73-74.

33. DÓRIA, Antonio Roberto Sampaio. *Direito constitucional tributário* e "Due Processo f Law". 2. ed. Rio de Janeiro: Forense, 1986, p. 127.

seguintes fatores: "(a) razoabilidade da discriminação, baseada em *diferenças reais* entre as pessoas ou objetos tributados; (b) existência de *objetivo* que justifique a discriminação; e (c) nexo lógico entre o objetivo perseguido e a discriminação que permitirá alcançá-lo."[34]

Bandeira de Melo tem estudo notável sobre o conteúdo jurídico do princípio da igualdade, que permite explicar a validade da concessão de *incentivos fiscais*, sobretudo frente ao princípio da generalidade da tributação.[35]

De início Bandeira de Melo deixa claro que "a lei não deve ser fonte de privilégios ou perseguições, mas instrumento regulador da vida social que necessita tratar equitativamente todos os cidadãos."[36] Lembra, em seguida, que existem diferenciações entre as pessoas, coisas ou situações, que reclamam tratamento desigual pelo ordenamento jurídico no sentido de minimizar tais diferenças. Essa é a verdadeira isonomia. É essencial, contudo, a verificação da legitimidade desse tratamento desigual, ou seja, quando pode ser feito sem quebrar e sim para realizar a isonomia. Nesse ponto, esclarece que "as discriminações são recebidas como compatíveis com a cláusula igualitária apenas e tão somente quando existe um vínculo de correlação lógica entre a peculiaridade diferencial acolhida por residente no objeto, e a desigualdade de tratamento em função dela conferida, desde que tal correlação não seja incompatível com interesses prestigiados na Constituição."[37]

Em respeito aos princípios da isonomia e da generalidade da tributação, o grupo de pessoas que vier a ser beneficiado com a desoneração tributária decorrente de *incentivo fiscal*, deve guardar peculiar diferença que, por si só, justifique a concessão desse benefício como instrumento para o atendimento de um interesse prestigiado na Constituição. O incentivo deve ficar restrito à medida necessária e bastante para alcançar tal objetivo. Nos ajuda alcançar essa medida considerar que devem ser atendidos os seguintes fatores: (a) razoabilidade da discriminação, baseada em *diferenças reais* entre as pessoas ou objetos tributados; (b) existência de *objetivo* que justifique a discriminação; e (c) nexo lógico entre o objetivo perseguido e a discriminação que permitirá alcançá-lo.

No Brasil há profunda desigualdade no desenvolvimento econômico de suas regiões, com algumas concentrando quase toda a riqueza do país. Isso levou

---

34. DÓRIA, Antonio Roberto Sampaio. *Direito constitucional tributário* e "Due Processo f Law". 2. ed. Rio de Janeiro: Forense, 1986, p. 139.
35. BANDEIRA DE MELO, Celso Antonio. *Conteúdo jurídico do princípio da igualdade*. 3. ed., 6. tir. São Paulo: Malheiros, 1999.
36. BANDEIRA DE MELO, Celso Antonio. *Conteúdo jurídico do princípio da igualdade*. 3. ed., 6. tir. São Paulo: Malheiros, 1999, p. 10.
37. BANDEIRA DE MELO, Celso Antonio. *Conteúdo jurídico do princípio da igualdade*. 3. ed., 6. tir. São Paulo: Malheiros, 1999, p. 17.

o constituinte de 1988 a estabelecer como objetivo fundamental da República a redução das desigualdades sociais e regionais. (CF/1988, art. 3º. III; art. 43; art. 165, § 7º; art. 170, VII). Encontramos aqui um bom exemplo de situação na qual a intervenção estatal na economia através dos incentivos fiscais é expressamente determinada pela Constituição, no sentido de fomentar o desenvolvimento das regiões menos favorecidas.

Não é a simples localização geográfica de determinadas pessoas que deve ser usada como fator justificativo para a discriminação,[38] e sim as situações e circunstâncias que sejam elas mesmas distintas entre si e gerem condições próprias suas como elementos diferenciais pertinentes a justificar *discrimen* entre os que se sujeitam por sua presença contínua em determinadas regiões a tais condições e as demais pessoas que não enfrentam idênticas circunstâncias.[39]

A tentativa de promover o desenvolvimento das regiões nordeste e norte do país através da concessão de isenção do imposto de renda a empresas que nelas viessem a se instalar, antes bastante utilizada, foi praticamente abandonada sem outra iniciativa que a substitua. Essa certamente foi a razão que levou alguns estados federados a iniciar uma política própria de incentivos fiscais, reduzindo o ICMS para atrair investimentos em seus territórios. Isso gerou forte reação dos estados que estavam a perder empresas, que passaram a apontar tal iniciativa como *guerra fiscal,* depois foi declarada inconstitucional pelo STF por não estar calcada em convênio firmado por unanimidade entre todos os estados. A matéria hoje está regulada na Lei Complementar 160, de 17 de agosto de 2017, que estipulou prazo para o fim dos incentivos já concedidos e afastou a exigência de unanimidade para a concessão de novos. Ainda nos falta uma política nacional que efetivamente promova o combate às desigualdades regionais, tornando efetivos os mandamentos constitucionais.

13. INCENTIVO E FAVOR FISCAL

Diante da necessidade de motivação que a justifique, a concessão de incentivo fiscal deve fazer parte de uma política pública de intervenção do Estado na economia, que tenha fundamento na Constituição e na lei. Não é qualquer interesse, oportunidade ou conveniência da autoridade da administração tributária que pode motivar a concessão de *incentivos fiscais.* No direito constitucional brasileiro não há espaço para meros *favores* do fisco, que dessa forma seriam

---

38. BANDEIRA DE MELO, Celso Antonio. *Conteúdo jurídico do princípio da igualdade.* 3. ed., 6. tir. São Paulo: Malheiros, 1999, p. 30.

39. BANDEIRA DE MELO, Celso Antonio. *Conteúdo jurídico do princípio da igualdade.* 3. ed., 6. tir. São Paulo: Malheiros, 1999, p. 30.

de impossível controle jurisdicional, como adverte Souto Borges,[40] registrando que a doutrina nacional mais autorizada rechaça a concepção da isenção como privilégio legalmente instituído.[41]

O Supremo Tribunal Federal já decidiu que a "concessão desse benefício isencional traduz ato discricionário que, fundado em juízo de conveniência e oportunidade do Poder Público, destina-se, a partir de critérios racionais, lógicos e impessoais estabelecidos de modo legitimo em norma legal, a implementar objetivos estatais nitidamente qualificados pela nota da extrafiscalidade."[42] Nota-se o cuidado do STF ao tentar conciliar a conveniência e a oportunidade próprias do ato discricionário com a necessidade de fundamento constitucional para o ato concessivo da isenção. No caso concreto posto em julgamento o incentivo encontrava seu fundamento no art. 3º, incisos, II e III, da CF/1988, permitindo a utilização do tributo como "instrumento de promoção do desenvolvimento nacional e superação das desigualdades sociais e regionais".[43]

---

40. BORGES, José Souto Maior. *Teoria geral da isenção tributária*. 3. ed. São Paulo: Malheiros, 2001, p. 63.
41. BORGES, José Souto Maior. *Teoria geral da isenção tributária*. 3. ed. São Paulo: Malheiros, 2001, p. 68.
42. Agravo de instrumento – IOF/câmbio – Decreto-lei 2.434/88 (art. 6.) – Guias de importação expedidas em período anterior a 1. De julho de 1988 – Inaplicabilidade da isenção fiscal – exclusão de benefício – Alegada ofensa ao princípio da isonomia – Inocorrência – Norma legal destituída de conteúdo arbitrário – Atuação do judiciário como legislador positivo – Inadmissibilidade – Agravo improvido. – A isenção tributária concedida pelo art. 6. do DL 2.434/88, precisamente porque se acha despojada de qualquer coeficiente de arbitrariedade, não se qualifica, tendo presentes as razoes de política governamental que lhe são subjacentes, como instrumento de ilegítima outorga de privilégios estatais em favor de determinados estratos de contribuintes. A concessão desse benefício isencional traduz ato discricionário que, fundado em juízo de conveniência e oportunidade do Poder Público, destina-se, a partir de critérios racionais, lógicos e impessoais estabelecidos de modo legitimo em norma legal, a implementar objetivos estatais nitidamente qualificados pela nota da extrafiscalidade. – A exigência constitucional de lei formal para a veiculação de isenções em matéria tributária atua como insuperável obstáculo a postulação da parte recorrente, eis que a extensão dos benefícios isencionais, por via jurisdicional, encontra limitação absoluta no dogma da separação de poderes. Os magistrados e Tribunais – que não dispõem de função legislativa – não podem conceder, ainda que sob fundamento de isonomia, o benefício da exclusão do crédito tributário em favor daqueles a quem o legislador, com apoio em critérios impessoais, racionais e objetivos, não quis contemplar com a vantagem da isenção. Entendimento diverso, que reconhecesse aos magistrados essa anômala função jurídica, equivaleria, em última análise, a converter o Poder Judiciário em inadmissível legislador positivo, condição institucional esta que lhe recusou a própria Lei Fundamental do Estado. E de acentuar, neste ponto, que, em tema de controle de constitucionalidade de atos estatais, o Poder Judiciário só atua como legislador negativo (RTJ 146/461, rel. Min. Celso de Mello). – A expressão "lei ou ato de governo local" – que deve ser interpretada em oposição a ideia de lei ou ato emanado da União Federal – abrange, na latitude dessa designação, as espécies jurídicas editadas pelos Estados-membros, pelo Distrito Federal e pelos Municípios (PONTES DE MIRANDA, "Comentários a Constituição de 1967 com a Emenda n. 1, de 1969", t. IV/155, 2. ed. 1974, RT; Rodolfo de Camargo Mancuso, "Recurso Extraordinário e Recurso Especial", p. 119, 1990, RT). (AI 142348 AgR, Relator(a): Min. Celso de Mello, Primeira Turma, julgado em 02/08/1994, DJ 24-03-1995 PP-06807 EMENT VOL-01780-03 PP-00407).
43. Agravo de Instrumento – IPI – Açúcar de cana – Lei 8.393/91 (art. 2º) – Isenção fiscal – Critério espacial – Aplicabilidade – Exclusão de benefício – Alegada ofensa ao princípio da isonomia – Inocorrência – Norma legal destituída de conteúdo arbitrário – Atuação do judiciário como legislador positivo – Inadmissibilidade – Recurso Improvido. Concessão de isenção tributária e utilização extrafiscal do

Levando em conta a necessidade de a concessão de incentivos fiscais atender a *critérios racionais, lógicos e impessoais estabelecidos de modo legitimo em norma legal, a implementar objetivos estatais nitidamente qualificados pela nota da extrafiscalidade*, merece especial atenção a maneira pela qual veem sendo concedidos no Brasil. A legislação confere um tratamento excessivamente casuístico, não traz a motivação para a concessão dos incentivos e descuida da técnica legislativa, como podemos ver no art. 54, da Lei 12.350, de 20.12.2010, determinando que *fica suspenso o pagamento da Contribuição para o PIS/Pasep e da Cofins incidente sobre a receita bruta da venda, no mercado interno, de insumos de origem vegetal (...)*. A exposição de motivos da MP 497, de 27.07.2010, que deu origem à Lei 12.350/2010, não faz referência às razões da instituição desse benefício e ao usar a expressão suspensão de pagamento, indica falta de apreço com a linguagem jurídica. Afinal, por ser chamado de suspensão de pagamento esse benefício não deve ficar fora do regime jurídico das isenções.

IPI. – A concessão de isenção em matéria tributária traduz ato discricionário, que, fundado em juízo de conveniência e oportunidade do Poder Público (RE 157.228/SP), destina-se – a partir de critérios racionais, lógicos e impessoais estabelecidos de modo legítimo em norma legal – a implementar objetivos estatais nitidamente qualificados pela nota da extrafiscalidade. A isenção tributária que a União Federal concedeu, em matéria de IPI, sobre o açúcar de cana (Lei 8.393/91, art. 2º) objetiva conferir efetividade ao art. 3º, incisos II e III, da Constituição da República. Essa pessoa política, ao assim proceder, pôs em relevo a função extrafiscal desse tributo, utilizando-o como instrumento de promoção do desenvolvimento nacional e de superação das desigualdades sociais e regionais. O postulado constitucional da isonomia – A questão da igualdade na lei e da igualdade perante a lei (RTJ 136/444-445, rel. p/ o acórdão Min. Celso de Mello). – O princípio da isonomia – que vincula, no plano institucional, todas as instâncias de poder – tem por função precípua, consideradas as razões de ordem jurídica, social, ética e política que lhe são inerentes, a de obstar discriminações e extinguir privilégios (RDA 55/114), devendo ser examinado sob a dupla perspectiva da igualdade na lei e da igualdade perante a lei (RTJ 136/444-445). A alta significação que esse postulado assume no âmbito do Estado democrático de direito impõe, quando transgredido, o reconhecimento da absoluta desvalia jurídico-constitucional dos atos estatais que o tenham desrespeitado. Situação inocorrente na espécie. – A isenção tributária concedida pelo art. 2º da Lei 8.393/91, precisamente porque se acha despojada de qualquer coeficiente de arbitrariedade, não se qualifica – presentes as razões de política governamental que lhe são subjacentes – como instrumento de ilegítima outorga de privilégios estatais em favor de determinados estratos de contribuintes. Isenção tributária: Reserva constitucional de lei em sentido formal e postulado da separação de poderes. – A exigência constitucional de lei em sentido formal para a veiculação ordinária de isenções tributárias impede que o Judiciário estenda semelhante benefício a quem, por razões impregnadas de legitimidade jurídica, não foi contemplado com esse "favor legis". A extensão dos benefícios isencionais, por via jurisdicional, encontra limitação absoluta no dogma da separação de poderes. Os magistrados e Tribunais, que não dispõem de função legislativa – considerado o princípio da divisão funcional do poder -, não podem conceder, ainda que sob fundamento de isonomia, isenção tributária em favor daqueles a quem o legislador, com apoio em critérios impessoais, racionais e objetivos, não quis contemplar com a vantagem desse benefício de ordem legal. Entendimento diverso, que reconhecesse aos magistrados essa anômala função jurídica, equivaleria, em última análise, a converter o Poder Judiciário em inadmissível legislador positivo, condição institucional que lhe recusa a própria Lei Fundamental do Estado. Em tema de controle de constitucionalidade de atos estatais, o Poder Judiciário só deve atuar como legislador negativo. Precedentes (AI 360461 AgR, Relator(a): Min. CELSO DE MELLO, Segunda Turma, julgado em 06/12/2005, DJe-055 DIVULG 27-03-2008 PUBLIC 28.03.2008 EMENT VOL-02312-06 PP-01077).

O efeito mais visível de tal suspensão de pagamento é transferir a cobrança da COFINS para a etapa final da cadeia econômica, concentrando todo o ônus no varejo, e, mais uma vez, onerando pesadamente o ato de consumir. Além disso, como a concessão do benefício é dirigida apenas a contribuintes que figurem nas etapas intermediárias, restando o ônus integral com o pagamento da contribuição para aquele que efetua a venda ao consumidor final, resta violada a sistemática da não cumulatividade.

Esse agir do legislador dificulta muito o controle de validade da concessão de incentivos fiscais. Não se sabe qual política governamental de desenvolvimento estaria sendo seguida, nem quais os seus efeitos na economia. A transferência do ônus de quase 10% sobre a venda de produtos específicos e em situações específicas pode levar a que apenas determinados contribuintes sejam beneficiados em detrimento da concorrência, provocando um desequilíbrio na economia sem necessariamente levar a uma efetiva redução do preço final dos produtos.

O uso abusivo do poder, movido apenas pelos interesses pessoais, pode implicar em grave dano à sociedade. Seja quando há o gasto desregrado dos recursos públicos ou a dispensa graciosa do tributo, a população é a maior prejudicada. A concessão de incentivos exige máxima transparência, com a explicitação de suas motivações e previsão de suas implicações econômicas, sob pena de voltarmos aos tempos do malsinados *favores* da coroa.

14. CRÍTICA ÀS PROPOSTAS DE ALTERAÇÃO DO SISTEMA TRIBUTÁRIO NACIONAL

Nosso sistema tributário – assim entendido todo o conjunto de normas que criam tributos – é regressivo, concentrador de renda, concentrador de poder político, oneroso em demasia, encarecedor do emprego, injusto, complexo e confuso, gerando insegurança jurídica e desestimulando o desenvolvimento econômico. É, sem dúvida, um dos mais relevantes componentes do *custo Brasil*. Sua reforma é necessária e urgente.

É importante observar, contudo, que a maior parte desses problemas não decorre do seu desenho constitucional. Tornar efetiva a proporcionalidade nos impostos sobre patrimônio e renda, respeitando a capacidade contributiva, diminuir a tributação sobre o ato de consumir e reduzir o ônus que recai sobre o emprego, por exemplo, são medidas que podem ser adotadas sem mudança na Constituição. A simplificação e estabilidade das regras de tributação também não depende de mudança constitucional.

A grande dificuldade para se fazer a reforma reside na obtenção da vontade política necessária, conciliando os interesses conflitantes dos entes federativos entre si e dos contribuintes. Estados e municípios têm como principal fonte de recursos os impostos sobre consumo (ICMS e ISS), dos quais não querem abrir mão sem contrapartida. O pacto federativo é colocado em xeque. Certamente essa é a razão de se buscar uma solução através de emenda constitucional.

Existem várias propostas de reforma tributária tramitando no Congresso Nacional. Adiante abordaremos três delas, as mais referidas nos debates jurídicos, uma que tramita no Senado Federal – PEC 110/2019, e as outras na Câmara dos Deputados – PEC 45/2019 e PEC 07/2020.

A PEC 110 mantém a tributação sobre o consumo como principal fonte de renda do Estado e faz apenas uma tímida tentativa de diminuir a regressividade, ao prevê a possibilidade de o legislador complementar definir os critérios e a forma pela qual *poderá* ser realizada a devolução do imposto incidente sobre bens e serviços (IBS) quando adquiridos por famílias de baixa renda (art. 146, IV). Na avaliação da seriedade e eficácia dessa medida não podemos esquecer que depois de receber o tributo o fisco não costuma devolvê-lo, sobretudo quando os credores são as pessoas mais carentes, detentoras de menor capital político para fazer essa reivindicação. Além disso, a devolução seria de valor já tomado de empréstimo de quem não pode dar. Existem casos em que empréstimos compulsórios não foram devolvidos e quando os contribuintes foram a juízo a Fazenda Nacional alegou que o direito de pedir a restituição estaria prescrito.

Há a previsão de criação de um novo imposto com o nome de *Imposto Seletivo*, de competência da União Federal (art. 153, VIII), que incidirá, entre outros bens e serviços, sobre petróleo e seus derivados, combustíveis e lubrificantes de qualquer origem, gás natural, energia elétrica e serviços de telecomunicação. Sobre esses mesmos bens e serviços também incidirá o novo imposto sobre bens e serviços – IBS (art. 155, IV). Dupla incidência autorizada pelo inciso II, do art. 13 da PEC 110, aumentando a tributação sobre o consumo.

Na referida PEC é visível a preocupação em maximizar a arrecadação federal, atribuindo à União a tributação de bens e serviços que servem de insumo básico para a economia e estão sujeitos ao consumo cativo. Os dois impostos certamente elevarão a carga sobre tais bens e serviços, que foram escolhidos devido aos seus valores imensos e à facilidade de fiscalizar e controlar devido à produção concentrada. Petróleo, gás, energia elétrica e telecomunicações – por muitas razões – deveriam ter tributação diminuída e não ainda mais onerada. Enquanto isso, a *economia digital* não é referida como objeto de incidência tributária específica, quando o uso das novas tecnologias cresce assustadoramente na economia, gera poucos empregos e apresenta margens de lucro consideráveis, motivando uma ferrenha disputa entre os entes federados para alcançá-la com os tributos em vigor.

A PEC 110 também não reduz o alto custo tributário do emprego. Estamos em 2022, com o desemprego extremamente elevado e constante crescimento do uso de novas tecnologias em substituição ao trabalho das pessoas. As máquinas de autoatendimento já ocupam o lugar dos recepcionistas, porteiros, telefonistas e caixas. Em breve muitas outras atividades humanas poderão ser exercidas por dispositivos eletrônicos de inteligência artificial. Uma forma de estimular o emprego de pessoas é diminuir o seu custo. A contribuição de seguridade sobre a folha de pagamentos é o maior deles. Uma proposta de reforma tributária não pode deixar de lado essa questão.

Não há um grande um esforço na PEC 110 para conter a chamada *guerra fiscal*, inclusive com a drástica diminuição da autonomia tributária dos estados e municípios, mas nela não há norma específica que assegure o combate às desigualdades regionais.

A proposta de reforma contida na PEC 45 é muito semelhante àquela da PEC 110, e, por isso mesmo, da mesma forma mantém ou permite a manutenção dos principais defeitos Sistema Tributário Nacional (regressivo, concentrador de renda, oneroso, complexo e confuso). Prevê a criação do IBS a ser apurado com a mesma sistemática da não cumulatividade hoje vigente, ou seja, *será não cumulativo, compensando-se o que for devido em cada operação com aquele incidente nas etapas anteriores* (art. 152-A, § 1º, III). E agrava a complexidade que já existe, com a possibilidade de cada estado e município atribuir uma alíquota própria (art. 152-A), o que poderá levar a uma infinidade de alíquotas para o mesmo IBS (art. 152-A, § 2º).

A alíquota final do IBS poderá ficar em torno de 25% a 30%, provocando uma elevação muito grande na tributação, especialmente dos serviços, que os prestadores hoje são tributados a 5% pelo ISS. Na prestação de serviços não são empregados insumos geradores de crédito a ser aproveitado na sistemática da não cumulatividade (art. 159-C). A PEC 45 também prevê a possibilidade de devolução do IBS aos consumidores de baixa renda, mas que pode vir a ser parcial e através de mecanismos de transferência de renda (art. 152-A, § 9º), indicando no sentido de um adicional ao bolsa *família*.

O Imposto Seletivo é de competência da União Federal, tendo como finalidade desestimular o consumo de determinados bens, cuja especificação ficará a cargo da lei (art. 154, III). Existe, ainda, a previsão de instituição de contribuição previdenciária sobre o faturamento das empresas, em substituição a cobrada sobre a folha de salários (art. 195, § 14), o que ameniza o custo tributário do emprego, mas onera o consumo.

A substituição gradual dos antigos impostos pelo IBC mediante a redução das alíquotas dos primeiros e aumento da alíquota deste último é feita através de critérios excessivamente complexos (art. 119) e que permitem o aumento da carga tributária nesse período de transição, que pode durar até 50 anos (art. 120 do ADCT).

A PEC 07/2020 apresenta uma mudança radical no sistema tributário. Extingue praticamente todos os impostos hoje existentes, prevendo a competência concorrente de todos os entes federados para a instituição de três impostos, um sobre a renda, outro sobre o patrimônio e o terceiro sobre o consumo de bens e serviços, sem previsão de divisão da receita através de fundos de participação. Caberá a cada um dos entes da federação arrecadar de seus próprios contribuintes os recursos que necessitar para prover as necessidades públicas.

A simplificação posta na PEC 07 é radical, mas o tratamento igualitário, ao contrário do que pode parecer, implica em desrespeito à isonomia. Tratar igualmente os desiguais consuma uma grande injustiça. De nada serve atribuir a competência para tributar renda, patrimônio e consumo de bens e serviços a um município ou estado onde a maior parte de sua população não tem renda, patrimônio ou consome bens e serviços.

Como observamos ao tratar dos incentivos fiscais, não se pode negar a imensa desigualdade regional que há em nosso país. A Constituição a reconhece e adota medidas para a sua redução, como é o caso da partilha da receita tributária da União com estados e municípios e dos estados com os municípios que o compõem, determinando ainda a adoção de medidas outras nesse mesmo sentido. A reforma tributária não pode ignorar esse grave problema social.

15. PANDEMIA DE COVID-19

As consequências socioeconômicas da pandemia de Covid-19 ampliaram enormemente os problemas enfrentados por cada país, sobretudo as desigualdades.

Medidas preventivas de contágio provocaram uma grande diminuição da atividade econômica. A ausência de poupança da maioria das pessoas se mostrou incrivelmente danosa. Além de saúde, faltou emprego, casa, comida, transporte e segurança. Muitas empresas fecharam. No Brasil, as desigualdades que já eram imensas, se tornaram abissais. A fome se mostrou presente. Anota Willame Parente Mazza que "a pandemia revelou no Brasil as feridas de um estado de bem-estar social deficitário, a deficiência da estrutura produtiva e a vulnerabilidade do mercado de trabalho, ou seja, a vulnerabilidade do trabalhador acompanha as desigualdades estruturais da sociedade brasileira, notadamente, a crise sanitária só reforçou as tendências sócias que já existiam. Assim, a crise atingiu os trabalhadores mais vulneráveis: informais, negros, com baixa escolaridade e os que trabalham em serviços com menos sofisticação produtiva."[44]

---

44. MAZZA, Willame Parente. A economia infectada: a crise fiscal e o papel do Estado no contexto da pandemia do coronavírus. In: SEGUNDO, Hugo de Brito Machado; GODOI, Marciano Seabra de;

Isso levou o governo federal a instituir auxílios emergenciais dirigidos aos mais carentes e postergar o vencimento de alguns tributos. A Lei 14.148, de 03 de maio de 2021, estabeleceu ações emergenciais e temporárias destinadas ao setor de eventos para compensar os efeitos decorrentes das medidas de isolamento ou de quarentena realizadas para enfrentamento da pandemia da Covid-19, instituindo incentivos fiscais através do Programa Emergencial de Retomada do Setor de Eventos (Perse).

A pandemia exacerbou as graves consequências das desigualdades e deixou evidente o esgarçamento do tecido social brasileiro. Os auxílios e os incentivos fiscais já conferidos, embora necessários, são insuficientes.

CONCLUSÕES

Os principais fatores que retiram do Sistema Tributário Brasileiro a condição de instrumento de combate às desigualdades sociais não decorrem do seu desenho constitucional, mas das leis que o implantaram. Ao contrário, a Constituição Federal de 1988 não só traz normas programáticas, como tem determinações específicas no sentido de uma efetiva tributação progressiva do patrimônio e da renda na medida da capacidade econômica do contribuinte e da adoção de políticas públicas de combata as desigualdades.

O legislador, contudo, manteve muito baixo o encargo dos impostos sobre o patrimônio, sobretudo os de maior valor; na tributação da renda tem adotado uma pseudo-progressividade que onera mais severamente os baixos salários, ao tempo que dá tratamento ameno aos ganhos de capital e isenção ao recebimento de lucros. Para aumentar a arrecadação tem se utilizado dos impostos e contribuições incidentes sobre consumo. Em paralelo, são poucos os programas sociais de efetivo combate às desigualdades.

Estudo do Tesouro Nacional mostra que em 2020 a carga tributária brasileira correspondeu a 31,64% do PIB, dividida em 13,42% com impostos sobre o consumo; 1,58% com impostos sobre o patrimônio; 7,06% com impostos sobre a renda; 8,41% com contribuições sobre a folha de pagamentos, e 1,17% com os demais tributos.[45] Isso torna o sistema profundamente regressivo. Nossa prática de tributar, ao contrário de amenizar, tem acentuado as desigualdades sociais, alheia aos ditames do texto constitucional. A distância que há no Brasil

---

VALADÃO, Marcos Aurelio Pereira; BATISTA JÚNIOR, Onofre Alves e ROCHA, Sérgio Andre (Org.). *A pandemia da Covid-19 no Brasil em sua dimensão financeira e tributária*. Belo Horizonte, São Paulo: Ed D´Placido, 2020, p. 277.

45. Disponível em: https://sisweb.tesouro.gov.br/apex/f?p=2501:9::::9:P9_ID_PUBLICACAO:38233.

entre o texto constitucional e a realidade é notória e percebida pela doutrina estrangeira.[46]

Por sua vez, as propostas de reforma tributária em discussão no Congresso (PECs 110, 45 e 07) não trazem medidas para que o sistema deixe de ser regressivo. As desigualdades abissais que assolam nosso país fazem urgente a necessidade de o sistema tributário passar a ser usado como instrumento de redistribuição de riqueza. Hugo de Brito Machado Segundo tem estudo onde com precisão e clareza analisa a relação entre tributação e desigualdade, ao qual remetemos o leitor interessado em aprofundar o estudo do tema.[47] Adiante seguem nossas respostas.

Respostas

1.1 Existem critérios a partir dos quais as desigualdades podem ser avaliadas, de sorte a serem consideradas moralmente legítimas, ou ilegítimas?

As desigualdades podem ser avaliadas a partir dos seus efeitos desagregadores, de forma a identificar como ilegítimas aquelas que provoquem conflitos que levem à ruptura do tecido social. A experiência civilizatória tem mostrado que garantir a dignidade humana contribui de forma decisiva para manter a paz e a coesão social. Assim, são moralmente ilegítimas as desigualdades que provoquem discriminações negadoras de dignidade ao homem.

1.2 Mesmo abstraída a questão moral, a redução de algumas desigualdades seria defensável sob um ponto de vista econômico?

Sim. Muitas desigualdades geram reflexos de natureza econômica, como é o caso da concentração de riqueza em determinadas pessoas e lugares. Isso possibilita que medidas de natureza econômica sejam adotadas para atenuar os efeitos da discriminação econômica no sentido de preservar a dignidade humana.

1.3 O tributo é uma ferramenta adequada para se promover a redução de desigualdades? Mesmo que seja considerado adequado, é ele suficiente?

Sim. Na medida em que o Estado arrecada (ou deveria arrecadar) de toda a sociedade para custear sua atividade na busca do bem-estar de todos, o tributo pode ser usado como ferramenta para promover redistribuição de riqueza, sobretudo quando incidente sobre renda e patrimônio de forma progressiva, embora também sejam necessárias medidas concernentes aos gastos públicos através de programas sociais. No Brasil o tributo tem sido usado prioritariamente para alargar a arrecadação, sem qualquer preocupação com a redistribuição de riqueza, e tem funcionado como instrumento concentrador de riqueza.

---

46. TIPKE, Klaus. *Moral Tributária del Estado y de los Contribuyentes.* Trad. para o espanhol de Pedro M. Herrera Molina, Marcial Pons : Madrid/Barcelona, 2002, p. 59.
47. *Revista Jurídica Luso Brasileira*, v. 4 (2018), n. 6, 105 ss. Disponível em: https://blook.pt/publications/fulltext/b289026b169e/.

1.4 Como equacionar a questão relacionada ao fato de que os detentores de maior capacidade contributiva, se confrontados com uma tributação mais onerosa – como pode ser o caso de uma destinada a reduzir desigualdades –, tendem a migrar para países de tributação mais branda, ou mesmo recorrer ao planejamento tributário internacional e ao uso de paraísos fiscais?

Fugir à obrigação de pagar tributos é atitude muito comum no Brasil e no mundo. Os detentores das maiores riquezas costumam procurar lugares onde a tributação é menor. É preciso considerar, entretanto, que esse não é o único motivo determinante de localização dos contribuintes. Fatores como segurança jurídica e estabilidade social são determinantes na escolha dos investidores. Talvez a maneira para se evitar a migração dos grandes contribuintes seja buscar o equilíbrio entre a tributação mais forte daqueles com maior capacidade contributiva e a qualidade dos serviços públicos que promovem o bem-estar social, conferindo segurança jurídica e paz social. Isso cria um ambiente propício a novos investimentos. Afinal, os detentores de maior capacidade contributiva devem preferir concentrar suas atividades em um lugar onde tenham boa qualidade de vida, mesmo pagando tributos mais elevados.

2. Tributação do consumo

2.1 É correto dizer-se que a tributação do consumo é regressiva? Como conciliar essa possível e suposta regressividade, com a necessidade de respeito à capacidade contributiva e às ideias de justiça fiscal?

O ato de consumir é fortemente tributado por todos os entes que fazem a federação brasileira. Para a grande maioria das pessoas a aquisição dos produtos indispensáveis a uma vida digna consome toda ou quase toda a renda que auferem, tornando imenso o seu ônus tributário. Já para a parte da população que não precisa consumir toda a renda adquirindo os produtos essenciais e pode escolher como e quando gastá-la, inclusive poupando boa parte, o custo tributário é proporcionalmente muito menor. Os signos econômicos normalmente alcançados pela tributação são patrimônio, renda e consumo. Quanto maior a tributação sobre o consumo em relação àquela incidente sobre patrimônio e renda, maior será a *regressividade* do sistema. Estudo do Tesouro Nacional mostra que em 2020 a carga tributária no Brasil foi de 31,64% do PIB, da qual cerca de 41% recai diretamente sobre o consumo. A regressividade se mostra patente e inconciliável com o princípio da capacidade contributiva, implicando em grave injustiça fiscal.

2.2 Há como ajustar a tributação do consumo à luz de considerações ligadas à capacidade contributiva, ao gênero, ou a quaisquer outras características pessoais do consumidor, levando-se em conta que o contribuinte legalmente registrado e identificado junto às repartições fiscais é o comerciante vendedor?

É extremamente difícil ajustar a tributação sobre o consumo a partir de quem consome, pois o contribuinte é o fornecedor da utilidade que pode ser consumida por todos e sua atividade gera a receita indicativa de capacidade contributiva. O lugar onde o produto é consumido, como restaurantes e hotéis de luxo, ou a natureza do bem, como lanchas, carros esportivos, joias e obras de arte, por exemplo, poderiam ser indicadores de capacidade contributiva e possibilitar uma tributação mais severa do seu consumo. Existem, contudo, importantes ressalvas no sentido de que em determinadas situações esses lugares e produtos são usados ou consumidos por pessoas com baixa ou nenhuma capacidade contributiva, como ocorre com muitos profissionais que neles ou com eles trabalham. Além disso, a maior parte da atividade econômica está fora desse modelo de consumo de luxo, fazendo com que o seu tratamento diferenciado se torne mesmo irrelevante no combate à desigualdade.

2.3 É correto dizer-se que sociedades economicamente mais desiguais oneram mais pesadamente o consumo, e sociedades economicamente menos desiguais o oneram menos? A desigualdade é causa ou consequência de se atribuir maior peso à tributação do consumo?

Nos países que apresentam maior índice de desenvolvimento econômico a carga tributária está prioritariamente voltada aos impostos progressivos sobre a renda e o patrimônio, que fazem menor uso dos impostos sobre o consumo. A maior tributação do consumo é mais encontrada nos países com menor índice de desenvolvimento.

A observação do sistema brasileiro nos permite afirmar que a maior incidência de impostos sobre o consumo é fruto das desigualdades que levam a população mais carente a não perceber o muito maior ônus tributário que suporta. Ao mesmo tempo, tributar fortemente o consumo em detrimento da renda e do patrimônio torna o sistema regressivo, concentrando riqueza e aprofundando essas desigualdades. Assim, a desigualdade é ao mesmo tempo causa e consequência de se atribuir maior peso à tributação do consumo.

2.4 Possíveis defeitos da tributação sobre o consumo, no Brasil, no que tange à redução das desigualdades, serão mitigados ou incrementados pelas propostas de reforma tributária ora em tramitação e discussão no Congresso Nacional?

A PEC 110 e a PEC 45 não alteram o sistema no sentido de reduzir a tributação do consumo e incrementar a tributação progressiva da renda e do patrimônio. A tímida iniciativa indicando a possibilidade de devolução dos tributos incidentes sobre o consumo das pessoas que comprovem a condição de pobreza é insuficiente e de difícil, futura e incerta implementação, implicando em consumar um empréstimo tomado pelo Estado de quem não tem capacidade de conceder. A PEC 07 radicaliza a simplificação ao tratar de forma igual os diversos entes federados, com o que agravará as desigualdades regionais.

SCHUBERT DE FARIAS MACHADO

2.5 Os fatos relativos às indagações acima foram de algum modo atingidos pelos efeitos da pandemia causada pelo SARS Covid-19 ?

A Pandemia Covid funcionou como uma causa agravante dos efeitos perversos da desigualdade social que grassa no Brasil. Tornou o ônus tributário ainda maior para os mais pobres.

3. Tributação da renda

3.1 Há relação entre a progressividade das alíquotas do imposto sobre a renda e o enfrentamento das desigualdades econômicas ou sociais?

Sim. Aplicar uma maior alíquota na medida em que a renda aumenta implica em alcançar com mais precisão a capacidade contributiva. Os contribuintes detentores das maiores rendas podem dispor de uma maior parcela de seus recursos para contribuir com o custeio do Estado, cujas políticas sociais devem ser dirigidas em benefício dos detentores de rendas menores ou sem renda alguma. Thomas Piketty demonstra a relação entre o imposto progressivo sobre a renda e a justiça social.[48]

3.2 Quais as desvantagens, defeitos ou problemas da tributação progressiva da renda? Elas são superadas por eventuais vantagens dessa técnica de tributação?

A primeira desvantagem a ser lembrada é o desestímulo à busca de aumento da renda. O contribuinte pode se vê desencorajado a agir de forma a aumentar seus rendimentos (incrementando seu trabalho ou investimentos) diante da maior tributação dessa parcela da renda aumentada. São referidas também a complexidade e a ineficácia social, sendo esta mais ligada ao gasto público que à arrecadação.

Essas dificuldades podem ser superadas. O uso da razoabilidade no grau de aumento das alíquotas, mantendo o equilíbrio entre custo benefício, fará com que a parcela de renda que reste ao contribuinte ainda o encoraje ao trabalho, mesmo diante do progressivo aumento da tributação. A complexidade é inerente a qualquer medida que busque justiça na tributação mais severa daqueles que demonstrem maior capacidade contributiva e promovam a redistribuição de riqueza, vantagem que muito supera a sua desvantagem.

3.3 Tendo em vista a determinação constitucional para que o imposto sobre a renda seja regido pelo princípio da progressividade, seria válida a instituição de uma alíquota única (flat tax) para esse imposto no país?

Não. O expresso mandamento constitucional do imposto de renda progressivo impede a aplicação de alíquota única. Contudo, na prática tal mandamento tem sido descumprido, pois os valores da tabela do imposto de renda das pessoas

---

48. PIKETTY, Thomas. *Uma breve história da igualdade*. Trad. Maria de Fátima Oliva do Coutto. Rio de Janeiro: Intrínseca, 2022, p. 141.

físicas estão imensamente defasados e as suas faixas de renda são de tal modo estreitas, que a cobrança do imposto tem implicado no confisco de parte do mínimo existencial e submetido os valores que o superam a uma *flat tax* de 27,5%, que é alta para os mais baixos e pequena para os maiores.

3.4 É possível atingirem-se os objetivos buscados com alíquotas progressivas, sem se considerarem adequadamente as bases sobre as quais elas incidem? Bases muito baixas, ou próximas umas das outras, são capazes de aproximar a tributação progressiva de um flat tax?

O traçado das faixas de renda é fundamental para dar efetividade a uma tabela de alíquotas progressivas. Faixas muito estreitas, baixas e próximas umas das outras, deixando acima um largo espaço sujeito a apenas uma alíquota. É uma forma de amesquinhar a progressividade. Isso é o que tem acontecido no Brasil, contrariando o ditame constitucional da progressividade do imposto de renda.

3.5 A tributação da renda, no Brasil, possui aspectos ou particularidades, no que tange às pessoas físicas, que implica discriminação ou quebra da igualdade no que tange a questões de gênero? Quais seriam elas, e como poderia ser remedidas?

Numa primeira análise, não identificamos questões de gênero diretamente ligadas à matéria tributária. De todo modo, vale aqui referir um caso que foi submetido ao STF. Na formação do casal os valores patriarcais ainda têm levado a mulher a ficar sem renda própria ou de muito menor valor, para dedicar seu tempo aos cuidados dos filhos e do lar. Se há separação, a mulher passa a receber pensão alimentícia do marido, inclusive porque na maior parte dos casos assume a responsabilidade pela guarda dois filhos. Como essa pensão é considerada pela lei brasileira rendimento sujeito à incidência do imposto de renda, a mulher sofreria maior ônus tributário. Ao decidir o STF afastou a incidência do Imposto de Renda sobre os valores recebidos a título de alimentos ou de pensões alimentícias por conta do direito de família (Ação Direta de Inconstitucionalidade 5422 – ajuizada pelo Instituto Brasileiro de Direito de Família – IBDFAM).

3.6 Os fatos relativos às indagações acima foram de algum modo atingidos pelos efeitos da pandemia causada pelo SARS Covid-19?

A Pandemia Covid agravou os efeitos perversos da desigualdade social brasileira, tornando o ônus da tributação da renda ainda maior para os mais pobres.

4. Tributação das heranças

4.1 A tributação das heranças guarda relação com a mitigação das desigualdades no plano intergeracional? Seriam essas desigualdades mais, ou menos legítimas, que aquelas surgidas durante a vida de pessoas de uma mesma geração?

A transmissão do patrimônio acumulado através da herança é um importante fator de incremento à concentração de riqueza em determinados grupos.

SCHUBERT DE FARIAS MACHADO

Como o recebimento da herança, em princípio, não decorre de esforço pessoal do beneficiário mas apenas da sua condição de herdeiro legal ou legatário, podemos dizer que gera uma desigualdade menos legítima que aquela resultante do acumulo da riqueza gerada pelo esforço pessoal. A sua tributação progressiva, portanto, pode sim contribuir para atenuar as desigualdades sociais.

4.2 A tributação das heranças amesquinha o direito à herança, previsto constitucionalmente? Considerando-se que ambas – a tributação de heranças e o direito à herança – são previstos no texto constitucional, como conciliá-los?

A transmissão aos herdeiros do patrimônio acumulado em vida pelo contribuinte é tradição no direito brasileiro e seu recebimento é expressamente garantido na Constituição. Todavia, tal garantia não afasta a possibilidade de tributação das heranças, que talvez seja a mais clara e justa forma de redistribuir riqueza. Tem sua justificativa na evidente manifestação de capacidade econômica, ou contributiva do herdeiro ou donatário.[49] O limite a essa tributação, que permite conciliá-la com o direito à herança, está na proibição ao uso do tributo com efeito de confisco. Não pode ser onerosa ao ponto de anular o proveito do recebedor da herança.

4.3 À luz do Direito Comparado, a carga tributária incidente sobre heranças, no Brasil, pode ser considerada alta, ou baixa?

Consideramos baixa a alíquota máxima de 8% adotada no Brasil para o imposto de transmissão *causa mortis,* uma das menores do mundo, inclusive quando comparada ao imposto de renda, que pode atingir até 27,5% do valor recebido, mostrando que o ato de trabalhar e produzir é mais onerado que o ato de receber herança.

4.4 A tributação das heranças pode se submeter ao princípio da progressividade?

Entendemos que sim, a tributação da herança pode ser pautada pela progressividade em atenção ao princípio da capacidade contributiva. O Supremo Tribunal Federal decidiu, por ampla maioria, que o 1º, do art. 145, da CF/1988 não proíbe a aplicação do princípio da capacidade contributiva ao ITCDM, e julgou constitucional lei do Estado do Rio Grande do Sul que estabelece alíquotas progressivas para o cálculo do ITCDM.[50]

4.5 Caso afirmativa a resposta à questão anterior, seria possível atingirem-se os objetivos buscados com alíquotas progressivas, sem se considerarem adequadamente as bases sobre as quais elas incidem? Bases muito baixas, ou próximas umas das outras, são capazes de aproximar a tributação progressiva de um flat tax?

---

49. TIPKE, Klaus. *Moral Tributária del Estado y de los Contribuyentes.* Trad. para o espanhol de Pedro M. Herrera Molina. Madrid/Barcelona: Marcial Pons, 2002, p. 43.
50. Recurso Extraordinário 562.045 – RS.

TRIBUTAÇÃO E DESIGUALDADE **315**

Podemos aqui apresentar a mesma resposta dada à indagação relativa ao imposto de renda das pessoas físicas, na qual dissemos que o traçado das faixas de incidência é fundamental para dar efetividade a uma tabela de alíquotas progressivas. Faixas muito estreitas, baixas e próximas umas das outras, deixando acima um largo espaço sujeito a apenas uma alíquota, é uma forma de amesquinhar a progressividade. A alíquota máxima de 8%, a nosso ver, também é importante fator de limitação da progressividade.

4.6 Os fatos relativos às indagações acima foram de algum modo atingidos pelos efeitos da pandemia causada pelo SARS Covid-19?

Não percebemos uma relação direta entre os efeitos da Pandemia COVID e a tributação das heranças.

5. Justiça fiscal e gasto público

5.1 A justiça de um sistema tributário pode ser aferida, ou medida, sem se considerarem os fins nos quais os recursos arrecadados são aplicados?

Não. O Estado é custeado pelos tributos e a maneira pela qual são arrecadados é fundamental para se aferir a justiça do sistema. Mas não basta. Se os recursos estatais forem aplicados para atender as necessidades dos mais bastados, relegando os interesses dos mais pobres, não haverá sistema justo. Para se obter a justiça fiscal é indispensável o paralelo entre a tributação progressiva e implantação de políticas sociais.

5.2 Quais gastos públicos seriam mais adequados, no Brasil, para minimizar o problema das desigualdades econômicas e sociais?

A prioridade a ser dada ao gasto público é objeto de muita polemica. A falta de um firme programa de estado levou o constituinte de 1988 a determinar o emprego de parcelas especificas dos recursos públicos em educação e saúde. Essa regra tem sofrido muitos ataques. Os governantes se queixam da falta de recursos livres para atender outras demandas, mas não conferem a necessária transparência mostrando onde seriam feitos os gastos desses recursos hoje constitucionalmente vinculados. A nosso ver, as prioridades para a aplicação dos recursos públicos estão traçadas na Constituição e devem ser atendidas.

5.3 Os fatos relativos às indagações acima foram de algum modo atingidos pelos efeitos da pandemia causada pelo SARS Covid-19?

A pandemia de Covid-19 alterou substancialmente as prioridades nos gastos públicos, reclamando muitos recursos para a melhoria e a ampliação da rede hospitalar e para a compra de vacinas.

6. Corrupção e desigualdades

6.1 Quais os efeitos da corrupção sobre a tributação e sua utilização para o enfrentamento das desigualdades sociais e econômicas?

A corrupção é inimiga antiga da boa administração tributária. Há muito tempo os órgãos fiscais precisam lidar com agentes que, em troca de benefícios pessoais, deixam de lançar tributos devidos, gerando enorme prejuízo ao Estado. O ponto mais visível da corrupção, entretanto, está ligado ao gasto público. Não basta a previsão orçamentária de gasto com determinado serviço social, é importante que ele seja efetivo. Seja com o desvio puro e simples dos recursos ou com a baixa qualidade das escolhas onde e como devem ser aplicados, são perversos os efeitos da corrupção, agravando as desigualdades e desestimulando o pagamento dos impostos.

6.2 Os fatos relativos às indagações acima foram de algum modo atingidos pelos efeitos da pandemia causada pelo SARS Covid-19

A pandemia exigiu iniciativas governamentais urgentes no sentido de promover a melhoria e a ampliação da rede hospitalar e adquirir vacinas. A urgência, por sua vez, levou à dispensa dos processos licitatórios e flexibilizou os controles dos gastos, o que, infelizmente, deu margem a inúmeros casos de desvio de recursos, nos quais os hospitais não foram construídos e equipamentos não foram entregues, não obstante o pagamento tenha ocorrido, algumas vezes antecipadamente.

7. Há aspecto(s) pertinente(s) ao assunto escolhido que não tenha(m) sido contemplado(s) pelos questionamentos anteriores? Qual(is)?

Não temos considerações adicionais.